기독교는 식사에서 시작되었다

: 사회적 실험 그리고 초기 기독교의 정체성

기독교는 식사에서 시작되었다

: 사회적 실험 그리고 초기 기독교의 정체성

2018년 10월 10일 초판 1쇄 인쇄
2018년 10월 15일 초판 1쇄 발행

지은이 | 할 타우직
엮은이 | 예가교회
옮긴이 | 조익표 조영희 장영진 이난희
펴낸이 | 김영호
펴낸곳 | 도서출판 동연
등   록 | 제1-1383호(1992년 6월 12일)
주   소 | 서울시 마포구 월드컵로 163-3
전   화 | (02) 335-2630
팩   스 | (02) 335-2640
이메일 | yh4321@gmail.com

ISBN 978-89-6447-443-3 03320

In the Beginning was the Meal

기독교는 식사에서 시작되었다

사회적 실험 그리고 초기 기독교의 정체성

할 타우직 지음 | 예가교회 엮음
조익표 조영희 장영진 이난희 옮김

동연

마커스를 위하여

한국어판 서문

21세기는 지난 세기와 같은 책의 시대는 아닙니다. 우리의 지식 기반이 급속히 확장되고, 대중들에게는 소셜미디어가 책을 능가하기 때문입니다. 이런 상황에서 2009년에 출판된 본인의 책 『처음에 식사가 있었다: 사회적 실험과 초기 기독교의 정체성들』이 새로운 판본으로 출판된다니, 깊은 고마움을 느끼지 않을 수 없습니다.

게다가 이 새로운 판본이 한국에서 나온다니 더욱 감사하고 놀랄 만한 일입니다. 특히 이 일에 맨 먼저 앞장섰던 조익표 목사와 예가교회, 전주 새누리교회 그리고 나의 한국 방문과 강연을 위해 수고를 아끼지 않은 홍대 청년교회 이정재 목사에게 감사드립니다. 본래 학자들을 대상으로 쓴 이 책을 (시간을 내어) 읽고, 책에 나온 대로 삶으로 실천하려고 노력했던 세 교회의 교우들에게 깊은 감사를 드립니다.

또한 나의 파트너인 수잔 콜, 나의 동료이자 친구인 데니스 스미스와 마티아스 클링하르트에게 특히 빚을 졌다는 뜻을 전하고 싶고, 이전에 몸담았던 캘버리연합감리교회, 필라델피아의 체스넛힐연합교회 교우들에게도 특별히 감사드리고 싶습니다.

2018년 8월
할 타우직

차 례

한국어판 서문 / 5

머리글   11

1장 ┃ 식사 경험하기   15

2장 ┃ 초기 기독교 정체성 연구를 위한 새로운 패러다임   33
    주류 담론   35
    기독교의 시작을 재고하는 최근의 주요한 시도들   41
    식사와 초기 기독교 정체성 수행   54

3장 ┃ 축제적 식사의 헬레니즘 · 초기 기독교의 사회적 실천   59
    헬레니즘 지중해 사회의 중심 요소로서의 식사   61
    헬레니즘 식사의 기본들   64
    헬레니즘 식사의 사회적 역학   71
    헬레니즘 식사의 종교적 차원   84
    그레코-로만 지중해의 기존 질서 속에서 헬레니즘
      식사의 사회적 역할   86
    고대의 사회적 실천들을 묘사하기 위하여 고대의
      문헌들을 사용할 때의 방법론적인 문제   91
    첫 100년간의 기독교 문헌에 나타나는 식사의 광범위함   93
    의미심장한 사회적 실험으로서 초기 기독교의 식사   133

4장 ㅣ 의례 분석: 초기 기독교 식사에 대한 새로운 연구 방법　　135
　　현대 의례 이론의 요약　　139
　　의례 이론과 헬레니즘 식사　　163

5장 ㅣ 초기 기독교 식사의 확장적 특성　　201
　　가난한 초기 그리스도인들은 축제적인 식사로 모였는가?　　203
　　기존의 사회질서는 식사로 모인 초기 그리스도인들에게
　　　얼마나 큰 문제였는가?　　237
　　초기 기독교의 본문, 식사 그리고 비전의 확장　　259

6장 ㅣ 로마제국의 권력에 대항한 저항의 식사　　261
　　최근의 제국-비판적인 신약성서 연구의 요약　　262
　　초기 기독교 식사와와 로마제국　　267
　　식사를 위해 모이는 결사에 대한 로마제국의 염려　　268
　　초기 기독교 식사의 특별한 측면과 제국에 대한 저항　　281
　　로마제국에 대한 초기 기독교의 저항의 특징은 무엇인가?　　311

7장 ㅣ 식사와 초기 기독교의 사회적 실험　　321
　　의례 완전화 혹은 사회적 실험 혹은 둘 다?　　322
　　갈릴리 예수 운동의 식사에서 명예/수치의 사회적 실험　　329
　　초기 기독교 식사에서 성 역할에 대한 사회적 실험　　346
　　초기 기독교 식사에서 민족적 긴장과 사회적 실험　　357
　　사회적 실험과 초기 기독교의 식사　　373

8장 ｜ 기독교의 시작을 연구하기 위한 새로운 패러다임으로서의

정체성 수행　　　　　　　　　　　　　　　　　377

　다시보기　　　　　　　　　　　　　378

　식사 그리고 초기 기독교의 신학화　　　　379

　하나님 나라(Basileia)　　　　　　　382

　식사와 기독교의 시작에 대한 연구에 적용된

　　정체성 분석의 범주　　　　　　　　393

　식사, 정체성 그리고 초기 기독교적 수사　398

　초기 기독교 정체성 개념에 적용된 식사와

　　"수행"(performance) 분석의 범주　　408

맺음글 ｜ 21세기 기독교 예배에 대한 성찰　　　417

약 어 표

BTB   *Biblical Theology Bulletin*, 「성서신학연구지」

Eth. nic.   *Aristotle, Ethica nichomachea,* 아리스토텔레스, 『니코마코스 윤리학』

GThom   *Gospel of Thomas*, 〈도마복음〉

JBL   *Journal of Biblical Literature*, 「성서문학연구지」

NASB   New American Standard Bible, 〈새 미국 표준 성서〉

NJB   New Jerusalem Bible, 〈예루살렘 성서〉

NRSV   New Revised Standard Version, 〈새 개정 표준 번역〉

* 본문의 한글 번역 성경은 저자의 사역(私譯) 외에는 〈새번역성서〉를 사용하였다.

머 리 글

처음에 식사가 있었다.

기독교의 시작에 관한 이 책의 제목이 아이러니한 단언이지만, 간과할 수는 없다. 물론 그 제목은 용어상 완전히 모순이다. 이 책의 제목과 내용은 기독교의 시작에 대한 하나의 가설을 제시하면서, 더 나아가 기독교의 기원에 대한 기존의 관념을 약화시킨다. 그러나 기독교의 시작을 꼭 집어서 제시하는 것이 불가능한 것처럼, 식사 하나만 가지고 순수한 시작을 말할 수는 없다. 식사는 언제나 복합적인 선행 사건들—몇 가지만 언급하자면, 음식 준비, 관계, 초청, 장소—로부터 파생한 것이다. 기독교가 되었건 혹은 다른 무엇이건, '식사로부터 시작되었다'라고 주장하는 것은 너무나도 많은 문제를 안고 있다.

그럼에도 불구하고 많은 것들이 식사에서 형성된다 ― 아이디어, 추가되는 관계, 새로운 의도, 더 나은 공동체적인 짜임새 등. 기독교의 시작을 1세기와 2세기의 "그리스도인들"이 가진 식사의 측면에서 이해하는 것은 기존의 많은 부적절한 제안을 피하면서도 동시에 초기 기독교에 관한 생산적인 사회적 실천을 제시한다는 점에서 가치가 있다. 식사 자체가 그러한 것처럼, 이 작업은 다양한 것들의 복합적인 조합을 가정한다: 즉, 이제 막 등장하는 그리스도인의 정체성 형성 과정에서 작용한 지속적인 역동성, 이전의 주도권, 사회적 상호작용, 이전의 역사, 겹치는 관념 그리고 모호한 의도 등. 그런데 기독교의 시작을 밝히는 다음의 방식은 가능하지도, 적절하지도 않다: 창시한 인물은 누구인지, 본질적인 신조는 무엇인지, 지도적인 사회적 원리는 무엇인지, 혹은 그 모든 것을 촉발한 사건은 무엇인지를 밝히는 것 등.

이 책에서 사용한 방법은 기독교가 출현하면서 이루어진 일차적인 사회적 실천들 중의 하나, 즉 그들이 함께 나눈 식사의 모습을 그려보는 것이다. 이 책의 기획은 한 가지 명료한 기원을 밝히려고 하는 대신, 그들이 함께 나누었던 식사라는 중요한 사회적 실천과 초기 기독교 문헌을 교차하여 분석하는 데 있다. 그렇다고 해서 이 기획은 기독교의 시작이 어떠했는가에 대해 생각하는 과제를 포기하는 것은 아니다. 기독교의 처음 두 세기 동안의 지배적인 사회적 실천의 하나인 헬레니즘 식사는 초기 그리스도인들의 정체성 형성에 부분적으로 기여했으며, 이 책의 과제는 초기 기독교의 정체성의 범위를 이해하고자 하는 것이다. 이 점에서 이 책의 과제는 초기 기독교의 "본질"을 새롭게 제시하는 것이라기보다는, "실천의 문법"을 명료화—쥬디스 류(Judith Lieu)가 초기의 기독교의 정체성 연구에서 언급한 것—하는 데 더욱 가깝다(보다 상세한 내용을 위해서는, 리우의 책 『유대 및 그레코-로만 세계에서 기독교의 정체성 *Christian Identity in the Jewish and Graeco-Roman World*』의 6장을 보라). 그렇게 함으로써 기독교의 시작에 관한 연구의 다음 단계를 위한 중요한 초석을 놓고자 한다.

이 책은 지난 20년 동안의 꾸준한 작업의 결과이다. 이 책이 완성되기까지 내가 빚지고 감사하는 마음은 매우 크다. 내가 지적인 기초 자료에 대하여 진 빚은 참으로 다양하다. 나와 함께 초기 기독교의 식사에 관한 책을 저술한 데니스 스미스(Dennis Smith)는 이 책을 위한 핵심적인 연구의 성과들뿐만 아니라 성실한 협력, 좋은 유머 감각 그리고 진실한 우정을 더하여 주었다. 함께 지낸 시간이 20년은 안 되어도 마티아스 클링하르트(Matthias Klinghardt)는 그의 탁월한 연구뿐 아니라, 동료로서 나눈 대화 그리고 그를 통해 점차로 커진 우정으로 내 삶을 의미 있게 채워 주었다. 나의 대학원 시절의 멘토인 버튼 맥(Burton Mack)으로부터 얻은 방법론적이고 개념적인 도움들은 일일이 열거하지 못할 정도로 많고 다양하다. 초기 기독교의 역사를 다시 생각하게 했던 카렌 킹(Karen King)의 지적인 동료애와 우정 그리고 국제적인 지도력은 이 연구 전체를 심화하고 방향을 잡는 데 도움을 주었다. 나는 또 뉴욕 유니온신학교(Union Theological Seminary)의 두 동료 교수인 브리짓 칼(Brigitte Kahl)과 쟈넷 월튼(Janet Walton)의 꾸준함과 통찰력 그리고 우정을 더없이 귀중하게 간직하고 있다.

유니온에서 가르친 지 10년째 접어들면서, 나는 이 학교의 지원에 대해 새삼 감사하는 마음을 갖는다. 내가 개설한 의례적인, 식사에 관한 네 가지 버전의 강좌에 들어온 학생들에게 특히 감사한다. 다비나 로페즈(Davina Lopez), 릴리안 라슨(Lillian Larsen), 벨마 러브(Velma Love) 그리고 재원 리(Jae Won Lee)에게는 특별히 중요한 빚을 졌다. 학교 당국의 지원, 특히 유안 카메론(Euan Cameron) 학장, 짐 하이에스(Jim Hayes) 학장 그리고 죠 허프(Joe Hough) 총장이 이 연구에 중요한 지원을 해주었다. 나의 박사과정 학생들 중에 마이아 코트로시츠(Maia Kotrosits), 셀렌 릴리(Celene Lillie)는 영감을 주는 대화 상대였고, 그들은 또한 문서 편집에 큰 도움을 주었다.

나의 동료인 수잔 코울(Susan Cole)은 이 책이 씌어진 20년의 작업 과정에서 깊은 우정, 훌륭한 비평, 지적인 동료애, 중요한 격려 그리고 귀중한 관점을 나에게 더해 주었다. 나의 친구들인 클라이드 플래허티(Clyde Flaherty), 데이빗 탓젠호스트(David Tatgenhorst), 캐시 너니(Cathy Nerney), 짐 매킨타이어(Jim McIntire), 데이빗 에케르트(David Eckert)는 내가 무엇을 하든지 더 잘 되고 더 재미있게 해준다. 성서문학협회 소속 〈그레코-로만 세계의 식사에 대한 협의와 세미나〉(Society of Biblical Literature's Consultation and Seminar on Meals in the Greco-Roman World)의 회원들의 비평과 지원은 내게 매우 소중한 것이었다. 또 나의 친구 히이스 앨런(Heath Allen)에게 감사하는데, 그는 이 책에 대한 생각을 처음으로 불러 일으켜 주었다.

나는 이 책을 나의 아들 마커스 타우직(Markus Taussig)에게 바친다. 그는 일곱 살 때부터 이 책의 주제들에 대하여 나에게 이야기하였는데, 27세가 된 지금까지 엄격한 지적인 파트너이자 애정 어린 동료로서 나에게 중요한 역할을 해주었다.

1 장
식사 경험하기

　이네러스에게는 참으로 놀라운 순간이다. 이네러스는 4년 전 그의 고향 이집트에서 데살로니가로 이주해 왔다. 이네러스의 생일을 맞아 저간의 명예를 기리기 위하여 이네러스를 후원하는 상인 수에토니우스는 생일잔치를 베풀고 이웃들을 초대하였다. 수에토니우스는 이네러스를 위하여 제법 크고 훌륭한 식사 연회 장소를 빌렸는데, 호사스런 연회를 위한 기대어 누울 수 있는 카우치들이 벽 쪽으로 연이어 놓여 'ㄷ'자로 배치되어 있었고, 각각의 카우치 앞에는 음식을 위한 테이블들이 놓여 있었다. 그 잔치의 주인공 이네러스는 옆으로 기대 누워서 그가 데살로니가에서 새로 사귄 친구들과 이웃이 들어오는 것을 바라보고 있었다.

　이집트의 고향 마을에서는 이방인을 위한 생일잔치 같은 일이 없다는 것을 이네러스는 잘 알고 있었다. 아마도 여러 지역민이 섞여 사는 알렉산드리아와 같은 규모가 큰 도시에서는 일어날 수도 있을 것이다. 사실 이 잔치에 참석하는 사람 중에 외지에서 데살로니가로 온 사람이 이네러스 혼자만은 아니었다.

카우치 앞 작은 테이블 마다 빵, 채소, 과일을 올려놓는 사이에 모인 사람들과 따뜻한 인사를 나누면서, 이네러스는 놀라움을 금치 못했다. 이곳 데살로니가 사람들은 다른 지역에서 이주해온 보통의 노동자인 그와 식사를 함께 나누며 존중해 주었기 때문이다.

물론 그 존중의 배경이 무엇인지 그는 알고 있었다. 수에토니우스는 여러 면에서 그의 후원자였고, 또 초대받은 여러 사람들의 후원자이기도 했다. 이네러스는 상당한 일감을 수에토니우스에게 의존하고 있었다. 이네러스에 대한 존중을 담은 축제적 만찬의 모습은 오늘 참석한 많은 사람들이 수에토니우스에게 사회적으로 큰 은덕을 입고 있음을 나타내준다. 이유야 어쨌건 이네러스는 자신의 생일을 맞아 식사를 함께 하는 것을 행복하고 영광스럽게 느꼈다.

이 느낌에서 잠시 빠져 나와서, 그는 식사를 시작하기 위해 일어선 그의 이웃 엘리를 보았다. "우리의 이웃 이네러스에 대한 애정으로 우리가 함께 모인 것은 크나큰 즐거움입니다. 그가 섬기는 오시리스 신에게 영광을 돌리며, 우리의 이웃 수에토니우스의 은덕을 기립시다. 식사를 마친 다음에는 플루트를 연주하는 무희들의 공연이 있을 예정입니다. 또한 오늘의 주연을 위해 많은 노래와 게임이 준비되어 있습니다. 우리 축제의 즐거움을 위해 이 모든 것과 이 자리를 마련해 주신 분께 복이 있기를⋯."

말을 마친 엘리가 카우치에 기대어 눕자 방 안의 다른 15명은 환호하였다. 이네러스와 엘리 그리고 수에토니우스에게 맛있는 어린 양의 살코기가 놓여졌고, 이네러스는 참석자들의 환호를 기쁘게 받아들였다. 이네러스는 이 세 사람만 고기를 받은 것에 대해 잠깐 당황하였다. 그러나 그는 곧 이것이 영예로운 손님들을 위한 일임을 깨달았다.[1]

위에 언급한 이네러스의 이야기는 여러 고대 자료들을 참고하여 재구성한 것이다.

축제적 식사는 지중해를 중심으로 헬레니즘 세계의 거의 모든 지역에 퍼져 있었다. 부자, 가난한 자, 정치가와 군인(엘리트), 상인 그리고 노동자까지 종종 기대어 누워 축제적 식사를 즐겼다. 고전 그리스 문화의 뒤를 잇는 헬레니즘 시대에 이르러서는 참으로, 기대어 눕는 축제적 식사가 고전 그리스 시대보다 더 광범위하게 다양한 사회로 퍼져 나갔다. 비록 그러한 원칙이 항상 있었던 것은 아니지만 이제는 노예와 여성도 자주 참여하게 되었고, 때로는 기대어 눕기도 하였다.

이런 모임들은 그들의 흥취를 돋우기 위한 것으로 알려져 있기는 하지만, 종종 논란이 되는 주제를 자연스럽게 토론하는 경우도 있었다. 그 사례를 재구성해 보면 다음과 같다:

그들은 몹시 지쳐 있었다. 그들이 만드는 배가 완성될 때까지 남은 시간은 고작 2-3일 밖에 없었다. 그들은 노동시간을 초과하여 온종일 쉴 틈 없이 항구에서 일하고 돌아왔다. 그리고 지금 그들은 한 시간 넘게 식사를 하는 중이다. 음식을 치운 후, 포도주 잔을 여러 차례

---

1 헬레니즘 세계의 생일 축하 식사에 대한 참고를 위해서는, Dennis Smith, *From Symposium to Eucharist: The Banquet in the Early Christian World* (Minneapolis: Fortress Press, 2003), 97-101, 126-129를 보라.

돌리면서, 두세 곡의 떠들썩한 노래를 돌아가며 함께 불렀다.

서열이 낮아서 문 옆 자리에 기대 누운 몇몇 사람은 배의 돛에 대해 그것을 어떻게 완성하는 것이 좋을지를 놓고 열띤 대화를 하는 중이었다. 그때 플루트를 연주하던 여자가 방을 가로질러 놓인 카우치 앞에서 춤을 추기 시작했다. 비록 낮에는 고된 일에 시달렸지만, 이제 그 모임에 참석한 사람들은 대부분 활기를 되찾고 있었다.

그러나 회색 머리를 한 사람이 문제를 제기하자, 방 안에 있던 18명의 모든 남자가 흥을 멈추고 그를 쳐다보았다.

"오늘 저녁식사를 위하여 황제에게 잔을 올렸어야 하지 않나요?" 그는 모든 사람이 그의 말을 들을 수 있도록 충분히 크게 그리고 여전히 납득이 가지 않는다는 듯이 말했다. 잠시 적막이 흘렀다.

이날 저녁식사 모임을 주관하는 인도자는 어떻게 대답해야 할지 몰랐다. 그가 속한 선박 제작 조합은 모든 식사에서 황제의 영광을 위하여 잔을 올려야 한다는 것을 그는 알고 있었다. 그러나 오늘 저녁 식사에 참여한 조합원 중 여럿이 최근에 황제의 군사들에게 매를 맞았다는 것도 알고 있었다.

그때 매를 맞은 조합원 중의 하나가 입을 열었다. "우리는 매우 힘들게 일을 합니다, 그런데 황제가 돌보아 주는 것이 무엇이 있습니까? 지난 주 우리는 아폴로 신에게 잔을 올렸습니다. 아폴로와 황제는 한 가족입니다. 그것으로 충분합니다."

여러 사람이 찬성한다고 중얼거렸다.

문제를 제기한 남자가 다시 말하였다. "내가 그렇게까지 걱정한다는 것은 아닙니다. 나는 단지 우리가 그렇게 하지 않는다면, 그들이 우리의 저녁 식사 모임을 폐쇄할까봐 염려하는 것입니다."

매를 맞았던 한 남자가 대답했다, "이따금 우리가 건너뛴다고 해도, 그들은 알아차리지 못할 것입니다."

여러 사람이 한꺼번에 이야기했기 때문에 무슨 이야기인지 알아들을 수 없었다. 그래서 그들은 자기가 있는 코너의 카우치에 기대어 누운 사람들과 짝을 지어 황제에게 잔을 올리는 문제에 대해 이야기하기 시작했다. 그 토론은 몇몇 그룹에서는 매우 집중적으로 진행되었다.

식사 모임의 인도자는 주제를 바꾸어야 할 때를 살피고 있었다. 그는 방 한 가운데에 항아리를 놓은 후, 사람들이 좋아하는 코토보 게임을 제안하였다. 코토보는 그들이 마시던 포도주 잔에 남은 소량의 포도주를 방의 한 가운데 있는 항아리에 던져 넣는 게임이다. 구석 자리에 기대 누운 키 작은 남자가 소량의 포도주를 던졌다. 그것은 항아리를 훨씬 넘어서서 건너편의 회색 머리를 한 사람의 얼굴에 떨어졌고, 그제야 모든 사람들이 크게 웃음을 터뜨렸다.[2]

이 식사는 상당히 높은 수준의 상호교류를 포함하고 있으며, 각각의 식사는 종교적 의미를 갖고 있었다. 그리고 이 시대에 종교적 모임들은 이러한 식사를 그들이 함께 하는 가장 중요한 순간으로 여겼다. 헬레니즘 시대의 이집트에 있었던 종교적 모임의 식사를 묘사해 보면 아래와 같다:

2 상업 조합(trade guild)이나 혹은 직업을 중심으로 형성된 저녁 식사 모임들 혹은 "결사"(associations)의 분명한 묘사는 Richard S. Ascough, *Paul's Macedonian Associations: The Social Context of Philippians and 1 Thessalonians* (Tübingen: Mohr Siebeck, 2003), 16-19, 24-28에 방대하게 서술되어 있다.

그 노인은 오랫동안 토라를 읽고 있었다. 모든 사람은 음식이 이미 잘 소화되어서, 잠시 편안하게 있었다. 토라를 낭독하는 모임의 방식에 따라, 방금 낭독된 것을 듣는 이들 중 몇몇이 발언하고 싶어하는 눈치였다. 실제로 문 옆의 한 젊은 남자가 일어서려고 하였다. 그러나 침묵이 조금 더 지속되었는데 아마도 좋은 음식을 먹은 후의 편안함 속에서 낭독된 시간이 길었기 때문일 것이다. 이렇게 기분 좋은 나른한 순간에 더하여 방 전체를 둘러싼 램프의 불빛이 매력적으로 깜박이고 있었다.

이런 분위기에서 한 남자가 낭독된 부분에 대해 생각을 덧붙이기 전에 한 여자가 허밍을 시작하였다. 그 허밍 위에 다른 여자가 홍해에 대한 낭독된 말씀에 즉흥적으로 곡을 붙이기 시작했다. 그녀의 목소리는 기대어 누워 있던 자세에서 앉은 자세로 바뀌면서 더욱 커졌다. 다른 여자도 일어나 앉았고, 화음으로 그 즉흥곡을 함께 불렀다. 또 다른 두 세 사람이 처음의 허밍을 함께 불렀다. 두 파트의 즉흥적인 멜로디가 높아졌다가 낮아지면서 말씀은 더 확고한 형태를 띠었다: "물들은 갈라졌고, 사람들은 그 사이로 걸어갔다."

자리에 여전히 기대어 누워 있던 남자들은 모두 한 마음으로 즉흥곡과 허밍에 더하여 목소리를 냈다. 잠시 후 대부분의 목소리는 작아졌고, 두 여자와 세 남자만이 홍해에 난 길에 대하여 화음과 즉흥곡을 계속 부르고 있었는데, 결국 모두 조용해졌다. 아름다운 음악과 함께 말씀의 뜻을 모두 음미하였으므로, 이번의 침묵은 강렬하고 길었다.

드디어 아까 일어서려 했던 젊은 남자가 말하였다. "나는 왜 그들이 우리를 '치유자'라고 불렀는지 종종 궁금했습니다. 그리고 오늘 밤 나는 깨달았습니다. 우리가 일곱째 날에 모일 때마다 내 몸이 얼마나 더 좋아지는지를. 하나님은 황량한 사막과도 같은 고독에서 벗어날 수 있도록 우리를 인도하십니다. 하나님께 그리고 서로에게 속하였다는 이 감각이 치유의 느낌이라 할 수 있겠습니다. 아마도 손님들이 이곳에 올 때, 그들의 영혼이 치유되는 것을 느낄 것입니다. 아니면, 마음뿐일까요? 달리 생각하면 내 생각이 틀릴 수도 있겠죠. 우리 모임 밖의 다른 사람들이 치유자에 대해 말할 때마다 그들이 자신의 몸에 대해 말하고 있다는 인상을 받습니다. 그들은 우리가 그들의 몸을 치유한다고 생각하는 것일까요? 그들의 몸을 치유한 사람들이 우리 중에 있나요?"

다소 침묵이 흘렀다. 그리고 나이든 여자가 말하였다.

"우리 모임의 방식을 창시한 분들은 눈멀고 다리 저는 사람들을 치유한 이야기를 우리에게 들려주었습니다. 그 때마다 그들은 그 이야기를 이 모임과 항상 연결시켰습니다. 특히 우리가 더욱 풍성하게 기념한, 오늘처럼, 일곱 번째 안식일 모임에."

다시 약간의 침묵이 흘렀다. 그리고 나이든 남자가 말하였다: "나는 아무도 직접 치유한 적이 없습니다. 하지만 나는 이 모임에서 여러 번 치유되었다는 것을 느낍니다. 그 치유가 마음인지, 몸인지 혹은 영혼인지는 말하기 어렵습니다."

그리고 더욱 긴 침묵이 흘렀다.

이윽고 젊은 남자는 "감사합니다"라고 말했다.[3]

---

3 이것은 필로(Philo)가 *The Contemplative Life* (trans. F. H. Colson and G. H. Whitaker (Cambridge: Loeb Classical Library, 1929)에서 길게 표현하며 '치료자들'이라고 부른 유대인의 집단에 대한 폭넓은 묘사에 근거한 허구적인 묘사이다.

이들 식사 모임은 그 본질상 반(半) 공적인 것이다. 종종 식사 모임들은 마을이나 이웃에 누군가가 도착하거나 가족 행사가 있을 때 이루어졌다. 어떤 식사 모임은—위에서 묘사한, 선박 제조 노동자들의 정기적인 월례 식사 모임처럼— 주로 게임과 소란한 노래로 가득했다. 규칙성을 갖는 어떤 식사 모임에서는 특별 손님으로 참여한 예능인과 교사 사이에 흥미로운 교류가 있었다. 갈릴리 모임에 대한 다음의 묘사가 그렇다:

한 사람이 아직 자신의 발을 씻고 있었지만, 대부분은 마을에서 임시로 만든 식사하는 공간에서 밀짚 위에 기대어 누워 있었다. 그리고 검은 피부의 남자는 시작할 때가 되었다고 판단하였다.

그는 목소리를 높여 참여한 사람들을 환영한 뒤에 말하였다. "나는 오늘 저녁 여러분이 이 식사 모임을 즐기시라고 초대하였습니다. 오늘 밤의 연회에는 두 가지 특별한 순서가 있습니다. 첫째는, 예루살렘에 갔던 메나헴이 여행에서 막 도착하였습니다. 그가 가나로 안전하게 되돌아 온 것은 잘 된 일입니다. 그리고 둘째로, 우리는 오늘밤의 여흥 순서로 "하나님 나라"에 대한 기발한 이야기를 해주실 순회 교사들 중 한 분을 모실 수 있었습니다. 물론 그 분은 우리가 식사를 한 후에 이야기를 전해주실 것입니다. 자 이제, 돌아온 메나헴을 환영합시다. 음식은 충분히 마련되어 있으니, 함께 식사합시다."

그는 밀짚 위에 기대어 누웠다. 그러나 마치 무엇인가를 막 기억해 낸 듯이 갑자기 다시 일어섰다.

그는 방 한 가운데에 있는 작은 탁자로 가서 빵 한 조각을 집었다. 그리고 다시 떠들기 시작한 사람들을 조용히 시키고 나서 큰 목소리로 말하였다, "당신은 복되십니다. 오 하나님, 우주의 통치자, 땅으로 부터 좋은 것들을 내시는 분. 아멘." 모든 사람이 "아멘"으로 응답함과 동시에 대화가 다시 시작되었다.

젊은 두 남자가 빵을 나누어주기 위해 일어섰다. 잠시 후에 채소가 제공되었다. 그러고나서 빵에 찍어 먹을 올리브기름도 제공되었다. 다음에는 병아리콩 믹스가 들어왔고, 모두가 빵을 나누어 받았다. 오늘밤 음식은 고기가 없는 식단으로 보였다.[4]

이 책은 축제적인 식사와 나중에는 기독교라 명명된 모임의 시작과의 상호교차를 탐구한다. 이미 확실히 자리 잡은 식사 모임의 사회적 관습을 통해 초기 "기독교적"[5] 운동이 첫 150년 동안 이루어졌으

---

4 이 묘사는 예수 운동을 하는 사람들이 식사 모임에서 가르치는 모습을 그리고 있는, 공관복음서들에 나타난 초기의 기독교적 저술들에 기초되어 있다. 또한 마가복음 6:7-13, 마태복음 10: 1-23 그리고 누가복음 9:1-6에서의 12 제자들에게의 가르침들을 보라. 또한 누가복음 10:1-12에서의 72명의 다른 제자들에게의 가르침들을 보라.

5 '기독교적'(Christian)이라는 용어는 이(운동) 현상들의 최소한 처음의 100년 동안에 예수 혹은 "그리스도"와 스스로를 연관지었던 운동들을 지칭하며 사용될 때에는 문제꺼리다. 이 다양한 운동들이 후대의 그리스도인들이 나타낸 하나의 "종교"로서 그 자신들을 생각하였다는 것은 가능하지 않다. 다른 한편으로, 이 운동들은 분명히 이후에 기독교가 된 것의 창시자들이었다. 이러한 측면에서, 아마도 '원-기독교'(proto-Christian)라는 서투른 용어가 가장 정확한 묘사일 것이다. 그러나 그러한 개념은 이 운동들의 자기-이해의 중요한 측면들을 빠트리고 그리고 예수와 그리스도 운동들의 역사적 일치성을—이는 정확하지 않은 일치성이다— 함축한다. 대개의 경우, 이들 집단들의 대부분은 자신들을 "이스라엘"의 더 넓은 전통들 안에서 이해하였다는 것이 가장 가능하다. 그러나 이것 역시 중요한 해명을 필요로 한다. "이스라엘"은 하나의 지리(地理) 이상을 그리고 아마도 종교적 혹은 사회적 전통들의 체계와 비슷한 어떤 것을(혹은 이 둘 모두를) 나타냈다. 그리고 처음의 100년 동안의 초기의 예수와 그리스도 그룹들의 경우에는, 예수/그리스도 그룹의 일부로서 "이스라엘"에 속한다고 주장한 사람들의 대부분은 이방인들이었을 것이다. 원-기독교

므로, 이 책의 탐구는 기독교의 첫 150년 동안의 주요한 사회적 실천
중의 하나인 축제적 식사를 검토함으로써 초기 기독교에 대해 무엇
을 배울 수 있는가를 보고자 한다. 1세기 기독교의 식사 모임이 그들
의 정체성에 어떻게 작용하였는가 하는 방식에 대해 한 가지 묘사가
다음에 이어진다:

개들은 바닥에 있는 빵 부스러기를 거의 다 먹고 있었다. 오늘밤을
위해 빌린 식사하는 공간의 벽을 둘러 놓인 카우치 위에서 대다수의
사람들은 방금 먹은 음식을 소화시키면서, 기대어 누운 자세로 몸을
뻗고 있었다. 이 어수선한 모임을 맡아 섬기는 사람이 기대 누워있던
이들 중 한 사람, 곧 포도주 대접을 나르는 사람과 함께 포도주가 담
긴 몇 개의 큰 통을 옮기고 있었다. 하인은 개들을 방 밖으로 쫓아내
려 하였다. 기대 누워 있던 몇몇 사람은 문을 통해서 부분적으로 보이
는 빌립보를 둘러싼 이름난 산 위로 해지는 모습에 살짝 관심을 보였다.
대접들이 카우치들 앞에 있는 5-6개의 작은 탁자 위에 놓여졌고,
포도주 통들은 탁자들과 카우치들 사이의 마루 위에 놓였다. 그날 저
녁 주연(symposium)의 인도자가 큰 통에서 포도주와 물을, 처음에

의 이러한 복잡한 묘사는 '기독교적'이라는 용어를 매우 문제 있는 것으로 만든다.
그러므로 나는 그것의 문제 있는 성격을 드러내기 위하여 논의의 중요한 부분들의
시작에서 인용부호를 사용하여 그 용어를 표기하였다.
이러한 다양한 예수/그리스도 그룹들의 이러한 복잡하고 진화해 가는 정체성은, 물
론 이 책이 다루고자 하는 기독교의 시초들을 둘러싼 주요한 질문들을 드러내는 것
이다. 언제 "그리스도인들"은 그리스도인들이 되었는가? 이 질문은 하나의 대답을
갖지 않으며 그리고 기독교적이라는 용어는 이러한 초기의 단계들에서의 예수/그리
스도 운동들의 모든 다양성들에 심지어 고유한 것(indigenous)이 아니었음은 명확
하다.

는 어색한 듯이 그 다음에는 다소 솜씨 있게 섞기 시작하였다. 기대 누워 있던 몇몇 사람은—가능한 한 움직이지 않으려 하면서도, 이제 막 따르려는 포도주를 원하여— 탁자 위의 대접을 집으려 하였고, 누워 있던 한 사람은 그의 앞에 있는 탁자에서 대접 하나를 거의 떨어뜨릴 뻔하였다. 이제, 그날 저녁의 주연장(symposiarch)과 섬기는 사람은 마지막 개를 밖으로 내보낸 후에 각 사람에게 포도주를 따르기 시작했다. 아홉 명의 남자가 먼저 포도주를 받았고, 그 다음에 두 여자가 받았다.

주연장은 손에 포도주 잔을 들고 그의 카우치로 돌아와서 잔을 들고 말하였다: "나는 오늘 저녁 시간을 드립니다, 나는 내 모든 삶과 오늘 남은 시간을… 바칩니다." 기대 누워 있던 그는 일어나기 위해 자기 앞에 놓인 작은 탁자 위에 잔을 잠시 두었다. 그리고 헌사 중 중요한 나머지를 마무리하기 위하여 일어섰다. 이윽고 그는 헌사의 나머지 부분을 말했다. "나는 지금 이 시간을 그리스도에게 드립니다. 그 이름을 빛낼 수 있는 명예와 영광과 권세가 그 분에게 있기를." 그러고 나서 그는 잔을 들고 전통적인 헌주(獻酒, libational)의 방식을 따라 포도주의 일부를 바닥에 쏟았다. 기대 누워있던 사람들도 포도주 잔을 들고 그리스도를 기념하여 마시기 시작했다.

주연장의 오른편 카우치에 기대 누웠던 남자와 방의 다른 쪽에 기대 누워있던 여자가 "그리스도 예수…" 하고 노래하기 시작했다. 기대 누웠던 나머지 사람들도 인사의 표시로 잔을 들었고 "그리스도 예수, 신의 형상을 지녔으나, 신과 같은 그 무엇도 취하지 않았네"라고 함께 불렀다. 이때, 방으로 개 한 마리가 뛰어 들어와서 바닥에 방금 떨어진 빵 한 조각을 먹으려 하였으나, 섬기는 사람이 밖으로 내쫓았다.

사람들이 개를 보고 웃는 가운데 헌주의 노래는 계속되었다. "오, 그리스도는 자신을 비웠고, 종의 형상을 취하였으며, 사람들처럼 되었네, 모든 면에서 우리처럼 되었으며, 그리스도는 훨씬 더 낮추셨다…."

목소리가 높아졌다. "죽음을 받아들이셨다. 오, 십자가 위의 죽음을."

마케도니아식 억양을 띤 한 남자가 앞서서 몇몇 가사를 거의 솔로로 이끌었다. "그리고 이 일 때문에…."

모두가 그를 따라 함께 노래하였다. "하나님은 그를 지극히 높이셨고, 그에게 다른 어떤 이름들보다 더 뛰어난 이름을 주셨다."

두 여자가 몇 구절의 가사를 이끌면서 다음 부분을 불렀다. "그래서 모든 존재가, 하늘의 모든 것들이…."

그리고 노래의 마지막 부분을 모두가 함께 불렀다. "땅 위와 땅 아래의 모든 것들이 예수의 이름 앞에 무릎을 꿇도록."

모두 잠시 동안 멈추고 함께 잔을 나누고 나서, 함께 노래하였다. "모든 입과 혀가 예수를 주님으로 인정하도록, 하나님 아버지께 영광이 있기를."

어떤 사람들은 잔을 비웠고 포도주를 더 얻으려 하였다. 다른 사람들은 노래의 일부를 반복하였다. 또 다른 몇몇 사람들은 포도주를 약간 바닥에 부었다. 마케도니아 사람과 주연장은 이야기하기 시작했다.

그때 한 여자가 큰 소리로 질문하였다. "글을 읽을 줄 아는 사람이 오늘 밤 여기에 있나요?"

두 세 사람이 그녀의 질문을 반복하였다. 글을 읽을 수 있는 사람이 아무도 없었다. "자," 하고 주연장이 결론을 내렸다. "바울에게서 온 편지는 다음 번에 읽어야 할 것 같습니다. 오늘 밤에는 에바브로디도

가 방문하여 나눌 말에 대해 이야기할 수 있습니다." 주연장 오른편
남자가 자신의 포도주를 쏟아 부었고, 다른 노래를 부르기 시작했다.
그 노래는 호머에 대한 것이다.6

이상과 같은 축제적 식사의 기본적인 구조와 흐름에는 놀라운 유
사성이 있었는데, 이들은 다음 장에서 명료해질 것이다. 식사 모임은
참여자들이 무엇을 하였는가에 관한 공통의 문화적 규범을 갖고 있
었다.7 그러나 일반적인 형태로, 그 식사는 즉흥적인 것에 관대한 여
지도 갖고 있었다. 이후의 장들에서 보게 될 것이지만, 전반적으로
식사 관습을 따르면서도, 초기 "그리스도인들"의 식사 모임은 어디
에서 일어났고, 누가 참석하였는가에 따라 그 모임의 내용과 성격이
다양하였다. 다음의 사례에서 볼 수 있듯이 식사 모임의 다양성은 종
종 함께 먹는 사람들 사이에도 있었고, 서로 다른 지역에서 먹는 다
양한 모임들 사이에도 있었다:

---

6 또한 빌립보서 2:6-11을 보라 그리고 5장에 언급된 이러한 초기의 기독교적 찬송에
대한 광범위한 문헌을 보라.
7 현대 21세기의 식사와, 학자들이 고대 헬레니즘 시대의 식사가라고 지칭하는 것 사
이에 중대한 구별이 이루어질 필요가 있다. 학자들이 지칭하는 고대의 식사는 단순
히 1세기의 사람들이 (음식을) 먹는 계기들은 아니었다. 오히려, 1세기의 지중해 사
회에서, 식사에 대한 폭넓은 사회적 관습이 활발히 이루어졌다. 아마도 연회라는 용
어가, 만약 그 용어가 사치를 반드시 함축하지는 않는다면, 그 시기의 이러한 주요한
제도에 대해 더욱 적절할 것이다. 이러한 연회들은 초기의 기독교적 모임들을 포함
하여 그러나 또한 그러한 모임들을 훨씬 넘어서서 확장되어, 그 시기의 지중해 사회
의 넓은 부분들 가운데에서 퍼져 있었다. 이러한 식사가 지중해 사회의 1세기에서
훨씬 더 넓은 사회적 역동성의 일부였다는 것은 더 넓은 사회적 유형들과 역동성들
의 일부분으로서 초기 기독교의 출현을 우리가 이해하도록 도와준다. 헬레니즘 시대
지중해의 이러한 더욱 넓은 연회 전통은 3장에서 상세히 서술되는데, 여기에서는 연
회 전통을 초기의 기독교적 실천과 관련시키는 두 가지 주요한 최근의 학문적 연구
들의 요약이 핵심을 이룬다.

식사하도록 마련된 방에는, 거의 모든 카우치에 적어도 한 사람씩 기대 누워 있어서, 이미 가득 차 있었다. 그러나 아직 몇몇 사람이 추가로 들어오고 있었다. 마지막 그룹이 오기 전에 빵에 대한 축사가 선포되었다. 음식도 나누어졌고, 사람들은 먹고 있었다.

섬기는 사람 둘이 빵과 과일, 채소를 담은 큰 바구니를 들고 각각의 카우치 주위로 지나가고 있었다. 올리브기름이 담긴 대접은 모든 곳에 놓인 것으로 보였다. 기대 누워 있던 사람들 중에는 마당 안을 보거나 혹은 그 너머를 볼 수 있었다. 다이아나 신전과 회당의 일부는 건물이 크기 때문에 마당 너머로도 보였다.

빌라에서 섬기는 다른 두 사람이 양고기와 돼지고기를 담은 큰 접시를 들고 왔다. 고기 냄새가 방안에 풍겨왔다. 고기 접시들이 주연장과 그의 오른편에 기대 누운 사람들 앞에 이르기도 전에, 기대 누운 몇몇은 가능한 한 빨리 한 조각을 집으려고 몸을 일으켰다.

주연장은 재빨리 일어나 고기를 받으면서 누가 고기를 받을지와 받지 않을지에 대한 논쟁을 피하려고 하였다. 접시들의 크기로 보아, 모든 사람에게 충분히 고기가 나누어질 것이 분명해 보였다. 그러나 주연장은 다른 요점을 말하기로 결심하였다:

"그리스도 안에서 우리는 모두 형제자매이기 때문에, 이 풍성한 축제를 동등하게 나눕니다. 우리가 이 고기를 나누는 것을 기억하십시오. 그리고 각자 충분한 몫을 받으십시오. 하나님의 백성으로서 우리가 함께 나누는 이 좋은 음식을 제공해 주신 주최자에게 감사드립니다." 주연장이 선언하였다.

접시들이 제공되기 시작하고 주연장이 자신의 명예로운 침상에 다시 기대어 눕자, 몇몇 사람이 동의한다고 중얼거렸다.

그러나 회당 옆에 사는 한 젊은이가 갑자기 일어섰고 사람들의 시선을 끌었다.

"실례합니다." 그는 간청하듯 말하였다, "나는 이 고기를 먹는 일에 동의하지 않습니다. 이것은 돼지고기입니다. 하나님의 백성은 돼지고기를 먹어서는 안 됩니다. 먹는 문제에서 우리가 하나가 아닌데, 어떻게 우리가 그리스도 안에서 우리의 공동체를 기념할 수 있습니까?"

방안은 조용해졌다. 긴장한 채 그리고 무슨 말을 어떻게 해야 할지 모른 채, 주연장은 기대 누웠던 자리에서 일어났다.

주연장은 자기 생각을 말할 기회를 얻지 못했는데, 고기를 거부한 유대인에 반대해서 그의 삼촌이 이미 말하고 있었기 때문이다. 기대 누운 자세에서 일어서지 않은 채로 삼촌은 크게 말하였다, "야비합니다. 우리는 주최자의 관대함을 거부할 수 없습니다. 어쨌든, 그리스도 안에서 우리가 함께 있을 때, 모든 음식은 깨끗합니다. 우리가 노예이고 자유인이며, 남자이고 여자인데도 함께하고 있듯이, 우리의 음식 관습은 더 이상 문제되지 않습니다."

그 젊은 유대인 남자는 재빨리 대답하였다. "물론 우리는 그리스도 안에서 모두 하나입니다. 그러나 그리스도는 유대적인 칭호입니다. 그리스도 안에서, 당신들은 우리처럼 먹도록 요구받지 않는다는 것을 나는 압니다. 그러나 그리스도는 이런 종류의 고기를 먹지 않았습니다. 왜 우리는 먹어야 합니까? 그리고 바울은 이와 같은 음식에 대한 논쟁에서, 우리는 유대인의 방식을 모두 존중해야 한다고 말한 편지를 20년 전에 로마인들에게 쓰지 않았습니까?"

그 도시 밖에서 온 한 여자가 재빨리 말하였다: "나는 여러분처럼 이스라엘의 방식으로 성장하지 않았습니다. 그러나 이 고기를 먹는 것이 나 역시 편안하지 않습니다. 나는 그 고기가 다이아나 신전에서 온 것일지도 모른다는 의심이 듭니다. 이는 그 고기가 황제에게 경의를 표하며 아마도 희생제물로 드려졌다는 것을 의미합니다. 황제가 아니라 그리스도가 우리의 인도자임을 우리는 압니다. 그래서 황제의 잔인함과 지배를 나타내는 그 고기를 삼켜서 내 몸 속에 두고 싶지 않습니다."

이제, 그 모임이 완전히 논쟁에 빠져있음을 주연장은 깨달았다. 그러한 논쟁은 식사에서 이후에, 즉 주연 동안에 하는 것이 좋을 것이다. 주연 동안에는 논쟁, 읽기, 노래 그리고 기도가 모두 적합하기 때문이다. 식사 모임의 음식 먹는 부분이 이처럼 중단되어서는 안 되었다. 그래서 커져가는 논쟁 소리 위로 주연장은 자신의 목소리를 높여 말하였다.

"그리스도 안에서 형제자매 여러분, 우리가 지금 이러한 논쟁을 하는 것은 적절하지 않습니다. 저녁 식사를 마치고, 그리스도께 잔을 올린 후에 이 문제를 논의하고 결정할 것을 제안합니다. 지금은, 모두가 원하는 것을 먹도록 합시다. 그리고 나서 우리가 잔을 들고 찬송을 부른 후에, 고기를 반대하는 문제를 존중하여 다룹시다."

약간의 불평은 있었지만 각각의 그룹은 카우치로 돌아가서 먹기 시작하였다.8

---

8 함께 먹는 것에 대한 비슷한 논쟁이 로마서 14장과 15장에서 다루어진다. 이 허구적인 묘사는 다른 지역에서도 그러한 논쟁이 있었음을 환기시키기 위해서 의도된 것이다. 로마서 14장과 15장의 논쟁에 대한 명확한 연구를 위해서는 이재원, "Paul and the Politics of Difference: A Contextual Study of the Jewish-Gentile Difference in Galatians and Romans"(Ph.D. diss., Union Theological Seminary, 2001)을 보라.

비교적 새로운 연구의 넓은 범위에 기초하여 이 책은 축제적 식사를 함께 한 초기 그리스도인들의 주요한 사회적 실천을 탐구한다.9 주요한 학자들에 의해 이 식사의 모습이 이미 묘사되었으므로, 이 책은 기독교의 첫 150년 역사에서 초기 그리스도인들의 사회적 실천에 대한 중요한 지식이 어떤 함의를 갖는가를 연구한다. 이 책의 연구는 어떻게 그러한 주요한 사회적 실천에 대한 지식이 우리가 초기 기독교의 사회적 차원들을 이해할 수 있도록 돕는가를 보여준다. 이 책은 식사를 사회적 모임들을 위한 일차적인 자리로 이해한다. 그리고 그러한 이해가 어떻게 초기의 원(原)-기독교의 정체성에 대한 핵심적인 질문들을 해명하는가에 주목할 것이다. 그들의 사회적 가치는 무엇이었는가? 그러한 다양한 그룹들은 서로의 관계를 어떻게 이해하였는가? 남성과 여성 사이에서는? 유대인과 그리스인은? 귀족 후원자와 피보호자는? 로마의 점령자와 식민지 백성은 그리고 그 중간에 끼인 사람들은? 노예, 자유인 그리고 주인은? 명예로운 자리에 있는 사람들과 수치를 당한 사람들은? 특히 식사의 역동성에서 드러난 모습대로, 신약성서와 다른 초기 기독교 문헌들에 대하여 사회적으로 생각할 때에 무엇이 되살아나는가? 초기의 그리스도인들이 상당히 정기적으로 참여한 식사 모임의 윤곽과 내용을 알게 될 때에 어떤 희망이 나타나는가? 어떤 새로운 갈등들이 초점에 들어오는가? 어떤 신학적 원리들이 새롭게 중요성을 띠게 되며, 반면에 강조점이 줄어드는 것도 있는가?

이 책은 이런 질문들에 대해서 기독교의 시작에 관해 이전보다

---

9 이 책의 나머지는 이러한 연구와 그리고 적용을 위한 그것의 근거를 상세히 언급한다.

훨씬 더 많은 것들을 이야기할 수 있다는 감각을 가지고, 이제는 기본적으로—그리고 여러 면에서 처음으로— 초기 기독교의 사회적 실천이 설명될 수 있을 거라는 입장에서 접근할 것이다. 이 작업을 수행하기 위하여, 2장은 우리 시대에 이루어진 기독교의 기원에 대한 연구를 짧게 살펴본다. 2장에서는 기독교의 기원에 대한 기존의 관습적인 상상을 비판하고, 새로운 개념들을 제안하기 위하여 카렌 킹, 버튼 맥, 쥬디스 류, 조나단 스미스 그리고 몇몇 다른 학자들의 연구가 사용된다. 3장에서는 위에서 묘사한 식사 경험의 학문적인 틀을 요약하고 검토하며, 기독교의 시작과 연관지을 것이다. 여기서, 식사의 사회적 실험이라는 범주가 도입된다. 그리고 나서 4장은 헬레니즘 식사와 초기 기독교의 식사를 사회적으로 분석하기 위해 현대의 사회 이론, 일차적으로는 의례 이론과 수행 이론을 살펴볼 것이다.

5장은 초기 기독교 식사가 얼마나 사회적으로 야심적이었고 널리 퍼져 있었는가를 보여준다. 식사에 대한 폭넓은 묘사에 기초하여, 6장은 로마의 제국주의 권력에 대항한 저항의 측면에서 초기 기독교의 식사를 검토하고, 7장은 식사에서 이루어진 추가적인 사회적 실험의 윤곽을 제시한다. 초기 기독교 문헌과 헬레니즘 식사의 상호교차에 대한 분석들이 어떻게 기독교의 시작을 이해하는 새로운 방식을 열어주는가에 주목하면서, 8장은 이러한 것들이 초기 기독교의 정체성 수행으로서 가장 잘 이해된다고 결론 내릴 것이다. 에필로그에서는 현대의 기독교적 예배를 위하여 초기 기독교 식사가 갖는 함의를 성찰한다.

2 장
초기 기독교 정체성 연구를 위한
새로운 패러다임

　　초기 기독교의 식사로 인하여 기독교의 시작에 대한 연구가 다시 형성되었고, 이는 놀라운 방식으로 이루어졌는데, 이를 다루기 전에 "기독교의 기원"의 분야로 알려져 온 것을 재검토하는 것이 중요하다.

　　"기독교의 기원"에 관한 연구는 현대 학문의 역사에서 때때로 표면에 등장하였다.[1] 그 기원의 연구는 기독교의 시작에 대한 종종 "주

---

1 19세기 후반기로부터 연대기적으로 살펴보면, 주요한 연구들은 다음 저술을 포함한다: Adolf von Harnack, *The Mission and Expansion of Christianity in the First Three Centuries* (London: Williams and Norgate, 1908), and Harnack, *History of Ancient Christian Literature to Eusebius* (Berlin: Akademie der Wissenschaften zu Berlin, 1900); Wilhelm Bousset, *Kyrios Christos: A History of the Belief in Christ from the Beginnings of Christianity to Irenaeus*, trans. John E. Steely (Nashville: Abingdon, 1970); Alfred Loisy, *The Birth of the Christian Religion and The Origins of the New Testament*, both translated by L. P. Jacks (New Hyde Park, N. Y.: University Books, 1962); Rudolf Bultmann, *Primitive Christianity in Its Contemporary Setting*, trans. Reginald H. Fuller (Phila-

류 담론"이라 불리는 것의 실패로부터 생겨났다. 주류 담론은 초기 기독교에 대해 19세기 후반부터 20세기까지 가르쳐지고 전해졌던 많은 부분을 설명한다.2 주류 담론은 기독교가 생겨나게 된 방식에 대해 기독교계가 제안한 이야기였다. 주류 담론의 기독교 기원에 대한 연구는 역사적-비평적 연구를 더욱 진지하게 고려하는 대안들을

delphia: Fortress Press, 1956); James M. Robinson and Helmut Koester, *Trajectories through Early Christianity* (Philadelphia: Fortress Press, 1971); Burton Mack, *Who Wrote the New Testament? The Making of the Christian Myth* (San Francisco: HarperSanFrancisco, 1995); John Dominic Crossan, *The Birth of Christianity: Discovering What Happened in the Years Immediately after the Execution of Jesus* (San Francisco: HarperSanFrancisco, 1998); Elisabeth Schussler Fiorenza, *In Memory of Her: A Feminist Theological Reconstruction of Christian Origins* (New York: Crossroad, 1994); and Rodney Stark, *The Rise of Christianity: A Sociologist Reconsiders History* (Princeton, N. J.: Princeton University Press, 1996).

2 주류 담론이라는 개념은 포스트모던 문학 비평가인 쟝 프랑스와 료타르(Jean-Francois Lyotard)의 연구, 특히 *The Postmodern Condition: A Report on Knowledge* (Minneapolis: University of Minnesota Press, 1984)에 대한 그의 서문으로부터 파생되는데, 이 저작에서 그는 '메타이야기'(metanarrative) 혹은 '거대 담론'(grand narrative)의 개념을 도입한다: "나는 포스트모던을 메타 이야기들에 대한 의심, 회의로서 정의한다. 이 회의는 의심할 것도 없이 여러 학문들이 진보하여 파생된 산물이다. 그러나 그 진보는 이번에는 의심을 미리 전제로 한다. 정당화라는 메타 이야기 장치의 퇴화에 가장 뚜렷하게, 형이상학적인 철학의 위기가 그리고 과거에 그러한 철학에 의존했던 대학 제도의 위기가 상응한다. 이야기 기능(narrative function)은 그것의 기능자들, 위대한 영웅, 위대한 위험, 위험한 여정, 그것의 위대한 목표를 잃어버리고 있다. 그 이야기 기능은 이야기의 언어적 요소들이라는 구름들 속으로 흩어지고 있다-이야기란 또한 표시적, 규범적, 서술적이기도 하다"(xiv-xv). 이 개념을 기독교의 시초들에 적용한 것은 Halvor Moxnes, "The Historical Jesus: From Master Narrative to Cultural Context," *Biblical Theology Bulletin* 28 (1998): 135-149에서 발견할 수 있다. 카렌 킹도 '주류 담론, 이야기'라는 용어를 같은 방식으로 사용한다. Karen King, *The Gospel of Mary of Magdala: Jesus and the First Woman Apostle* (Santa Rosa, Calif.: Polebridge, 2003) 158-163을 보라.

제시하려고 했다.

주류 담론

주류 담론은 아래와 같은 내용으로 전개된다:

예수는 위대한 인간이었다. 지금까지 있었던 최선의 인간이었을
것이다. 아마도 인간의 형태를 띤 신이고 하나님과 직접적이고 고유
한 접촉을 가졌던 인간이었다. 거의 확실히 완벽한 인물이었고. 그처
럼 위대한 인물이었기 때문에 세계는 오직 그의 비범함에 의해 영원
히 변화되었다. 예수는 자신의 사도들에게 자신의 메시지를 성공적
으로 전하였고, 사도들은 그 메시지를 교회의 "교부들"(주교들, 신학
자들, 성도들)에게 전하였다.3 교회 교부들은 예수의 메시지의 본질
을 성공적으로 받아서 그 메시지의 본질을 몇 개의 신조(사도신조,
니케아신조) 형태로 만들었다. 그 신조들은 모든 시대에 통용되는 기
독교의 본질을 포착한 것으로 간주되었다. 또한, 기독교적 실천의 본
질은 성만찬과 세례의 성례전으로 성공적으로 전수되었다. 이러한
방식으로, 오늘날의 기독교는 하나님과 예수로부터 직접적인 권위를
부여받는다.

지난 200년 동안 신약성서와 초기 기독교에 대한 역사-비평적

---

3 주류 담론은 이러한 교회 "교부들" 자신들이 완벽한 것은 전혀 아니었음을 진정으로
인정하나 그 교부들이 신조와 성례전 실천의 본질들을 전달해 준 것으로 믿는다.

및 문헌적 연구는 이러한 주류 담론 속에 있는 여러 요소들의 신뢰성에 대하여 의문을 제기했다. 대부분의 학자들이 주류 담론의 패러다임 속에서 활동하였지만, 주류 담론과 상충하는 기술적 연구에 참여한 이들도 있었다. 1970년대와 1980년대에, 몇몇의 학자들이 다음의 기초 위에서 주류 담론에 도전하였다:

1. 역사적 예수에 대한 제3의 연구는 예수의 인간성을 강조하였고, 1세기 갈릴리에서 살았던 예수의 의식에 있는 특정한 역사적 뿌리를 강조하였다. 제3의 연구에서는 예수 자신의 역사적 우연성에 더욱 초점을 맞추었으므로, 예수를 어떤 본질적인 인간으로 유지할 가능성은 약화되었다.

2. 점차로 초기 기독교의 여러 가지 다양성이 인정되기 시작했다. 정경 안에서의 상이성과 정경 너머의 새로운 문헌의 발견 모두가 이러한 다양성을 강조하였다.

3. 예수 때문에 세계가 결정적이고 긍정적인 방식으로 변화하였다는 증거는 몇 차례의 대학살과 세계 대전 후에 더욱 믿을 수 없는 것이 되었다. 그러한 학살과 전쟁에 대해 기독교는 중대한 책임이 있었다.

4. 사도신조와 니케아신조는 예수로부터의 직접적인 가르침을 포함하지 않으며, 오히려 예수에 대한 우주적 이미지를 제시한다는 것이 인정되었다.[4] 그러므로 예수의 가르침이 사도들과 교회 교부들에게 전달되었다는 사고는 더욱 증명할 수 없게 되었다.

5. 고대에 행해진 세례와 성만찬의 의미와 실천은 20세기의 의미들과는

---

4 Robert Funk, *Honest to Jesus: Jesus for a New Millennium* (San Francisco: HarperSanFrancisco, 1996), 39-66을 보라.

다른 것으로 드러났다.

이상과 같은 근거로 주류 담론의 요소 대부분이 이전보다는 신뢰가 떨어지는 것으로 나타났다. 그러므로 기독교의 시작에 대해 재고할 다른 방식에 대한 요구가 분명해졌고, "기독교의 기원"에 관한 새로운 담론이 생겨나게 되었다. 명백히 주류 담론은 기독교 역사에서 비교적 짧은 기간을 다루지만, 주류 담론이 형성되는 데에는 오랜 시간이 걸렸다. 주류 담론은 질문을 허용하지 않는 비밀스런 신화적 사고에 의존하고 있다. 뿐만 아니라 주류 담론은 우리 시대에 기독교적 지배의 특권을 보존하고 숨기며 동시에 합리화하는 교활한 계산에도 의존하고 있다. 주류 담론은 이 혼란스런 상황 속에서도 세계적인 지배담론으로서 기독교를 되찾기 위해 신화적 변명들을 늘어놓고 있다.

주류 담론에 도전하는 이유는 오늘날에도 적절하다. 사실 기독교의 시작을 생각하는 일에 새로운 패러다임이 필요하다는 사실은 일반 대중이 기독교의 권위에 대해 비학문적으로 거부하고 있다는 사실로 인해 강조되고 있다. (탈)현대의 삶을 해결하기 위한 충분한 권위를 마련하는 데 대해 기독교의 여러 기초적인 실패는 기독교의 시작이 가정되어 온 표준적인 방식을 재고할 필요가 있다는 데 밑줄을 치고 있는 것이다. 기독교의 권위와 기독교의 시작을 다루는 주류 담론에 대한 더 큰 의심을 가장 잘 드러내는 것이 소설 『다빈치 코드』(*The DaVinci Code*)에 대한 대중의 지대한 관심이다. 『다빈치 코드』는 충분한 조사 연구에 근거하여 씌어졌다고 할 수 없다. 그럼에도 불구하고 그 소설은 주류 담론에 의문을 제기하였고, 대안적인 담론을 제시하였다. 이 소설『다빈치 코드』에 많은 사람들이 매혹된 큰 이유는 21세기에 기독교의 권위가 부족한 것이 아닌가 하는 일반 대중의 의심과 관련이 있다. 어떻게 기독교가 시작된 과정의 "실제적인" 이야기가 교회 교부들에 의하여 자기-정당화하는 주류 담론을 옹호하도록 억압적이 되었는가에 대해『다빈치 코드』는 추론을 제기하였고, 이 추론에 대중들은 매혹되었다. 그에 따라 현시대의 기독교의 권위와 주류 담론이 연결되어 있음이 명백해졌다.

그럼에도 불구하고, 기독교의 기원 분야 그 자체는 특별히 잘 진척되지는 못했다. 기독교의 "기원"에 대한 탐구에서 몇 가지 약점들이 분명히 드러났다. 첫째로, 어떻게 기독교가 시작되었는가에 대한 대안적 상상의 임의성이 너무도 분명했다. 대안적인 궤적들이 지닌 약점과 편견은 쉽게 발견될 수 있었다.[5] 둘째로, 기독교의 시작에 대한 거대한 대안적 재상상(再想像)을 제시하는 데 대해 학자들은 망설인다. 이는 주류 담론의 범위를 더욱 포괄적으로 보이게 해주고, 주류 담론이 결함 있는 묘사일지라도 지속할 수 있게 해줄 수 있기 때문이다. 종종 이러한 상황은 대중 및 다른 학자들이 주류 담론으로 되돌아가게 만들었는데, 이는 주류 담론의 설명이 더욱 포괄적이기 때문이다.

셋째로, 아마도 이 책의 관점에서 가장 중요한 점인데, 초기 기독교의 "기원"이라는 개념 자체는 그 동안 논란에 휩싸였다.[6] 초기 기

---

5 엘리자벳 쉬슬러 피오렌자의 *In Memory of Her*, 버튼 맥의 *A Myth of Innocence: Mark and Christian Origins* (Philadelphia: Fortress Press, 1988) 그리고 *Who Wrote the New Testament?*에 의해 제시된 주요한 제안들과 관련한 회의론도 보라. 이와 비슷한 회의론이 존 도미닉 크로산의 *Birth of Christianity*에서도 나타났다.
6 Ward Blanton, *Displacing Christian Origins: Philosophy, Secularity, and the New*

독교의 기원이라는 개념은 적어도 두 가지 차원에서 도전을 받았다. 어떤 학자들은 주류 담론 자체가 조작적이고 환상적이라고 주장한다. 그들은 기독교의 실제의 기원을 도대체 발견하거나 해독할 수 있을지의 여부를 의심한다.7 기독교의 기원이 발견될 수 없다는 걱정은 대부분이 어떠한 객관적인 역사적 관점도 불가능하다는 포스트모던적인 의심으로부터 나온다. 또한 부분적으로는 어떻게 기독교가 시작되었는가에 대해 현재 보유하고 있는 증거들이 전혀 포괄적이지 않다는 인식에서 나온다. 다른 한편 기독교의 기원 개념 자체를 특정 관점에 유리하게 의도된 것으로 간주하는 학자도 있다. 그들은 주류 담론에 대한 대안으로 제시된 기독교 기원의 시나리오가 역사적인 목적이 아니라 이념적인 목적에 기능하는 것으로 본다.8 주류 담론이 기독교의 정통을 방어하기 위한 구성물이듯이, 기독교의 기

Testament (Chicago: University of Chicago Press, 2007)에서 기독교의 기원들에 대한 그의 비판도 보라.

7 이러한 질문들에 대한 날카로운 연구와 비평을 Judith Lieu, *Christian Identity in the Jewish and Graeco-Roman World* (New York: Oxford University Press, 2004)에서 보라. 또한 역사는 그 자체로는 회복될 수 없으나 기원들의 질문들을 다루는 가장 신뢰할 만한 방법은 정경적 복음서들의 복합적인 견해를 살펴보는 것이라는 Luke Timothy Johnson의 주장들을 *The Real Jesus: The Misguided Quest for the Historical Jesus and the Truth of the Traditional Gospels* (San Francisco: Harper-SanFrancisco, 1996), 1-27, 105-140에서 보라. 또한 초기의 기독교적인 역사성들을 결정함의 어려움들에 대한 Elizabeth A. Clark의 많은 설득력 있는 저서들, 특히 *History, Theory, Text: Historians and the Linguistic Turn* (Cambridge, Mass.: Harvard University Press, 2004)을 보라.

8 Vincent Wimbush, *African Americans and the Bible: Sacred Texts and Social Textures* (New York: Continuum, 2000), 1-43; King, *Gospel of Mary of Magdala*, 155-190; Stephen D. Moore, *Poststructuralism and the New Testament: Derrida and Foucault and the Foot of the Cross* (Minneapolis: Fortress Press, 1994); R. S. Sugirtharajah, *The Bible and Empire: Postcolonial Explorations* (Cambridge: Cambridge University Press, 2005)을 보라.

원에 대한 대안적인 기획도, 점차 증가하는 비판에 따르면, 그 자체의 이데올로기적인 목적을 갖는다는 것이다.

카렌 킹은 주류 담론에 도전하면서 기독교의 기원 개념에 대한 두 비평을 간결하게 종합한다:

> 기독교의 처음, 그 시작은 기독교가 갈망하고 순응해야 하는 이상으로서 종종 묘사된다. 이 시작의 때에 예수는 자신의 제자들에게 이야기하였고 복음은 진리 안에서 설교되었다. 이 처음에 교회들은 성령의 능력 안에서 형성되었고 그리스도인들은 서로서로 하나됨과 사랑 안에서 살았다. … 그러나 만약 그 이야기를 다르게 말한다면 무슨 일이 벌어지는가? 만약 그 시작이 싸움과 실험의 시간이었다면? 만약 복음의 의미가 명확하지 않았고 그리스도인들은 예수가 누구인가를 이해하려고 애썼다면?[9]

어떻게 기독교가 시작되었는가라는 상상은 그것이 『다빈치 코드』든, 주류 담론이든, 혹은 어떤 훌륭한 학문적인 대안이든지 이 중대한 시점에서 심각한 결함을 갖는다. 기독교의 시작에 대해 더 명료하게 생각할 때가 되었다. 우리는 "사실"(fatcs)을 직접적으로 확보할 수 없다. 우리는 방법도 바꾸어야 한다. 이러한 교착상태를 고려할 때, 중요하고도 새로운 접근들이 지난 십여 년 동안 등장했다. 주로 방법론적인 이 새로운 출발들은 기독교가 시작된 방식들을 재상상하는 일에 초기 기독교인의 식사라는 사회적 실천을 활용하려는

---

9 King, *Gospel of Mary of Magdala*, 158.

이 책의 노력에 중요한 관점을 제공한다.

기독교의 시작을 재고하는 최근의 주요한 시도들

기독교의 기원을 설명하는 주류 담론에 대한 대안적 가능성이나 정직성을 질문하는 이들에게조차도, 주류 담론에 도전해야 할 필요성은 긴요하다.[10] 이 절박함은 기독교의 시작에 대한 더욱 정직한 묘사를 얻으려는 필요에서만 나온 것은 아니다. 현 시대 기독교의 현상 유지와 제도화된 기독교 세계의 임의적인 권위를 강화하는 일에 주류 담론은 일정한 역할을 수행한다. 이 사실은 현시대의 기독교가 정직성에 대한 윤리적인 문제를 제기한다. 주류 담론에는 위로부터의 권력을 예수와 사도들과 교회 교부들이 규정한 것으로 정당화하는 경향이 있다. 그런데 주류 담론은 가난한 그리스도인들의 목소리를 소외시키고, 기독교 내부에서의 변화를 위한 민주적인 과정을 제한한다.

기독교의 시작에 대해 더 일관성 있는 대안적 묘사와 설명을 제시하면서, 주류 담론의 헤게모니에도 대항할 필요성은, 비록 지속가능한 대항적 이야기를 만들어내지는 못했을지라도, 관점과 방법에 있어서 몇 가지 중요한 변화에 이르렀다. 이 변화는 다음의 내용을 포함한다.

---

10 아마도 과거 25년에 걸쳐서 주류 담론에 대한 가장 지속적인 비판적 목소리는 엘리자벳 쉬슬러 피오렌자의 목소리였다. 이러한 비판의 어휘는 그녀 자신의 것으로 남아 있지만, 그녀의 사고의 차원들은 날카롭고도 대범하였다. 특히 *In Memory of Her*의 도입부와 첫 세 장들을 보라.

기독교의 시작을 본래 다양한 것으로 보기

예수로부터 니케아신조까지의 사고, 실천 그리고 권위가 직선으로 이어진 궤적이라는 생각은 이제 누더기가 되었다. 기독교 역사의 첫 2세기에 걸쳐서 서로 다른 운동이 예수의 이름으로 활발히 일어났다는 것을 지난 20년 동안 다양한 학문적 연구가 보여주었다. 더 중요한 것은 정통과 이단의 범주는 이러한 차이를 특징짓기에는 부적절하다는 것이다.

위에서 주목한 것처럼, 처음에는 기독교의 다양성에 대한 발견이 주류 담론에 대한 도전을 낳았다. 지난 십여 년 동안 초기 기독교의 다양성이라는 가설은 기독교의 시작을 재고하기 위한 주요한 재료였다. 예컨대 버튼 맥은 이스라엘에서 활동한 예수의 첫 세대 추종자들에게서 다섯 가지의 분명히 다른 "예수 운동들"을 묘사하였다. 또한 버튼 맥은 또 다른 "그리스도" 운동이 시리아와 소아시아에서 동시에 있었다는 것을 보여주었다.[11] 이와 유사하게 카렌 킹은 훨씬 더 넓은 범위에서 초기 "기독교 공동체들"이 1세기와 2세기에 존재하였음을 나그함마디 문서를 통해 보여주었다.[12] 이러한 기독교 역사의

---

11 기독교의 기원들에 대한 맥의 저작은 십년 이상에 걸쳐 이루어졌으며 그리고 *A Myth of Innocence: Mark and Christian Origins; Who Wrote the New Testament? The Making of the Christian Myth*; 그리고 *The Christian Myth: Origins, Logic and Legacy* (New York: Continuum, 2001)를 포함한다.

12 킹의 연구는 몇 가지 관점들로부터 기독교의 기원들의 주제들을 다루어 왔다. 이러한 질문들을 다루는 저작들이 *The Gospel of Mary of Magdala; What is Gnosticism?* (Cambridge, Mass.: Harvard University Press, 2003); 그리고 *The Secret Revelation to John* (Cambridge, Mass.: Harvard University Press, 2006)이다. 그 주제에 대한 킹의 가장 직접적인 글은 초기에 씌어졌으며 그녀의 더욱 대담한 제안들을 포함하지는 않는다. "Machinations on Christian Origins,"

첫 두 세기에 대한 보다 표준적인 연구로는 헬무트 쾨스터의 두 권으로 된 『신약성서 개론』(*Introduction to the New Testament*)과 바르트 에어만의 『신약성서에 대한 역사적 개론』(*Historical Introduction to the New Testament*)[13]이 있다. 이 연구도 초기 "그리스도인들"이 매우 다양했다고 가정한다. 이 학자들은 모두 초기 기독교의 다양성이 신약성서 안에도 존재한다고 가정하게 되었다.[14] 신약성서-이후의 시대에 대해서는, 제임스 캐롤의 획기적인 연구 『콘스탄틴의 칼』(*Constantine's Sword*)과 애버릴 카메론의 저서 『기독교와 로마제국의 수사학』(*Christianity and the Rhetoric of the Roman Empire*)이 1세기에 대한 더욱 광범한 학문적인 연구를 보충해준다.

---

in *Reimagining Christian Origins: A Colloquium Honoring Burton L. Mack,* ed. Elizabeth A. Castelli and Hal Taussig (Valley Forge, Pa.: Trinity Press International, 1996), 157-172를 보라.

13 에어만은 이러한 다양성을 분류하는 적절한 방식으로서 정통과 이단의 개념들을 확고하게 고수하는 이러한 학자들 중의 아마도 유일한 사람이다. 이 주제에 대한 다음과 같은 그의 많은 저서들을 보라. *Misquoting Jesus: The Story behind Who Changed the Bible and Why* (New York: HarperSanFrancisco, 2005); *Lost Christianities: The Battles for Scripture and the Faiths We Never Knew* (New York: Oxford University Press, 2003); *The New Testament: A Historical Introduction to the Early Christian Writings* (New York: Oxford University Press, 2004). 이 저서들은 이러한 입장을 일관되게 취하고 있다. 그러나 최근에 에어만은 초기의 기독교를 연구하는 학자로서 연구의 결과로 그 자신의 기독교 신앙을 "잃어버렸다"고 공식적으로 밝혔다. *Washington Post*, March 5, 2006, by Neely Tucker, p. D1에서의 보고를 보라.

14 Elaine Pagels and Karen King, *Reading Judas: The Gospel of Judas and the Shaping of Early Christianity* (New York: Viking, 2007), 33-42에서 이것에 대한 설득력 있는 예증을 보라.

초기의 "기독교"를 사회적 운동으로 이해하기

주류 담론은 초기의 기독교가 완전성과 일치를 유지하는 방식이 적절한 신조에 있었다는 가정에 기초한다. 예컨대 하나님의 아들인 예수에 대한 "신조"가 초기 기독교의 핵심적인 특징이라고 종종 가정되었다. 이러한 경향으로부터 파생된 것이 또한 초기 그리스도인들이 무엇을 생각하였는가에 대한 강조였다. 초기의 기독교 역사에 대한 이러한 설명에서는 관념들—만약 신조들이 아니라면—이 문제의 핵심으로서 묘사되어 왔다.

주류 담론은 또한 영웅적인 개별 인물들(예컨대, 예수, 바울, 특별한 교회 "교부들")을 중심으로 구조를 만들어낸다. 비록 기독교의 시작이 몇 명의 중요한 개인(예컨대, 예수, 바울, 막달라 마리아, 안디옥의 이그나티우스)을 포함하였지만, 초기의 기독교가 어떠한 것이 되었는가의 문제는 한 명 혹은 그 이상의 창시자를 밝히는 것만으로는 설명될 수 없다는 것이 최근의 연구에서 밝혀지고 있다.[15] 오히려 강력하고, 오랜 기간 동안, 복잡한 사회적인 교환이 초기 기독교의 출현에서 일어났다. 이러한 사회적 상호작용과 그것이 배출한 공동체는 초기 기독교 형성에서 적어도 초기 기독교의 창시 영웅들만큼이나 중요하다. 역사적 탐구에서 출현하는 이러한 새로운 원리는 반(反)-영웅적이다. 그 원리는 역사가 복잡하고 확장된 사회적 과정을 통하여 만들어지며, 초기의 기독교도 예외가 아님을 가정한다.

---

15 Elizabeth Schüssler Fiorenza, *Jesus and the Politics of Interpretation* (New York: Continuum, 2000); and Hal Childs, *The Myth of the Historical Jesus and the Evolution of Consciousness* (Atlanta: Society of Biblical Literature, 2000)을 보라.

주류 담론이 시도한 것처럼, 신조들을 연구하고 영웅적 인물들에 초점을 맞추는 일은 어떻게 사회적 종교적 운동들이 생겨나는가에 대해 설명할 수 없는 거대한 틈을 만들어낸다. 신조들과 영웅들에게 초점을 맞추는 것은 현시대의 기독교적 권위의 가치를 강화할 뿐이다. 이러한 문제가 있는 상황에서, 지난 세대의 연구는 신조나 영웅적 패러다임의 추구보다 첫 두 세기의 다양한 기독교 공동체의 사회적 입장에 집중함으로서 더 잘 특징지어질 수 있다는 것을 보여준다.16

현재 이러한 학문적 흐름에서 가장 영향력 있는 것은 로마제국의 억압과 신학적인 오만에 저항하는 것으로 초기 기독교 공동체를 특징짓는 것이다. 기독교의 시작에 대한 이러한 상상에서 초기 기독교가 어떠한 것이 되고 있었는가에 크게 기여한 것은 (어떤 신조에 대한 확신보다는) 로마에 대항한 초기 그리스도인들의 사회적 입장이었다. 여기서 로마에 대항한 저항의 스펙트럼으로서 가장 잘 특징지어지는 다양한 초기 기독교 공동체들은 리챠드 호슬리, 브리짓 칼, 워렌 카터와 같은 탁월한 연구자들에 의하여 일관되게 제시되어왔다.17

---

16 1980년대에 Wayne Meeks와 Gerd Theissen의 연구들이 이러한 접근을 취한 첫 시도들이었다. Meeks, *The First Urban Christians: The Social World of the Apostle Paul* (New Haven, Conn.: Yale University Press, 1983), Theissen, *The Social Setting of Pauline Christianity: Essays on Corinth* (Philadelphia: Fortress Press, 1982) 그리고 *The Sociology of Early Palestinian Christianity*, trans. John Bowden (Philadelphia: Fortress Press, 1978)을 보라.

17 이러한 측면에서의 연구는 너무도 넓어져서 N. T. Wright(그의 *Paul: In Fresh Perspective* [Minneapolis: Fortress Press, 2005]를 보라)와 같은 보수적인 학자의 그리고 카렌 킹과 같은 비정경적인 문서들을 다루는 학자의 연구에서도 중대한 요소로 작용한다. 킹의 저서들을 위해서는 본 장의 앞 각주들을 보라.

기독교의 기원에 대해 주류 담론은 로마제국 통치하에서의 초기 기독교의 출현에 관심을 기울이지 않았다. 기독교가 어떻게 시작되었는가에 대한 기존의 전통적 묘사에서는 기독교의 시작 전체가 로마의 군사적, 정치적 그리고 경제적인 지배에 의해 만들어진 거대한 "세계" 속에서 일어났다는 사실이 거의 무시되었다. 이러한 전통적 묘사는 예수의 훌륭한 가르침과 영웅적인 행동이 대부분은 동화 같은 분위기에서 행해진 것으로 그려졌다. 그러한 묘사의 가장 야심적인 기준틀에서 주류 담론의 틀은 "타락한" 유대교에 대해 반대하는 예수라는 배경을 갖는다.[18] 그러한 틀로는 유대교가 로마의 억압 아래서 살고 있고, 어떤 경우 로마의 억압과 협력하고 있다는 사실에 아무런 주의를 기울일 수 없다. 물론 주류 담론은 (다른 종교들에 대항하여) 기독교를 위한 그리고 세계 지배를 위한 정당화에 기여하기에, 주류 담론이 로마제국의 정치적 역학을 언급한다는 것은 어색한 일이다.

"사회적 형성"과 "사회적 실험"이라는 버튼 맥의 중요한 개념은 초기 기독교의 다양한 사회적 표현들을 밝히는 연구를 가능하게 하였다. 맥은 이 노력에 대하여 다음과 같이 쓰고 있다:

---

18 1세기의 유대교를 타락한 종교로 만드는 것은 주류 담론의 허구이다. 이것은 1세기의 역사적 실재도 아니었고 또한 신약성서와 초기 기독교 문헌의 대부분의 관점도 아니었다. 마태복음과 마가복음은 예수와 유대교의 다른 부분들 간의 논쟁을 다양한 주제들에 관한 유대교 내부의 논쟁으로서 묘사한다. 크리스 스텐달(Chris Stendhal) 이후로 대부분의 신약성서 신학도 바울을 유대교-내적인 논쟁에 참여한 것으로 보아왔다. 그러나 누가복음/사도행전의 신학은 유대교를 타락한 전통으로 묘사하고자 하고, 기독교가 그것의 뒤를 이은 것으로 본 첫 번째 견해들 중의 하나였던 것으로 정말로 보인다.

이 영역의 연구는 관념과 본문의 역사에 전통적인 방식으로 몰두해 온 것에 대해 가장 환영할 만한 교정을 제공한다. 어떻게 집단이 자신의 경계를 형성하였고 규정하였으며, 활동을 정교화하고 권위를 선택하였으며, 경험을 기억하고 사회적 표지를 만들어냈으며, 규칙을 창조하고 갈등에 대한 판결을 내렸는가에 대한 내용은 이제 사상과 문헌만큼이나 기독교의 기원과 많은 관련을 갖는 것으로 인식된다. … 목표는 이러한 사회적 역사를 문헌의 전통들에 대해 알려져 있는 것과 결합하고, 각각을 상대방의 빛에서 이해하는 것이다.[19]

비록 사회적 실험이라는 개념을 버튼 맥이 명확하게 묘사하지는 않았지만, 사회적 실험은 그의 중심 개념이다. 맥은 바울 이전의 공동체를 "사회적 포괄성을 지닌 새로운 실험"이라고 묘사하고,[20] 초

---

19 Mack, *Myth of Innocence*, 18, 19. 더욱 넓게, 맥은 또한 다음과 같이 쓰고 있다 (*Myth of Innocence*, 10): 그러나 상징체계들, 신화들 그리고 의례들이 사회적 제도들과 그리고 집단들 안에서의 행동의 공유된 유형들과의 관계에서 기능하는 방식에 대한 급증하는 지식들이 있다. … 일반적으로, 종교적인 표명들의 이해에 대한 이러한 최근의 접근들은 그것들을 사회적 단위들의 작용에 근본적인 신호들과 실천들의 체계들의 사려 깊은 준수, 분류 그리고 완전화를 포함하는 질서지우는 행동들로서 본다. 따라서 종교적인 현상들은 사회적인 구조들의 구성과 유지에 밀접하게 관련되어 있다. 종교적인 상징들은, 그러나 일상적인 기반에서 경험되는 실제의 사태들로부터는 어느 정도 거리를 두고 기능한다. 종교적 상징들은 사태가 보통 이루어지는 방식에 대한 대항관점으로서(상상의, 이상적인, "거룩한," 표시된) 이동된, 치환된 체계를 표시한다. 상징체계와 일상적인 삶 사이의 불가피한 부조화는 담론을 위한 공간을 제공한다. 그것은 사회적 교제에 근본적인 협상들이 일어나는 공간이다-성찰, 비판, 합리화, 협상, 놀이, 유머 등등.
맥은 또한 다음과 같이 쓰고 있다: "사회적인 형성과 신화형성은, 일종의 역동적인 피드백 체계 안에서 각각이 상대를 고무하면서, 함께 이루어지는 집단 활동들이다. 둘 모두는 사회적인 해체와 문화적인 변화의 시기들에 새로운 집단들이 형성되는 때에 속도를 높인다. 둘 모두는 실험적인 운동들에 투입된 개인적인 및 지성적인 에너지들의 중요한 지표들이다"(*Who Wrote the New Testament?*, 11).

기의 예수 운동을 "사회적 실험을 위한 장(場)"으로 묘사한다.[21] 맥은 『잃어버린 복음』(The Lost Gospel)에서 큐(Q)에 속한 사람들에 대한 연구를 "사회적 실험 중 하나의 전통"을 추적하는 것으로 서술한다.[22] 그리고 같은 책에서 맥은 Q자료의 사회적 실험 과정을 다음의 방식으로 묘사한다:

계급, 신분, 성별, 혹은 민족성에 기초한 결사에 대항한 표준적 금기들과 무관하게 허구적인 친족성에 기초한 인간 공동체를 탐구하는 일은 상당한 동요를 만들어냈고, 그 자체가 보상이기도 했다. 그러한 전망을 현실화하기 위한 어떤 거대한 설계가 없었으므로, 서로 다른 집단은 서로 다른 실천을 통해 안착하였다. 예수 운동 안에서 발달한 공동체의 다양한 형태로 볼 때… 이 집단들은 태도의 기본적 체계를 계속해서 공유하였다. 이 집단들은 모두 그레코-로만 세계에서 살아가는 삶의 방식에 대해 비판적인 입장을 지녔다. 이 집단들은 규범의 세계 안에 있었는데 그들은 그 규범을 피상적이라 간주하였다. 그 집단들은 모두 그러한 세계 안에서 인간이 추구하는 공허함에 사로잡히지 않으려 분투하였다. 그들은 자신의 공동체를 발전시킨 고유의 성격과 하나님 나라 개념을 결합하는 것을 배웠다.[23]

이 연구는 종교사학자인 조나단 스미스[24] 이전의 연구에 의해 그

---

20 Mack, *Myth of Innocence*, 123.

21 Mack, *Lost Gospel*, 8.

22 Ibid., 211.

23 Ibid., 9.

24 Jonathan Smith, *Drudgery Divine: On the Comparison of Early Christianities and*

리고 성서문학협회(Society of Biblical Literature)의 전국 세미나의 두 세대를 거치면서 보완되었다.[25]

초기 1, 2세기 기독교의 사회적 차원에 관한 새로운 학문 연구의 대부분은 사회학과 인류학에 방법론적으로 기초하고 있다. 초기 기독교의 연구자들이 과거 20년 동안 방대한 사회과학 분야로 진출함에 따라, 사회적 "실천들"과 행동 연구에 대한 이론적인 작업들이 있었다.[26] 사회적 실천들과 행동을 연구하는 첫 번째 주도적인 시도는 소아시아 도시생활의 특징 혹은 갈릴리 농촌생활의 특징과 같은 초기 기독교의 특별한 환경에 초점을 맞추었다. 이러한 연구에도 불구하고 초기 그리스도인들의 특정한 사회적 실천은 지속적으로 연구할 필요가 있다. 이 질문에 대한 지속적인 이론적 연구는 쥬디스 류에 의해 이루어졌다. 류는 초기의 기독교 정체성과의 관계에서 "사회적 실천 문법"의 발전을 주장하였다.[27]

---

the Religions of Late Antiquity (Chicago: University of Chicago Press, 1990)를 보라.

25 Merrill P. Miller and Ron Cameron, eds., Redescribing Christian Origins (Boston: Brill, 2004)를 보라. 그 세미나 이전에 대해서는 Castelli and Taussig, Reimagining Christian Origins를 보라.

26 Christian Identity in the Jewish and Graeco-Roman World에서의 초기의 기독교적인 실천의 연구에 대한 쥬디스 류의 이론적인 주장이 가장 설득력 있다. Wayne Meeks, The First Urban Christians; Douglas Oakman and K. C. Hanson, Palestine in the Time of Jesus: Social Structures and Social Conflicts (Minneapolis: Fortress Press, 1998)을 또한 보라. 기독교의 시초들에 대한 명백한 언급이 없는, Talal Asad, Genealogies of Religion: Discipline and Reasons of Power in Christianity and Islam (Baltimore: Johns Hopkins University Press, 1993) 그리고 Formations of the Secular: Christianity, Islam, Modernity (Stanford, Calif.: Stanford University Press, 2003)를 또한 보라.

27 Lieu, Christian Identity in the Jewish and Graeco-Roman World, ch. 6.

기독교적 정체성의 출현 과정에 집중하기

일부 새로운 연구는 기독교의 초기 단계의 특징을 연구하는 대안적 방법들인데, 이는 기독교의 기원과 관련하여 앞에서 언급한 주류 담론의 제한들과 대립하고 있었다. 이 연구는 기독교의 시작 이후에 뒤따르는 모든 것을 설명하는(그리고 은연중에 이념적인 모델을 제공하는) 기독교 기원의 순간을 발견하는 일보다는, 어떻게 초기의 기독교적 정체성이 수백 년에 걸쳐서 구성되었는가에 집중하였다.[28] 쥬디스 류가 관찰했듯이 "기독교적 '정체성'은 어떤 순간에 분명하게 나타난 무엇이 아니다. 어떤 의미에서 기독교적 정체성은 명확히 구성하기 어려운 방식들로 몇 세기에 걸쳐서 출현한다."[29] 기독교적 정체성의 출현 과정에 집중하는 일은 기독교의 핵심적인 신조들을 발견하려는 것도 아니고, 심지어는 기독교를 특별한 사회적인 원인들과 연관 지으려는 것도 아니다.

오히려 이러한 과제의 질문은 때때로 긴장된 가치들과 행동들이 특별한 정체성 안에서 시간이 흐름에 따라 합쳐지는 방식에 집중한다. 초기의 기독교적 정체성은 최종의 산물이나 혹은 영적인 본질로

---

28 하나의 범주로서의 "정체성"은 기독교의 시초들의 연구에서 일차적으로 표면에 등장하지 않았다. 오히려 그 범주는 "정체성 정치학"보다 이전 시기에 대한 포스트모던, 페미니스트 그리고 포스트식민주의적인 성찰로부터 지적으로 출현하였다. Homi Bhabha and Judith Butler, 특히 Bhabha, *Nation and Narration* (New York: Routledge, 1990) 그리고 *The Location of Culture* (New York: Routledge, 1994), 또한 Butler, *Gender Trouble: Feminism and the Subversion of Identity* (New York: Routledge, 1990) 그리고 *Bodies That Matter: On the Discursive Limits of Sex* (New York: Routledge, 1993)를 보라.

29 Lieu, *Christian Identity in the Jewish and Graeco-Roman World,* 6.

서 간주되지도 않는다. 초기의 기독교적 정체성은 시간과 장소에 따라 다양하다. 정체성에 초점을 맞추는 일은 기독교의 다양성뿐만 아니라 행동, 믿음 그리고 사회적 유대의 복잡한 상호작용을 설명해 준다. 이러한 이해에 따르면, 기독교의 시작은 사회적 환경의 특별한 체계들 속에서 협상한 정체성의 산물이다. 이러한 방식으로 우리는 정통-이단, 영웅적 모델들, 혹은 사회적 프로그램들과 같은 생기 없고 부자연스런 범주들에 호소하지 않고도, 복잡성과 다양한 변형뿐 아니라, 더 넓은 일관성도 볼 수 있다. 초기의 기독교적 정체성에 대한 연구는 서로 다른 이론적 준거틀을 지닌 몇몇 학자들 무리에 의해 이루어졌다.[30]

---

30 몇몇의 미국 학자들은 이 연구에 강력한 포스트모던적 배경을 가져온다. Laura Nasrallah, *An Ecstasy of Folly: Prophecy and Authority in Early Christianity* (Cambridge, Mass.: Harvard University Press, 2003); Todd Penner, *Contextualizing Acts: Lukan Narrative and Greco-Roman Discourse* (Boston: Brill, 2003); 그리고 Melanie Johnson-Debaufre, *Jesus among Her Children: Q, Eschatology, and the Construction of Christian Origins* (Cambridge, Mass.: Harvard University Press, 2005)를 보라. "기독교적 정체성의 구성"에 대한 성서문학협회 분과는 더욱 관습적인 방법론을 가지며 그리고 유럽의 연구, 특히 이탈리아의 연구에 뿌리내리고 있다(예컨대, Edmondo Lupieri, Mauro Pesce).
집단적 기억에 관해서는, Alan Kirk and Tom Thatcher, eds., *Memory, Tradition, and Text* (Atlanta: Society of Biblical Literature, 2005); Elizabeth Castelli, *Martyrdom and Memory* (New York: Columbia University Press, 2004)를 보라.
첫 3세기에서의 유대교들과 기독교들의 복잡한 상호작용들에 관한 다니엘 보야린(Daniel Boyarin)의 연구는 구성 중인 정체성들의 개념에 많이 기여하였다. *Dying for God: Martyrdom and the Making of Christianity and Judaism* (Stanford, Calif.: Stanford University Press, 1999) 그리고 *Border Lines: The Partition of Judaeo-Christianity* (Philadelphia: University of Pennsylvania Press, 2004)를 보라. 이 각주들에서 앞서 언급된 주디스 류의 저서는 다양한 학자들에 의해 참조되고 있으며 그리고 **정체성**이란 용어 자체에 아마도 가장 많이 전념, 집중하고 있다. 정체성과 수행 간의 특정한 관계에 대해서는, 또한 Richard Horsley, ed.,

정체성 형성의 역동성을 연구하기

어느 정도는 이전 연구 방식의 일부이기는 하지만, 어떻게 정체
성들이 고대의 지중해 지역에서 형성되었는가에 대해 주목하기 시
작했다. 두 가지의 특별한 연구가 당대의 정체성 형성과 관련하여 진
행 중이다. 둘 다 초기 기독교의 연구를 넘어서는 사회 과학적인 연
구에서 비롯된 것이다. 두 새로운 경향은 집단적인 기억과 수행
(performance)을 연구한다.

집단적인 기억 연구는 1세기 이상 진행한 것이고, 모리스 홀바흐
의 연구에 일차적으로 기반하고 있다. 이러한 연구들에 따르면, 집단
적인 기억은 무엇이 일어났는가보다는 문화와 정체성 형성 과정과
더 많은 관련을 갖는다. 기억은 어떤 일이 일어났는가를 알려주기보
다는 기억하는 사람의 정체성을 형성하는 일에 기본적으로 작용한
다. 집단기억이란 사람들의 정체성을 형성하기 위하여 "과거"를 사
용하는 과정이다. 정체성 형성에 대한 이러한 접근은 기독교의 시작
을 연구하는 몇몇 학자들에 의해 현재 진행중이다. 엘리자벳 카스텔
리, 알란 커크, 톰 새처의 연구가 초기 기독교의 특정한 사례 연구에
서 집단기억 연구를 이용하였다. 이들의 손에서 초기 기독교적 정체

Oral Performance, Popular Tradition, and Hidden Transcripts in Q (Boston: Brill, 2006); John Dominic Crossan, *In Parables: The Challenge of the Historical Jesus* (New York: Harper & Row, 1973); Crossan, *The Dark Interval: Toward a Theology of Story* (Sonoma, Calif.: Polebridge, 1988); Crossan, *In Fragments: The Aphorisms of Jesus* (San Francisco: Harper & Row, 1983); Stanley Stowers, "Elusive Coherence: Ritual and Rhetoric in 1 Corinthians 10-11," in Castelli and Taussig, *Reimagining Christian Origins*, 68-83를 보라.

성 형성은 본문 비평의 기존 전통을 활용하면서 비교적 쉽게 연구되고 있다. 초기 기독교 문헌들은 여러 층의 구성을 갖는 것으로 밝혀졌다. 집단기억 방법은 이 문헌의 층위를 집단사고의 방법으로 활용할 수 있는데, 이 집단은 과거의 이야기들을 사용함으로써 자신의 정체성을 재형성하는 사람들이다. 카스텔리의 연구는 초기 기독교의 순교가 사회적 정체성을 구성하는 방식으로 반복하여 틀 지워진 것이라고 이해할 수 있게 해주었다.

신약성서 연구를 넘어서는 수행 연구 또한 초기 기독교의 정체성 형성에 대한 이해를 향상시키고 있다. 연구자 중에서는 리차드 호슬리, 존 도미닉 크로산 그리고 스탠리 스토워스가 1세기 기독교 정체성의 출현에 있어서 수행이 주는 영향을 연구해 왔다. 어떻게 정체성이 정적이지 않고 보편적이지도 않은가를 수행이 드러낸다는 점에서 수행은 정체성에 대한 보다 역동적인 접근을 보여준다. 크로산이 주목한 것처럼, 하나의 비유가 "수행되는"(행해지는) 때마다 그 비유의 의미는 상황에 따라 변하였다. 스토워스가 주목한 것처럼, 초기의 기독교 예배는 참석자들로 하여금 때와 장소에 따라 자신의 정체성이 즉흥적으로 만들어지는 것을 허용했다.

수행과 의례 이론은 기독교의 시작을 다루는 이 책에서 핵심적인 역할을 하고, 4장과 8장에서 면밀히 검토할 것이다.

기독교의 시작에 대한 연구에서 최근의 변화가 초기 기독교에 대한 넓고도 새로운 묘사들을 만들어내지는 못했지만, 그럼에도 불구하고 기독교의 시작에 대해 사고하기 위한 새로운 방법을 제시함으로써 주류 담론에 지속적으로 도전하고 있다.

식사와 초기 기독교 정체성 수행

　이미 1장에서 초기의 기독교적 식사가 방대한 헬레니즘 사회의 실천에 기초하고 있다는 것을 제시하였다. 3장은 기독교의 역사에서 처음 두 세기 동안 그레코-로만 세계와 "기독교적인" 문헌 양면에서 사회적 실천을 상당히 자세하게 묘사한다. 이 책은 기독교 역사의 처음 두 세기 동안에 대한 더 넓은 묘사를 향해 한 걸음을 내딛기 위하여, 다음에 제시하는, 기독교의 시작에 대한 연구의 최근 변화에 의존하고 있다. 그 다음의 걸음은 초기 그리스도인들의 주요한 사회적 실천을 연구하고, 그 사회적 실천이 초기의 기독교적 정체성에 대하여 무엇을 말하는가를 묻는 것이다.

　축제적 식사가 바로 사회적 실천이다. 초기 기독교의 식사에 대한 새로운 정보가 기독교의 시작에 대한 최근의 연구 방법을 통해 검토되면, 다음 단계로 나아갈 수 있게 될 것이다. 그 다음 단계는 1세기와 2세기의 그리스도인의 주요한 사회적 실천에 대한 연구이다. 물론 이는 어떻게 기독교가 시작되었는가의 문제를 해결하는 것은 아니며, 본질적인 신조를 발견하는 것도, 중대한 창립 영웅들을 밝혀내는 것도 아니다. 또한 하나의 사회적인 프로그램으로서 초기 기독교의 정수를 추출하지도 않는다. 오히려 다음 단계는 널리 퍼져 있던 초기 기독교의 사회적 실천이 갖는 역동성을 묘사하는 매개적 성격을 취한다. 쥬디스 류의 관점으로 볼 때 다음 단계는 "사회적 실천의 문법"을 위한 주요 요소를 만들어낼 수 있도록 기능한다.

　초기 기독교의 축제적 식사는 초기 기독교의 정체성이 정교하게 형성되는 사회적 무대였다. 따라서 그러한 축제적 식사를 연구하는 것은 방법론적인 변화들, 곧 영웅적인 인물로부터 사회 형성으로의, 신조로부터 사회적 실천으로의, 기원으로부터 정체성으로의 그리고 본질로부터 수행으로의 방법론적인 변화에 참여하는 것이다.31 아마도 헬레니즘 시대 지중해 지역의 축제적 식사가 초기 기독교의 중심적인 사회적 실천으로서 파악되지 않았던 한 가지 이유는 그러한 연구가 초기 기독교의 예배라는 훨씬 더 좁은 분야에만 한정되어 있었기 때문일 것이다. 그래서 초기 기독교의 식사에 대한 대부분의 분석은 단지 예전적인 질문들만 던졌고, 식사에 대한 사회적인 분석은 배제하였다. 초기의 식사—기독교의 식사이건 다른 식사이건—가 의례적인 요소들(특히 현대 기독교 예배의 동작들과 적어도 외관상 관련된 요소들)을 실제로 포함하였으므로, 그 식사가 당시 출현하는 기

---

31 〈신약 성서 주석을 위한 뮌헨 세미나〉(The Munich Seminar for New Testament Exegesis)는 최근에 마틴 에브너(Martin Ebner)에 의해 편집된 책 *Herrenmahl und Gruppenidentitaet*(Lord's Supper and Group Identity) (Freiburg im Breisgau: Herder, 2007)을 출판하였는데, 이는 그것의 제목에서 알 수 있듯이 본서와 거의 같은 기획의 책이다. 그러나 아마도 그 제목 자체는 그 책의 몇 가지 제한들을 이미 드러낸다. 과거 30여 년 동안 불행히도 그래왔듯이, 이 독일의 연구는 두 측면들에서 몇 가지 결함들이 있다: (1) 그것은 거의 모든 비-독일의 연구를 간과한다. 그리고 (2) 전통적인 기독교적인 신학적 입장들에 대한 몰두는 그 연구의 범위를 제한한다. 그 책은 확실히 여기에서 본서에 매우 비슷한 질문들을 제기한다. 그 책은 초기의 그리스도인들의 공동체 정체성 속에서 (초기의 기독교와 현대의 기독교 양자를 위한 무엇보다 중요한 범주로 보여지는) "주의 만찬"의 역할을 이해하고자 한다. 불행히도, 그것의 조사 방법들은 이러한 질문들을 다루는 데 대해 거의 전적으로 여전히 주석적이다. (게르트 타이센이 쓴) 하나의 글은 의례 분석의 질문들을 제기하고자 주장하지만, 의례의 심리학적 연구들의 협소한 범위만을 일차적으로 언급하면서, 그 분야의 지식의 거의 완전한 결여로 어려움을 겪는다. 마지막으로, 이 전체적인 연구는 (그 자신이 독일 학자인) 마티아스 클링하르트와 데니스 스미스의 연구를 놀랍게도 모르는 것으로 보인다. 클링하르트는 몇몇 각주들에서 언급되지만, 스미스와 클링하르트의 전반적인 가설은 이 세미나와 책에 알려져 있지 않은 것으로 보이고, 반면에 그 책은 20세기 중반의 독일 연구의 훨씬 더 낡은 유형론들에 의존하고 있다.

독교의 사회적 역학을 위한 주요한 현장이었다는 사실은 간과되었다.

이 책은 이러한 식사에 대한 분석을, 상대적으로 모호한 예전적인 학문 분야로부터 초기 그리스도인들의 사회적 전망과 실천이 무엇이었는가에 이르기까지, 토론의 중심으로 충분히 끌어오고자 한다. 이렇게 방향을 재설정한 후에 명백해지는 것은 식사 모임에 대한 신약성서와 다른 초기 기독교 문헌들의 언급 가운데는 사회적 역동성을 지닌 선포와 논쟁이 많이 있다는 것이다. 뿐만 아니라 의례를 연구하는 학문 분야는 최근 수십 년 동안 사회적 역동성과 형성의 표현으로서 의례에 대하여 어떻게 생각해야 하는가를 보여주었다. 달리 말하면 의례들 자체가 사회적 질서 및 변화와 관련이 많을 수 있다는 것이다. 4장은 식사가 가진 의례의 차원을 분석한다. 의례 분석은 이러한 식사가 기독교의 출현 이전에 이미 다른 집단들이 자신들의 정체성을 정교화하도록 도와주었음을 보여준다. 이러한 방식으로 이들 식사에 대한 연구는 그 안에 있는 다양성을 존중한다. 사회적 무대로서의 초기 기독교 식사는 수행으로부터 정체성을 정교하게 형성하는 장소였다.[32]

역사학자들이 고대 세계의 사회적 실천에 대해 접근하는 것은 드문 일이다. 보통 그 실천이 어떠한 모습이었을지에 대해 결론을 내리기에는 충분한 정보가 존재하지 않는다. 그런데 3장이 보여주듯이 헬레니즘 시대의 축제적 식사를 예외적으로 주목하도록 하는 핵심적인 연구와 분석이 지난 20년 동안 있었다. 복잡한 문헌 분석과 핵심적인 고고학적 장소의 발견을 통하여 헬레니즘 시대의 식사에 대

---

32 정체성을 수행한다는 개념은 비교적 기술적인 것이며, 이는 8장에서 길게 논의될 것이다.

한 연구가 가능했다. 그리고 그러한 접근에 의하여 기독교의 시작에 대한 중요하고 새로운 접근이 가능해졌다.

이 책은 초기 기독교의 첫 세기를 일련의 대담한 사회적 실천들로서 묘사한다. 지중해 지역을 둘러싼 다양한 집단들은 모두 그 당시에 식사를 중심으로 모였다. 이러한 식사—헬레니즘 세계에서 그 식사는 이미 사회적으로 확립된 지위를 갖고 있었기 때문에—는 사회적인 실험을 불러 일으켰다. 그 식사는 초기의 그리스도인들이 하나님의 나라에 대한 전망을 가지고 행한 대화 속에서 새로운 행동을 시도하게 만들었다. 식사는 그 안에서 다양하고 풍부한 어휘들이 대안적인 사회적 전망을 탐색하는 하나의 실험실이 되었다.

3 장
축제적 식사의 헬레니즘·초기 기독교의 사회적 실천

    1세기 "그리스도인들"이 시간을 함께 보낸 일차적인 방식은 식사에서였다. 식사 자리에서 그들은 내적인 관계에 대하여 그리고 더 넓은 세계와의 관계에 대하여 함께 결정하였다. 식사는 1세기 그리스도인들이 함께 배우고 가르친 그리고 그들이 함께 예배하고, 기도하며, 노래를 부른 장소였다. 이 식사 모임은 1세기의 그리스도인들이 서로 논쟁을 하고, 차이를 구분하며, 그들 자신의 길을 가고 또 화해하는 자리였다. 그 식사는 공동체의 중심적인 사건이었다. 식사는 그리스도인들을 반대한 사람들, 방문자들 그리고 그들에 대해 호기심을 가진 사람들에게 일차적인 경험적 증거를 제공하였다.

    신약성서와 초기 기독교에 대한 학문 연구 안에서 이러한 사실에 대해서는 거의 논쟁이 없다. 그러나 불행히도 그 사실은 거의 주목받지도 않았다. 기독교 운동의 첫 세기에 무엇이 일어났고, 무엇이 중요한가에 관한 주류 담론은 너무도 지배적이고 공고하다. 그래서 초기 기독교의 사회적 실천의 의미를 묻는 사람들은 거의 없다. 하나의 사회를 형성한 초기 그리스도인들이 누구였는가를 둘러싼 주제에 관한 주된 질문이 주류 담론의 질문이었다. 이런 초기 기독교의 주된 사회적 실천과 그 새로운 운동의 출현에 관해 생각하는 것이 무엇을 의미하는가라는 물음들에 대해 접근할 수 있는 새로운 개연성이, 지난 20년 동안에 이루어진 연구 때문에, 더 명료해지게 되었다.

매우 유사하면서도 핵심적인 두 권의 책이 대서양의 맞은편에서 거의 동시에 나타났다. 이 두 책들, 곧 데니스 스미스(Dennis Smith)의 『주연으로부터 성만찬으로: 초기 기독교 세계에서의 연회』(*From Symposium to Eucharist: The Banquet in the Early Christian World*)와 마티아스 클링하르트(Matthias Klinghardt)의 『공동체 식사와 식사 공동체: 초기 기독교의 식사 축제의 사회학과 예전』(*Gemeinschaftsmahl und Mahl ge- meinschaft: Soziologie und Liturgie fruehchristlicher Mahlfeiern*)은 모두 초기의 기독교적 식사를 1세기 지중해 세계에서의 훨씬 더 넓은 현상의 일부 즉 그레코-로만의 연회(banquet)의 일부로 이해하도록 해주었다.[1] 위의 두 저자들, 스미스와 클링하르트는 문헌 및 고고학적으로 방대한 증거물들을 발견하였다. 그들이 수집한 것들은 헬레니즘 지중해 세계의 다양하고 넓은 집단들이 식사를 위해 모일 때 행동과 의미상으로 공통된 유형을 가지고 있었음을 보여준다. 클링하르트와 스미스는 초기 기독교적 문헌에서 함께 모여서 식사한 그리스

---

1 클링하르트와 스미스의 연구에 대한 융합이라는 폭넓은 자각이 현행 〈그레코-로만 세계의 식사에 관한 성서문학협회 세미나〉를 위한 주요한 추진력이었고, 이 세미나에 데니스 스미스와 내가 공동회장을 맡고 있으며 운영위원회에 클링하르트가 참여하고 있다.

도인들에 대한 묘사가 헬레니즘적 유형에 얼마나 잘 들어맞는가를 철저하게 보여 주었다.[2] 이 자료가 본 장에서 요약될 것이다.

새로운 연구에 대한 요약에 이어 넓게 헬레니즘 식사 관습 안에 자리하는 초기 기독교 식사를 신약성서 자료와 초기 기독교의 다른 문헌들에서 살펴볼 것이다. 그런 다음에 본 장은 혁신적이고 논쟁적인 그레코-로만 시대에 대한 이 식사—"기독교적" 식사 및 다른 식사—들의 사회적 의미를 고려할 것이다. 4-7장에서는 초기 기독교의 새로운 묘사를 위한 풍부한 함의들을 다룰 것이다.

헬레니즘 지중해 사회의 중심 요소로서의 식사

1세기 지중해 지역의 문화에서 사람들이 식사를 위해 모였을 때, 그 사건은 많은 의미들이 가득한 것이었다. 식사는 사회적 규범과 정체성 형성 그리고 의미 형성이 이루어진 고도로 양식화된(stylized) 사례들이다. 식사에 참여하는 일은 그 집단이 누구인지, 그 안에 속

---

2 뿐만 아니라, 과거 25년 동안에 몇몇 다른 학자들도 식사를 초기 기독교의 출현을 묘사하는 핵심 가까이에 두어왔다. 제임스 브리치(James Breech)의 저서, 곧 역사적 예수의 의미에 대한 과거 30년의 재고에서 중추적인 저서인 *The Silence of Jesus* (Philadelphia: Fortress Press, 1983)는 예수가 식사 현장에 있었다는 사실을 그의 전반적인 메시지의 중심에 위치시켰다. 이와 비슷하게, 그러나 훨씬 더욱 정교한 방식으로 역사적 예수, 바울 그리고 초기 기독교에 대한 존 도미닉 크로산의 연구들에는 크로산이 commensality라고 부른 것이 예수와 바울 양자의 사회적 의미의 핵심에서 나타난다. 기독교의 기원들에 대한 버튼 맥의 몇 가지 저서들은 초기의 기독교적인 식사 모임들을 본서에서 주목된 당시에 출현하는 운동의 사회적 실험과의 중요한 관계 안에 위치시켰다. 많은 방식들에서 본서의 더욱 넓은 기획을 자라게 한 것은 사회적 실험으로서의 식사에 대한 맥의 계속된 주목이었다.

한 개인들은 누구인지를 둘 다 확인하고 도전하며, 때로는 사회적 협상의 역동성 안으로 들어가는 일을 수반했다.

즉, 식사는 단순히 먹는 것 이상의 더 많은 무엇에 대한 것이었다.[3] 이는 물론 대부분의 사회에서 그렇다. 그러나 식사가 먹는 것 이상의 의미를 가진다는 것이 1세기 지중해 지역에서는 다른 문화의 식사 의미를 특별히 능가하는 것이었다. 1세기 지중해 지역에서 몇 가지 서로 다른 문화들이 수렴되면서 식사의 역할은 그리고 이 몇몇 문화들에서 식사 실천의 오랜 역사적 연속성은―이 장의 뒷부분에서 논의할 것이지만― 이 시대와 지역에서 식사의 의미를 상당히 확대시켰다.

1장과 2장에서 이미 각주로 표시된 한 가지 특성이 식사의 위치를 훨씬 더 명확하게 만든다. 이 책은 고대 지중해 세계에 대한 연구 안에서 이미 확립된 어휘에 맞추어, 축제적으로 먹기 위하여 서로 다른 거주지로부터 모이는 사람들의 빈번한 경우를 의미하는 것으로 식사라는 단어를 사용한다. 달리 말하면, 우리의 목적을 위해서는 끼니를 위해 날마다 두세 차례 행하는 일로 본문의 식사라는 단어를

---

3 여기에서도 역시, 1장에서 이루어진 구별이 반복되어 주목될 필요가 있다. 현대 21세기의 식사와 학자들이 고대 헬레니즘 시대 세계의 식사로 지칭하는 것 사이에 중대한 구별이 이루어질 필요가 있다. 후자는 단순히 1세기의 사람들이 음식을 먹는 계기들은 아니었다. 오히려, 1세기의 지중해 사회에서는, 식사라는 더 넓은 사회적인 관습이 활발히 이루어졌다. 아마도 '연회'라는 용어가, 만약 그 용어가 사치를 반드시 함의하지는 않는다면, 그 시기의 이 주요한 제도에 대해 더욱 적절하다. 이러한 연회들은 초기의 기독교적인 모임들을 포함하고 ,그러나 또한 그것들을 훨씬 넘어서서 확대되며, 그 시기의 지중해 사회의 넓은 부분들에서 퍼져 있었다. 이러한 식사가 지중해 사회의 1세기에서 훨씬 더 넓은 사회적 역동성의 일부였다는 것은 더 넓은 사회적인 유형들과 역동성들의 일부로서 초기 기독교의 출현을 우리가 이해하도록 돕는다.

이해해서는 안 된다. 하루에 몇 차례 먹는 것은 고대 세계에서는 일차적으로 사회적이지 않은, 상당히 비공식적이고 다양한 방식들로 일어났다. 플루타르크(Plutarch)는 동시대에 다음과 같이 주목하였다: "재치 있고 사교적인 어떤 사람이 식사 후에 말하였다. '나는 먹었지만, 그러나 오늘 식사를 하지는 않았다.' 이는 후추나 소금을 함께 사용하기 위하여 친밀한 사회성을 요청한다는 것을 함의하였다."[4]

다른 한편으로, 상당히 자주—그러나 하루에 몇 차례는 아니다—다양한 종류의 사람들이 기대어 누워서 축제적으로 먹기 위하여 여러 집에서 모였다. 이러한 사건은 식사(meal) 혹은 "연회"(banquet)라고 불리게 되었다. 이 두 용어들 모두에는 장점이 있다. 주연이라는 용어의 불리한 점은 그 주연이 빈번히 행해지지 않음과 또한 부유함을 함축한다는 것이다. 그러나 빈번하지 않음과 부유함이라는 점을 가지고는 헬레니즘 지중해에서 널리 퍼져 있던 식사의 사회적 사례들을 특징지을 수 없다. 식사라는 용어는 평범함을 나타내기도 하기 때문에 완전하지 않다. 그리고 이 책에서 지칭하고 있는 널리 퍼진 헬레니즘 시대의 먹는 행위, 실천은 특별한 의미를 갖도록 명백히 고안된 것이다. "평범하지 않음"과 "빈번함"의 긴장을 유지하는 것이 이러한 식사의 특징을 가장 잘 나타낸다. 비록 어떤 특정한 한 사람이 매일 그러한 식사에 참여하는 것이 흔하지는 않았지만, 식사는 삶의 일상적 리듬을 갖고 있었다. 모임(gathering)의 한 부분이 될 가능성은 매일 존재하였으며, 사람의 사회적 신분에 따라서 수많은 사람들에 의하여 1주일에 몇 차례까지 이루어지기도 하였다.[5]

---

4 Plutarch, *Table Talk*, 1.
5 잘 알려져 있고 재정적인 수단들을 지닌 사람들이 가장 빈번히 초대를 받는 편이었

이러한 식사 실천을 위한 가장 좋은 표현은 그리스 단어 *kline*의 한 형태인 "recline"(기대어 눕다) 혹은 "couch"(카우치, 긴 의자, 침상, 소파)일 것이다. 헬레니즘 식사/연회를 위하여 "기대 눕다"란 용어를 사용하는 것은 그 "기대 눕다"란 용어가 다른 용어들이 갖는 사치나 평범함의 함의 없이 여가와 식사 모두를 암시한다는 점에서 적절한 의미를 잘 보여준다.

헬레니즘 식사의 기본들

의미를 만들어내는 기능과 더불어 식사는 다양한 다른 목적에도 기여하였다. 친구들의 모임, 생일, 학교 결사, 종교적인 축제, 클럽 모임, 추모 모임, 결혼기념 그리고 마을 외부로부터의 방문은 식사에서 모임을 위한 공식 및 비공식적인 사례들이었다. 종종 이 시기에 존재한 많은 클럽이나 결사(結社, associations)는 (5장에서 논의되듯이) 몇 주마다 혹은 매월 정기적으로 식사를 하였다. 특별한 선생님

다. 잘 알려진 선생은, 비록 부유하지는 않더라도, 그 선생을 매력적인 손님으로 만든 악평과 유흥의 기술 때문에 식사의 일부가 되었다. 7장은 초청들을 받고 식사를 하는 현자들의 일상을 검토한다. 부유한 사람들은 가난한 사람들보다 이러한 식사에 더 자주 참여하였는데, 그 부유한 사람들의 사회적인 집단이 그러한 행사를 주최할 더 준비된 수단을 가졌기 때문이었다. 식사에 대한 어떤 연구는 이러한 식사가 실제로 단지 부유한 자들의 관습이었다고 제안해 왔다. 이러한 주장은 광범위한 고전적 문헌 자료들(플루타르크의 Table Talk, 혹은 플라톤의 Symposium)의 대부분이 분명히 부유한 계급의 문서들이므로, 제안되어 왔다. 이러한 결론은, 그러나 보통의 노동자들과 심지어 노예들이 참여한 연합들의 많은 부분에 관한 문헌과 넓은 비문의 증거가 발견된 이래로, 더욱 의심스러워졌다. 이 주제는 2장에서 더욱 직접적으로 다루어진다.

이나 가르침을 중심으로 조직된 학교는 식사를 위하여 1주일에 한번 이상을 만났다. 특정한 종교적 경우나 행사들에 이뤄지는 식사도 빈번하였고, 그러한 경우 식사의 주최자는 하나의 신이나 신들에게 특별히 충성하려는 것만은 아니었다. 친구들이 식사로 모이는 것은 그 자체로 고귀한 모임으로 여겨졌다.

식사에 대한 스미스와 클링하르트의 책들에서 한 가지 놀라운 측면은 다양한 식사 사례들과 헬레니즘 지중해 주변의 광범위한 문화에도 불구하고 모든 식사가 매우 비슷하게 보인다는 것이다. 데니스 스미스가 요약하듯이, "기독교의 기원과 초기의 발달을 포함하는 시기인, 헬레니즘과 로마 시대의 지중해권 문화에서 공식적인 식사는 동질적인 형태를 띠었다. 서로 다른 지역과 사회적 집단 속에서 실천된 바와 같이 식사 관습에서 여러 가지 작은 차이들이 있었음에도 불구하고, 증거가 암시하는 것은 식사가 고대 세계의 넓은 범위에 걸쳐서 비슷한 형태들을 띠었고, 비슷한 의미와 해석을 공유하였다는 것이다."[6] 마티아스 클링하르트는 (그가 동의하는) 이러한 결론이 유대교 및 헬레니즘적인 식사와 —사적이거나 결사(結社)적인 식사의 유형에 대한— 초기의 연구가 대립된다는 사실에 주목하고 있다. 클링하르트는 "헬레니즘적-이교적인 식사와 유대교적인 공동체 식사 간에는 차이가 없음"을, "사적인 식사 시간과 결사적인 식사 시간을 분리하는 것이 바람직하지 않음"을 주장한다.[7]

---

6 Dennis Smith, *From Symposium to Eucharist: The Banquet in the Early Christian World* (Minneapolis: Fortress Press, 2003), 2.

7 Matthias Klinghardt, *Gemeinschaftsmahl und Mahlgemeinschaft: Soziologie und Liturgie Frühchristlicher Mahlfeiern* (Tübingen: Francke Verlag, 1996), 24-25.

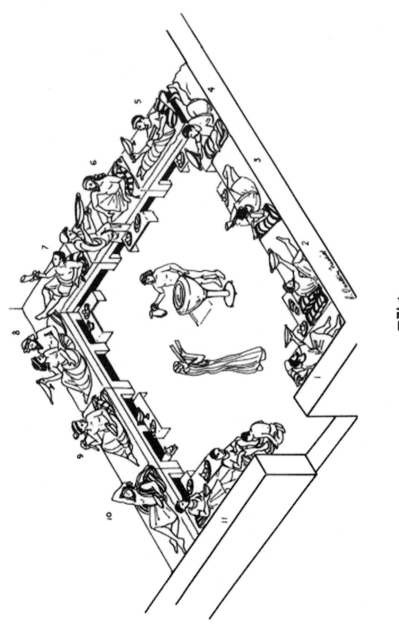

그리스의 주연을 묘사한 재구성(그림1)은 고전-시기 그리스의 물병 그림들과 매장지의 부조(조각)에 기초한다. 식사하는 방의 카우치(긴 의자)들은 왼쪽으로부터 오른쪽으로 올라가면서 서열에 따라 번호가 매겨진다. 카우치 1, 2, 3 그리고 4에서 식사하는 사람들은 건배하며 자신들이 마시는 잔들을 들어 올리고 있다. 사람 5는 사람들이 그들의 포도주 잔 마지막 모금으로 특정한 목표물을 맞추도록 겨루는 게임인 코타보(kottabos)를 위해 컵을 들고 있다. 사람 6은 여성 동료, 혹은 창부(courtesan)로 보이는 여성에 의해 포도주를 받고 있다. 사람 7은 뿔 모양으로 된 라이톤(rhyton)으로 마시고 있다. 사람 8은 분명히 창녀로 그려진 여성을 끌어안고 있다. 사람 9는 축제용 머리띠를 매만지고 있다(부스러기들을 먹어치우도록 그의 카우치 아래에 있는 개를 주목하라). 사람 10은 곧 잠들 것처럼 보인다. 사람 11은 방의 중앙에 있는 포도주를 섞어서 따라주는 큰 통인 디노스(dinos)로부터 포도주를 떠내는 하인을 바라보면서, 포도주를 더 받으려고 자신의 컵을 들고 있다, 또한 중앙에는 그날 저녁에 즐거움을 제공해 줄 플루트(피리) 부는 소녀가 있다. 문 옆에는 카우치 11을 함께 사용할 늦게 도착한 손님의 발을 닦아주는 하인이 있다.

횡와(橫臥) 식당[8]에서 로마인들의 연회를 묘사한 재구성(그림2)은 로마 시대의 모자이크로 된 바닥(지금은 베를린의 퍼가몬Pergamon 박물관에 전시되어 있다)에 기초하고 있다. 모자이크의 디자인은 총

---

8 식당(triclinium): 3면에 긴 안락의자와 식탁이 있는 식당. 〈역자주〉

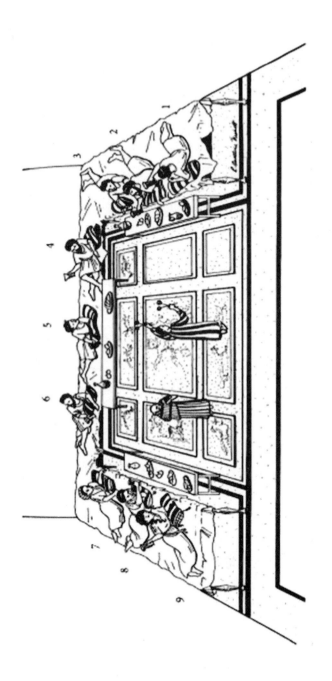

그림 2

9명의 사람들을 수용하는 그리스어 파이(∏) 모양으로 세 개의 카우치(긴 의자)들이 전형적으로 배열된 식당의 벽들을 따라 영역을 표시해 주었다. 그리스의 주연에서처럼 긴 의자들은 왼쪽으로부터 오른쪽으로 올라가는 일반적 서열을 표시하였다. 그러나 가장 높은 서열의 손님 자리는 긴 의자가 더 낮은 의자와 만나는 곳인 자리 6에 배치하는 관습이 생겨났다. 이 자리는 "집정관의 자리"(locus consularis)로 지칭되었다(Plut., Quaest. Conv. 1.3). 주최자는 자리 1의 가장 높은 탁자(Trimalchio의 연회에 대한 Petronius의 묘사에서처럼, Sat. 31.8; Smith, *Cena Trimalchionis*, 66-67)에 혹은 더 흔하게는 자리 7의 가장 낮은 탁자(따라서 집정관의 자리에 가깝게)에 위치할 수 있었다. 여기에서는 낮은 탁자에 있는 세 명 모두 여성들인데, 이는 결혼 연회에서 여성들이 모두 같은 의자에 기대 누워 있는(Luc. Symp. 8) 루시안(Lucian)의 주연에 있는 언급을 따른 것이다. 여흥을 제공하는 방 가운데의 음악 연주자들과 카우치 앞 탁자의 스타일은 기원 후 5세기 로마 주연의 장면에 기초해 있다.

클링하르트와 스미스는 지중해 주변의 식사가 저녁 시간에 매우 유사한 규칙과 순서—음식 유형, 초대, 식사하는 방, 모임의 지도력, 손님과 참가자의 배치, 여흥 그리고 의례 및 비공식적인 음주의 공유—를 따르고 있음을 상세히 보여준다.9 앞으로 검토하겠지만, 클링하르트와 스미스는 다양한 사례의 식사에서 그리고 그들의 다양한 문화적 환경에서 상당히 유사한 사회적 역학도 발견한다.10

---

9 Klinghardt, *Gemeinschaftsmahl und Mahlgemeinschaft*, 45-152; Smith, *From Symposium to Eucharist*, 13-46.

비록 본 장이 이러한 연구들의 모든 특정한 사항들을 길게 논의할 수는 없지만, 스미스와 클링하르트의 연구가 헬레니즘 식사에 대한 명확한 유형을 기본적으로 제시하고 있음을 주목할 필요가 있다. 그 기본적 차원들은 다음을 포함한다:

- 기대어(더 높게 혹은 더 낮게) 눕기: 저녁에 네댓 시간을 함께 먹고 마시는 동안 모든 참가자들이 기대어 누워서 진행한다.
- 저녁 식사의 순서: 먼저 음식을 먹는 일(deipnon, 식사) 뒤에 주연 (symposion)이 이어지고, 주연은 술을 마시면서 대화와 공연등을 진행한다.
- 기념하는 헌주를 통한 순서의 구분: 식사가 끝나면, 거의 포도주로 헌주를 함으로서 주연을 시작한다.
- 주연장(president: 主席)의 지도력: 주연장(symposiarch)은 주연의 진행을 맡은 사람으로 항상 같은 인물은 아니었고, 때때로 그 역할은 임시적이거나 도전 받기도 하였다.
- 다양한 주변 인물들: 초대받은 참가자 외에도 자주 등장하는 하인들, 초대받지 않은 손님들, "여흥을 제공하는 사람들", 개들이 있다.

따라서 이러한 식사를 위한 사례들은 대단히 다양하였지만, 식사의 모습은 모든 식사에 있어서 매우 비슷하였다.[11] 헬레니즘 식사의

---

10 Klinghardt, *Gemeinschaftsmahl und Mahlgemeinschaft*, 253-273; Smith, *From Symposium to Eucharist*, 8-12, 42-46.
11 Klinghardt, *Gemeinschaftsmahl und Mahlgemeinschaft*, 45-129; Smith, *From Symposium to Eucharist*, 13-46, 65-66, 84-87, 129-32.

이 다섯 가지 핵심적인 특징을 4장에서 의례 이론의 측면에서 폭넓게 분석하고 정교하게 만들 것이다.

헬레니즘 식사의 사회적 역학

식사에 참여하는 것은 사람들의 사회적 지위를 형성하는 데 있어서 중요한 부분이었다. 식사는 정체성 형성, 지위의 구별 혹은 융합 그리고 의미의 명료화를 위한 사회적인 구조와 과정을 제공하였다. 헬레니즘 식사에 대해서는 사회적 역할과 의미를 형성한 몇몇 복잡한 방식에 대한 고찰이 필요하다. 이는 어떻게 최근의 의례 및 수행 이론이 식사 역학의 어떤 측면을 조명하는가에 대한 4장의 연구에서 제시될 것이다. 그러나 식사의 사회적 역학의 주요한 윤곽들은 클링하르트와 스미스에 의하여 명확히 밝혀졌다.

클링하르트는 "식사의 사회적 가치들"을 구명함으로써 식사의 사회적 역학이라는 주제에 접근한다.[12] 그는 식사로 모인 배경 그리고 식사에서의 행위와 사람들의 순서—사회적 가치체계와 "분리할 수 없는"—에 대한 지중해 지역의 일치는 식사에서 표현되고, 공고화되었다고 보았다.[13] 그 가치들은 다음과 같다:

- 공동체(koinonia)
- 평등과 우정(isonomia와 philia)

---

12 Klinghardt, *Gemeinschaftsmahl und Mahlgemeinschaft*, 153-173.
13 Ibid., 153.

• 이상적인 정치적 가치로서 표현된 은혜/관대함/아름다움(charis)

이 각각의 가치들을 식사의 사회적 가치로서 확립하는 데 있어서, 클링하르트는 그 가치들을 더 넓은 사회적인(그리고 때로는 정치적인) 실재들과 연결하기 위하여 노력한다. 클링하르트의 주장은 요약해 볼 가치가 있다.

클링하르트에 의하면, 헬레니즘 식사를 이해하기 위해서는 "'코이노니아'(koinonia)가 하나의 핵심적인 가치이고 결정적인 범주임에는 결코 의문의 여지가 없다."[14]

그는 다음과 같이 쓰고 있다.

주요한 식사 본문에서 식사 참가자들의 공동체(코이노니아)에 대한 문제는 늘 사회적 명성의 문제인데, 이는 코이노니아 자체를 위협하는 것이다. 기대 눕는 사람들의 순서, 음식 몫의 분배, 영예를 돌리고 축배하는 연속적인 순서, 그날 저녁의 주연장이 누구인가, 누가 누구를 위해서 재정적인 지원을 제공하는가 등의 주제를 기억하는 것이 중요하다. 이러한 모든 상세한 것들은 공동체를 가능하게 혹은 심지어 보장하기 위하여 규정되었다.[15]

달리 말하면, 공동체/코이노니아라는 사회적 가치는 음식의 적절한 배열들, 기대 눕는 순서, 공유된 지도력 그리고 식사를 위한 재정을 통하여 강화되었다. 고전적인 헬라 문화의 마지막 단계와 헬레

---

14 Ibid., 155.
15 Ibid., 155-156.

니즘 시대의 초기에 고전적인 그리스 도시-국가들의 제도들이 공동체/코이노니아라는 사회적 가치를 일으킨다는 사상이 약화되었고, 마침내는 버려졌음을 클링하르트는 관찰한다.16 그래서 더 넓은 사회 안에서 공동체의 형성을 위한 더 넓은 희망들은 식사 자체로 좁혀졌다. 고전적인 그리스 도시-국가들의 정치적 사상들이 사라져 감에 따라 식사가 공동체를 위한 지중해 지역의 주된 희망이 되었다.17

식사에서 생성되는 공동체의 특성은 그레코-로만 문헌에서의 평등(isonomia)과 우정(philia)의 가치들에 대한 고찰에서 날카롭게 제시되었다. 기대 눕는 사람들의 명시적인 서열(영예로운 자리들은 주연장의 오른편이었다) 그리고 더 높은 서열의 사람들에게 더 많은 음식을 주는 관행은 공동체의 질서 혹은 더 넓은 사회의 질서를 반영하였다. 그러나 식사가 공동체를 표현하고 확장하려는 것이라고 한다면, 기대 눕는 사람들의 서열 혹은 어떤 식사 참가자들이 다른 사람들보다 더 많은 혹은 더 좋은 음식을 받는 것을 어떻게 이해해야 했을까? 공동체와 우정의 밀접한 관련은 그러한 서열 및 특권과는 긴장관계에 있지 않았을까? 그리고 지혜로운 몇몇 철학자들에 따르면, 우정은 평등을 수반하지 않았는가?18 헬레니즘 식사의 형성과

---

16 도시-국가들 자체들의 수준에서의 공동체/코이노니아의 이러한 약화는 도시-국가들에게 가해진 제국의 부과들과 많은 관련이 있었던 것으로 내게는 보인다. 특히, 그리스의 도시 개념에 대한 로마의 과도한 투자와 비틀음은 코이노니아의 약화를 거의 초래했음에 틀림없다.

17 Klinghardt, *Gemeinschaftsmahl und Mahlgemeinschaft*, 156.

18 Aristotle, *Eth. nic.* 1168B, 6-9를 보라. 동등하게 보는 이 유명한 내용에 관한 논평을 위해서는, J. Derbolav, "Das Problem der Verteilungsgerichtigkeit bei Aristotles und in unserer Zeit," in *Studien zu Platon und Aristoteles* (Stuttgart, 1979), 208-238을 보라. 또한 *Gemeinschaftsmahl und Mahlgemeinschaft*, 158-163에서의 1차 및 2차 참고문헌들에 대한 클링하르트의 검토를 보라.

안정성에 대한 공동체의 강력한 주장은 식사 참가자들로 하여금 음식 몫의 평등에 대한 더욱 명시적인 가치들과 기대 높는 서열에 대한 질문을 던지게 하였다.

필리아라는 용어는 "우정" 혹은 "사랑"으로 똑같이 잘 번역된다. 어느 경우든 필리아는 식사에서 함께 누운 사람들이 공통으로 주장하는 가치가 되었다. 플라톤(Plato)으로부터 플루타르크(Plutarch)에 이르기까지[19] 우정과 평등의 관계에 대한 도전은 어떻게 모든 사람들이 함께 먹었는가, 누가 어디에 기대 누웠는가 그리고 모든 사람들이 음식의 평등한 몫들을 받았는가의 측면에서 직접적으로 다루어졌다. 그래서 우정과 평등의 사회적 가치의 사례들에서, 식사는 영예와 특권이라는 더 넓은 사회적 규범들과 그들의 우정, 평등의 가치들이 암시적인 긴장을 갖는다는 것을 해결하지 않은 채 그 우정과 평등을 드러냈다.

클링하르트는 자신의 저서에서 카리스의 사회적 가치에 대한 부분을 "주연의 정치적 이상향을 표현하는 카리스"(Charis as expression of symposial-political Utopia)라고 제목을 붙였다. 카리스라는 용어는 헬레니즘 시대의 식사가 의도하는 정신을 나타내는 일차적인 묘사로서 널리 사용된다. 그러나 클링하르트는 다음을 주목한다:

---

19 플라톤은 그가 비율적 평등이라 부르는 것을 제안하는데, 이는 어느 한 사람의 특징을 식사와 일반 사회에서 모두, 평등의 문제로 고려하는 것이다. *Gemeinschafts-mahl und Mahlgemeinschaft*, 161, 757C를 보라. 플루타르크는 두 주제들에 관한 넓은 논쟁들을 연대순으로 제시하지만, 음식 몫 주제의 두 측면들에 특히 웅변적이다(*Table Talk*를 보라). 또한 Epistula II 6에서의 플리니의 예리한 논의를 보라. Klinghardt, *Gemeinschaftsmahl und Mahlgemeinschaft*, 160.

'카리스'의 의미는 너무도 넓어서 하나의 유일한 독일어[20] 개념으로 번역하는 것은 불가능하다(가장 좋은 파생어는 'grace' 혹은 'charm' 으로 보인다). 카리스는 주연과 연관된 가치들의 대부분을 포함한다. 축제와 즐거움(thalia, euphrosune)은 이 가치들에 속한다. 즐거운 휴식도 또한 이 가치들에 속한다. 성찰(sophrosune)과 좋음의 질 서(eukosmia, kosmos), 평화와 부유함들(혹은 적어도 번영)은 카리스에 연관되어 있다. 또한 주고받음, 신뢰(pistis)와 코이노이아 (koinoia, 공동체)뿐만 아니라 경건함(eusebeia)도 카리스의 동의 어일 수 있다.[21]

하나의 개념에 대한 그러한 이상하고도 넓은 동의어들의 체계는 처음에는 혼란스럽거나 공허한 것으로 보일지도 모른다. 그러나 클링하르트의 날카로운 사회적 독해 덕분에 우리는 식사 가치로서의 카리스의 광범위한 구성물을 이해할 수 있다. "식사는 공동체를 위한 구체적인 유토피아이다. 식사의 이상화는 통치 이론의 청사진을 위한 기초가 된다."[22] 그러나 클링하르트에 따르면, 식사를 주요한 사회적인 패러다임으로 만든 것은 단지 식사에 대한 그리고 식사 안에서의 수사학은 아니었다. 이들 식사는 이용 가능한 음식이 풍부하고 다양하다는 것을 강조하였는데, 그 강조의 방식은 필요로 하는 모든 것을 가진 사회를 나타냈다. 식사 참가자들에게 그들이 먹기 원하는 모든 것을 제공하는 것은 "이상적인 사회의 기본을 주연과 동일시하

---

20 이러한 곤경은 영어에서도 나타난다.

21 Klinghardt, *Gemeinschaftsmahl und Mahlgemeinschaft*, 173.

22 Ibid., 163.

는" 방식이었다.[23]

클링하르트는 또한 평화를 식사와 연관 짓는 많은 문헌적인 언급을 다루는데, 식사 안에서의 이상적인 가치로서의 카리스에 대한 부분에서 그러하다. 식사는 전쟁이라는 악에 대항하는 수사(rhetoric)를 위한 특별한 순간이 되었다.[24] 정말로, 전쟁의 전설들을 이야기하는 것은 식사의 정신을 어기는 것으로 간주되었다. 클링하르트는, 다른 인물들보다도, 아나크레온을 인용한다: "나는 잔이 가득 찼을 때 그리고 잔을 마시는 동안 싸움과 눈물이 가득한 전쟁을 이야기하는 사람을 좋아하지 않는다."[25] 클링하르트는 이러한 취지를 갖는 테오그니스의 식사 묘사를 또한 언급한다: "수금과 플루트는 거룩한 곡을 연주해야 한다. 우리는 이곳에 신들에게 바칠 제물을 가져온다. 메데의 전쟁을 두려워하지 않으면서 잔을 마시고, 서로와 사랑스런 것들에 대해 이야기한다."[26]

여기에서 식사 참가자들 사이에서 사랑과 평화라는 식사의 가치를 위해 식사를 칭송하는 것은 단지 식사에서 하는 말만은 아니었다. 오히려 참가자들의 행동 자체가 완벽한 세계를 상징하였다. 이것은 물론 주목할 만한 것이었다. 왜냐하면 식사는—특히 포도주를 계속 마시는 주연 동안에— 종종 난폭함과 논쟁들이 일어나는 계기들이

---

23 Ibid., 168.
24 클링하르트는 이러한 취지를 갖는 10가지의 고대의 자료들을 인용한다. Ibid., 168-171.
25 Fragment 43.10, Klinghardt, *Gemeinschaftsmahl und Mahlgemeinschaft*, 170.
26 클링하르트에 의해 인용된 Theognis, 757-64의 더욱 긴 단락의 끝 부분. 클링하르트는 호머, 핀다르(Pindar), 피토고라스(Pythogoras) 그리고 알카이오스(Alkaios)도 언급한다. *Gemeinschaftsmahl und Mahlgemeinschaft*, 169 (클링하르트로부터 저자의 번역).

었기 때문이었다. 식사의 인도자들과 평가자들은 그러한 소란들에 대하여 경계하였는데, 호머가 표현하듯이, 술취함은 갈등을 낳고, 이는 "축제의 식사를 더럽히기" 때문이었다.27 결사(結社)는 우리가 5장에서 보겠지만, 평화의 덕들과 전쟁의 악들에 대한 규칙들과 수사 양자를 통하여 식사에서 일어날 수 있는 소란들을 규제하기 위하여 노력했다.

식사의 가치를 담고 있는 카리스에 대한 클링하르트의 분명한 사회적 및 심지어 정치적인 독해는 놀랍다. 그러한 독해는 이 책에서 나중에 고찰할 세 가지 문제에 직접적으로 연결되어 있다. (1) 4장은 의례들이 사회적 질서를 협상하는 방식들을 고려할 때, 클링하르트가 식사의 사회적 이상화라고 부른 것으로 되돌아간다. (2) 5장은 어떻게 유대교의 유일신론과 그리고 특히 성서(예컨대, 이사야 25장)에 대한 헬레니즘 시대 유대교의 이해가 식사에서 행해진 "이상적인" 묘사라고 클링하르트가 부른 것을 강화하고 보완하였는가에 주목한다. 그리고 (3) 6장은 로마의 제국주의적 억압에 대항한 사회정치적 저항의 행위들로서 이 식사의 많은 것들을—그러나 단지 이것만은 아닌, 초기의 기독교적 식사를— 묘사한다.

헬레니즘 식사의 중심에 있는 사회적 가치들에 대한 클링하르트의 구명은 고대 문화들의 저 방대한 체계 안에서의 식사의 위치에 대하여 생각하기 위한 새로운 지평을 열어준다. 그러한 구명은 클링하르트가 식사의 사회적 가치들을 묘사하기 위하여 헬레니즘적인 고유한 용어들을 사용한다는 점에서 특히 그 방법론이 인상적이다. 본 장의 뒷부분

---

27 Klinghardt, *Gemeinschaftsmahl und Mahlgemeinschaft*, 173에서 언급된 Ode 19:11.

사회적인 식사 가치들에 대한 구명은 기독교의 시작에서 식사의 역할에 대해 우리가 다시 사고하도록 한다. 의례들의 사회적인 협상 역학에 대한 4장의 연구가 보여주겠지만, 식사의 사회적 특성을 그 안에 있는 가치들을 고려함으로써 틀 짓는 것은 이 식사의 사회적 역학 자체를 다소 과도하게 단순화할지도 모른다.

이에 비하여 식사의 사회적 역학에 대한 데니스 스미스의 논의는 덜 정적이다. 사회적 가치들을 구명하는 대신에 데니스 스미스는 식사가 초래하는 다섯 가지 서로 다른 행동을 제시한다:

- 사회적 경계들
- 사회적 유대
- 사회적 의무
- 사회적 계층화
- 사회적 평등

독자는 이러한 행동의 일부가 서로 긴장관계에 있다는 점에서 스미스의 분석이 갖는 더욱 역동적이고 덜 이데올로기적인 특성을 주목할 것이다. 식사가 사회적 경계들과 사회적 유대를, 혹은 사회적 계층화와 사회적 평등을 동시에 낳을 수 있다는 것은 이데올로기적으로 양립 불가능한 것으로 보일 수 있다. 그럼에도 불구하고 범주들에 대한 분석은 연대와 경계 설정의 그리고 계층화와 평등의 역학을 위한 식사에 주목하고 있음을 잘 보여준다.

식사 내부의 사회적 경계를 논의하는 데 대해 스미스는 인류학자인 메리 더글라스(Mary Douglas, 그녀의 저작은 이 책의 4장에서 논의된다)를 참조하고 다음의 결론을 내린다: "메리 더글라스가 주목하듯이, 경계를 정의하는 일은 연회의 일차적인 사회적 코드이다. 즉, 사람이 누구와 함께 식사를 하는가는 더 넓은 사회적 연결망들의 체계 안에서 그 사람의 위치를 규정한다. … 연회의 사회적 코드는 사회적 상황 안에 존재하는 경계들의 확증과 의례화를 나타낸다."[28]

그러나 사회적인 경계의 복제와 강화는 식사가 사람들을 연결하는 방식을 전혀 축소시키지 않는다. 스미스는 다음과 같이 쓰고 있다: "함께 식사하는 행위는 식사하는 사람들 사이에 유대와 결속을 만들어내는 것으로 간주된다. 고대 세계에서 이러한 유대의 상징은 공통의 음식을 나누기 혹은 공통의 식탁이나 접시로부터 함께 나누기와 같은 연회의 다양한 요소들에 의해 나타난다."[29] 실제로 사회적 연결은 때로는 혁신적이고 창조적이다: "연회는 이전에는 존재하지 않았던 연결을 창조할 수 있었다. 한 가지 예로 제니아(xenia)[30]는 낯선 사람이나 외국인에게 환대를 확대하는 것인데, 이는 보통 그 낯선 사람을 자신의 식탁에 초대하는 것을 의미하였다."[31] 7장은 식사에서의 이와 비슷한 창조적인 역학을 검토하는데, 이는 식사가 초대받지 않은 손님들과 관계를 맺기 위한 다양한 실천들을 정교하게 하고 있음을 반영한다.

스미스에게는 사회적 유대와 관련된(그러나 그와 동일하지는 않은) 것이 사회적 의무―식사의 실천과 식사에 대한 수사학 모두에서

---

28 Smith, *From Symposium to Eucharist*, 9.
29 Ibid., 9-10.
30 환대, 손님들에 대한 우정이라는 의미의 그리스어. 〈역자주〉
31 Ibid., 10.

의무—이다. 의무에 대한 그의 분석은 오늘날의 문화에서는 예절, 에티켓이라고 단순히 불릴 만한 것에 초점을 맞춘다.

> 그러나 그리스인들에게 있어서, 우리 현대인들이 에티켓이라고 지칭하는 것은 사회적인 윤리의 더 넓은 범주의 일부였다. 우리는 에티켓을 도덕이나 윤리와의 연관 없이 문화적 관습으로 간주하는 경향이 있으나, 그리스인들은 진지한 윤리적 토론의 맥락에서 연회의 규칙들을 다루었다. 그리스인들은 "주연의 규칙"에 대한 철학적인 대화들을 제시하였고 그리고 우정, 기쁨, 혹은 즐거움과 같은 윤리적인 범주 하에 식사 행동의 목록을 제시하였다.[32]

여기서 스미스의 논의는 식사의 사회적 가치에 대한 클링하르트의 주목과 교차한다.

이 책의 더욱 넓은 가정은 사회적인 실험으로서 기독교인의 식사이다. 대단히 흥미로운 점은 헬레니즘 시대의 식사가 사회적인 계층화와 평등을 동시에 구현하는 것에 대한 스미스의 분석이다. 이 분석은 평등과 우정의 가치에 대한 클링하르트의 논의에서 이미 접한 긴장이다.

스미스는 "사회적 서열화"에 신중하게 주목한다. 스미스는 다음과 같이 쓰고 있다: "연회는 사회 안에서 한 사람의 지위가 공식적으로 인식되고 인정되는 주요한 수단이었다."[33] 아마도 사회적인 계층을 나누는 것(stratifier)으로서 가장 극적인 것은 헬레니즘 식사의

---

32 Ibid., 10.
33 Ibid., 10.

결정적인 행위인 "기대 눕는 것"이다. 스미스에 의하면, "기대 눕는 행위 자체가 사회에서 한 사람의 지위의 표시였다. 단지 자유로운 시민들만이 기대 눕도록 허용되었다."[34] 어떤 사람이 기대 누웠다는 것은 그 사람을 그와 똑같이 기대 누울 시간, 계기, 혹은 사회적 지위를 갖지 않은 자들과는 구별시키면서도 동시에 영예롭게 해주었다. 이 책의 뒤의 장들에서 탐구할 것이지만, 여성들과 노예들이 기대 눕는 것에 대한 일반적인 금기는 일종의 사회적 실험에서 제법 위반되었던 것으로 보인다. 그러나 여성이나 노예가 기대 누웠을지도 모른다는 생각조차도 기대 눕는 것을 사회적인 여가와 특권의 자세로서 이미 전제하고 있으며 그 기대 눕는 것에 기초하고 있다. 스미스는 "연회의 특권을 가진 귀족-피보호자 체계를 존중하는 수단을 제공하였다"라고 주장하였고, 다른 한편으로 스미스는 헬레니즘 시대에 "클럽들과 결사들은 사회에서 더 낮은 지위의 개인들이 그 클럽 안에서 자신들의 서열에 기초해서 클럽 연회에서 더 높은 지위를 얻을 수 있는 방식으로 조직되었다"는 것에 주목한다.[35] 어떤 집단 안에서 기대 눕는 일의 사회적으로 규범화된 상징적인 의미는, 누가 사회적 지위를 가졌는가를 정교하게 만들고 실험하는 방식으로 기능하였다.

함께 기대 눕는 특별한 특권이 사회적 평등에 대한 식사의 관심을 보완하고 또한 동시에 긴장 관계에 있다는 것은 놀랍지 않다. 스미스는 다음과 같이 설명한다:

함께 식사를 하는 사람들은 평등하게 대우해야 한다. 이것이 고대 식

---

34 Ibid., 11.
35 Ibid., 11.

사 관습의 표준적인 특징이다. 그것은 식사에서 사회적 유대 개념의 정교화로 기능하였고 자료들을 모든 차원에서 볼 때 연회 이데올로기의 강력한 특징이었다. 그 사상이 공유하는 바는 참가자들 사이에 공동체에 대한 감각을 창조하는 식사가 참여자 모두를 평등하게 그리고 충만한 참여로써 대우할 수 있어야 한다는 것이다. 본질적으로 이러한 식사는 사회적인 장벽들을 부수고 그 집단에 내적인 사회적 질서의 창조를 허용하는 잠재력을 갖고 있다.[36]

누가 기대 누웠고, 누가 기대 눕지 않았는가에 대한 광범위하고 때로는 관습을 넘어서는 실험이 일어난다. 이러한 실험은 식사를 새로운 종류의 평등을 탐색하기 위한 일차적인 자리로 만들었다. 이러한 탐색은 함께 기대 누운 사람들 사이에서 사회적 배경들의 새로운 혼합에 의해 뒷받침되었다. 스미스의 분석의 범주들은 우리가 이러한 탐색을 이해하도록 도와준다. 스미스는 헬레니즘 식사를 단지 사회적 가치들을 보여주는 것으로서가 아니라 결속, 경계들의 설정, 의무 지우기, 계층화 그리고 평등해지기라는 서로 관련되어 있으나 긴장 속에 있는 식사 행동들을 조정하는 특징을 보여준다. 4장은 평등에 대한 확장된 탐구를 하나의 이론적인 준거틀 안에 둘 것이다. 이 준거틀은 식사 체계 자체의 더 넓은 의례 어휘 안에서 사회적으로 규범화된 행동의 스펙트럼을 이해하는 틀이다.

식사의 사회적 역학에 대한 스미스와 클링하르트의 연구는 강력한 사회적인 의미 형성을 발견하였다는 점에서 참으로 놀랍다. 때때

---

36 Ibid., 11.

로 그들의 분석적 어휘들은 융합되기도 한다. 비록 스미스는 클링하르트의 "이상향적인"이라는 용어를 사용하지 않았지만, 스미스는 매우 유사한 역학을 가리키며, 두 사람 모두 식사의 사회적 의미를 지칭하기 위하여 "이상화된"이라는 용어를 사용한다. 스미스와 클링하르트 둘은 정치에 관련된 이런 식사를 이상화한 초기의 이스라엘적 형태를 "메시아적인 연회"로 지칭한다.37

비록 스미스와 클링하르트는 각각 사회적 분석에서 다소 다른 범주들을 사용하지만, 그들은 식사에서의 매우 유사한 사회적 역학을 가리킨다. 그들의 연구를 접한 후에는, 어느 독자도 헬레니즘 지중해 전역에 걸쳐서 식사가 강력한 사회적 의미를 가졌다는 결론을 피할 수 없다. 다소 다른 분석적 접근들에 대해서 말하자면, 클링하르트의 접근은 사회적 가치를 담은 고대의 어휘에 머무르는 이점과 —본장의 다음 부분에서 보게 되듯이— 초기 기독교적 식사가 갖는 사회적으로 창조적인 특성을 명백하게 만드는 강력한 이점을 가진다. 한편, 스미스의 분석적 범주들은 식사의 사회적인 역학을 더욱 잘 평가한다고 볼 수 있다.

스미스와 클링하르트의 연구는 모두(그리고 놀랍게도 서로 독립적으로) 정보를 제공하는데, 그 정보는 이 책에서 헬레니즘 시대의 사회적 정체성에 대한 기본적인 이해들을 바꾸어 준다. 스미스와 클링

---

37 나는 "메시아적 주연"이라는 이 용어에 반대하며, 그것을 연구 자체와 초기의 기독교적 상황 모두에 대한 기독교적인 역투사(retrojection)로 본다. 이 범주는 메시아적인 어휘를 사용하지 않는 히브리 성서 본문들(예컨대 이사야 25:6-12)에 호소한다. 이러한 점에서 스미스와 클링하르트가 유토피아주의와 이상화라는 그들의 어휘를 보유하는 것이 나을 것이다. Klinghardt, *Gemeinschaftsmahl und Mahlgemeinschaft,* 173; Smith, *From Symposium to Eucharist,* 9.

하르트의 연구는 (1) 그 시대의 주요한 실천으로서 헬레니즘 식사의 명확한 모습을 확립하고, (2) 그 시대의 더 넓은 사회적, 문화적, 정치적 형성과의 관계에서 이들 식사가 촉진한 주요한 사회적 역학을 확립한다. 스미스와 클링하르트의 연구는 어떻게 초기의 기독교가 출현하였는가에 대한 새로운 사회적 이해를 향하여 문을 활짝 열어 준다.

헬레니즘 식사의 종교적 차원

헬레니즘 문화에서 종교의 역할은 21세기의 종교와 상당히 달랐으므로, 어떠한 방식으로 종교적인 표현이 모든 헬레니즘 식사의 일부를 구성하였고, 스며 있었는가를 살펴보는 것이 필수적이다. 현 시대의 미국은 식사를 종교적이거나 세속적인 것으로 구분하는 경향이 있다. 반면, 헬레니즘 식사는 종교에 대하여 훨씬 더 다의적이고 복잡한 관계를 갖는다. 한편으로 모든 헬레니즘 식사는 비교적 강력하고 많은 분량의 종교적인 어휘와 행동을 포함하였다고 말하는 것은 공정하다. 예컨대 그 식사는 모두 헌주를 중심적으로 포함하였는데, 이 헌주는 식사(deipnon)를 주연(symposion)과 구분하는 것이었다. 이 헌주는 신에게 항상 바쳐졌고, 여러 측면에서 그날 저녁 전체를 바치는 방식으로 기능하였다. 이와 유사하게 이들 식사가 신에게 감사나 경외를 표현하는 노래를 포함하지 않는 경우는 드물었다.

다른 한편으로, 소수의 경우에 종교적인 표현은 특정한 신에 대한 배타적인 헌신을 나타냈다. 그러한 종교적인 표현은 식사 참가자들이 특정한 종교적인 활동과 계속적으로 관계하도록 강요하지 않았고, 종종 식사하는 사람들은 하나의 식사에서 다른 식사에로 옮겨가면서 종교적인 충성을 바꾸기도 하였다. 뿐만 아니라 식사는 또한 현대인들이 완전히 세속적이라고 보는 그리고 종종 신성모독적인 언어와 행동으로 볼 수 있는 것들로 가득하였다. 신에게 드리는 기도들, 성적인 방탕함, 평범한 일상들에 대한 대화 그리고 실내에서의 게임들이 식사에서 나란히 일어나는 것은 드문 일이 아니었다. 종교적인 표현이 모든 식사에 속하였지만, 현대인들이 세속적인 행동들이라고 간주할 만한 광범위한 것들도 식사에 속하였다.

필립 할랜드(Philip Harland)는 그레코-로만의 (식사) 결사(associations, 이에 대해서는 5장에서 상세하게 다룰 것이다)에 대한 그의 저서에서 헬레니즘 세계에서 종교적 및 비종교적인 행위의 바로 이러한 비현대적인 혼합에 대해 요약하고 있다:

> 우리는 '종교적인' 그리고 '종교'와 같은 용어들을 사용하는 일에 대해 우리의 주제를 개념적으로 추상화하고 있음을 알 필요가 있다. 우리는 연구의 대상이 되는 집단들과 사람들을 자기 삶의 한 측면으로부터 분리, 고립시키는 어떤 객관적인 실재들을 다루고 있는 것이 아니다. 삶을 정치적, 경제적, 사회적 그리고 종교적인 부분으로 구획하려하는 현대적인 구분은 고대의 맥락에는 적용되지 않는데, 그 고대의 맥락에서는 "종교"가 개인들의 일상 삶의 다양한 차원 안에 깊이 스며들어 있었고, 그 개인들의 정체성은 사회적인 집단형성 혹은 공동체와 따로 떼어낼 수 없을 정도로 엮여 있었다. 그레코-로만의 문맥에서 우리는 사회와 우주를 구성하는 연결망 안에 있는 인간 집단, 후원

자들 그리고 신들 사이의 적합한 관계 유지를 중심으로 이루어지는 세계관과 삶의 방식을 다루고 있다. 하나의 작업적 정의를 제공하자면, 고대에서 "종교" 혹은 경건이란 인간 공동체(혹은 그룹)와 그 구성원들의 안전과 보호를 보장하는 방식으로 신들과 여신들에게(다양한 종류들의 의례들, 특히 희생 제물들을 통하여) 적절하게 영광을 돌리는 것과 관련이 있었다. 게다가 그러한 제의적인 존경(혹은 더욱 현대적인 용어를 사용하면 '예배')이 어떤 형태들을 띠었는가는 종교적이라는 것이 무엇을 의미해야 하는가에 대한 현대의 혹은 서구의 선입견들과 반드시 일치하지는 않는다.[38]

21세기 서구인들이 종교적이거나 세속적이라고 간주할 수 있는 것들이 헬레니즘 식사에 복잡하게 혼합되어 있다는 것은 신중히 고려할 필요가 있다. 그 시대의 식사를 종교적 혹은 세속적이라고 어느 한 면으로만 특징짓는 것은 현대적인 묘사가 될 것이고, 따라서 그러한 식사가 그레코-로만 시대의 복잡하고 다양한 사람들의 사회적 정체성들에 대해 말해야 하는 많은 부분을 간과하게 될 것이다.

그레코-로만 지중해의 기존 질서 속에서 헬레니즘 식사의 사회적 역할

스미스와 클링하르트는 헬레니즘 시대 지중해의 사회적 정치적

---

38 Philip A. Harland, *Associations, Synagogues, and Congregations: Claiming a Place in Ancient Mediterranean Society* (Minneapolis: Fortress Press, 2003), 61.

영역들에서 식사가 점점 중요해졌다는 주제들을 다루지는 않는다. 이러한 식사의 중요성 역시 초기 기독교의 발전에서 식사가 행한 역할을 정당하게 평가하기 위하여 묘사될 가치가 있다.

클링하르트와 스미스의 인용들로부터 명백히 나타나듯이, 식사 관습의 많은 부분은, 적어도 그리스에서는, 헬레니즘 시대 이전에 있었다. 두 저자들은 후기 헬레니즘 식사의 가치들과 역학을 위하여 몇 가지 헬라적이고 고전적인 그리스 자료들을 언급한다. 이것은 헬레니즘의 시기가 여러 가지로 헬라와 고전 시기로부터 파생되었다는 점에서 타당하다. 그러나 식사의 더 넓은 위치는 두 가지 주요한 이유로 인하여 헬레니즘 시대에 훨씬 더 중요하였다 첫째로, 로마제국은 전체 지중해 지역에 걸쳐서 "그리스의" 문화를 성공적으로 확산시키는 일을 착수하였다. 둘째로, 고전적 그리스에서는 거의 배타적으로 상위계층의 식사 현상이었던 것이 헬레니즘 시기 동안에 엘리트가 아닌 계층들에게로 실질적으로 퍼져 나갔다. 이러한 확산은 헬레니즘 결사들(이는 5장에서 상세히 다루어질 것이다)의 성장을 통한 이 식사의 전파에서 가장 명백히 드러났다. 그래서 식사의 형태, 가치들 그리고 역학은 고전적 그리스와 헬레니즘이라는 두 시대에서 상당히 비슷하였으나, 식사는 헬레니즘 시대에 하나의 형식으로서 더 널리 퍼졌고 또한 사회적으로도 지배적이었다.

헬레니즘 시대에 있어서 식사의 이러한 중요성은 몇 가지 다른 관점들로부터도 검토될 수 있다. 결사들의 식사(이는 5장에서 더 넓게 논의되는데)는 더 넓은 정치적 현실들과 교차되었다. 나는 이러한 상호작용을 2002년의 책에서 다음과 같이 요약하였다:

자발적인 결사들의 이러한 문화적으로 광범위한 혁신은 지중해 지역에서 오래 지속된 제국 통치의 지배에 의하여 촉진되었다. 알렉산더 대왕이 지중해와 근동의 대부분을 정복한 후에 그리고 셀류커스 왕조, 이집트인들 그리고는 가장 야심적인 로마인들의 뒤이은 침략들과 지배 후에, 부족 및 국가의 결속과 정체성은 극적으로 쇠퇴하게 되었다. 이러한 제국 지배의 세기들은 확대된 가족들, 씨족들, 부족들 그리고 국가들이 사람들을 함께 모았던 방식에 치명적인 타격을 가하였다. 다양한 제국들의 억압은 사람들이 혈연과 지역에 기반해서 전통적으로 모이던 결사의 방식들을 심각하게 무너뜨렸다.

많은 제국들이 전통적인 사회적 집단형성, 모임을 제국 자체의 조직으로 대체하려고 했다. 식민 백성들에게 새로운 종류의 사회적 조직을 부과하려는 시도들이 지속되었다. 아마도 지중해 지역에 대한 로마의 오랜 지배에서 가장 극적인 예는 고전적 그리스의 이상들과 가치들에 기초한 것으로 여겨지는 그리고 정복에 의하여 거의 모든 지역에 부과된, 완전한 새로운 도시들을 건설하려는 로마의 매우 야심찬 시도들이었다. 친족과 민족의 전통적인 그룹들을 제국 자체의 구성물로 대체하려는 이러한 제국의 시도들은 단지 제한적인 성공을 거두었을 뿐이다.

전통적인 집단들의 파괴와 제국에 의해 부과된 제도들에 대한 저항의 결합은 로마제국 대중 안에서의 사회적인 결속과 정체성의 부재로 귀결되었다. 사회적인 혼란을 힘으로 안정시킨 후에, 사회적인 결사의 새로운 종류가 출현하였다. 이는 자발적인 결사들이었는데, 그 결사 안에서 개인은, 어떤 그룹의 일부가 되도록 제국에 의해 강요를 받거나 가족, 부족, 혹은 민족 등의 사회적 그룹의 강요를 받는 것과

는 대조적으로, 자신의 그룹을 선택39하였다.40

헬레니즘 결사들의 이러한 문화적 출현은 헬레니즘 식사와 분리
될 수 없다. 결사들의 주된 활동은 함께 하는 식사였다. 식사는 결사
를 위한 사회적인 결속의 주요한 요소였다(지배적인 사회적 조직으로
서 결사들의 발전은 5장에서 더욱 상세하게 논의할 것이다). 어느 정도
는 헬레니즘 식사 자체가 부족의, 확대 가족의 그리고 민족의 회집들
(assemblies)에 대한 대체물이 되었다. 이와 비슷하게, 식사는 어느
지역들에서는 로마제국의 제도들에 대한 저항의 표현으로서 출현하
였다.(이것에 대한 더욱 상세한 검토를 위해서는 6장을 보라.)

이러한 식사가 갖는 성격의 절반은 사적인데, 로마제국의 권력이
군사적으로 점령한 세계에서 그 식사의 사회적 및 정치적 성격에 영
감을 불러일으키는 차원을 갖고 있었다. 어느 정도는 사적으로 개인
이 거의 항상 식사를 주최하였고, 식사에의 초대가 개인에게 혹은 한

---

39 내가 이 글을 2002년에 쓴 이후로, 헬레니즘 시대의 결사들의 연구는 이러한 결사
들에 참여함에 있어서 '자발적인'이라는 단어와 그리고 개인적인 선택에 대한 과도
하게 단순화된 강조를 버리는 경향을 띠어 왔다. 정말로, 그 당시에 개인들이 자발
적인 선택을 행사할 수 있었다는 사고는 그 당시로서는 너무도 현대적인 것이었을
가능성이 크다. 한 결사에 참여하기를 결정하는 것은 순수하게 자발적이지는 않은
요소들에 또한 의존하였던 것이 거의 확실하다. 예를 들면, 귀족은 특정한 결사의
일부가 되도록 하인에게 영향력을 행사할 수 있었다. 혹은, 배들을 만드는 데에서
노동하는 사람은 배 건조자들의 결사의 일부가 되기를 "선택"하도록 "자유롭지" 않
았을 것이고 그렇게 하라는 많은 종류들의 사회적인 압력 아래에 놓였을 것이다.
그럼에도 불구하고, 결사들에 적용된 '자발적'이라는 단어는 이러한 결사들과 그리
고 다른 시대들의 부족의, 확대된 가족의 그리고 민족적 의무들 간의 대조를 강조하
는 것을 정말로 도와준다. 2장에서 이 주제에 대한 더 발전된 논의를 보라.
40 Hal Taussig and Catherine T. Nerney, *Re-Imagining Life Together in America:
A New Gospel of Community* (Lanham, Md.: Sheed & Ward, 2002), 11-12.

결사의 구성원들에게 이루어졌다는 점에서 이러한 식사는 사적이었다. 다른 한편으로 공적인 영역으로부터도 사람들이 상당히 쉽게 그 식사에 들어왔고, 식사 자체 안에 과시의 요소도 있었다. 예컨대 식사에서는 초대받지 않은 손님들과 다투어야 했는데, 이 초대받지 않은 손님들은 종종 성공적으로 협상하여 식사를 위해 머물 수 있었다. 뿐만 아니라 클링하르트에 의해 이미 예시되었듯이, 식사는 명백히 더 넓은 사회에 대한 모델로 보일 때도 있었다. 식사의 더욱 사적인 측면은 이러한 사회적인(그리고 때로는 반反-제국적인) 실험에 제국이 개입하는 것에 대항하는 보호장치의 역할을 하였다.[41] 동시에 식사의 반(半)공적(semi-public)인 측면은 식사를 그 식사의 사회적 가치의 과시를 위한 계기로 만들었다. 식사 및 식사에 대한 수사(rhetoric)에서, 식사의 수행에서 그리고 식사 참가에 대한 느슨한 경계에서, 식사는 하나의 모델 혹은 적어도 하나의 사건으로서 사회에 투영되었고, 그 모델 혹은 사건 안에서 사회의 문제들이 상징적인 측면에서 중요하게 다루어졌다.[42]

식사의 반(半)사적(semi-private)인 본질은 식사가 어떤 면에서는 사회적인 실험실들이었음을 암시한다. 식사는 실제의 실험을 허용할 정도로 충분히 보호되었으며, 또 그 식사 안에서 무엇이 일어났는가를 더 넓은 사회가 주목할 정도로 충분히 열려 있었다. 헬레니즘 사회는 로마에 의해 인위적으로 또 강제적으로 부과된 사회적 제도 그리고 민족의 혹은 부족의 연합이 파괴된 사회적 잔재들도 지배하

---

41 로마의 황제가 선동적인 성격에 대한 염려 때문에 결사들을 금지했던 시기들에 관한 3장의 논의를 보라.
42 의례 행동과 사회적 질서에 대한 4장과 5장에서의 논의를 보라.

지 못한 역사적인 틈에 걸터앉아 있는 것과 같았다. 이러한 틈 안에서 식사는 강력한 충성과 확장된 영향력을 발전시켰다.

고대의 사회적 실천들을 묘사하기 위하여 고대의 문헌들을 사용할 때의 방법론적인 문제

이제 고대 지중해 세계의 사회적인 역학과 실천을 논의할 때에 제기되는 방법론적 어려움을 짧게 언급하는 것이 중요하다. 지난 20년 동안 학문적 연구는 고대의 문헌들로부터 사회적인 묘사들을 이끌어내는 일에 훨씬 주의를 기울이게 되었다. 이러한 주의는 정당한 것이다. 이는 사회적 실천에 대한 고대 문헌들의 표현을 액면 그대로 받아들이는 문제에 대해, 어렵게 얻어진 몇 가지 교훈으로부터 나온 것이다. 이 교훈들은 다음과 같다:

1. 많은 문헌들이 어떤 방식들에서는 이데올로기적인 목적을 위하여 사회적 실천을 묘사한다. 문헌들은 독자에게 저자 자신의 견해를 부과하기 위하여 실천들을 종종 이상화하거나, 비방하며, 왜곡한다.
2. 종종 문헌들은 단지 하나의 특별한 계급이나 지역의 사회적 실천만을 언급하지만, 그러한 것을 사실대로 말하지 않는다. 따라서 계급과 지역에 따른 사회적 실천들의 다양함은 종종 의도적으로 혹은 비의도적으로 은폐된다.
3. 어떤 사회적 실천들에 대해서는 충분히 철저한 묘사를 얻을 수 있는 충분한 문헌 자료들이 존재하지 않는다.

이러한 교훈들은 어렵게 얻어진 것이며 또한 명확한 것으로 보인다. 그렇기 때문에 고대의 문헌에 기초하여 고대의 사회적인 실천을 묘사하는 것은 신뢰할 수 없다는 것이 나의 일반적인 견해이다.

헬레니즘 식사의 실행을 묘사하고자 고대의 문헌들을 진지하게 고려하는 데에는 두 가지 이유가 있다. 첫째, 스미스와 클링하르트 (그리고 그들의 연구보다 앞선 연구자들)에 의해 조사된 문헌의 범위는 다수의 관점들로부터 비롯된 다수의 변형들을 지니고 있으며, 지역, 계급 및 환경의 다양성을 포괄하는 깊고 넓은 것이다.[43] 둘째, 식사에 대한 고대의 문헌은 유물, 비문 그리고 고고학적인 식사 유적들의 발견에 의하여 지지되어 왔다. 스미스와 클링하르트는 이러한 증거를 상세하게 논의한다.

물론 광범위한 고대의 문헌, 유물, 비문 그리고 유적의 발견 결과가 완전히 통일된 하나는 아니다. 그러나 그 증거의 복잡성을 진지하게 고려하고, 그럼에도 불구하고 전체적인 개관을 산출해내는 것이 클링하르트와 스미스 두 학자의 조사와 평가의 표준들이 가진 공통된 덕목들이다. 달리 말하면, 스미스와 클링하르트의 연구들은 고대 문헌의 묘사가 갖는 문제들을 고려하면서도, 고대의 사회적 실천의 귀하고 세밀한 묘사를 이루어내고 있다.

---

43 이전에는, 그러한 문헌이 단지 부유한 자들의 식사만을 나타낸다고 주장되어 왔다. 이것은 사실이었으나, 그러나 식사에 기초된 노동자들의 결사들에 관한 클링하르트와 다른 학자들의 연구에 의해서 과거 세대에 수정되어 왔다. 이것에 대한 광범위한 논의를 5장에서 보라.

첫 100년간의 기독교 문헌에 나타나는 식사의 광범위함

식사와 기독교 문헌의 첫 100년의 관계는 다면적이고 광범위하다. 이러한 문서들은—그 문서들의 대부분은 신약성서 안에 있는데—초기 그리스도인들의 식사에 대한 언급에 의존하고 있고, 또 그러한 언급들로 가득하다.

아마도 이러한 문헌과 식사 사이의 가장 간과된, 그러나 가장 기본적인 관계는 식사가 초기 기독교의 문서들을 읽기 위한 일차적인 장소를 제공하였다는 것이다. 다시 말하면 기독교 역사의 첫 100년의 저술들이 이러한 공동체의 식사 자리에서 일차적으로 읽혀졌다는 데에는 학계에서 거의 이견이 없다. 그러나 초기의 기독교적 문헌을 읽기 위한 이러한 자리가 식사의 사회적 의미를 확증하고 또한 저술들 자체의 의미를 중요한 방식으로 틀 지을 수 있음을 그간의 연구는 주목하지 않았다.

식사에서 읽혀진 문서 중 가장 명백한 유형은 편지였다. 초기의 기독교적 저술의 가장 빈번한 장르는 식사를 위해서 명시적으로 씌어졌다. 바울의 편지들은 대부분이 문맹인 사람들의 공동체들에게 씌어졌다. 이러한 사람들은 거의 배타적으로 식사에서 그리스도의 이름으로 모였다. 바울이 고린도, 갈라디아, 빌립보, 로마, 혹은 데살로니가 안의 공동체들에서 교육받거나 대표하는 작은 일부에게만 쓰고 있지 않다는 것은 바울의 편지들을 볼 때 매우 분명하다. 오히려 바울은 그 공동체의 모든 구성원들이 듣도록 그의 편지를 쓴다. 이것은 각 도시들 안의 다양한 식사 모임들에서 그 편지들을 읽음으로써만 이루어질 수 있었다. 이와 똑같은 원리가 "베드로",[44] "요한"45 그리고 안디옥의 이그나티우스의 편지들에도 적용된다.

디다케와 같은 다른 문서들은 명백히 지역 공동체들을 위한 행동 지침들로서 기록되었다. 바울이나 다른 저자들의 편지들과는 대조적으로 디다케는 하나의 특별한 공동체가 아니라 오히려 그러한 공동체들의 더 넓은 체계를 대상으로 한 것으로 보인다. 여기에서 또한 디다케 자체 안에서도 파악되는 식사 모임들의 우세함은 그러한 초기 기독교의 지침들에 대한 청중들의 완벽한 체계를 제공해 주었다.

지난 세기 동안 신약성서 연구는 특별한 편지들, 복음서들 그리고 묵시록들의 본문 안에 끼워져 있는 몇 가지 찬송이나 노래들을 밝혀냈다. 이것은 어디에서 그러한 찬송이나 노래들이 불려졌는가라는 질문에 대한 성찰 없이, 전체적인 본문 안에 파편처럼 존재하는 찬송가의 유형을 밝혀내는 대부분 문학적 연구였다. 클링하르트와 스미스의 연구는 이제 이러한 찬송이 식사에 참여한 사람들에 의해 불렸음을 명확하게 보여준다. 클링하르트와 스미스의 연구를 통해서 볼 때 바울이 고린도인들에게 "여러분이 함께 모이는 자리에는 찬송하는 사람도 있고, 가르치는 사람도 있고, 하나님의 계시를 말하는 사람도 있고, 방언하는 사람도 있고, 통역하는 사람도 있습니다"(고전 14:26)라고 쓸 때, 바울이 주연(symposion)의 표준적인 행동들을 가리키고 있음은 명백하다. 혹은 데니스 스미스가 이 본문에 대하

---

44 많은 학자들은 베드로 전서와 후서가 베드로에 의해 씌어졌다는 것을 의심한다.
45 많은 학자들은 요한 1서, 2서 그리고 3서가 요한이라는 이름으로 알려진 신약성서의 가운데 어느 누구에 의해 씌어졌다는 것을 의심한다. 이것은 사랑받는 제자와 밧모(Patmos)의 요한을 포함한다. 요한복음의 저자—그가 누구였든 간에—가 세 서신 모두는 아니더라도 적어도 요한 1서를 기술하였다는 것은 가능하다. 요한 1서의 서신 형식은 다소 논쟁이 된다.

여 주석하듯이, "이것은 각각의 손님이 주연에서 토론을 위한 주제를 가지고 오는, 아울루스 겔리우스가 참석한 철학적인 연회들을 떠오르게 한다."[46] 이러한 맥락에서 누가복음, 요한복음, 로마서, 고린도전서, 에베소서, 빌립보서, 골로새서, 디모데전서, 히브리서 그리고 요한계시록에 나타나는 찬송들을 초기 그리스도인들의 식사 모임들 안에 사회적으로 위치된 것으로 이해하는 것이 이제 가능하다.

초기 기독교의 많은 편지들과 찬송들의 사회적인 자리가 식사로 규명될 때, 빌립보서 2장 6-11절을 찬송으로 밝힌 고전적인 구명은 더욱 더 흥미로워진다. 대부분의 학자들은 6-11절이 이미 씌어진 찬송이었고, 바울이 그것을 2장에서 인용한 것이라고 타당한 이유를 가지고 가정한다.[47] 그러나 편지와 찬송에 대한 자리로서 식사를 진지하게 고려하면, 바울의 편지가 식사 자리들에서 읽혀졌을 때 6-11절의 찬송이, 편지의 낭독이 그 부분에 이르렀을 때에 노래로 불러졌는지 어떤지를 궁금하게 여길 필요가 있다.

다른 한편 요한계시록과 같은 다른 저술은 극과 공연을 위한 경향을 지녔다. 아델라 야브로 콜린스는 요한계시록이 서쪽의 소아시아에서 언급한 서로 다른 공동체를 위하여 마치 공연처럼 행해졌다고 제안해왔다.[48] 이것은 식사에서 일어난 특이한 일은 전혀 아니었다. 실제로 어떤 종류의 행위들은 식사의 주연에서의 규범이었다. 그러한 공연들은 음악의 연주나 노래에만 제한되지 않았다. 오히려 특히 결사

---

46 Smith, *From Symposium to Eucharist*, 201.
47 이 찬송 그리고 그것과 다른 노래-찬송을 초기의 기독교적인 문헌 안에서 밝혀낸 연구에 대한 충분한 논의를 5장에서 보라.
48 Adela Yarbro Collins, *Crisis and Catharsis: The Power of the Apocalypse* (Philadelphia: Westminster, 1984).

들의 식사에서 비교적 정교한 연극적 산물들이 있었다. 이러한 산물들은 춤49이나 무언극50을 종종 다루었다. 그러한 산물들에서 중심적인 것은 신들의 행동과 관계들을 극적으로 재연하는 것들이다. 이아바코이51의 규범집(The Statues of the Iabakchoi)은 구성원들과 주연극에서의 공연자들을 묘사하고 있다.52

『위기와 카타르시스』(*Crisis and Catharsis*)에서 야브로 콜린스는 어떻게 요한계시록 본문 안의 극이 다양한 제국과 사회의 압력 아래서 서쪽의 소아시아의 기독교 공동체들의 구성원들이 스스로를 재정립하도록 기능할 수 있었는가를 보여주었다. 계시록에 대한 이러한 뜻의 연구는 헬레니즘 시대의 식사 자리에 극이 존재한 데 대한 최근의 민감한 반응 이전에 나왔다. 비록 야브로 콜린스가 식사의 공연들에

---

49 예를 들면, Xenophon, *Symposium 9; Philostratus, Vita Appollonae* 4; Lucian, *De Saltatione.*

50 *Statutes of the Iobakchoi*, 64, 113 모두를 보라. 또한, 마틴 닐슨(Martin P. Nilsson)은 그의 연구 *Dionysiac Mysteries of the Hellenistic and Roman Age* (New York: Arno, 1975), 59-61에서 바커스신의(Bacchic) 축제들의 많은 부분들을 위한 무언극 유형을 제안한다.

51 Iabakchoi: 바쿠스 제의를 중심으로 하는 결사. 〈역자주〉

52 *Statutes of the Iobakchoi*, 60-65, 109-20. 데니스 스미스는(*From Symposium to Eucharist*, 117) Iobakchoi에 관하여 다음과 같이 논평한다: "이러한 의례들에의 참여는 각각의 회원들에게 요구되었고(45-46줄), 만약 그들이 그들의 역할들을 잘 수행했다면 그들은 특별한 영예를 얻었다. 역할들은 회원들로부터 추첨으로 할당되었고(125-127줄), 한 사람이 그러한 역할을 할 차례가 올 때마다 그는 이러한 역할들과 연관된 서열과 지위의 상징으로서 희생제물의 분배로부터 특별한 몫을 얻었다. 우리에게 알려져 있는 할당된 역할들은 희생제물의 분배 목록에 이름이 제시된 다섯의 공적인 사람들과 다섯 신들의 역할들이다…. 아마도 단지 신들의 이름들은 역할들을 나타냈고, 실제의 공적인 사람들이 의식에서 그들 자신의 부분들을 행하였다. 그러나 이러한 인물들이 그들의 역할들을 행한 신화적인 극의 구성은 우리에게 알려져 있지 않다. 물론 극적인 제시들은 심포지아 유흥의 일부로서 특이한 것은 아니었다.

대해 특별히 의식하는 것으로 보이지는 않지만, 계시록 본문에 대한 그녀의 연구는 구성원들이 모일 때 우주적인 드라마를 공연하는 구성원들에 대한 공동체적인 근거를 발전시켰다.

클링하르트와 스미스의 연구가 식사에서 초기 기독교 찬송들과 공연들에 대한 명확한 묘사를 그려냄에 따라 복음서들을 구성하는 일에 식사의 창조적인 역할도 열려지게 되었다. 이것은 몇 가지 연구의 렌즈들을 통하여 초점이 맞춰진다. 물론 무엇보다도 첫째, 그것은 서로 다른 개인들이 주연 동안에 다양한 이야기, 어록, 노래 그리고 연설을 가지고 오는 헬레니즘 시대의 식사에 대한 더욱 넓은 묘사와 일치한다. 둘째, 초기 기독교의 복음서들이 어디에서 읽혀졌는가라는 질문을 할 때 식사가 가장 그럴법한 자리이다. 똑같은 근거가 편지들과 교훈 지침에서처럼 복음서에도 적용된다. 즉 이러한 문서들은 어떻게 읽는지를 알지 못하는 상당수의 가난한 사람들을 포함하는 넓은 분포의 사람을 위해서 씌어졌으므로, 다양한 초기의 기독교적 공동체의 규칙적인 식사 모임은 청중이 복음서를 들을 수 있는 주된 자리가 되었다. 이는 더욱 더 사실이다. 왜냐하면 식사의 느슨한 경계들로 인하여 핵심적인 식사 공동체 너머의 일부 사람들도 복음서 이야기를 듣도록 허용되었고, 적어도 복음서의 몇몇 부분들은 일차적인 공동체의 구성원 너머에 있는 청중에 대한 관심까지도 나타내기 때문이다.[53]

---

53 대체로 초기의 복음서들은 특정한 기독교 공동체들을 위해서 기록된 것으로 보인다. 마가, 요한 그리고 도마는 모두 고도로 경계 지어진 청중을 나타내는 문학적인 표시들을 갖는다. 마태는 —비록 그것의 경계들이 다소 더욱 침투할 수 있는 것으로 보이지만— 공동체 안에서 어떻게 함께 살아갈 것인가에 대한 아마도 가장 명료화된 가르침들의 체계를 갖는다. 그러나 누가와 마리아와 같은 다른 복음서들은 때로

셋째, 어떻게 복음서가 구성되었는가에 대한 과거 30년의 연구 또한 식사를 가리킨다. 최근 연구 세대에서 이루어진 수사학에 대한 헬레니즘적 지침의 발견과 분석은 복음서와 같은 1세기 문서들이 (특히 복음서 이전에) 구성된 과정의 어떤 특성을 학자들이 이해하도록 도왔다. 프로김나스마타(Progymnasmata: 기초수사학)라고 불리는 지침들은 어떻게 사람들이 짧은 말씀을 긴 이야기와 논의로 정교화하는 것을 배웠는가를 자세히 보여준다.[54] 이러한 정교화는 학교와 같은 환경에서 구두(口頭)로 일어났다. 그것은 크레이아(chreia)라고 불리는 물려받은 짧고 재치 있는 말씀을 먼저 취하고 그리고 구두로 하는 연습의 체계 안에서 그 말씀에 근거, 대조, 비교, 재서술하고; 다른 세부사항들을 추가하는 것을 포함하였다. 그러한 구두의 연습이 어디에서 일어났는가를 물을 때, 증거들이 암시하는 것은 거의 유일하다.

주연에 대한 고전적인 문헌은 이러한 확장된 식사의 세팅을 학교적 구성으로 묘사하였다.[55] 즉, 비록 학교로서의 식사라는 이미지가 21세기의 감수성에 있어서는 직관에 반(反)하지만, 식사는 고대의 지중해 지역에 있어서는 일차적인 학교의 자리였다. 일단 이러한 환

는 더욱 넓은 청중을 대상으로 하는 것으로 보인다.

54 Ronald Hock and Edward N. O'Neil, eds., "*The Chreia and Ancient Rhetoric*," vol. 1, *The Progymnasmata* (Atlanta: Scholars Press, 1986); and *Progymnasmata: Greek Textbooks of Prose Composition and Rhetoric*, trans. George A. Kennedy (Atlanta: Society of Biblical Literature, 2003)를 보라. 또한 Burton Mack, *Rhetoric and the New Testament* (Minneapolis: Augsburg Fortress, 1990), Burton Mack and Vernon Robbins, *Patterns of Persuasion in the Gospels* (Sonoma, Calif.: Polebridge, 1989)도 복음서와 복음서 이전의 형성에 대해 이러한 연구들을 적용한다.

55 예를 들면, Plato's *Symposium*.

경이 이해되면, 그러한 배움에 대한 거대한 창조적인 잠재성이 보이게 된다. 프로김나스마타의 구조화된 학습의 연습들과 주연 분위기의 재치 있는 대화의 결합은 크레이아들이 더욱 긴 단위들로 재작업됨에 따라, 확실히 구성을 위한 틀과 그리고 즉흥적이며 정교한 창조성 모두를 허용하였다. 이를 복음서 자료들에 적용해 보면, 식사가 하위복음서 단위들의 공동체적이고 학교와 같은 구성을 위한 관습적인 자리를 제공하였음이 상당히 분명해진다.

그래서 예를 들면, 큐(Q)자료의 네 축복을 끌어내 아홉 가지로 만든 지복선언에 대한 마태의 정교화(精巧化)는 학교가 모였던 초기 기독교의 식사 자리에서 있었던 고전적인 연습/상호작용의 산물이었을 것이다. 이와 비슷하게 다양한 갈등 이야기들이 재치 있는 크레이아와 같은 말씀(예컨대 마가복음 2:15-17은 식사 자리에서 일어난 예수와 바리새인들의 갈등의 이야기인데, 거기서 갈등은 건강한 사람들이 아니라 병든 사람들에게 의사가 필요하다는 크레이아로 해소된다)을 위한 수단들이 된 방식들은 프로김나스마타 구조를 따르는 그리고 사회적 실험의 식사 에너지를 지니는 "학교" 식사 안에서 유기적으로 일어났을 것이다. 즉 주연은 의사, 건강한 사람, 병든 사람에 대한 크레이아로 시작하였을 것이다. 그 다음에 (식사 자리에서) 기대 누운 사람들이 그 크레이아를 —프로김나스마타에 규정된 연습을 통해— 식사 논쟁에 대한 이야기로 정교화하였을 것이다.

이와 동일한 유형이 한 장을 채 넘기지 않고 나타나는데, 거기서 손 마른 사람의 치유 이야기가 안식일이 사람을 위해 만들어진 것이지 그 역은 아니라는 첫째 크레이아와 이삭을 자른 논쟁 이야기(마가복음 2:23-3:5)로부터 정교하게 된 것으로 보인다.[56] 이러한 정교화

과정은 마가복음 4:1-33만큼이나 긴 단위들 안으로 투사되었을 수 있으며, 그 단위들의 대부분은 비유들과 비유적 단위들에 대한 복음서 이전의 단위로 많은 학자들에 의해 읽혀졌다.[57]

1세기 기독교 문헌의 많은 부분은 공동체에게 읽어주기 위한 일차적인 장소로서 초기 그리스도인들의 식사 모임들과 강력히 관련되어 있었다. 식사에서 이루어진 이러한 "읽기"의 범위는 앞에서 주목했듯이 광범위했는데, 그 읽기가 단순히 완결된 문서의 읽기만이 아니라 종종 공연 및 복음서 하위단위의 실제적인 구성물도 포함하였다는 점에서 넓었다. 비록 이러한 문헌의 일부가 때때로 읽혀졌을지도 모르는(예컨대, 글을 아는 개별의 사람들이 그것을 혼자 읽거나 혹은 광장이나 포럼에서 때때로 이루어진 수사적인 읽기들) 어떤 다른 장소들을 생각할 수도 있지만, 식사는 그러한 "읽기"를 위한 가장 그럴법한 장소였다. 기독교적인 표현 안에서 그리고 공동체들에게 중요한 문서들을 읽음에 있어서 식사의 이러한 중심성이 인정되면, 형성적 사건의 의미는 더욱 더 중요해진다. 식사는 사회적인 실험에서 중요한 역할을 하였을 뿐만 아니라, 식사는 저술들을 형성하였고 그리

---

56 나는 "Dealing under the Table: Ritual Negotiation of Women's Power in the Syro-Phoenician Woman Pericope," in *Reimagining Christian Origins: A Colloquium Honoring Burton L. Mack,* ed. Elizabeth A. Castelli and Hal Taussig(Valley Forge, Pa.: Trinity Press International, 1996)에 나타난 *Progymnasmata* 그리고 식사와 관련된 이러한 정교화 과정을 4장에서 더 논의되도록 제시하였다.

57 예를 들면, Joachim Jeremias, *The Parable of Jesus* (London: SCM, 1972), 95-97; H. W. Kuhn, *Aeltere Sammlungen in Markusevangelium* (Goe ttingen: Vandenhoeck and Ruprecht, 1971), 20-45; Werner Kelber, *The Kingdom in Mark: A New Place and a New Time* (Philadelphia: Fortress Press, 1974), 25-43; Mack and Robbins, *Patterns of Persuasion in the Gospels,* 16-24를 보라.

고 그 저술들의 의미들을 위한 일차적인 상황적 틀을 제공하였다.

스미스와 클링하르트의 것과는 약간 다른 시각에서 과거 30년 동안 몇몇 다른 학자들은 초기 기독교의 출현을 재상상하는 일에서 식사의 중심성을 보아왔다. 제임스 브리치의 중추저서 『예수의 침묵』(The Silence of Jesus)은 역사적 예수의 식사를 나사렛의 예수가 누구였는가에 대해 우리가 가질 수 있는 일차적인 자료로 보고 있다. 역사적 예수가 가르쳤을지도 모르는 것의 측면에서 브리치의 급진적인 최소주의는 예수의 식사 의미에 대한 그의 관심에 의해 상쇄되었다. 브리치는 예수의 식사가 갖는 사회적인 틀을 유일한 예수의 일차적인 자료로서, 또한 역사적 예수의 일차적인 의미라고 보았다.

이와 비슷하지만 덜 최소주의적인 방식으로 존 도미닉 크로산은 역사적 예수의 활동과 가르침과 전망을 이해하기 위한 열쇠로서 "식사를 함께 함"(commensality)이라는 용어를 제안하였다. 『역사적 예수』(The Historical Jesus)에서 크로산은 예수의 사회적 프로그램을 묘사하기 위하여 식사를 함께 함[58]이라는 용어를 사용하였는데, 그 예수의 프로그램 안에서는 열린 식사가 "하나님의 나라"의 두 가지 일차적인 예들 중의 하나였다.[59] 그것은 모든 사람이 환영받았고, 거기서 음식이 모든 사람에게 공유된 급진적으로 포괄적인 식사였다. 예수는 매개되지 않은 정의로 실현되는 하나님의 새로운 통치가 명백하게 이루어진 장소로서 그 식사를 장려하였다.

마지막으로, 버튼 맥은 『순수의 신화』(A Myth of Innocence)와 『누가

---

58 John Dominic Crossan, *The Historical Jesus: The Life of a Mediterranean Peasant* (San Francisco: HarperSanFrancisco, 1991), 261-64.

59 크로산의 두 가지 중 다른 예는 역사적 예수에 의한 악령을 쫓아내는 치유이다.

신약성서를 썼는가?』(*Who Wrote the New Testament?*)라는 두 저서에서 초기 갈릴리의 예수 운동들 바울 이전과 바울의 공동체들 그리고 이후의 복음서 공동체들에 의한 가르침이 정교화되었고, 또 중대한 새로운 사회적 실험이 일어난 장소로서 식사를 제안하였다.[60] 맥은 어떻게 헬레니즘 시대의 지중해 지역의 순교자 신화가 예수라는 인물과 관련하여 식사에서 재현되었는가에 특히 관심을 가졌다.

아마도 초기의 기독교적 문헌과 명료화를 위한 장소로서 식사만큼이나 적어도 중요한 것이 초기 기독교의 편지, 복음서, 안내서 그리고 묵시록 안에 나타나는 식사에 대한 많은 언급들이다. 즉 식사는 초기 기독교의 표명과 의미 형성을 위한 중요한 맥락만을 제공하는 것은 아니다. 초기 기독교의 사회적 제도로서 식사의 중심성은 문헌 자체 안에서 나타나는 식사에 대한 여러 종류의 언급으로 볼 때 명백해진다. 참으로 우리는 기독교 문헌의 첫 100년 동안 식사 활동과 의미 형성의 전체적인 범위를 발견할 수 있다. 다음에 이어지는 것은 클링하르트와 스미스가 간추린 공통된 식사 전통의 기초 면에서 본 초기 기독교적 문헌의 개관이다. 이 개관은 어떻게 그 문헌이 다음의 주제들을 다루었는가를 보여준다: 식사의 음식과 음료, 식사의 장소, 식사 자리의 행동, 식사의 구성원 그리고 식사의 윤리. 이들 각각의 주제가 검토됨에 따라, 초기 기독교의 문헌은 이러한 식사의 음식, 음료, 장소 그리고 행동을 그 세계의 실물로서 진지하게 취급한다는 사실이 명확해진다. 나아가 식사의 이러한 차원은 이 문헌에 대해 더

---

60 Burton Mack, *A Myth of Innocence: Mark and Christian Origins* (Philadelphia: Fortress Press, 1988), 114-122; Burton Mack, *Who Wrote the New Testament? The Making of the Christian Myth* (San Francisco: HarperSanFrancisco, 1995), 64-76.

넓은 사회와 그리고 초기의 그리스도인들 자신의 자기-이해를 위한 중요하고 종종 논란이 되는 사회적 의미를 갖는다.

식사의 음식과 음료

신약성서의 본문들은 식사에서 사람이 무엇을 먹고 무엇을 먹지 않는가에 대한 관심을 보여준다. 어느 음식이 먹기에 적절한가에 대한 이러한 관심은 대체로 건강상의 관심에 관련된 것은 아니다. 오히려 각각의 경우에 금지되거나 허용된 음식은 사회적인 그리고 때로는 종교적인 의미를 갖는다.[61] 무엇을 먹을 것인가에 대한 이러한 주목은 단지 초기 기독교의 관심만은 아니고 헬레니즘 시대의 문헌들에도 많이 반영되어 있는데, 그러한 문헌에는 음식의 양과 종류에 대한 폭넓은 논의와 논쟁이 진행되고 있다.

로마서 14장과 15장의 초점은 그 공동체 안에서 어떤 사람들이 고기를 먹었고, 어떤 사람들이 먹지 않았는가에 대한 논란이다. 바울은 고기를 먹은 사람들이 자신들을 먹지 않은 사람들에 비교하여 우월하다고("강하다")고 간주한 것으로 말한다: "어떤 이는 모든 것을 다 먹을 수 있다고 생각하지만, 믿음이 약한 이는 채소만 먹습니다. 먹는 이는 먹지 않는 이를 업신여기지 말고, 먹지 않는 이는 먹는 이를 비판하지 마십시오. 하나님께서 그를 받아들이셨습니다"(14:2-3). 대부분의 주석가들은 이러한 음식 논쟁을 어떤 고기를 먹는 것에 대

---

61 사회적인 의미에 관해서는, Mary Douglas, "Deciphering a Meal," in *Myth, Symbol and Culture*, ed. Clifford Geertz (New York: Norton, 1971), 61-81을 보라.

한 유대교의 제한들과 관련된 것으로 본다. 특히, 이 고기는 토라에서 금지된 돼지고기나 갑각류일 수도 있고, 혹은 그 당시의 이런 저런 유대교적 해석에 의하면 적절하게 도축되지 않은 어떤 고기였을 수 있다. 이 편지에서 바울이 언급한 사람들의 식사에서는 고기를 먹는 것에 대한 제한들을 따르지 않은 사람들뿐만 아니라 따른 사람들도 있었던 것으로 보인다. 바울의 편지는 사람들이 무엇을 먹었는가와 먹지 않았는가가 어떻게 식사에서 형성된 공동체에 대한 그들의 의미에 영향을 끼쳤는가에 관한 관심을 보여준다. 식사에 대한 바울의 충고는 식사 공동체를 위해서는 모든 사람들이 고기를 삼가야 한다는 것으로 보인다: "그러므로 이제부터는 서로 남을 판단하지 마십시다. 형제자매 앞에 장애물이나 걸림돌을 놓지 않겠다고 결심하십시오. 내가 주 예수 안에서 알고 또 확신하는 것은 이것입니다. 무엇이든지 그 자체로 부정한 것은 없고, 다만 부정하다고 여기는 그 사람에게는 그것이 부정한 것입니다. 여러분 각자가 음식 문제로 형제자매의 마음을 상하게 하면 그것은 이미 사랑을 따라 살지 않는 것입니다. 음식 문제로 그 사람을 망하게 하지 마십시오. 그리스도께서 그 사람을 위하여 죽으셨습니다"(14:13-16).

사도행전 15장에 따르면 비교적 넓은 범위의 초기 그리스도인들의 식사 모임에서 경험한 것으로 보이는, 식사에서 생성된 갈등 문제에 대해 생각하기 위하여 바울, 베드로, 야고보(James) 그리고 다른 사람들이 예루살렘에서 만난 이야기를 사도행전 15장은 전해준다. 이 이야기에 의하면, "기독교적인" 공동체 안에서 유대인들과 이방인들의 차이들이 예루살렘 회의에서 다루어져야 했다.[62] 불일치한 문제들 중에 일차적인 것은 할례였다. 그러나 이러한 차이의 주된

"해결"은 초기의 유대인 그리스도인과 이방인 그리스도인이 함께 모일 때 그들이 무엇을 먹어야 하는가의 문제로 변하였고, 이 해결은 로마서에 쓴 바울의 권고와는 달랐다. 사도행전 15장은 야고보가 다음의 협상안을 제안한 것을 묘사한다: "그러므로 나의 판단으로는 하나님께로 돌아오는 이방 사람들을 괴롭히지 말고, 다만 그들에게 편지를 보내서 우상에게 바친 더러운 음식과 음행과 목매어 죽인 것과 피를 멀리하라고 하는 것이 좋겠습니다"(15:19-20). 달리 말하면 모든 그리스도인들이 공통으로 해야 하는 주된 실천은 함께 먹는 것이었고, 그들의 음식은 넓은 다양성을 포함하였으나 또한 토라의 어떤 제한들을 지키는 것이기도 하였다.

고린도전서 8장과 10장에서 바울이 언급하는 논란은 무엇을 먹어야 하는가에 관한 사도행전과 로마서의 논쟁들과 관련된 것으로 보일 것이다. 고린도전서에서 문제가 되는 것은 고린도인들이 자신의 식사 모임을 위해서 다양한 신들의 신전에서 도살된 고기를 구입해야 했는가, 아닌가 하는 것이다. 고린도의 몇몇 기독교 식사 모임에서 그러한 고기를 정말로 내놓고 먹었다는 것은 고린도전서에서 이 문제를 다룬 몇 군데를 볼 때 분명하다. 바울의 권고가 무엇이었는가는 그렇게 분명하지는 않다. 정말 바울은 서로 다른 접근들을 추

---

62 몇몇 학자들은 사도행전 15장의 역사적 정확성을 질문해왔다. 그러한 의심에 대한 가장 명백한 이유는 이 본문과 그리고 똑같은 만남에 대한 또 다른 이야기인 갈라디아서 1장 사이의 몇 가지 차이들에 의해 야기된다. Dennis Smith, "What Do We Really Know about the Jerusalem Church? Christian Origins in Jerusalem according to Acts and Paul," *Redescribing Christian Origins*, ed. Ron Cameron and Merrill P. Miller(Atlanta: Society of Biblical Literature, 2004), 237-252; 혹은 Hal Taussig, "Jerusalem as Occasion for Conversation: The Intersection of Acts 15 and Galatians 2," *Forum*, n.s., 4.1를 보라.

천한 것으로 보인다: (1) 공동체 식사를 위해서는 그러한 고기를 사거나 먹지 말아라. 왜냐하면 그러한 고기를 사거나 먹는 것은 그 동물들이 희생되어 바쳐진 신들의 예배를 함축하기 때문이다(10:14-21을 보라). (2) 그 고기를 산 사람들을 불쾌하게 하고, 따라서 식사 공동체를 깨뜨리는 위험을 감수하지 않기 위해서 그 고기를 먹어라(10:31-33을 보라). 그리고 (3) 만약 그 고기가 그러한 신에게 바쳐졌는지를 네가 알지 못한다면 그것을 사서 먹는 것은 허용된다. 그러나 만약 그 고기가 그러한 신에게 바쳐졌음을 네가 안다면 다른 사람들을 고려하여 그 고기를 먹지 말아야 한다(10:23-30을 보라). 이 연구를 위해서는 바울의 다양한 제안들을 이해하는 것보다는, 여기서도 역시 이러한 신약성서 본문들은 그 공동체들이 먹은 무슨 음식을 매우 중요하다고 간주하고 있었는지를 주목하는 것이 더욱 중요하다. 로마서 14장, 15장과 사도행전 15장과 직접 평행되게, 고린도전서 8장과 10장의 음식 문제들은 식사 공동체에서 관계들의 질 및 특성과 직접적으로 관련되어 있다.

하나의 같은 식사에서 포도주를 마시고 빵을 먹는 것이 신약성서의 네 가지 "마지막 만찬" 본문들과 디다케의 가르침들에서 언급된다. 포도주는 주연의 기본적인 "음식" 요소이다. 이러한 본문들 중 가장 초기의 것이며, 바울이 자신의 선생을 통해 전해 받은 공식으로 이해했을 구절인 고린도전서 11:24-25은 헬레니즘 시대의 식사 유형을 분명히 떠올리게 한다.[63] 이는 식사(deipnon) 동안의 빵에 대

---

[63] 고린도전서 11:23에서 바울은 이 공식을 "주님으로부터" "받았다"고 쓰고 있다. 이 구절은 고린도전서 15:3과 비교적 비슷하다: "내가 전해 받은 중요한 것을, 여러분에게 전해 드렸습니다." 대부분의 학자들은 15:3을 바울이 그의 선생들에 의해 가르침 받았던 이전 공식의 인용으로 그리고 가장 가능하게는 공동체 공식으로 이해

한 축복과 주연(symposion)의 첫째 잔을 신에게 바칠 것을 요청하
는데, 이 둘은 모두 헬레니즘 시대의 식사에서 표준적인 것이다. 빵
은 음식으로서 그리고 사람이 손을 씻고 음식을 집는 "냅킨"과 "도구"
로서 둘 다 식사(deipnon)를 위한 표준적이고 중심적인 음식이었다.
마가와 마태의 마지막 만찬 단화들에서 마가와 마태의 설명은 똑같
은 식사 순서를 따른다. 누가의 마지막 만찬 본문은 수정되어 있는
데, 사본상의 문제가 상당히 있다. 가장 초기의 누가 사본들은 빵 이
전에 잔을 든다. 후기의 누가 사본들은 빵의 양 편에 하나씩 두 잔이
있다. 디다케는, 마지막 만찬 환경에 대한 언급도 없이 그러나 기독
교 문헌에서 처음으로, 식사를 "성만찬"(eucharist, 9-10)으로 지칭
하면서, 빵에 대한 기도에 앞서서 포도주 잔을 언급한다.[64] 이 모든
본문들에서 빵을 먹는 것과 포도주를 마시는 것은 상당히 종교적이
고 사회적인 용어로 묘사되고 있다.

　다른 한편, 다른 본문들은 빵과 포도주를 분리하여 언급한다. 가
나의 혼인잔치에 대한 요한복음 2장의 이야기는 참석자들이 그 곳에

한다. "주님으로부터" 받음은 비슷한 역학일 수 있다. 다른 한편으로, 바울은 갈라
디아인들에게 다음과 같이 쓰고 있다(1:11-12): "내가 전한 그 복음은 사람에게서
비롯된 것이 아닙니다. 그 복음은 내가 사람에게서 받은 것도 아니요, 배운 것도
아니요, 예수 그리스도께서 나타나심으로 받은 것입니다." 여기에서 우리는 바울이
가르침 받지 않은, "예수 그리스도의 나타나심, 계시"에 대한 평행구로서 11:23의
주님으로부터 받음을 떠올릴 수 있다. 11:23이 다소 의례화된 식사 동안에 말해지
는 공식을 가리켰기 때문에, 나는 더욱 강력한 평행이 11:23과 15:3 사이에 있다고
제안한다. 고린도전서 11:23과 갈라디아서 1:11-12 사이의 평행을 선호함에 대해
서는, Mack, *A Myth of Innocence*, 98-99를 보라.

64 어떻게 이러한 디다케와 누가의 유형들이 전반적인 *deipnon-symposion* 순서에 여
전히 맞는지에 관해서는, Klinghardt, *Gemeinschaftsmahl und Mahlgemeinschaft*,
379-406를 보라.

있던 포도주를 모두 마시고 예수가 다른 물을 포도주로 변화시킨 것을 전해준다. 수잔 막스는 결혼 잔치에서 포도주를 마시는 것이 헬레니즘 시대의 식사의 일반적인 모습과 일치하고 있음을 보여주었다.[65] 누가-사도행전은 "빵을 떼는 것"이라 부른 것을 세 번 분명히 언급하는데, 첫째는 제자들이 식사 중에 부활한 예수를 만나는 이야기의 끝 부분이고(누가복음 24:30-35), 다시 예루살렘의 식사에서 부활 이후의 초기 신자들의 모습에서(사도행전 2:46) 그리고 드로아에서 주의 첫째 날 식사 때 바울의 이야기에서이다. 사도행전 27:35에서 바울은 위험에 처한 배 위에서 식사 모임을 행한 것으로 묘사되는데, 그 안에서 빵을 떼는 것만이 공식적인 행위로서 묘사된다. 그리고 누가복음 14:1은, "떼다"라는 동사 없이, 전체적인 식사를 가리키기 위하여 파게인 아르톤(phagein arton, 빵을 먹다)을 사용한다. 이러한 누가의 묘사는 일반적인 헬레니즘 시대의 식사 유형과 상당히 일치하지만, 자신들의 공동체 식사 모임을 위한 특정한 용어로서 "빵을 떼기"라는 기술적인 어법 또한 반영하고 있다.[66] 비록 빵과 포도주에 대하여 명시적으로 언급된 것은 아니지만, "먹기를 탐하는 자요 포도주를 즐기는 자, 먹보요 술꾼"(마태복음 11:19; 누가복음 7:34)이라는 큐(Q)자료에 기초한 특성은 확실히 포도주와 음식, 헬레니즘 시대의 연회와 그 전통을 남용하는 것으로 간주된 자들에 대한 당대의 광범위한 비판과 연결되어 있다.[67]

---

65 Susan Marks, "Jewish Weddings in the Greco-Roman Period: A Reconsideration of Received Ritual"(Ph.D. diss., University of Pennsylvania, 2003)을 보라.

66 Dennis E. Smith and Hal Taussig, *Many Tables: The Eucharist in the New Testament and Liturgy Today* (London: SCM, 1990), 56를 보라.

마지막으로, 복음서들에는 예수가 한 번에 수 천 명의 사람들을 기적적으로 먹이는 여섯 개의 서로 다르면서도 비교적 평행하는 이야기들이 있다. 마가와 마태는 모두 5,000명과 4,000명의 평행하는 이야기들을 갖고 있는 반면, 누가와 요한은 모두 별개의 이야기를 갖고 있다. 이들 이야기에서 음식은 빵과 물고기이다. 이 본문들은 음식 자체의 중요성에 대해서는 그다지 강조하지 않는 것으로 보인다. 비록 급식 이야기들이 야외에서 일어난 사건으로 그려져 있지만, "예수가 밖에서 기적적인 식사를 베풀 때, 그 식사는 또한 기대 눕는 연회들이 된다"라고 데니스 스미스는 주목한다.[68] 이에 대한 각주에서 복음서들이 야외의 물고기와 빵의 식사를 실내의 실제적인 헬레니즘 시대의 식사에 대한 주석으로 읽혀지도록 기획되어 있음을 보여주기 위해서, 스미스는 비스듬히 눕는 동사들의 다양한 용례들을 연구한다.[69] 이에 대한 주석으로 폴 악트마이어는 급식 이야기들이 마가 이전의 것이라는 점과 그 식사와 식사에 등장하는 인물들의 관계에 주목하였다.[70]

급식 이야기들은 분명히 본 장의 앞에서 그려진 헬레니즘 시대의

---

67 이러한 비판의 실례들을 위해서는, Philo, *On the Contemplative Life*, 34-27와 Plutarch, *Table Talk* 1.2.615D-619C; 1.4.620A-622C를 보라.

68 Smith, *From Symposium to Eucharist*, 240.

69 기대 눕는 식사가 야외에서 또한 정말로 일어났다는 것은 가능하다. 그레코-로만의 신전 축제들은 종종 너무도 컸고 그래서 신전의 식사하는 방들은 충분하지 않았으며, 사람들은 축제적인 식사를 위하여 들판에서 기대 누웠다. 이와 비슷하게, 묘지에서 식사를 하는 2세기의 초기 기독교의 실천은 야외의 연회 스타일의 기대 눕는 것을 반영한다.

70 Paul Achtemeier, "The Origin and Function of the Pre-Marcan Miracle Catenae," *JBL* 91, no. 22 (1972): 198-221; "Toward the Isolation of Pre-Markan Catenae," *JBL* 89, no. 3 (1970): 265-91.

식사 묘사에 속한다. 특정한 음료와 음식들이 일치할 뿐만 아니라, 어떻게 식사가 행해졌는가의 내용 안에 사회적 윤리적 의미를 부여하고자 하는 관심도 일치한다. 게다가, 초기 그리스도인들의 식사 모임에 소개된 음식과 음료에 대한 광범위한 언급은 초기 기독교에서의 핵심적인 사회적 제도로서의 식사에 대한 강력한 관심을 증언하고 있다.

식사의 장소

신약성서와 다른 1세기의 기독교 문헌은 어디에서 식사가 이루어졌는가에 주목한다. 식사 장소에 대한 문헌들의 묘사는 어디에서 헬레니즘 시대의 집단들이 함께 연회를 하였는가에 대한 묘사들과도 잘 들어맞는다. 헬레니즘 시대의 많은 집단에서 사용한 장소들은 초기 기독교인들에 의해서도 사용되었던 것으로 보이지는 않는다. 즉, 거의 모든 헬레니즘 시대의 신전들을 둘러싼 그리고 매우 다양한 헬레니즘 시대의 결사들에 의해 사용된 식사하는 방들은 초기의 기독교적 식사를 위한 장소들은 거의 아니었다.[71]

이 점을 제외하면, 식사 장소에 대한 신약성서의 묘사들은 헬레니즘 시대의 식사에 대한 묘사들과 상당히 일치한다. 식사 장소는 일차적으로 비교적 부유한 사람들(가난한 사람들의 집들은 식사하는 방들을 갖고 있지 않으므로)의 식사하는 방이었고, 다양한 집단들을 위

---

71 고린도전서 8장과 10장에 따르면, 이러한 신전들에서 도살되고 요리된 어떤 고기들이 고린도의 기독교 식사에서 제공되었다는 것은 진실이다. 정말로, 10장의 몇몇 지점들에서, 바울은 기독교의 식사에서 그리스도인들이 그러한 고기를 먹는 것을 허용하는 것으로 보인다. 10:25-27, 30을 보라.

하여 빌린 식사하는 방이었다.

부유한 사람들이 자신의 집에서 주최한 식사 중 전형적인 것은, 예수가 삭개오(누가복음 19:6-7) 그리고 바리새인들의 지도자(누가복음 14:1), 레위인(마가복음 2:15), 나병 환자 시몬(마가복음 14:3) 그리고 마리아와 마르다(누가복음 10:38-40)의 집에서 식사한 이야기들이다. 거의 확실히 이러한 배치는 12명의 파송(마가복음 6:7-13과 평행구들)과 70명의 파송(누가복음 10:1-16)에서 그리고 공동체에게 가르침을 전하기 원하는 예언자들을 위한 디다케에도 그려져 있다. 각각의 사례들은 순회하는 전도자들이 주인이 베푼 식사를 하면서 가르침을 선포할 수 있는 규모를 가진 집에 도착하는 것으로 묘사되어 있다. 아마도 복음서 이야기에서 식사를 위해 빌려진 장소중 가장 눈에 띄는 곳은 이른바 다락방(마가복음 14:12-16과 평행구들)이다. 이와 비슷한 배치들이 안디옥(갈라디아서 2:11-14)[72]에서 그리고 고린도에서(11:34)[73] 베드로와 바울의 식사만남의 경우이다. 가나의 혼인잔치[74], 로마의 "약한 사람"과 "강한 사람"의 모임(로마서 14, 15장), 엠마오에서 빵을 떼는 것(누가복음 24:28-30)과 같은 식사 본문들의 경우는 그 곳에 부유한 주최자나 혹은 빌려진 시설이 있었는지가 다소 모호하게 그려지고 있다.

---

72 이 이야기에서는 어느 주최자, 주인도 언급되지 않으며, 여기에서는 환대가 핵심 주제인 것으로 드러났다.

73 바울은, 그들의 장소가 특정한 사람에 의해 주최된 곳이 아니었음을 함의하면서, 만약 그들이 배고프다면 "집에서 먹으라고" 고린도인들에게 가르쳤다. 그러나 주최자 언급의 이러한 부재는 우연적이거나 혹은 전략적이라는 것이 가능한데, 바울은 고린도와의 서신 왕래에서(부유해 보이는) 지도자들 몇몇을 두드러지게 편지에서 정말로 언급하기 때문이다.

74 Marks, "Jewish Weddings in the Greco-Roman Period"를 보라.

식사에서 하는 행동

사람들이 그들의 공동체 식사 모임에서 정확히 무엇을 행(해야)하고 말(해야) 하는가에 대하여 다루는 광범위한 초기 기독교적 저술들이 있다. 이 저술들은 상당히 다양한데, 무엇이 행해지고 말해져야 하는가에 관해서는 다소 불일치를 보이고 있다. 다른 한편, 다양한 저술에 나타난 서로 다른 기독교적 식사 모임들의 실천적 다양성은 헬레니즘 시대의 전반적인 식사 행동 유형들과 잘 들어맞는다. 즉, 초기 기독교 공동체의 식사 장소가 갖는 다양성은 식사에서 행동과 말의 다양성을 낳고 있는데, 이는 헬레니즘 식사에서 장소의 차이에 따라 행동과 말이 다양해지는 방식과 일치한다. 예컨대, 서로 다른 헬레니즘 식사 인도자들이 주연의 처음에 행하는 잔과 관련된 행동과 말의 변화는 기독교의 식사에서 보이는 변화들(예컨대, 식사의 처음에, 바울은 빵을 그리스도의 몸이라고 부르며 축복하는 데 반해, 똑같은 식사의 처음 시점에 누가의 모임들은 그리스도의 몸을 전혀 언급하지 않고 특별한 축복과 빵을 떼는 행위를 한다)과 유사하다.

물론 해당 본문들이 실제의 식사 행동을 반드시 나타내지는 않는다는 것을 이해하는 것도 중요하다. 몇 가지 차원에서 진지하게 주장을 유보할 필요가 있는 것들도 있다. 고대 지중해 지역의 식사를 언급하는 일차적인 본문들에 대한 연구는 한 동안 이 본문들이 액면 그대로 받아들여질 수 없다는 점을 분명히 했다. 식사에 관한 본문들은 허구적인 목소리들로 종종 기록되었고, 주로 귀족적인 사회경제적 환경들을 나타내며, 일련의 문학적인 과장을 드러냈다.[75] 복음서 본문들의 역사적 정확성도 오랫동안 의문시되었다는 것도 사실이며, 복음서의 묘사들에 대한 이러한 의문은 식사가 나타나는 복음서 본문의 2/3에 적용된다.[76] 복음서의 본문들이 그 본문을 전해받거나 혹은 기록한 공동체의 식사에 관하여 어떤 정보를 제공하는지의 측면에서, 학자들이 식사에 대한 복음서 본문을 연구할 때조차도, 문학적인 과장, 고대의 문서 자체에 대한 다수의 사회적 위치들 그리고 복잡한 문학적인 문제들과 동기들이 함께 고려되어야 한다.

몇 가지 주요한 주의사항에 주목하면서, 이 책은 성서 본문들이 초기의 기독교적인 식사에 대한 간접적인 역사적 자료들로서 진지하게 고려될 수 있음을 제안한다. 비록 모든 본문들이 위의 이유들로 인하여 교차적으로 검토되어야 하지만, 그 본문들의 역사적 가치를 진지하게 보는 두 가지 동기가 있다. 첫째로, 1세기 기독교의 문헌에서 식사 행동에 대해 언급된 정도가 상당히 인상적이다. 일단 독자가 신약성서에서 식사 모티프들이 넓은 범위에 걸쳐 나타난다는 것을 깨달으면, 그것들을 고려하지 않거나 무시하기는 어렵다. 예컨대, 식사의 묘사와 식사 은유의 사용은 헬레니즘 시대 지중해 지역의 다른 일상적인 제도들에 속하는 집이나 상업에 대한 것보다 훨씬 빈번하게 나타난다.

---

75 예를 들면, 나의 글 "Ritual Perfection and/or Literary Idealization in Philo's *On the Contemplative Life* and Other Greco-Roman Symposia"(presentation to 2004 Society of Biblical Literature Consultation on Meals in the Greco-Roman World, San Antonio, Texas)를 보라. 또한 Smith, *From Symposium to Eucharist*, 6-9를 보라.

76 예를 들면, Robert Funk and the Jesus Seminar, *The Acts of Jesus* (Santa Rosa, Calif.: Polebridge, 1998), 90-91를 보라. 이 글은 식사에 관한 복음서 본문들의 20퍼센트 이하를 역사적으로 개연적인 것으로 믿는다. 또한 Breech, *Silence of Jesus*, 51-64에서 이 문제에 대한 복잡한 분석을 보라.

둘째로, 스미스와 클링하르트의 연구 이래로 새롭고도 결정적인 것은, 식사에 대한 초기 기독교의 논의가 헬레니즘 시대의 식사 관습의 모델에 전반적으로 잘 들어맞는다는 점에서 놀랍고도 일관적이다. 즉, 스미스와 클링하르트가 연구한 광범위한 헬레니즘 문헌, 벽화, 물병 그리고 고고학적인 유적에서 식사 행동 유형은 초기 기독교의 문헌에서도 일관되게 발견된다. 이는 식사가 그 청중들에게 의미를 전달하는 방식에 관해 초기 기독교 문헌이 그 당시의 식사 제도를 진지하게 고려하였음을 가리킨다. 헬레니즘 시대의 식사라는 확립된 제도와 초기 기독교의 식사 언급들 사이의 이러한 상응은 식사 행동 자체와 역사적으로 의미 있게 관련된 문서로서 그 언급을 더욱 가치 있게 해준다. 식사 본문들의 역사적 신뢰성에 대해 비판적으로 분석하는 것은 여전히 필수적이지만, 저 복잡한 연구들은 본문들이 초기 기독교의 식사 행동에 근접한 묘사를 제공하는 데 대해 잠재적으로 크게 기여할 수 있음을 보여주고 있다.

초기 기독교 문헌의 식사 행동에 대한 연구는 헬레니즘 시대의 식사에 대한 폭넓은 유형들을 중심으로 진행될 것이다. 초기 100년 동안의 문헌 중에서 발견된 식사 행동은 표준적인 헬레니즘 시대 식사의 세 차원 중의 한 부분으로서 이해될 수 있다: (1) 식사의 일반적인 과제들 혹은 입장들, (2) 식사(deipnon), (3) 주연(symposion). 초기의 기독교적인 언급들은 식사의 세 차원 아래서 연구될 것이다.

첫째로, 식사에서 일반적인 과제나 입장에 대한 초기 기독교 문헌의 언급들을 고려할 필요가 있다. 앞에서 살펴보았듯이, 헬레니즘 세계에서 식사를 가리키는 표준적인 단어는 "비스듬히 기대어 눕는 것"의 이런 혹은 저런 형태이다. 기대 눕는 것은 헬레니즘 시대의 식사를 규정하는 단어이자 행동이다. 앞에서 묘사한 것처럼, 기대 눕는 것은 여가와 신분 모두를 의미하였다. 기대 눕는 것은 특권의 표시였다. 초기의 기독교적 모임의 일차적인 행동을 특징짓기 위하여 신약 성서가 그토록 일관되게 사용한 것이 이 단어이다.

이 어근 "기대 눕다"의 분사형, 명사형 그리고 규칙적인 능동태 및 수동태의 동사 형태들이 신약 성서와 초기 기독교의 문헌에 가득하다.[77] 그것들은 —매우 적은 예외들을 빼고는— 모두 식사하는 것을 가리키고 있다. 그러나 의아하게도 그 '기대 눕다'의 여러 형태들은 표준적인 영어 번역어를 갖지 않는다. 가장 자주, 그 '기대 눕다'의 형태들은 "식탁에서"라고 번역되는데, 이 번역은 헬레니즘 식사의, 분위기는 아니더라도, 의미를 적절히 전달하고 있다. 이보다 덜 적절하지만, 여전히 가능한 것은 "앉기"라는 번역이다(마태복음 14:19, NJB). 불행히도 종종 "앉기"라는 번역은 "기대 눕기"라는 그리스어 의미에서는 분명한 식사의 행동을 담지 못한다. 다른 경우에는, "기대 눕기"를 의미하는 어근들은 "손님들"(마가복음 6:22 NRSV), "장소"(누가복음 14:8 NASB) 그리고 "집에 있었다"(마가복음 2:15 THE MESSAGE)라고 번역되어 식사라는 개념을 흐리게 한다.

식사의 유행에 대한 이러한 모호함이 초기 기독교 본문들의 번역

---

77 *Klino, keimai*(누가 12:19; 요한 21:9; 계 4:2), *keisthai* 그리고 (때때로) *pipto*, 종종 *ana*라는 전치사적 접두사들과 함께 복합형 동사들로서 (*anakeimai* = 마태 9:10; 22:10, 11; 26:7, 20; 마가 6:26; 14:18; 16:14; 누가 22:27; 요한 6:11; 12:2, 3; 18:28) (*anaklino* = 마태 8:11; 14:19; 마가 6:39; 12:37; 13:29) (*anapipto* = 마태 15:35, 마가 6:40; 8:6; 누가 11:37; 14:10; 17:7; 22:14; 요한 6:10a, 10b; 13:12, 25; 21:20), *syna*(*synanakeimai* = 마태 14:9; 마가 2:15; 6:22; 누가 14:10, 15), *kata*(*katakeimai* = 마가 2:15; 14:3; 누가 5:29; 7:37; 고전 8:10)(*kataklino* = 누가 7:36; 9:14, 15; 14:8; 24:30).

을 통하여 콥트어 문헌에서도 나타난다. 예를 들면, 살로메와 예수의 논쟁에 대한 도마복음의 묘사에서 살로메는 예수에게 다음과 같이 묻는다: "왜 당신은 나의 카우치로 올라오나요?" 우리 시대에는 이것이 침대 위의 성적 관계를 나타내겠지만, 고대 지중해 지역에서 그 사안은 남성과 여성이 함께 먹는 것이었다(도마복음 61장을 보라).

기대 눕기에 대한 강조를 역설적으로 보여주는 것으로, 그리스어에서는 식사를 나타내지만 영어 번역에서는 식사를 함축하지 않는 몇 가지 동사들도 있다. 기독교의 해석 역사에서, 매우 중요한 본문에 대한 이런 식사라는 뜻이 빠진 가장 고전적인 해석은 아마도 누가복음 10:39의 "마리아는 주의 발 곁에 앉아서 말씀을 듣고 있었다"(NRSV 그리고 거의 모든 다른 번역들)라는 묘사일 것이다. 7장에서 더욱 철저히 논의할 것이지만, 식사에서 기대 누운 사람들(남성들)의 발 옆에 여성들이 앉는 관행은 기대 눕는 식사의 가부장적인 특권에 직접적으로 도전하지 않고도 주연적인 협상으로 여성들이 참여한 일부 헬레니즘 지중해 식사에서 있었던 절충적인 위치였다.

신약성서와 다른 1세기의 "기독교적" 문헌에서 길게 다루어진 헬레니즘 시대의 식사에서 다른 일반적인 과제나 입장은 기대 누운 사람을 섬기는 것이다. 식사에서 이 일반적인 과제는 넓고 다양한 성찰과 사회적 실험을 촉발하였다. 몇 가지 경우, 식사에서 섬김에 대한 언급은 단순히 하나의 혹은 다른 특별한 초기 기독교적 식사의 전반적인 묘사의 일부였다. 그러나 훨씬 더 많은 경우에서, 섬긴다는 언급은 신분의 역전을 숙고하는 계기가 되었는데, 그러한 역전에서 다른 사람을 섬기는 것은 기대 눕기에 버금하는 정도로 식사 공동체의 주요한 표지가 된다. 예컨대, 마가복음 10:43은 예수가 "그러나 너희끼리는 그렇게 해서는 안 된다. 너희 가운데서 누구든지, 위대하게 되고자 하는 사람은 너희를 섬기는 사람이 되어야 하고"라고 말하는 것으로 묘사하였다.

신약성서에서 발견되는 식사 행동의 두 번째 종류는 식사(deip-non) 동안에 행해지는 특정한 행동들에 관련된 것이다. 신약 성서에 묘사된 식사는 식사의 첫 부분으로 식사가 있고, 그 후에 (포도주를) 마시는 주연이 뒤따르는 것으로 되어 있다. 이는 가장 초기의 본문에서 명백한데, 이 본문은 아마도 바울보다도 훨씬 더 이른 시기의 것이다: "식후에(after the deipnon), 잔도 이와 같이 하시고서, 말씀하셨습니다"(고린도전서 11:25).

초기 기독교의 본문 안에서 묘사된 일차적인 식사 행동은 빵의 축복이다. 예컨대, 고린도전서 11장으로부터 방금 인용된 본문은 예수가 빵에 대해 축복을 하는 모습을 보여준다. 이와 비슷하게 마가복음 14:22에서(그리고 그것의 마태복음과 누가복음 평행구들에서), 예수는 식사 동안에 빵을 축복하고 빵을 나누어주는 것으로 묘사되었다. (1세기 말 혹은 2세기 초기의) 디다케는 초기의 그리스도인들에게 식사에서 빵에 대해 감사드릴 것을 가르쳤다(9:5). 누가의 문헌이 "빵을 뗌"이라고 지칭한 것(누가복음 24:30,31; 사도행전 2:46; 20:7, 11; 27:35)은 아마도 이러한 축복들과 유사한 어떤 것이며, 이는 식사 동안에 또한 일어났을 것이다.

초기의 기독교 문헌에서 논의된 또 다른 식사 행동은 발 씻기이다. 요한복음 13장은 예수가 자신을 따르는 제자들의 발을 씻는 것을 묘사할 뿐만 아니라, 그러한 발 씻는 일을 제자들이 식사 자리에서 서로를 위하여 반복해야 할 행동으로서 보여주고 있다. 이와 유사하게, 디모데전서 5:10과 누가복음 7:36-50은 식사에서 발을 씻는 여성들을 이야기한다. 식사 동안에 발 씻기가 보여주는 것은 발 씻기가 일반적으로 헬레니즘 시대의 식사가 시작되기 전에 일어났고 하인들에 의해 이루어진 행위라는 점에서 볼 때 다소 의아하다.[78] 그러나 누가복음 7장과 요한복음 13장 둘 다, 발 씻는 것은 식사 동안에 일어난 행위이다.[79]

셋째로 그리고 초기의 기독교적인 본문에서 가장 많이 나타나는 것은, 식사의 주연 부분의 행동이다. 이러한 본문들의 몇 가지는 식사의 윤리에 대한 부분에서 논의될 것이다. 참으로 주연이 사회적인 상호작용, 공동체 토론, 노래하기 그리고 가르치기의 대부분이 일어난 식사의 부분이었기 때문에, 4장-7장에서 검토되는 거의 모든 것이 식사의 주연 동안에 일어났다. 헬레니즘 시대의 주연은 신에게 바치는 포도주 헌주로 시작하는 것이 전형이었다. 초기 기독교 저술에서 이러한 유형이 나타난다는 것은 초기 그리스도인들이 주연에 참여하고 있는 것으로 스스로를 이해하였다는 발견에 대한 중요한 열쇠 중의 하나이다. 여기서 고전적인 본문—또한 위에서 언급된—은 고린도전서 11:25이다: 즉 "식후에(after the deipnon), 잔도 이와 같이 하시고서 말씀하셨습니다, '이 잔은 새 언약이다.'" 이와 비슷한 언급들이 마지막 만찬에 대한 공관복음서의 이야기에서 그리고 마지막 만찬을 기념하도록 의미를 부여하는 것은 아니지만 식사를 위

---

78 Smith, *From Symposium to Eucharist,* 274를 보라.
79 혹자는 이러한 발 씻기가 식사의 주연 부분 동안에 일어났다고 주장할 수 있는데, 둘 다 주연 유형의 토론을 야기하기 때문이다. 두 사건의 어떠한 실제적인 역사성을 함축함 없이도, 두 이야기를 모두 아마도 식사를 함의하면서, 이야기들의 시작에 발 씻기를 두고 있다.

한 디다케의 가르침 양편에서 모두 발견된다.[80]

　많은(대부분은 아닐지라도) 초기의 기독교적인 문헌들을 식사에 위치시킨 앞 장에서 논의되었듯이, 주연은 노래 부르기를 많이 수반하였다. 편지들과 복음서에 초기의 기독교적인 노래들이 삽입되어 놓여 있다는 것은 위에서 이미 살펴보았다. 그러나 그것이 식사에서 노래들의 위치가 알려지게 된 유일한 방식은 아니다. 예컨대, 초기 그리스도인들이 주연에서 노래를 불렀다는 것은 에베소서 5:19에서 극적으로 드러나는데, 이는 다음과 같이 경고한다: "술에 취하지 마십시오. 거기에는 방탕이 있습니다. 성령의 충만함을 받으십시오. 시와 찬미와 신령한 노래로 서로 화답하며, 여러분의 마음으로 주님께 노래하며 찬송하십시오." 이와 비슷한 언급들이 마태복음 23:28; 마태복음 26:30; 고린도전서 14:26; 사도행전 16:25 그리고 골로새서 3:16에서 발견된다.

　또 다른 주연 활동은 고린도전서 14장에서 방언을 다루는 것에서 논의된다. 이 활동은 주연 동안에 명확히 일어났는데, 이는 바울이 이 방언을 노래 부르기(15, 26절), 가르치기(6, 19, 26절) 그리고 예언하기(4-6, 29, 31, 32 그리고 39절)와 같은 주연의 다른 행동들과 비교하고 대조하는 방식에 따라서 보면 알 수 있다. 주연에서 황홀경의 경험도 기독교적인 고유한 행동은 아니었다. (유대교적인) 하나님의 영이 사람들로 하여금 황홀경에 빠져 말할 수 있게 하는 특정한 경험이 고린도의 집회에서 고유하게 나타났을지 몰라도, 황홀경에

---

80 디다케의 잔과 빵 가르침들의 이상한 순서 그리고 디다케 식사의 헌주와 축복의 위치에 관해서는, Klinghardt, *Gemeinschaftsmahl und Mahlgemeinschaft*, 373-488를 보라.

빠진 표현은 디오니소스와 다른 주연들에서도 마찬가지로 일어났다.[81]

식사의 참가자 구성

누가 누구와 함께 먹어야 하는가에 대하여 헬레니즘 시대의 방대한 문헌 안에도 논쟁들이 있지만[82], 신약성서 문헌은 그러한 논의들로 특히 가득하다. 이러한 고려의 대부분은 식사의 구성을(특히 주변화된 사람들에 대한 새로운 개방성) 세계 자체의 본질이 나타내는 상징적인 주장으로 여긴, 초기 기독교의 더욱 넓은 지성적이고 관계적인 노력의 일부였다.

예수에 관한 이야기의 형태에서든 혹은 특정한 공동체들에게 쓴 편지들의 형태에서든, 1세기의 기독교 문헌은 이런 저런 이유로 인하여 배제되었던 사람들이 식사에 포함되는 것을 옹호하는 것이 일반적이었다. 이들 문헌에서 식사 초대는 가난한 사람들, 다리 저는 사람들, 눈먼 사람들, 여성들, 세리들, 유대인들 그리고 이방인 등을 포함한다.[83] 대체로, 각 본문은 한 가지 특정한 참가자에 집중한다.

아마도 식사 참가자 구성과 관련하여 예수 운동에 대한 가장 초기의 비난은 "세리와 죄인들과 함께" 먹었다는 것이었다. Q 7:34에서,

---

81 Iabakchoi, 1 QS VI 9; VII 9를 보라.

82 특히 초대받지 않은 손님들을 어떻게 다룰 것인가에 대한 논의를 Klinghardt, *Gemeinschaftsmahl und Mahlgemeinschaft*, 84-90에서 보라.

83 실제로, 어떤 경우들에는, 본문들 자체는 그러한 포함에 대한 반대자들을 초대받은 자들보다 더 많이 언급한다. 배제된 유대인들에 대해서는 로마서 14장과 15장을 그리고 배제된 이방인들에 대해서는 갈라디아서 2:11-14와 누가복음 14:12-14를 보라.

예수가 이 세리와 죄인 두 집단들과 사귀었다는 것은 예수가 "먹기를 탐하는 자요 포도주를 즐기는 자"라는 주장과 직접적으로 평행한다. 마가복음 2:15-17은 레위인의 집에서 벌어진 식사에서 이 세리와 죄인 두 집단들과 함께 있는 예수를 묘사한 논쟁이다. 세리들과 함께 먹는 것은 갈릴리 사회에서 버려진 자들의 집단과 함께 하는 식사 사귐이었다. 죄인들과 함께 먹는 것의 의미에 대해서는 많은 논쟁이 있었는데, 이에 대해 주요한 학문적 해석은 그 죄인들이 여성들, 창녀들, 이방인들 그리고 의례적으로 순수하지 못한 자들이라고 보았다. 어느 경우든, 죄인들과 함께 먹는 것은 포괄적인 식사 혹은 존 도미닉 크로산이 "식사를 함께 함"(commensality)이라고 부른 것에 관한 예수 운동의 관심에 대한 가장 초기의 특징화 중의 하나이다.[84]

식사에 여성들이 참여한 것에 대한 주목은 식사하는 동안 예수께 기름을 부은 여성에 대한 몇 가지 다른 이야기들(마태복음 26:6-13; 마가복음 14:3-9; 누가복음 7:36-50; 요한복음 12:1-8), 시몬의 장모의 식탁 섬김(마가복음 1:31; 마태복음 8:15, 누가복음 4:39), 수로보니게 여성에 대한 마가의 이야기(7:24-30),[85] 그리고 도마복음에 나타난 살로메와 예수 사이의 대화(도마복음 61)[86]를 포함한다.

---

84 Crossan, *Historical Jesus*, 261-64.

85 이 본문에 대한 숨겨진 식사 차원을 위해서는, Taussig, "Dealing under the Table"을 보라.

86 세리들과 창녀들과 함께 먹는 예수에 대한 논쟁 말씀들의 이전 각주에서 언급된 연구와 함께, 세리들과 창녀들이 하나님의 나라에 대제사장들과 장로들보다 먼저 들어감에 대한 마태의 예수 가르침도 식사에서의 여성들의 포함에 대한 하위본문적인 주장으로서 읽혀지는 것이 또한 가능해 보인다. 이것은 공관복음서들에서 나타나는 식사에서 여성의 주제에 관한 캐슬린 콜리(Kathleen Corley)의 탁월한 연구에 의해 더욱 지지되는데, 여기에서 그녀는 식사에 참석한 모든 여성들을 창녀들이라고 부름으로써 비방하는 더욱 오래된 헬레니즘 시대의 전통을 밝혀낸다.

식사에 가난하고 굶주린 사람들이 있었다는 것은 수 천 명의 굶주린 농민들을 기적적으로 먹이는 이야기들이 네 정경 복음서에 모두 나타나는 것으로 증언되듯이, 분명히 몇몇 초기의 기독교 공동체들이 고수하는 입장이었다.[87]

아마도 어떤 사람에게는 놀랍겠지만, 신약성서의 문서는 또한 초기의 "기독교적" 식사로부터 유대인들을 배제하는 것에 강력히 반대하였다. 로마서 14장과 15장에서, 바울은 식사에 유대인 동료들이 가져 온 음식 제한들에 반대하던 이방인들을 비판하였다. 더욱 널리 퍼져있던 것은 식사에 이방인이 참여하는 것에 대한 옹호가 처음에는 아마도 유대인들만을 의미하였다는 것이었다. 갈라디아서 2:1-14, 마가복음 7:24-30,[88] 마태복음 8:11/누가복음 13:28(그러므로 가장 가능하게는 Q 13:28), 마태복음 22:1-14,[89] 그리고 디다케 9:4[90]은 모두 고유하게 유대인만의 참여로 이익을 보는 다양한 주장에

Corley, Private Women, *Public Meals: Social Conflict in the Synoptic Tradition* (Peabody, Mass.: Hendrickson, 1993), 147-56.

87 이러한 구절들에 대한 1980년대 초기의 폴 악트마이어의 연구들은 이러한 포괄성에 대한 복음서이전의 공식을 제안한다. Achtemeier, "Origin and Function of the Pre-Markan Miracle Catenae," and "Toward the Isolation of Pre-Markan Cantenae"를 보라.

88 이 본문에 대한 숨겨진 식사 차원을 위해서는 위의 각주 53을 비교하라. 그러나 이 본문의 어떤 변형들은 식사에 여성들의 참여만큼이나 이방인의 참여를 옹호한다는 것은 분명하다.

89 마태가 제시하는 이러한 큰 잔치 비유는 예수의 식사에 유대인들의 초대, 예수의 식사에 대한 그들의 거부 그리고 그 식사에 이방인들의 뒤이은 포함에 관한 우의(allegory)로서 나에게는 그리고 많은 다른 학자들(Jeremias, *Parables of Jesus*, John Dominic Crossa, *In Parable: The Challenge of the Historic Jesus* [Sonoma, Calif.: Polebridge, 1992])를 보라)에게는 보인다. 비록 마태가 주로 유대인(즉 非이방인의) 청자들을 위해 의도되었더라도, 식사에 이방인의 참여에 대한 이러한 옹호는 유효하였다.

대항하여 이방인의 포함을 옹호하였다.

비록 식사에 포함을 촉구하는 본문들이 매우 널리 퍼져 있었고 강력하게 표현되어 있지만, 다른 1세기의 본문들은 다른 주장을 하기도 한다. 이러한 본문에서는, 초기의 기독교적 식사에 주변인들의 참여를 거부한다. 세 가지 일차적인 예는 다음과 같다. 바울이 고린도에서 식사할 때에 여성들에게 침묵하라고 한 것(고린도전서 14:34-35) 혹은 머리를 가린 여성들에게만 말하는 것을 제한한 것(고린도전서 11:5-16), "성적으로 부도덕한 사람들"과는 함께 먹지 말라는 바울의 가르침(고린도전서 5:9-11) 그리고 식사에 거짓 교사들이 포함되는 것에 대한 유다의 비난(유다서 1: 12)이다.

비록 어떤 방식에서는, 여성들, 외국인들 그리고 가난한 사람들의 포함에 대한 강조가 어떤 사람들의 배제를 촉구하는 본문들과 상당히 달라 보이지만, 이 책의 4장에서 식사에 대한 의례 이론의 분석은 해당 본문들 모두를 의례를 통한 사회적 협상의 연속선상에 위치시킨다. 식사 참여를 협상하는 스펙트럼은 세 번째 종류의 본문에 나타나는데, 이는 어떤 조건 하에서 식사에 주변인들을 받아들이는 것이다. 그 본문의 두 가지-이는 이미 다른 측면들에서 언급되었는데-는 디다케가 순회하는 예언자들에게 식사에 제한적으로 접근할 것을 제시하는 일(13:1)과 누가복음에서 식사의 가르침에 마리아가 참여하는 것을 허락하지만 기대 눕는 권리는 허락하지 않고 그녀를 다만 예수의 발치에 위치시킨 일(13:29 NJB)이다.

---

90 비록 (마태처럼) 디다케가 일차적으로 철저하게 유대인 기독교 공동체들을 다루었지만, 그것이 이방인들을 자랑스럽게 포함하고 있음은 식사에서 빵에 관해 규정된 기도에서 볼 때 명백하다: "이 떼어진 빵이 산들 위에 흩어지고, 그러나 함께 모아지고 하나가 되었듯이, 너희 교회도 땅 끝으로부터 당신의 나라로 함께 모아지게 하라"(9:4).

그래서 식사의 참가자가 어떻게 구성되었는가는 초기의 기독교적 본문에서 강력한 관심의 문제였다. 이 관심은 이러한 식사가 초기의 기독교적 정체성의 출현에서 핵심에 있었고, 또한 그 식사 안에서 야심찬 사회적 실험들이 일어나고 있던 주요한 사회적 제도였다는 암시들을 확증해 준다. 4-7장은 식사와 관련하여 해당 본문의 분석을 시도한다.

식사 윤리

본 장의 앞에서 헬레니즘 시대의 식사 윤리에 대한 클링하르트의 유형론은 공동체(*koinonia*), 평등과 우정(*isonomia* 와 *philia*), 이상향적인 은혜/관대함/아름다움(charis)이라는 가치들을 밝혀냈다. 여기서는 이러한 핵심적인 가치들을 주장하는 초기 기독교의 식사 본문의 스펙트럼을 묘사할 것이다.

공동체, 곧 코이노니아는 그 단어의 직접적인 사용과 함께 규칙적으로 그리고 종종 공동체의 표준적인 이미지들과 함께 나타나는 본문들의 가치를 분명하게 한다. 요한 1서(1:1-3)는 코이노니아의 측면에서 전체적인 주제를 틀 짓고 있다:

이 글은 생명의 말씀에 관한 것입니다. 그것은 태초로부터 계신 것이요, 우리가 들은 것이요, 우리가 우리의 눈으로 본 것이요, 우리가 자세히 살펴본 것이요, 우리가 손으로 만져 본 것입니다. 이 생명이 나타나셨습니다. 우리는 그것을 보았습니다. 그래서 우리는 이 영원한 생명을 여러분에게 증언하고 선포합니다. 이 영원한 생명은 본래 아버지와 함께 계시다가, 우리에게 나타나신 것입니다. 우리가 보고 들은 바를 여러분에게도 선포합니다. 그것은 여러분으로 하여금 우리와 서로 사귐(*koinoia*)을 가지게 하려는 것입니다.

본 장의 앞에서 살펴보았듯이 코이노니아라는 단어는, 그 어근 및 파생 형태들과 더불어, 식사를 위해 모인 결사들의 실제적인 이름이기도 하고, 그것들의 동의어이기도 하다. 코이노니아를 요한1서 1:3 식으로 바꾸어 표현하면 다음과 같이 될 것이다: '우리는 식사 결사의 모든 경험에 대하여 여러분에게 말합니다. 그것은 우리가 식사에서 공동체와 하나님을 경험한 것처럼 여러분도 공동체와 하나님을 경험하게 하려는 것입니다.'

사도행전 2:42은 함께 모인 초기 그리스도인들을 묘사하면서 빵을 떼는 일 바로 옆에 코이노니아를 위치시켰다. 고린도전서 1:9은 편지의 뒷부분에서 식사 공동체를 "여러분은 [인간 humon/복수형] 부름 받은" "하나님의 아들의 코이노니아"라고 불렀다. 갈라디아서 2:9에서 바울과 바나바에게 코이노니아의 오른 손을 내미는 야고보와 게바에 대한 언급은 서구의 현대인들에게 악수라고 잘못 읽혀질 수도 있다. 코이노니아의 오른 손은 특히 갈라디아서 2장에서 식사를 둘러싼 문제보다 더 넓은 체계가 있는 상황에서 —그리고 표준적인 관행에 의하면— 사람이 오른 손으로만 먹는 상황에서는 최소한 함께 식사하는 것을 가리킨다는 것이 그럴 듯하다.

코이노니아에 대한 명백한 것들에 더하여, 코이노니아의 윤리를 주장하는 초기 기독교의 식사 본문에는 또 다른 핵심적인 개념들과 이미지들이 있다. 같은 잔을 마시고 같은 빵을 먹는 이미지는 처음의 헬레니즘 시대 환경에 비추어 볼 때, 낯선 방식으로 신학화·예전화되었지만, 코이노니아의 일차적인 표현들이다. 물론 잔의 상징적 공동체적인 특성과 드라마틱한 동작은 초기 그리스도인들이 잔을 사용하기 이전에 이미 있었다. 본 장의 앞에서 주목한 것처럼, 식사 후 주연의 시작 부분에서 신에게 포도주 잔을 바치는 일은 모든 헬레니즘 시대의 식사에서 핵심적인 행위였다.

잔을 코이노니아로 읽는 것은 1세기의 "기독교적인" 식사 실천 전반에 나타났으며, 잔을 코이노니아로 읽지 않은 경우라도 해석적으로 관련된 본문에서 나타났다. 고린도전서, 마가, 마태 그리고 누가는 모두 잔을 함께 마시는 것을 마시는 사람들 사이의 계약으로 이해하고 있다. 네 자료는 모두 잔이 예수의 피와 연관되어 있다는 점에서 잔을 함께 마시는 일은 예수의 죽음을 공유하는 차원도 갖는다.[91] 잔을 마시는 일은 함께 식사하는 사람을 하나로 묶을 뿐만 아니라, 그들을 위해 죽기까지 한 예수의 충실함에도 함께 연대하도록 한다.

빵을 나누는 일 역시 코이노니아에 대한 헌신을 나타냈다. 또한 고린도전서, 마가, 마태 ,그리고 누가의 마지막 만찬 묘사에서, 빵은 예수의 몸으로 지칭되었다. 고린도전서는 "너희를 위하는"(11:24)이라는 (마가와 마태에는 없는) 추가된 구절로 공동체적인 연대를 분명

---

91 Sam K. Williams, *Jesus' Death as Saving Event: The Background and Origin of a Concept* (Missoula, Mont.: Scholars Press, 1975); David Seeley, *The Noble Death: Graeco-Roman Martyrology and Paul's Concept of Salvation* (Sheffield: JSOT, 1990); Mack, *Myth of Innocence*; Mack, *Who Wrote the New Testament?*; Stephen Patterson, *Beyond the Passion: Rethinking the Death and Life of Jesus* (Minneapolis: Fortress Press, 2004)를 보라.

하게 만들고 있다. 그리스어 휘몬(*humon*)은 "너희"(you)가 복수형임을 영어 번역보다 더 분명하게 만들었다. 누가도 비슷한 공동체적 표지를 가졌다: 즉 "너희를 위해서 주는"(22:19). 이보다 앞서서 고린도전서에서, 바울은 빵을 나누는 집단의 연대적 의미를 직접적으로 드러냈다: "우리가 떼는 빵은, 그리스도의 몸에 참여함이 아닙니까? 빵이 하나이므로, 우리가 여럿일지라도 한 몸입니다. 그것은 우리가 모두 한 빵에 참여하기 때문입니다"(10:16b-17). "그리스도의 몸"이라는 이미지의 코이노니아적인 뿌리들은 놀랍다. 고린도전서는 그리스도의 몸에 대한 현존하는 가장 초기 문헌의 언급이다. 고린도전서에서 바울은 식사에서 그리스도의 몸에 대한 이미지와 공동체에 소속되는 일을 분명하게 관련짓고 있다.

식사 코이노니아의 복잡성에 대한 관심은 예수에 대한 부정과 배신에 대해 몇 가지 서로 다른 복음서가 다룬 것에서 표현되고 있다. 네 권의 정경적 복음서에서, 코이노니아는 함께 공유한 빵과 잔의 이미지 안에서 풀이되고 있다. 마가와 마태는 첫째로 "내가 마시는 잔을 너희가 마실 수 있느냐?"(마가복음 10:38/마태복음 20:22)라는 물음으로 제자들의 도전의식을 북돋우는 예수를 표현하였는데, 그 물음의 의미는 예수의 죽음을 의미하는 것으로서 마가와 마태(마가복음 14:36/마태복음 26:39)에서 모두 나중에 정교하게 제시된다. 두 복음서들은 모두 그 도전 후에 예수가 긍정으로 대답하는 것을 보여준다: "내가 마시는 잔을 너희가 마시고"(마가복음 10:39/마태복음 20:23). 즉 함께 잔을 마시는 것은, 심지어 죽음에까지 이르는, 코이노니아 연대의 헌신으로서 마가와 마태에서 명백히 드러난다.

네 개의 정경적 복음서 모두는 코이노니아가 깨지는 일과 식사의 와해 사이의 동일한 연결에 대하여 이야기체의 변형을 보여준다. 예수는 이들 복음서 각각에 있는 마지막 만찬 장면에서 유다의 배신을 예언한다. 분명히 여기서 복음서 이야기들은 깨진 코이노니아의 모순과 비극을 강조하기 위하여 식사 관습과 코이노니아와의 연관을 사용한다. 누가와 요한은 이와 유사하게 베드로의 부인을 묘사하면서 공동체의 식사 관습을 사용하였다. 이 두 복음서에서, 예수에 대한 베드로의 부인을 마지막 만찬 때 예견하고 있다.

공유한 빵과 잔으로 나타나는 초기 기독교의 코이노니아는 헬레니즘 시대 식사의 오래된 전통 안에 전반적으로 뿌리박고 있다. 이는 역설적이게도 저스틴이 이 유사성에 대해 퉁명스럽게 재해석하는 데에서 드러나고 있다.

복음서라고 불리는 사도들의 기록에서 사도들은 자신들이 명령받은 것을 전해주었다. 즉 예수가 빵을 들고 감사를 드리고 말하였다. "나를 기념하여 이것을 행하라, 이것은 나의 몸이다." 그리고 마찬가지로 잔을 들고 감사를 드린 후에 예수는 말하였다. "이것은 나의 피다." 그리고 그것을 그들에게만 주었다. 사악한 악마들은 이를 모방하여 미트라의 신비들 속에서 행해져야 할 어떤 것으로 전했다. 빵과 잔이 그들의 비밀스런 입회식에서 제공되기 때문이다.[92]

즉, 저스틴은 다른 사람들이 복음서의 관행을 베꼈다고 주장함으로써 식사 코이노니아의 유사성을 설명하였다. 이 책의 관점에서 볼

---

92 Justin, *Apology* 1.66.3.

때 명백한 것은 복음서들, 저스틴 그리고 미트라 모두 함께 먹고 마시는 것을 친교에 대한 윤리적인 헌신으로 보았다는 것이다(저스틴의 변증은 더 큰 그림을 간과하였다).

초기 기독교 그룹의 일부가 섬김의 표준적인 식사 활동을 재구성한 방식 또한 코이노니아로 여겨졌을 것이다. 마가복음 10:43의 마태복음 평행구는 그들의 공동체적 삶이 예수가 가르친 섬김의 역전으로 특징지어져 있음을 보여준다: "그러나 너희끼리는 그렇게 해서는 안 된다. 너희 가운데서 누구든지, 위대하게 되고자 하는 사람은 너희를 섬기는 사람이 되어야 하고"(마 20:26). 누가는 섬김을 식사의 관점에서 가장 분명하게 묘사하고 있다: "누가 더 높으냐? 밥상 앞에 기대어 누은(recline) 사람이냐, 시중드는 사람이냐, 밥상 앞에 기대어 누은 사람이 아니냐? 그러나 나는 시중드는 사람으로 너희 가운데 와 있다"(눅 22:27). 요한은 마지막 만찬에서 예수가 발 씻는 종의 역할을 하는 모습을 묘사함으로써 같은 주장을 하고, 예수가 다음과 같이 말하는 모습으로 그 주장을 식사에서의 코이노니아적인 가치를 다루는 주제로 삼고 있다: "주이며 선생인 내가 너희의 발을 씻어 주었으니, 너희도 서로 남의 발을 씻어 주어야 한다. 내가 너희에게 한 것과 같이 너희도 이렇게 하라고, 내가 본을 보여 준 것이다"(요 13:14-15). 이 본문들은 새로운 종류의 식사 코이노니아를 실험하고 있는데, 물론 그 본문들만이 유일한 것은 아니다. (유대교의) 치료에 대한 필로의 논의도 식사에서 서로 섬기는 그들의 예외적인 관습에 대해 비슷하게 주목하고 있다.[93]

---

93 Philo, *On the Contemplative Life*, 26-47.

확실히 식사에서 동일한 코이노니아적 의미는 앞에서 묘사된 복음서가 소개하는 식사에서 놀라운 참가자 구성에도 적용되었다. 대부분의 경우, 복음서 이야기들은 코이노니아의 실험적 혹은 공격적인 특성을 강조한다. 앞에서 주목하고 정교하게 한 것처럼, 식사 코이노니아의 위험스런 변형 실험은 헬레니즘 시대의 식사 실천의 뿌리가 되는 부분들 그리고 식사 결속의 이미지들과도 긴장관계를 갖는다.

클링하르트에 의해 밝혀진, 일반적인 헬레니즘 시대 식사의 두 번째 주요한 윤리는 평등과 우정(isonomia와 philia)이다. 초기의 기독교적 식사 본문에서 코이노니아의 가치에 대한 논의는 평등/isonomia의 몇몇 차원들을 이미 밝혀냈다. 예컨대, 여성과 남성, 유대인과 이방인(갈라디아서 3:26-28), 부유한 자와 가난한 자(누가복음 14장)라는 식사 참가자 구성에 대한 것과 섬김의 역설적인 가치(마가복음 10장)는 평등의 가치를 가리키고 있다.

본문들은 우정/philia의 윤리에 대한 날카로운 인식을 보여준다. 아마도 가장 고전적인 것은 "예수께서 사랑한 자"(13:23과 21:20)의 옆에 기대 누운 모습을 요한이 묘사한 것이다. 요한복음에서 이 묘사를 보완하는 내용은 예수가 마지막 만찬에서 제자들이 곧 자신의 친구(15:13-15)라고 세 차례 언급하는 부분이다. 친구로서 함께 기대 눕는 전형적인 주연의 가치는 종말론적인 이미지에서도 나타났다. ―즉 가난한 나사로가 하나님의 나라에서 아브라함의 품에 기대 누운 모습(누가복음 16:23). 이 본문에 반영되어 있는 역설적인 재정의와 함께, Q자료에서 바람직하지 않은 자들과 함께 먹고 마시는 분으로 예수를 찬양한 구절은 예수를 세리들과 죄인들의 친구(philos)

(7:34)라고 불렀을 때, 우정/*philia*의 식사 윤리를 분명히 떠올리게 한다.

클링하르트에 의하면 그리고 앞에서 간추린 대로, 헬레니즘 시대 식사의 세 번째 윤리적인 원리는 이상향적인 은혜/관대함/아름다움(혹은 *charis*)이다. 더 앞서서 주목한 것처럼 카리스(*charis*)는 한 사회를 넘어서는 이상향적인 상상 속으로 사람들을 초대하는 표현으로서 사람들로부터 관대함과 은혜를 이끌어낸 헬레니즘 시대의 가치였다. 식사 참가자들의 관대함과 환대는 이상적인 사회에 참여하는 적극적인 방식으로 이해되었다. 헬레니즘 세계에서 식사를 상당히 성공하게 만든 것은 이 카리스였는데, 카리스가 참가자들의 관대함과 은혜를 불러 일으켰다는 점에서, 또한 카리스가 도시/폴리스, 가족, 부족, 민족이라는 제도의 해체로 야기된 사회적 연합체들의 빈 공간을 메꾸었다는 점에서 그러하였다. 6장이 보여주듯이, 식사의 카리스는 로마에 의해 부과된 제국의 사회적 전망과는 다른 대안으로도 경험되었다.

데니스 스미스는 그의 논문 "누가복음의 문학적 모티프로서의 식탁 교제"(Table Fellowship as a Literary Motif in the Gospel of Luke)에서, 식사 주제들을 둘러싼 누가의 문학적 구성이 이상적인 사회에 대한 이미지로서 예수의 식사에 초점 맞추고 있음을 보여준다. 누가가 묘사하는 "가난한 자들, 불구자들, 눈 먼 자들 그리고 다리 저는 자들"의 집회는 다가오는 세대에서 나타날 역전된 전망의 반영으로서 식사 자리에서 일어난다(예컨대 14:21). 이와 비슷하게 13:27-30은 "동과 서에서, 또 북과 남에서 와서, 함께 잔치 자리에 기대어 누운(recline)" 사람들을 묘사하기 위하여 큐(Q)의 구절에 의존한다. 비록 스미스가

"메시아적인 주연"이라는 ―내게는 탐탁치 않은― 용어를 사용하지만, 예수의 마지막 만찬에 대한 누가의 틀이 "초점은 일차적으로 종말론적이다"라는 스미스의 요점은 여전히 유효하다.[94]

사도행전(2:44-47)에서 파게인 아르톤(phagein arton)에 대한 누가의 묘사, 즉 예루살렘에서 예수의 부활 이후에 초기의 제자들이 자신들이 가진 모든 것을 팔고, 모든 물건들을 함께 소유하며, 식사를 위해 매일 모인 모습은 식사 카리스의 이상향적인 진술을 잘 보여주고 있다. 식사의 정신은 예루살렘을 배경으로 모든 물건의 이상향적 공유와 이상향적 식사의 특징을 보여주고 있다.

요한계시록 19:9에서 "어린 양의 혼인 잔치"는 그리스도의 형상이 "너에게로 들어가서 너와 함께 먹으리라"라는 라오디게아 교회에게 주어진 3:20의 약속과 관련하여, 전망적으로 묘사된, "하늘에 있는 큰 무리"(19:1)를 위한 것이다. 매시 쉐퍼드는 요한계시록에 나타난 식사 유형에 대한 분석을 통해 식사와 우주적 해결이 중첩되는 카리스의 가치를 보여주고 있다.[95] 이와 유사하게, 디다케의 "산 위에 흩뿌려지고, 모여서, 하나가 된" (9:4)이라는 빵에 대한 기도는 "당신의 교회(ekklesia)가 땅의 끝으로부터 당신의 나라로 모였다"라는 구절과 평행을 이루고 있다. 식사의 카리스는 모두 함께 먹는 빵의 관대함과 "전세계적인" 모임의 이상향적인 전망 양편에 반영되어 있다. 차후에 나타난 성만찬 신학에도 불구하고, 확실히 고린도전

---

94 Dennis Smith, "Table Fellowship as a Literary Motif in the Gospel of Luke," *JBL* 106, no. 4 (1987): 613-28, 623.

95 Massey Hamilton Shepherd. *The Paschal Liturgy and the Apocalypse* (Richmond, Va.: John Knox, 1960).

서와 공관복음서에 나타나는 기름 부음 받은 이의 몸과 피의 이미지는 디다케의 기도와 유사하게 이해되어야 한다. 그런데 그 기도는 식사의 요소들을 이상향적인 사회 전체의 묘사와 결합시킨다.

의미심장한 사회적 실험으로서 초기 기독교의 식사

헬레니즘 시대 식사의 사회적인 관습과 그 식사의 강력한 사회적 코드화가 명백해지면, 초기 기독교 문헌의 상당 부분은 다르게 들리고 읽혀질 것이다. 독자가 헬레니즘 시대의 식사 구조와 그 안에 내재한 본질적이고 광범위한 사회적 의미를 알게 되면, 초기의 기독교적 언어는 새로운 (사회적) 의미로 빠르게 드러날 것이다. 식사 어휘가 초기 기독교 문헌에 스며 있다는 것은 명백하다. 뿐만 아니라, 헬레니즘 시대의 식사의 사회적 코드화가 인정될 때, 초기 기독교의 정황에서 식사의 표준적 요소들은 사회적인 협상과 실험의 역학이 된다.

초기 그리스도인들의 (또한, 다른 헬레니즘 시대 집단들의) 식사는 일련의 대담한 사회적이고 영적인 실험으로 나타난다. 식사는 초기 그리스도인들로 하여금 자신들의 사회적 전망에 대한 대화 속에서 새로운 행동들을 시도하게 해주었다. 어떤 차원에서 보면, 이러한 사회적 전망은 "하나님의 나라," "그리스도의 몸," "하나님과의 코이노니아," "하늘의 궁정," 혹은 "하늘의 도성"에 참여하는 것으로서, 식사에서 묘사되었다. 또 다른 차원에서, 식사의 동작과 참가자 구성에 대한 본 장의 세밀한 평가에서 주목하였듯이, 식사는 일련의 의미심장하고 비언어적인 "단어들"이 대안적인 사회를 모색하는 실험실이

되었다. 그 단어들은 식사의 대안적인 사회적 관계들, 복잡한 의례 동작들, 몸의 자세들 그리고 실제적인 음식 요소들로 이루어졌다.

또한, 식사는 영적인 실험으로 이해할 필요가 있다. '영적인 실험'은 식사가 현실적인 삶의 문제를 신비화하고, 사회적 현실 혹은 지적인 탐구로부터 후퇴시키며, 혹은 기독교 예전을 위한 원형적인 계기라는 뜻이 아니다. 오히려, 식사는 새로운 사회적 대안들을 아주 생생하게 재현하였고, 식사 참가자들은 실제로 새로운 사회적 질서의 일부로서 자신을 경험하였다. 식사에 참여한 사람들은, 집단이든 개인이든, 마치 그들이 다른 세계에서 살고 있는 것처럼 느꼈다. 음식 섭취와 함께 나타나는 모든 공동체적인 역동성은 사회적인 가치들과 전망을 내면화하였다. 식사 자체를 영적인 것으로, 사회적인 실험으로 승화시킨 일은, 식사 참가자들이 비전을 갖고, 변화를 경험하게 하였다. 비언어적 단어들이 어느 정도로 있었고 복잡하였는가는 4장에서 제시한 식사에 대한 의례 분석의 폭넓은 기획에서 충분히 다룰 것이다.

헬레니즘 시대에 널리 퍼져 있던 사회적 실천으로서 식사와 초기 기독교 문헌의 사회적 실천으로서 식사에 대한 언급들의 두터운 체계에 대한 연구는, 사회적 실천과 본문을 창조적인 대화 가운데 놓음으로써, 초기 기독교의 사회적 차원을 분석하는 틀을 확립한다. 이러한 틀이 확립되면, 이 책은 분석을 위한 이론적인 범주로 향할 것이다.

4 장

의례 분석
: 초기 기독교 식사에 대한 새로운 연구 방법

면밀히 검토해 볼 때, 헬레니즘 식사는 그 시대의 주요한 사회적 주제를 다루는 역동적인 구조를 보여준다. 본 장은 의례 연구로부터 주요한 도움을 받아 어떻게 당시의 식사가 그토록 많은 사회적 비중을 담아낼 수 있었는가를 보여줄 것이다. 이들 식사가 광범위하게 뒤얽힌 사회적 거래들과 관계를 일으키는 방식을 묘사함으로써, 본 장은 초기 기독교 식사의 역동성과 초기 기독교 운동의 출현에서 식사가 갖는 중심적인 역할을 보여줄 것이다.

헬레니즘 식사에 의례 이론을 적용하는 데 대해서 몇 가지를 오해하지 않기 바란다. 두 가지 함정을 피해야 한다. 첫째 함정은 일반적인 용어로서의 "의례"가 종교적 혹은 사회적 숭배를 엄격하게 행하는 추종자들의 비밀스런 동작이나 상징의 체계를 의미한다는 것이다. 이러한 의미는, 지난 200년 동안 의례에 대한 학문 연구에 비추어 볼 때, 의례에 대한 조롱에 불과하다. 최근 연구의 관점에서 볼 때 의례는 넓고 다양한 인간 행동에 적용되며, 비밀스런 실천이나 숭배와 같은 환경에 전혀 관여하지 않은 사람들에 의해서 의례의 대부분이 실천되고 있다. 의례에 대한 오해는 초기 기독교 모임에 대한 몇몇 부정확한 묘사들을 해롭게 짜맞춘다.

특히, 초기 기독교 모임에 대한 관습적 묘사는 초기 교회가 기독교적인 미사, 성만찬 혹은 성찬 예배의 어떤 초기 형태에 참여한 것으로 묘사한다. 심지어 초기 그리스도인들이 식사를 위하여 모였다는 것을 대부분의 역사가들이 인정하지만, 그럼에도 불구하고 그들은 식사의 한 부분에 성만찬이라는 시대착오적인 중세 의례를 별 생각 없이 덧씌워 버린다. 일부 학자 그룹에서 오류 수정이 일어났지만, 마티아스 클링하르트,1 데니스 스미스,2 앤드류 맥고완3이 활동한 세대뿐이었다.4 스미스는 이들 식사가 사회적 결속과 경계를 만들어내고 있음을 보여줌으로써 큰 기여를 하였고, 클링하르트는 일련의 사회적 가치를 식사에 연결시킴으로써 도움을 주었다. 하지만,

---

1 그의 사상에 대한 3장의 요약을 보라.

2 그의 사상에 대한 3장의 요약을 보라.

3 앤드류 맥고완의 연구는 상당히 다르지만, 그것은 클링하르트와 스미스 패러다임을 초기 기독교의 2-4세기에 적용하고자 시도하는 유일한 학문적 연구를 나타낸다. 거의 전적으로 연대기적인 형태로, 이 창조적인 연구의 완전한 목록이 본서의 끝에 있는 "참조 문헌들" 부분에서 발견될 수 있다. 그레코-로만 세계의 식사에 관한 성서문학협회의 세미나는 맥고완의 사고를 충분한 분량의 책으로 함께 엮는 노력을 시작해 왔다. Andrew McGowan, "Rethinking Agape and Eucharist in Early North African Christianity," *Studia Liturgica* 34(2004): 165-76.

4 이것은 물론 1세기의 그리스도인들이 그 기도를 실제로 말하였고 그리고 어떤 형태로 중세의 미사 동작을 행하였다는 인상을 주는, 오늘날에도 활동하는 상당한 수의 더 나이든 혹은 주변적인 학자들이 여전히 있음을 의미한다.

스미스와 클링하르트는 모두 어떻게 헬레니즘 식사가 이러한 사회적 결과를 낳았는가에 대해서는 설명하지 않았다. 초기 기독교의 식사에 대한 관습적인 묘사는, 여하튼 중세나 현대 미국의 성만찬적 동작이 존재하였다고 전제하고 있다. 즉 비밀스런 몸짓의(이 경우에는, 중세의 성만찬) 의례에 대한 관습적 사고가 그대로 남아 있고 사회적 구조 및 실험과는 분리된 채로 있었다.

초기 그리스도인들을 단지 포도주 한 모금을 마시고 작은 성체용 빵을 나누는 고도로 양식화된 의례에 참여하는 것으로 묘사하는 일은 "의례"가 비밀스러운 숭배와 같다고 생각하는 오류를 강화시킨다. 중세의 (그리고 어느 정도는 현대의) 성만찬은 실제로 비밀스런 의미와 실천으로 주고받았으므로, 그 묘사는 의례 자체 풍자에 걸맞는다. 에 대한 헬레니즘 시대의 식사에 대한 본 장의 의례 분석은, 만약 독자들이 의례를 협소한 비의로 생각하거나 혹은 고대 식사의 구성 요소에 중세의 미사를 담은 정도로 생각한다면, 심히 오독될 것이다. 의례 이론은 클링하르트와 스미스에 의해 밝혀진 공식과 같은 행동이 어떻게 사회적 안정과 실험을 낳는가를 보여주면서, 헬레니즘 시대의 식사를 실제적으로 이해하게 한다. 동시에, 인간 행동의 더욱 넓은 체계인 의례에 대한 이해는 어떻게 코이노니아, 우정, 은혜의 사회적 가치와 사회적 결속, 경계들, 의무, 계층화 및 평등의 긴장된 역동이 헬레니즘 식사에서 협상되었는가에 대한 기술적 분석을 제공한다.

헬레니즘 시대 지중해 지역의 의례 이론을 적용하는 데 대한 두 번째 함정은 고대 세계의 사회적 실천에 대한 연구의 본래적인 어려움이다. 우리는 의례 이론가들이 현대의 아프리카, 미국 혹은 인디언의 의례를 연구하는 방식으로 고대 사회를 알 수는 없다. 우리는 헬레니즘 식사에 대한 본문을, 그 식사 자체를 직접적으로 드러내는 것으로 사용할 수는 없다. 성서학협회(Society of Biblical Literature)의 그레코-로만 세계의 식사에 대한 세미나가 과거 3년 동안 보여준 것처럼, 헬레니즘 식사와 본문의 관계는 변하기 쉽고, 혼동하기 쉽기 때문에 섬세하게 취급해야 한다. 누가 혹은 플루타르크의 본문은 무슨 일이 일어났는가를 나타낸다고 주장하지만, 그 주장은 거의 사실이 아니다. 본문은 식사를 "-와 함께 생각하기" 위하여 종종 사용하였다. 즉 본문은 일정하게 오늘날이나 고대 세계에서 모두 이데올로기적인 주장을 하고, 기존의 가치와 제도를 지지하거나 전복시키며, 인물과 공동체를 지지하거나 비방하기 위하여 식사를 묘사하였다. 그래서 고대의 본문은 의례 이론을 위한 실제의 식사 모습을 제공할 수 없다. 사실, 본문은 그들의 주장을 위하여 식사 자체를 모호하게 하고 변형하기도 한다. 의례적 분석이 가능한 헬레니즘 시대의 관한 몇 가지 임시적인 개념들이 등장할 수 있었던 것은, 스미스와 클링하르트[5]에 의해 이루어진 본문의 방대한 편집들, 고고학적 유적들에 대한 세밀한 분석 그리고 필립 할랜드[6]와 같은 연구자들의 비문 자료에 대한 종합적인 연구 덕분이다.

---

5 스미스도 클링하르트도 본문과 식사 사이의 관계에 대하여 조금도 순진무구하지 않음을 인식하는 것은 중요하다. 그 두 학자들은 헬레니즘 시대의 식사에 대한 그들 각각의 묘사 중 일부로서 각 본문의 복잡한 역사적-비평적 분석을 주장한다.

6 할랜드의 선구자적인 연구, *Associations, Synagogues, and Congregations: Claiming a Place in Ancient Mediterranean Society* (Minneapolis: Fortress Press, 2003)를 보라.

현대 의례 이론의 요약

주의 사항들을 예비적으로 일관되게 견지하면서, 헬레니즘 식사에 대한 의례 분석을 위해, 다음 단계는 지난 40년간 이루어진 핵심적인 의례 이론을 요약하는 것이다. 지난 40년간의 의례 이론은 의례의 형이상학적, 심리학적, 혹은 제도적 의미보다는 의례의 사회적 영향력에 초점을 맞춘다.7 최근의 주요 이론들은 어떤 면에서는 서로 상이하지만, 그 이론들은 모두 의례들이 사회적 안정과 사회적 변화에 상당히 기여하는 것으로 보는 이유를 설득력 있게 보여준다. 달리 말하면, 의례는 —최근의 사상가들 덕분에— 우주적으로 혹은 내적으로 향해진 어떤 동작들의 체계라기보다는 사회적인 협상으로 간주된다.

의례 이론을 간략하게 요약하고 나면, 헬레니즘 식사 의례 차원들이 더 나은 사회를 위하여 어떤 그림을 갖고, 어떻게 성취하였는가를 구체적으로 묻는 것이 가능하다. 스미스와 클링하르트에 의해 밝혀진 그리고 더 앞에서 요약한8 식사의 여러 유형들은 의례 연구를 위하여 동작 및 관계의 체계와 분석을 위한 상징체계를 제공한다. 최근의 의례 이론에서는 사회적인 강조가 두드러진다. 의례의 사회적인 강조는 공동체와 더 넓은 사회 양편에 대하여 생산적인 것으로서 헬레니즘 식사 유형에 관하여 사고하는 방식을 직접적으로 제공한다.

---

7 에밀 뒤르켐(Emil Durkheim)의 주요한 19세기 연구는 의례를 사회적으로 매우 주도적으로 해석하였다. 뒤르켐의 연구는 20세기의 많은 이들에게 지지되지는 않으나, 본 장에서 고려되는 사상가들은 뒤르켐에게 상당한 빚을 지고 있다.
8 스미스와 클링하르트 각각의 연구에 대한 3장의 검토를 보라.

지난 40년의 의례 연구 성과는 매우 풍부하지만, 본 장은 다섯 명의 주요 인물에 집중한다: 캐더린 벨, 피에르 부르디외, 메리 더글라스, 조나단 스미스, 빅터 터너. 이 연구자들은 모두 의례의 인류학적 연구에 크게 빚지고 있으나, 단지 두 사람, 메리 더글라스와 빅터 터너만이 인류학자로서 연구한다. 부르디외는 사회철학자이다. 그들 중에 더글라스는 헬레니즘 시대의 식사를 특정하여 연구한 것은 아니지만, 식사에 대하여 직접적으로 저술한 유일한 이론가이다. 부르디외, 더글라스, 터너, 조나단 스미스(본 장의 나머지에서 조나단 스미스라고 지칭되는데, 이는 그를 데니스 스미스와 구별하기 위해서이다, 이 두 저자는 본 장의 나머지에서 상당한 역할을 한다)는 평생에 걸쳐 이론화의 과정을 거쳤고, 거의 완벽한 형태로 의례에 관한 연구 성과들을 냈다.9 캐더린 벨은 그 분야에서 가장 설득력 있는 요약을 제공하였는데, 몇 가지 중요한 저작을 지난 15년 동안 내놓았다. 의례 이론의 현재 상황을 개관할 때에, 벨을 가장 유용한 이론가로 삼을 것이다. 본 장은 벨과 조나단 스미스를 일차적인 이론가로 택하여 검토하지만 벨과 조나단 스미스의 관점을 설명하고 확장하기 위하여 터너, 부르디외 그리고 더글라스의 연구도 상당히 참조할 것이다.10

---

9 부르디외, 더글라스 그리고 터너는 사망하였고, J. Z. 스미스는 여전히 활동하고 있다.
10 비록 J. Z. 스미스의 연구가 벨의 연구보다 대략 한 세대 앞서 있지만, J. Z. 스미스는 여전히 연구하고 있다. 벨은 의례들을 다음과 같이 보는 그녀의 결정에서 중추적으로 J. Z. 스미스를 사용한다. "의례들이 실질적인 만큼 상황적인 것으로서…, 모든 곳에서 의례들을 지배하는 고정된 활동들이나 심지어 본래적인 원리들보다는, 특별한 상황들에서 무엇이 행해지도록 선택되는가와 어떻게 그것이 행해지는가의 문제." Catherine Bell, *Ritual: Perspectives and Dimensions* (New York: Oxford University Press, 1997), 91. 벨의 저서 *Ritual Theory, Ritual Practice*(New York: Oxford University Press, 1992)의 뒤 커버에서, J. Z. 스미스는 그 책을 "오랜 기간에 걸쳐서 나타난 의례에 관한 가장 중요한 책…, 종교적인 연구 분야의 저술을 위한

캐더린 벨

현대적인 연구에서 "의례"를 정의하는 데 가장 진지하게 주목하는 이가 벨이다. 그러나 "의례"가 무엇을 의미하는가(그리고 의미하지 않는가)를 명확히 하기 위해서 벨이 주목하고 있는 분야의 용어 정의도 복잡하지만, 그 결과도 만족스럽지는 않다.

벨에게 있어서, "의례"가 "인간 행위의 고유하고, 보편적인 범주 혹은 특징"이라는 가정은 오류일 것이다.[11] 벨은 "의례"에 대한 학문적 논의는 가정과 의도로 구성된 특정한 세트들일 뿐이라고 주장한다. 용어로서의 의례는 "문화적이고 역사적인 구성물로서 종교성, 합리성, 문화적 결정론의 다양한 양식들과 단계들을 구별시켜주는 용도로만 사용되었다."[12] 그러나 의례에 대한 논의가 "세계를 바라보고 조직하는 그 자체의 다소 특별한 방식"을 갖는다는 것은 그것이 단순하다거나 아무 근거도 없음을 의미하지는 않는다.[13]

학문적 의제들 배후에 있는 현상에 도달하기 위하여, 벨은 물(物) 자체로서의 "의례"로부터 문화적인 실천으로서의 "의례화"로 초점을 변경할 것을 제안한다. 벨은 다음과 같이 설명한다:

유일하고 가장 성공적인 모델," 그리고 "질문의 상태에 대한 포괄적이고 풍부한 진술"이라고 평한다.

11 Bell, *Ritual: Perspectives and Dimensions*, 91.

12 Ibid., 91.

13 Ibid., 91. "Performance and Other Analogies," in Henry Bial, *The Performance Studies Reader* (New York: Routledge, 2004), ch. 11에서 수행 이론의 중요한 도전에 대한 응답인 "의례 연구들"의 상대적인 장점에 관한 벨의 방어도 보라.

의례화의 기본은 그 의례화가 다른 실천과의 상호작용과 대조를 통해 추출되는 본래적인 의미이다. 이러한 관점으로는, 의례의 교차-문화적인 혹은 보편적인 의미를 산출하려는 어떠한 시도도 내용을 거의 만들어낼 수 없을 것이다. 마찬가지로, 이 견해는 의례 행동의 의미를 존재와 행위를 분리시키는 방식이 아니라 어떻게 의례 활동들이 다양하게 그리고 다른 활동들과 구별되는 것으로 구성되는가에 둔다. 의례적으로 행동한다는 것은 무엇보다도 미묘한 차이들의 문제이고, 가치의 차이를 구별하는 전략을 불러내는 사안이다.[14]

이 점에서 의례적 행동의 한 가지 예는 "배우자나 아이를 위하여 규칙적으로 사용하는 (체육용 양말과 같은) 옷의 종류를 구입하는 일상적인 행동과, 비슷하지만 다른 물품(마름모 무늬 양말)을 구입해서 그것을 선물로 주는 의례화된 변형"을 대조하는 것이다.[15] 이런 방식으로 의례화의 위치를 설정하는 것은 다음 사실을 보여준다. 곧, 매일 아침 식사로 빵을 먹는 것과 성만찬에서 빵을 먹는 것 사이의 차이, 또는 야생에서 동물을 죽이는 것과 제단 위에서 동물을 희생시키는 것 사이의 차이 등은 내적으로 연속성 있는 관계들이 결정적으로 의례화에 의미를 부여하는 연속성들이다.

마름모 무늬의 양말을 선물로 주는 일은 일상적인 행위의 의례화이다. 벨은 다음과 같이 쓰고 있다: "이러한 활동은 바로 그 활동을 통해서 구별되며, 그 활동 사이에 암시적으로 설정된 차이로부터 활동의 의미를 이끌어낸다. 일상적으로 주는 활동은 의례의 방식으로

---

14 Bell, *Ritual Theory, Ritual Practice*, 90.
15 Ibid., 91.

주는 활동을 촉발하지 않으며 그 역도 마찬가지이다. 활동들은 서로를 정의한다."16 마름모 무늬 양말의 선물이 가족 쇼핑을 위한 모델이라는 것은 아니다. 그것은 가족 쇼핑의 전략적인 변형이고 그 의미는 일상적인 행위와의 상호작용으로부터 파생된다. 벨은 계속해서 쓰고 있다: "그럼에도 이것은 의례화가 단순히 다르게 행동하는 것이라고 말하는 것은 아니다. 그와 달리, 짝을 맞춰 놓지 않은 양말더미를 쌓아둔 저가 상품 판매대에서 짝이 잘못 맞춰진 양말을 구입하는 것—일상적인 기대와 다르다는 조건 하나로 쉽게 소통될 수 있는 어떤 행동—이 하나의 의례로 인정될 것이다."17

의례화는 "경험을 효과적으로 사용하고 조건 짓는 방식으로 기본적인 기획들을 배치하고, 작용시키며 조작하는 능력"이다.18 의례화는 "의례화된 행위들의 산물"19이고, "의례"를 보편적인 물자체로 규명하려는 시도보다 더욱 잘 정의할 수 있는데, 왜냐하면 그 자체로서 사물은 다양한 "기본적인 기획들"과의 관계에서만 존재할 뿐이기 때문이다.

벨은 의례화된 행위들의 이러한 산출이 정교하고 구성된 실재들로 귀결됨에 주목한다: "기획들을 의례화하는 것은, 일련의 움직임들, 동작들 그리고 소리들을 통하여 공간과 시간 안에서 행해질 때, 환경을 효과적으로 구조화하고 의미 짓는, 일련의 특권화된 대립들을 불러일으킨다. … 이러한 환경, 즉 그 환경 안에서 사회적 행위자

---

16 Ibid., 91.
17 Ibid., 91.
18 Ibid., 221.
19 Ibid., 140.

들의 행동들에 의해 구성되고 재구성된 환경은 객관적인 실재의 경험을 제공한다."[20] 이것은 이러한 의례화를 경험하는 사람들에게 대해서 "환경이 기획들의 원천이고, 그 기획들의 가치들의 원천으로 나타남"을 의미한다.[21]

벨은 자신 이전에 있던 의례 이론의 약 150여 년을 비평하고 평가하면서, "의례화"를 실천의 더욱 넓은 의미 안에서 가장 잘 이해될 수 있는 것으로 본다. 의례화는, 비성찰적인 전통주의자들이 생각하듯이, 단지 종교적인 열정의 일부로서 어떤 비밀스런 동작이 아니다. 또한 의례화는 미르체아 엘리아데와 칼 구스타프 융과 같은 사람들이 20세기 중반에 주장한 바와 같은 우주적 질서의 의미를 확립하는 핵심적인 인간 행위도 아니다. 오히려 의례화는 기본적인 사회적 문화적 기획들을 구별하고 정리하는 것을 도우며, 고도로 통합되고 분화되어 있는 환경 안에서 인간 행동을 특정한 방식으로 조정한다. 의례화는 "신체적인 행동과 문화적인 가치를 매일 수행하도록 하는 기획의 배치와 구현을 위한 일차적인 매개로서 신체적인 마음-몸 전체성에 초점을 맞춘다. 그런데 이 기획은 집의 배치나 게임의 편성에서와 같이, 그것에 의해서 문화가 재생산되고 경험의 개별적 범주들이 만들어지는 수단이다."[22]

본 장의 뒷부분에서, 벨의 의례 이론은 헬레니즘 시대 식사에서 외관상 세속적인 행위와 그 사회의 핵심적인 사회적 협상 사이의 관계를 이해하도록 돕는다. 헬레니즘 시대의 식사에서 먹는 행위는 사

---

20 Ibid., 140-41.
21 Ibid., 140.
22 Bell, *Ritual: Perspectives and Dimensions*, 83.

회적인 몸짓과 관계적인 유형 그리고 보통의 먹는 행위가 무엇인지를 보여주는, 미묘한 차이들의 복잡한 리듬이 된다. 먹는 것 자체에 기대 눕기, 헌주 그리고 주연의 활동을 추가하는 것은 어떤 경험의 사유, 다른 경험의 거부, 또 다른 경험의 조건 지움을 허용하는 "객관적인 실재의 의미 제공"을 위하여 먹기와 마시기, 여가, 서열화, 말하기라는 몇 가지 기본적인 인간 기획을 직조한다. 이러한 기본적인 기획의 직조는 더 큰 어떤 것의 객관적 실재 및 중요한 가치들의 원천으로 경험될 수 있는 환경을 창조한다.

조나단 Z. 스미스

벨이 의례 이론의 역사를 그녀 자신의 것과 이 요약으로 세밀하게 통합하는 방식들은 의례 이론 자체를 가장 잘 이해(그리고 비평)하게 하지만, 헬레니즘 식사의 사회적 역동성을 명료하게 다루는 방식으로 의례 이론을 활용하여 나의 이전 저술을 틀 짓게 해 준 것은 조나단 스미스[23]의 연구였다.[24] 조나단 스미스의 의례 이론에 대한 개관

---

23 의례에 관한 J. Z. 스미스의 주요한 저서는 *To Take Place: Toward Theory in Ritual*(Chicago: University of Chicago, 1987)이다. 그 주제에 대한 또 다른 중요한 글은 더 이전의 저서 *Imagining Religion: From Babylon to Jonestown* (Chicago: University of Chicago Press, 1982)에 있는 "The Bare Facts of Ritual"이다. J. Z. 스미스가 편집한 *HarperCollins Dictionary of Religion*(San Francisco: Harper San Francisco, 1995)은 방대하고 그리고 의례에 관련된 광범위한 주제를 다루는 데 유용하다. 그의 연구에 대한 아마도 가장 체계적인 취급은 "Introduction: Ritual and Religion," in *Violent Origins: Walter Burkert, René Girard, and Jonathan Z. Smith on Ritual Killing and Cultural Formation*, ed. Robert G. Hamerton-Kelly(Stanford, Calif.: Stanford University Press, 1987)에서 그의 사상에 대한 버튼 맥의 요약 안에 있다.
24 특히 "Dealing under the Table: Ritual Negotiation of Women's Power in the

은 하나의 관점을 창조해내는데, 그 관점은 터너와 부르디외의 이론이 헬레니즘 식사의 사회적 의미를 산출하는데 도움이 될 수 있다는 것을 보여준다. 벨의 관점과 크게 다르지 않게, 조나단 스미스도 의례를 물자체로 정의하려는 방식에 저항한다. 조나단 스미스는 의례를 특별한 상황의 특정하고 관계적인 상징체계 속에서 질서와 의미를 창조하는 것으로 본다.

조나단 스미스의 의례 이론을 헬레니즘 시대의 식사에 적용한 이전 연구에서 나는 조나단 스미스의 이론을 "관련된 사람들에 대하여 세 가지 겹치는 효과"[25]를 갖는 것으로 요약했다. 조나단 스미스의 이론의 세 차원은 다음과 같다:

1. 어떤 상황에서 일어나는 사건, 유형, 역동성의 표시나 주목.[26] 조나단 스미스에 의하면 의례는 일반적으로 인간의 삶에서 문제가 되는 사건이나 유형에 주목하게 한다. 의례가 방점을 찍는 것은 —대부분의 경우, 상징적이고 간접적이긴 하지만— 인간이 맞이하는 어려움들에 대한 언급이다. 의례 참가자에 대하여 삶의 그러한 측면을 의례로 표시

Syro-Phoenician Woman Pericope," in *Reimagining Christian Origins: A Colloquium Honoring Burton L. Mack,* ed. Elizabeth A. Castelli and Hal Taussig(Valley Forge, Pa.: Trinity Press International, 1996)에서 마가복음 7장에 관한 나의 의례 분석에서 J. Z. 스미스를 내가 사용한 것을 보라. 암시적으로, 스미스의 연구는 Dennis E. Smith and Hal Taussig, *Many Tables: The Eucharist in the New Testament and Liturgy Today* (London: SCM, 1990) 그리고 Catherine T. Nerney and Hal Taussig, *Re-Imagining Life Together in America: A New Gospel of Community* (Lanham, Md.: Sheed & Ward, 2002)의 내 접근에도 지대한 영향을 미치고 있다.

25 Smith and Taussig, *Many Tables.*
26 J. Z. Smith, *To Take Place,* 100-101.

하는 것은 "문제를 해결하고 부조화를 극복하거나 긴장을 해소하지 않는다. 오히려 그것은 사고하는 일로 귀결된다. 이 의례 표시는 교정을 성취하려는 희망에서, 새로운 상황과 자료에 대해 전통적인 유형과 범주가 적절한지 혹은 적용가능한지를 테스트한다."[27] 이러한 방식으로, 의례는 문제가 되는 현상들을 표시하기 위하여 "초점 맞추는 렌즈"의 역할을 한다.[28]

2. 주목하는 현상에 대한 완전화(perfecting) 혹은 합리화.[29] 이와 관련하여 벨은 조나단 스미스를 다음과 같이 규정한다: "간결하게 말해서, 스미스는 세계 내의 사물들은 체계화되어야만 한다는 이상적인 방식으로 의례를 이해한다."[30] 의례가 구성된 환경 안에서, 문제의 현상들은 설명되어 해소되거나 더 좋게 보이도록 만들어진다. 자신의 글 "의례의 벌거벗은 사실들"(The Bare Facts of Ritual)에서 조나단 스미스는 새끼 곰이 포획되고 마을에서 길러지며, 의례적으로 도살되는 시베리아의 의례에 대한 몇 가지 기존 분석들에 도전한다. 의례를 희생제의의 원형으로 보는 대신에, 조나단 스미스는 그 의례를 곰 사냥의 완전화로 이해한다. 시베리아 사람들의 문제는 그들의 곰 사냥이 종종 비극적으로 잘못 진행되는 데 있다. 이는 그들이 곰 사냥에 성공해야만 한다는 데 집착하고 있기 때문이다. 조나단 스미스에게 의례는 "무엇이 행해졌어야 하는가, 무엇이 일어났어야 하는가를 우리가 알고 있다는 것을 보여주기 위한 수단을 제공한다. 그러나 그것이 매일의 행

---

27 Ibid.

28 J. Z. Smith, *Imagining Religion*, 64.

29 J. Z. Smith, *To Take Place*, 101.

30 Bell, *Ritual: Perspectives and Dimensions*, 12.

동이기보다는 의례 행동이라는 사실에 입각해서, "무엇이 사실인지"를 우리가 안다는 것을 보여준다. 의례는 행해졌어야 하는 것이 행해지지 않았고, 일어났어야 하는 것이 일어나지 않았다는 사실에 대한 성찰과 합리화의 계기를 제공한다."[31]

3. 사회 구성체 내의 차이에 대한 언급.[32] 때때로 문제의 현상은 의례를 해당 사회 혹은 공동체에서 의미 있는 차이를 나타내는 것으로 표시한다. 전형적으로 이러한 경우, 다양한 상징적 행동들이 의례 안에 나란히 표시되는데, 이 의례는 그 사회의 구성원들 내에서 특별한 차이를 나타내기 위한 것이다. 사람들 사이에서 차이의 표시는 그 차이를 극복하는 것이 아니라 서로 다른 무리들이 인정되는 방식으로 그 차이를 다루고자 하는 것임을 조나단 스미스는 주목한다. 고대 근동의 신전 의례에 대한 조나단 스미스의 확장된 연구는 의례의 이러한 역학을 설명해준다.[33] 그는 근동 사람들이 규칙적으로 다룬 사회적 차이가 왕과 사제가 서로 투쟁하는 권력이고, 그로부터 파생된 사제 계급과 군주 계급 사이의 권력 투쟁이라고 말한다. 조나단 스미스는 어떻게 신전의 안무 동작과 왕과 사제의 자리 배치들이 한 사회 내에서 그들의 서로 다른 주장을 표시하였는가를 보여준다. 의례 동작과 자리 배치는 권력 투쟁을 판결하기보다는 지속적인 투쟁을 인정한다. 의례가 사회적 차이를 창조적으로 다루는 방식에 대한 조나단 스미스의 이해가 어떤 획기적인 돌파를 성취하였는가에 관해 나는 다른 곳에서 언급한 바 있다:

---

31 J. Z. Smith, *Imagining Religion*, 63.
32 J. Z. Smith, *To Take Place*, 101.
33 Ibid., 131-62.

의례 상징은 집단으로 하여금 차이를 해결하려고 애쓰지 않고도 이 차이를 인정하도록 허용한다. 물론 이는 차이가 있는 집단을 번성하게 하는 수단이기도 하다. 그 차이에 대한 공통의 그리고 최종의 해결을 찾아내려 시도하기보다는, 의례의 다가치적인 상징은 차이에 대한 간접적인 인정을 지속해서 허용한다. 이는 서로 다른 하위집단을 인정하고, 전체로서 그 집단이 최종적이지 않고, 적응적이며, 지속적으로 개선된 협상을 이루게 한다. 차이에 대한 최종적인 해결은 거의 항상 상이한 가치관의 제거에 이른다. 차이에 대한 지속적인 의례적 인정은 하위집단들을 번성하게 한다.[34]

앞에서 주목한 것처럼, 조나단 스미스의 의례 이론은 특히 헬레니즘 식사의 사회적 기능을 다루는 데 대해 시사하는 바가 크다. 이는 부분적으로는, 의례가 환원주의적이지 않고 사회적 기능보다 더 많은 것을 성취한다는 것을 조나단 스미스의 접근이 가정하고 있는데, 사실 그렇다. "초점 맞추는 렌즈"로서 의례에 대한 조나단 스미스의 이론에 대한 강조는 헬레니즘 식사와 그 시대의 다양한 주제 사이의 특정한 관계를 주목하게 한다. 말하자면, 이 이론은 헬레니즘 시대와 그 당시 식사의 자세한 사실에 관한 질문을 가능하게 한다. 뿐만 아니라, 의례로 다루어진 문제의 임시적인 "완전화" 이론의 관심은 헬레니즘 식사에서 이미 관찰된 실험과 특별한 관련을 갖는다. 예컨대, 광범위한 사회 현상으로서 가난의 문제는 몇 가지 방식으로 식사에 의해 "완전화"되었다. 어떤 집단은 식사에서 모든 사람에게 같

---

34 Smith and Taussig, *Many Tables*. 102-3.

은 몫의 음식을 나누어 주기 위해 힘썼다.35 이에 더하여, 헬레니즘 식사는 남은 음식을 가난한 사람들에게 나누어 주었다.36 마지막으로, 어떻게 의례가 집단 내에서 차이를 표시하는가에 대한 조나단 스미스의 연구는 어떻게 헬레니즘 식사가 그레코-로만의 지중해 지역에 속한 사람들의 혼합을 다루었는가를 밝히는 데 중요한 역할을 한다. 이는 어떻게 헬레니즘 식사가 사회적 실험이 되었는가를 훨씬 더 명확하게 해준다.

피에르 부르디외

"실천 이론의 개요"(Outline of a Theory of Practice)를 연구하면서, 부르디외는 과거의 사회학자들과 역사가들에 의해 사용된 개념이지만 자신의 연구를 위하여 다시 틀 지워진 아비투스라는 개념에

---

35 많은 식사에서 한 사람이 받은 음식의 양은 그 사람이 인도자 혹은 '심포지아르크'에게 얼마나 가까이 기대 누웠는가에 비례하여 나타났다는 것은 —클링하르트와 스미스 모두에서 그러하였듯이— 또한 사실이었다. 이것도 역시, 대체로 사회 안에서는 부유한 자들과 가난한 자들 사이에 음식 양의 거대한 차이가 있었다는 사실과 관련된 의례 완전화로서 보일 필요가 거의 확실히 있다. 그러한 경우들에는, 서로 다른 음식의 양들은 식사에서 완전화 혹은 교정(둘 다 J. Z. 스미스의 용어들이다)으로서 보였다는 것은 가능하다. 즉, 식사에서의 음식의 분배는 어떤 종류의 사회적인 영예를 지닌 사람들은 더 많은 음식을 받을 만하였음을 나타내도록 어느 수준에서는 의미되었다. 음식의 meris, 혹은 몫(들)에 대한 논쟁들에 관한 마티아스 클링하르트의 요약을 보라. *Gemeinschaftsmahl und Mahlgemeinschaft: Soziologie und Liturgie Fru hchristlicher Mahlfeiern* (Tu bingen: Francke Ver-lag, 1996), 139-43.

36 클링하르트는 *apophoreta*의 이러한 널리 퍼진 실천을 요약한다, *Gemeinschaftsmahl und Mahlgemeinschaft*, 143-52. 클링하르트는 남은 음식들을 가난한 사람들에게 나누어 주는 이 관습이 신전들에서 희생된 제물들에 관련된 비슷하고, 훨씬 더 명백히 제의적인 실천들로부터 실제로 파생되었음을 분명히 한다.

집중한다.37 아비투스는 부르디외가 역사적 인과관계나 구조적 결정론이라는 공통 문제에 일차적으로 의존하지 않으면서도 사회 분석을 중시하도록 도와준다. 아비투스는 "사회적 관습에 모양과 형태를 주는" 인간의 습관적인 행동과 실천의 체계이다. 아비투스는 어떤 행동이나 실천이 아니라 그 행동, 실천 모두를 아우르는 전체이다. 아비투스는 사회적 관습을 형성하고 또한 하나의 전체로서 그 관습에 의하여 형성된다.

비록 부르디외가 의례에 대하여 많은 저술을 하지는 않았지만, 의례는 아비투스의 지속적인 발전에서 특정하고도 중대한 요소다. 의례는 아비투스를 구성하는 문화적인 전체를 형성한다. 이는 사회가 화해할 수 없는 많은 차이를 포함하는 한, 주요한 기술이다. 알제리의 카바일 족에 대한 연구에서, 부르디외는 결혼과 농사의 관계에서 어떻게 의례가 "두 가지 대립적 원리의 불가피한 충돌에 대해 그럴듯한 구실을 만들어내고, 그것으로 구속력을 갖게 하는가"를 보여준다.38 의례는 팽팽한 역동성을 통합하는 방식으로 의례를 수행하게 함으로써 사회적 및 문화적 권력의 협상을 만들어낸다. 의례는 사회적 문화적 범주들이 도전받고 재조직되는 지속적인 실천이다. 의례가 행해지는 비교적 짧은 시간 동안, 하나로 통합된 사회에 인식이

---

37 Pierre Bourdieu, *Outline of a Theory of Practice*, trans. Richard Nice(New York: Cambridge University Press, 1977). 이 주저의 제목은 그의 지적인 탐구의 초점으로 남아 있다. 비록 그의 출판이 빈번하지는 않아 왔지만, 부르디외는 실천의 이론을 향한 방법론적인 탐구를 지속해 왔다. 그의 저서는 데보라 오트너(Deborah Ortner), 데이빗 레이튼(David Laiten), 데이빗 캔너딘(David Cannadine) 그리고 시몬 프라이스(Simo Price)의 연구들에서 그 탐구의 둘째 세대를 낳았다.

38 Bourdieu, *Outline of a Theory of Practice*, 133.

일어나면서 차이들과 경계들은 해소되고 새로운 사회적 관습이 출현할 수 있다. 달리 말하면, 의례는 아비투스가 진화하는 일차적인 방식이다.

하나의 구조라기보다는 지속적인 실천으로서 의례라는 부르디외적 의미는 벨과 조나단 스미스의 이론 모두와 잘 맞는다. 벨의 "의례화" 과정의 차원과 조나단 스미스의 이론에서 차이의 지속적인 표시는, 부르디외에게 있어서, 의례, 실천 그리고 아비투스의 상호 연결 고리와 상응한다. 이와 비슷하게, 의례 실천은 그 자체가 지속적인 조정이라는 부르디외의 이해는 의례가 완전화하는 방식에 대한 조나단 스미스의 개념과 의례가 사회적 기획을 배치하는 모습에 대한 벨의 묘사를 보완한다. 비록 ─벨이 주목하였듯이[39]─ 부르디외의 의례와 아비투스가 모두 쉽게 낭만화되거나 신비화될 수 있을지라도, 의례가 그 의례를 책임지는 사람들에게 가져오는 힘에 대한 부르디외 자신의 엄격한 질문은 이러한 경향을 완화시킨다. 그리고 역사의 관념들에 의지하지 않고 사고하려는 부르디외의 의식적인 노력이 정체성에 대한 탈역사화된 이해에 이를 수 있음에도, 복잡하고

---

39 실천의 이론에 대한 전반적인 지적 추구에 관해서, 벨(*Ritual Theory, Ritual Practice*, 76-77)은 다음과 같이 말한다: 인간 활동 안의 의식과 사회적 존재의 종합적인 일치를 나타내는 용어로서, "실천"은 모든 유사한 이분법들을 포함하거나 혹은 초월하는 강력한 도구인 것으로 보인다. 그리고 물론 그것은 그 문제들 중의 하나이다. 심지어 마르크스의 사용에서도, 그 용어는 논란의 한 수준으로부터 또 다른 수준으로 미끄러짐을 격려하며, 두 역할들을 행하게 된다. 하나의 역할 안에서, 실천은 의식과 사회적 존재의 이분법의 종합적인 일치이고 해결로 보인다. 그러나 동시에 실천은 또한 종합적인 실천적 활동으로서 그것이 '의식의 활동'으로서의 이론(혹은 살린[Sahlin]의 분석에서처럼 "구조"와)─이 의식의 활동과 함께 실천은 또 다른 이분법의 극들을 형성한다─과 대조되는 둘째 역할에 던져진다. 이 두 번째 이분법은 그것을 셋째 용어로 해결하기 위하여 자주 불러일으켜지는데, 즉 이는 "역사적 과정"의 변증법적인 종합(혹은 다시 살린의 분석에서처럼, "문화적인 실천")이다.

끊임없는 사회적 과정에 대한 부르디외의 강조는, 많은 사람들이 인간 의식의 역사적 특성이라고 간주하는 것을 인정하는 일로 보일 수 있다.

본 장은 인간의 취약한 정체성을 구성하는 방식으로서 식사에 대한 헬레니즘 사회의 강력한 매력에 관심을 갖는다. 이러한 관심과 관련하여, 부르디외가 보상과 통합의 더 큰 사회적 역동 속에 의례의 위치를 설정하는 것은 중요한 이론적 틀을 제공한다. 또한, 여기서 의례 이론은 헬레니즘 식사가 어떻게 복잡한 시대에 지속적으로 자기 이해를 구성하도록 하는 의례와 사회적으로 코드화된 어휘들을 포함하였는가를 보여줄 것이다. 이러한 이론으로 볼 때, 헬레니즘의 식사는 정교한 정체성의 실험실이 된다. 식사는 전에는 없었던 문화적 전체를 형성하고, 새롭게 출현하는 영향들과 협상하였다. 그것들은 지속적인 실천이었다.

이에 더하여, 모순을 한데 모으고 결합하는 의례의 기술에 대한 부르디외의 인식은 헬레니즘 지중해 식사 묘사와 잘 맞는다. 그의 이론은 의례가 경쟁하는 가치들 혹은 심지어 경쟁하는 현실을 통합하는 인간의 비언어적인 기술임을 보여준다. 본 장은 왜 헬레니즘 식사가 사회적인 결속과 사회적인 경계를(혹은 사회적인 계층화와 사회적인 평등을) 동시에 가능하게 하였는가라는 질문을 제기한다. 부르디외는 특정한 의례 집단의 삶 안에서 그러한 복잡성 혹은 모순을 통합하기 위한 협상의 기술로서 헬레니즘 식사의 의례를 볼 수 있게 해준다.

빅터 터너

터너의 두 가지 개념은 특정 사건들의 체계에 대한 특정 사회구성체의 작업으로서 그리고 언제나 유동적인 과정을 갖는 것으로서 조나단 스미스의 의례에 대한 묘사를 보완한다.[40] 터너는 서남 아프리카에서 오랫동안 수행한 민족지리학적 관찰로부터 결론을 이끌어냈다. "탈경계성"과 코뮤니타스라는 터너의 개념은 헬레니즘 식사에 벨과 조나단 스미스의 이론을 더욱 완전히 적용하기 위한 추가적인 개념을 제공해준다. 벨과 조나단 스미스의 더 넓은 틀 안에서 터너의 이론을 사용하는 것은 역설적이다. 이는 벨과 조나단 스미스 둘이 터너에 대해 비판적이기 때문이다.[41] 그러나 터너의 "탈경계성"(liminality: 어느 한쪽에 속하지 않고 경계선 상에 놓여 있는 상태, 경계 안의 특성에 매여 있지 않고 벗어나는 상태를 말함. 역자주)과 코뮤니타스(communitas)[42]는 어떻게 의례가 헬레니즘 시대의 식사에서 사회적 협상을 결과하였는가를 이해하도록 도와주는데 만약 이러한 적용이 벨과 조나단 스미스의 날카로운 준거틀 안에서 행해진다면 그러하다.

터너는 서남 아프리카의 은뎀부 부족의 몇 가지 핵심 의례들이

---

40 예를 들면, 그의 주요 저서들의 몇몇을 보라: Victor Turner, *The Forest of Symbols: Aspects of Ndembu Ritual* (Ithaca, N.Y.: Cornell University Press, 1967); Victor Turner, Ritual Process: *Structure and Anti-Structure* (Chicago: Aldine, 1969); Victor Turner and Edith L. B. Turner, eds., *On the Edge of the Bush: Anthropology of Experience*(Tucson: University of Arizona Press, 1985).

41 터너에 대한 그들의 비판을 위해서는, J. Z. Smith, "The Domestication of Sacrifice," in Hamerton-Kelly, *Violent Origins*; and Bell, *Ritual: Perspectives and Dimensions*, 127-29를 보라.

42 의례의 시공간, 촛불집회와 같이 일시적으로 형성된 코뮤니티, 역자주

어떻게 경계를 흐리게 하는 계기가 되는가를 관찰하였는데, 그 경계는 의례가 아니라면 은뎀부 사회에서는 명확하고 굳건한 것이었다. 보통 수일 혹은 심지어 수 주 동안 지속되는 이들 의례 과정에서 사회적 규범들은 무시되고 개인의 칭호와 권리는 혼란스럽게 되거나 역전되어 더 자유롭고 사회적으로 덜 억제된 관계와 행동이 허용된다.[43] 터너는 사회적 경계들의 흐려짐을 모든 의례 안에 본래적으로 있는 "탈경계성"이라고 묘사한다.[44] 이러한 경계선 상의 순간들은, 터너에게는, 의례가 한 집단이나 사회로 하여금 상호 인정과 존중의 기본적인 가치와 개인적 표현과 공동체적 충성 모두의 기본적인 주장을 제시하고 위치를 설정하도록 돕는 방식을 명확하게 드러낸다. 의례의 구조화된 특성은 참여하는 사람들이 평등과 상호 교환이라는 탈경계성의 순간에 들어갈 수 있는 창문을 제공한다. 의례 안에서 이러한 탈경계성의 순간은 공동체 내의 일반적 관계들이 갖고 있는 위계적이고 억제된 것의 본질을 바르게 볼 수 있게 한다. 터너에게 의례의 탈경계성은 삶의 가장 인간적이고 상호 존중하는 차원을 재창조

---

43 터너의 저서 *Revelation and Divination in Ndembu Society* (Ithaca, N.Y.: Cornell University Press, 1975)에 나타나는 *chihamba*라는 은뎀부 의례에 대한 기록과 분석을 보라.

44 다른 이들 중에서도, J. Z. 스미스와 벨이 반대하는 것은 모든 의례에 탈경계성을 이렇게 적용하는 것이다. 스미스는, 어떤 의례적 행동이 출발한 더 큰 사회적 제도들을 생각하려는, 또는 그러한 더 넓은 사회적 실천과 다른 사회적 가능성의 차이를 표시하려는 사람들을 돕기 위해서, 사회적 금지로부터 어떤 사람들을 해방한다는 사실을 전혀 부인하지 않을 것이다. 또한 벨은 은뎀부 의례 안에서 탈경계성의 현상을 문화를 "재생산"하고 "경험의 개인적 범주들"을 만들어내기 위한 몇 가지 기본적인 기획의 병치 이외의 다른 것으로 보지 않을 것이다. 그러나 벨과 스미스 모두에게 특정한 의례의 성격은 보편화되지 않는다. 정말로 벨과 스미스는 모두 순수한 효과가 자유와 상호성을 억제하는 것, 혹은 터너의 용어로 말하면, 탈경계성을 줄이는 것인 의례들을 거의 확실히 발견할 수 있었다.

하고 뒷받침한다.

그래서 터너에게 의례는 자유, 상호성, 분노의 카타르시스적인 분출 그리고 진실 말하기를 위한 중대한 계기를 집단이나 사회의 삶 안으로 구조화한다. 의례는 코뮤니타스, 즉 인간 삶 안에서 공동체의 경험을 위한 보편적인 하위구조로의 접근을 가능하게 한다. 코뮤니타스의 이러한 경험은 집단 내의 보통의 관계, 구조, 가정이 성장하게 하며, 그러한 구조는 자유, 정직, 상호성이라는 생명을 주는 가치에서 크게 벗어나지 않는다. 그러나 터너는 코뮤니타스를 분석한 데 낭만적이지는 않다. 의례에서 코뮤니타스를 드러내는 경계선 상의 행위가 "코뮤니타스와 차이, 동일성과 구별, 평등과 불평등" 간의 전반적인 사회적 긴장을 해결하지 않으며, 오히려 사회적 삶 자체 안에서 "구조와 반(反)-구조"의 "변증법적인 과정"을 반영하고 더욱 의식화하고 있음을 터너는 명확히 인식한다.[45]

비록 의례를 보편화하는 터너의 어휘에 벨과 조나단 스미스가 (나의 견해는) 저항할지라도, 탈경계성과 코뮤니타스라는 개념은 어떻게 의례가 집단들의 삶에서 문제가 되면서도 중대한 윤곽(도식)들에 대하여 그들이 함께 생각하고, 전개하며, 구현하는 것을 돕는가에 대한 벨과 조나단 스미스의 틀을 정교화하고 심화하는 데 기여한다.

터너가 관찰하고 (또한, 모든 의례에 투사하였던) 은뎀부 의례의 탈경계성은 어떻게 의례화가 더 큰 도식을 작동하지 않게 하는가에 관한 한 벨의 관점과 유사하다. 터너에게 의례 탈경계성의 중요성은 의례화된 행위가 더 큰 구도안에 속함으로써 의미를 얻는다는 벨의

---

45 Turner, *Ritual Process*, 97. "구조와 反-구조"라는 구절은 그의 1969년의 책인 *The Ritual Process*의 부제가 되었다.

인식과 모든 점에서 관련을 갖는다. 즉 은뎀부 의례안에서 금지되지 않고, 자유로우며, 상호적인 행동들이 (터너에게) 의미를 갖는 이유는 그것들이 그렇게 자유롭거나 상호적이지 않은 은뎀부 사회의 일상적인 관계에서는 작동하지 않기 때문이다.

탈경계성은, 나의 견해로는, 모든 의례화에 적용될 필요는 없다. 그러나 탈경계성이라는 개념은 어떻게 의례화가 덜 억제된 자유, 표현성, 상호성의 공간을 창조하는가를 이해하도록 돕는다. 터너에게 탈경계성은 그 자체가 의례의 목표이지만, 벨에게는 조정된 형태로 사회적 기본 구도를 재생산하고 전개하기 위하여 몇 가지 기본적인 구도를 서로 작동하지 않게 하기 위한 또 다른 전략이다. 이와 비슷하게 조나단 스미스의 관점에서 볼 때, 은뎀부 의례의 탈경계성에 대한 터너의 묘사가 그들의 경험 안에서 그들이 어떻게 차이를 표시하고 생각하도록 도울 수 있는가를 보는 것은 쉽다. 즉 은뎀부 의례 안에서 더욱 자유로운 (탈경계성의) 경험은 그들의 보통 삶에서 더욱 엄격한 관계들과 행동을 그들이 주목하고 성찰하도록 도울 수 있다.

터너의 코뮤니타스는 벨과 조나단 스미스의 의례 이론과는 같지는 않지만 비슷한 관계를 갖는다. 터너의 코뮤니타스의 예들, 특히 은뎀부의 예는 의례가 공동체의 삶 안에서 더 큰 긴장들과 문제들에 대하여 생각하는 것을 돕는다는 조나단 스미스의 제안을 잘 보여준다. 의례 안에서 은뎀부의 상호성은 사회적 구조와 금지의 가치와 제한에 대한 그들의 보통의 경험을 그 은뎀부 사람들이 성찰하고 때로는 완전화하는 것을 돕는다. 이와 비슷하게, 코뮤니타스의 묘사는, 의례 안에서 "구조와 반(反)-구조"라는 터너의 전반적인 개념들과 나란히, 의례화가 현재의 순간과 공동체적 순간을 위한 구도를 재생산하기 위해서 기본적인 사회적 구도를 서로 대립시킨다는 벨의 의미와 밀접하게 관련된다.

탈경계성과 '코뮤니타스'는 우리가 헬레니즘 식사에서 의례적으로 행해지는 사회적 협상을 이해하도록 도와준다. 이들 식사는 종종 보통의 삶에서 규범적인 사회적 교제와는 다른 사회적 단위로 사람들을 묶는다. 남성과 여성, 노예와 자유인, 다양한 민족과 계급의 혼합이 식사에서 서로 다른 종류의 관계를 필요로 하는 방식으로 일어났다. 식사의 축제성은 통제되지 않는 행동의 분출을 낳는 위험이 있었는데, 이는 그러한 행동을 금지 혹은 징벌하는 결사들의 규칙으로 드러난다. 본 장의 첫 부분에서 이미 주목했듯이, 헬레니즘 식사는 사회적 결속과 사회적 경계뿐만 아니라 사회적 평등과 사회적 계층화의 대립적인 목표들을 동일한 식사의 계기 안에서 일관성 있게 구조화한다. 의례의 탈경계성이라는 터너의 개념은 사람들, 행동 그리고 목적 등 가변적인 혼합에 명확히 적용된다. 이것은 헬레니즘 식사가 어떻게 의례 사건의 더 큰 유형들과 잘 들어맞는가를 보여주는데, 의례가 아닌 경우에는 사회적이고 공동체적인 생산성에 쉽게 적용되는 일이 거의 없는 행동들도 의례사건 안에서는 금지되지 않는다.

이와 비슷하게, 코뮤니타스라는 개념은 헬레니즘 시대의 식사 행동을 잘 조명해준다. 특히 헬레니즘 시대의 결사들 가운데서, 식사 행동, 사람들 그리고 목적의 탈경계성이라는 혼합은 비교적 새로운 공동체 형태에 대한 수백 수천 명의 충성을 낳는 일차적 요소였다. 식사의 코뮤니타스는 더 큰 헬레니즘 시대 사회의 위계질서와 지배에 대립하면서 집단 결속의 창조적인 차원이 되었다.

메리 더글라스

헬레니즘 식사에 대한 의례 이론 적용에서, 식사의 의례 의미에 대한 메리 더글라스의 확장된 연구는 조나단 스미스, 부르디외와 터너의 이론적 틀이 적용된 하위체계로서 역할을 한다. 뿐만 아니라 더글라스는 식사 그 자체를 의례로 다루기 때문에 더글라스의 연구는 어떻게 주류의 비밀스럽지 않은 사건들로서 헬레니즘 식사가 고도로 사회적으로 코드화되는가를 볼 때 유용하다.

식사에 대한 더글라스의 연구는 이 책이 검토하는 헬레니즘 시대 사건들과 유사한 사건들에 대해 엄격한 의례 분석을 하는 한, 헬레니즘 시대의 식사에 대한 본 연구에 유용하다. 더글라스의 글 "식사의 암호해독에 대하여"(On Deciphering a Meal)는 의례들과 모더니즘이 기본적으로 대립적이었던 과거의 인류학적인 통념에 대항하는 더글라스의 논쟁의 일부이다. 식사에 대한 더글라스의 연구는 세속적인 식사로 보이는 것이 어떻게 고도로 코드화된 의례들인가에 대한 확장된 예증이다. 더글라스는 누가 참석하고, 무엇을 먹으며, 어디에서 식사를 하는가 그리고 언제 각각의 음식을 먹는가가 어떻게 집단 식사의 사회적 관계를 나타내는지를 보여준다. 예컨대 현대인들이 애피타이저를 먹는가와 그것이 무슨 종류인가라는 것은 음식 재료에 대한 단순한 선호라기보다는 사회적인 코드화와 더 많은 관련을 갖는다는 것이다.

비록 벨과 조나단 스미스가 사회적 관계를 재생산하는 의례의 "기능주의적인"[46] 단순성에 대하여 유보하는 부분이 있지만, 의례로서 식사에 대한 그들의 전반적인 이해는 서로 잘 맞는다. 참으로,

현대의 식사 순서가 어떻게 사회적인 역동을 반영하는가를 보여주는 더글러스의 방식은, 의례화가 더 큰 문화적 생산과 의미화를 위하여 기본적인 사회적 구도를 나란히 위치시킨다는 벨의 요점에 적합한 사례이다. 이와 비슷하게 더글라스가 밝힌 현대의 식사 형태에 나타난 변형과 그 형태에 대한 충실성은 모두 어떻게 의례가 차이를 표시하는가에 대한 조나단 스미스의 관심을 잘 보여준다. 식사 순서, 음식 재료들, 참가자 구성이 주요한 의례(그리고 그러므로 사회적인) 의미를 담지하는 방식에 대한 더글라스의 통찰은 헬레니즘 시대의 식사에 관한 다른 의례 연구들을 보완한다. 그렇다고 해서 현대 식사의 현실이 고대 세계에서와 같은 사회적 역동을 의례적으로 나타낸다고 볼 필요는 없다.

요약

의례 이론의 지난 두 세대는 의례를 일차적으로 형이상학적이고, 심리학적이며, 혹은 사회적 기능으로 보는 것을 넘어서 진보했다. 의례의 차원을 거부하지 않으면서도, 의례 이론가들은 의례가 특정한 사회의 복잡성을 다룸에 있어서 핵심 역할을 하는 방식을 지적한다. 의례는 물(物)자체가 아니라 인간 집단이 그들의 삶에서 당면한 문제에 접근하는 방식이다. 과거의 연구와는 대조적으로, 의례 이론가들의 지난 두 세대는 의례가 일반적으로 전 세계에 걸쳐서 동일한 주제의 문제(예컨대, 우주적 시초, 삶에서의 핵심적인 변화, 종교적 질

---

46 Bell, *Ritual Theory, Ritual Practice,* 180.

문)를 다루는 것으로 발견하지는 않았다. 오히려, 의례의 핵심 차원은 각각의 집단이 다소간 지역적인 복잡성에 어떻게 접근하는가와 관련이 있다.

의례는 개별적으로 분별하기에는 너무도 복잡하고, 더욱이 직접적으로 다루기에는 두려운, 혹은 서로 경쟁하면서 장기적으로 사회적 지지를 받는 것들에 연결된 것으로 입증된 주제로서 종종 유보된, 사회적 지성의 한 종류이다. 주는 자와 받는 자 사이의 복잡한 관계, 이스라엘의 왕과 대제사장 사이의 경쟁, 알제리 민족의 지리학적 위치와 사회적 필요들에 내재한 갈등, 은뎀부 부족의 위계질서의 이익과 손해의 동시적인 모순, 혹은 현대의 민주사회 내의 계급 구별 등 의례는 인간 집단이 다루기 힘든 주제들에 대한 접근을 "수행"하는 일차적인 방식이다. 의례 수행은 특정 의례 집단의 다양한 난제들을 틀 짓는 방식이 되고, 그래서 그 문제들은 다른 방식으로 읽혀지게 된다. 이러한 행위들은 난제들에 대한 현실적인 해결로는 보이지 않는다. 그러나 그들은 복잡한 문제들은 행위적으로 표현함으로써 그 문제에 대한 전망을 제공하고 사고하게 해준다.

보통 의례는 안전하고 잘 짜여진 환경 안에 어려운 주제를 단순히 위치시키거나 재생산하는 것으로 보인다. 때로는 안정된 환경 안에서 그 주제를 재생산하는 것은 그 주제 자체에 대한 깊은 사고와 통찰을 낳는다. 가끔, 의례는 이들 집단이 그 주제를 향하여 새로운 자원을 전개하는 것을 돕는다. 이 모든 것은 암시적이고, 반(半)의식적인 방식으로 일어난다. 의례 수행의 중요성은 그 집단에게는 항상 분명하지만, 취급하는 주제는 대부분 불안정하여 곧바로 승인되지는 않는다. 의례의 완곡적이면서도 수행적인 특성과 분리되어 있는 안전한 환경은 그 주제 자체의 긴급한 성격에 대한 직접적 의식으로부터 그 집단을 보호해준다. 주제 자체로부터 이러한 거리두기와 의례가 주제들에 대해 취하는 완곡한 접근은 위협적이고 복잡할 수 있는 주제들을 생산적으로 다루게 한다.

헬레니즘 시대의 지중해 지역은 그러한 난제들이 산적해 있었다. 고전적 그리스의 가치는 여전히 문화의 핵심에 있었다고 전해지며, 로마제국은 헬라적인 · 헬레니즘의 방식을 다른 지역 안으로 강제적으로 또 역설적으로 확대시키고 있었다. 전체적인 지중해 지역에 걸쳐서 군사적으로 강요된 평화가 있었는데, 이는 그 자체가 모순적일 뿐만 아니라, 지중해에 걸쳐서 이전에는 분리되었던 문화들의 대대적인 혼합을 촉발하였다. 가족과 부족의 구조는 이전의 분리된 문화에서 지녔던 정신적 지주들을 잃어 버렸다. 지역 문화의 결속 상실과 새로운 모델의 주입과 함께, 성 정체성은 유동적이 되었다. 제국의 경제적 수탈은 많은 사람들에게 심각한 빈곤문제를 야기했다. 제국이 정복당한 부자와 가난한 자를 모두 대대적으로 노예화한 일은, 다수의 지역 사회를 혼란시켰고 재배치하였다. 영예와 수치에 관한 서로 다른 문화적 규칙이 뒤섞여서, 혼란스럽고 모순적인 결과를 낳았다. 귀족과 하인 관계는 정부의(제국의) 차원과 교차문화적인 차원을 띠게 되었고, 이들은 거의 모든 지역에 새로운 권력 관계를 주입하였다.

지중해의 공통적인 식사 실천이 출현하면서, 관심과 헌신이 더 큰 (교차-) 문화적 상황 속에서 일어났다. 앞에서 살펴본 것처럼, 형식상 완전히 새로워졌다는 것이 아니라, 식사 실천이 담고 있는 사회적 비중과 정체성 표시가 급증한 것이다. 그레코-로만의 식사를 주제로 한 성서문학협회 세미나는 헬레니즘 시대의 결사 현상이 새로운 상황에서의 정체성 요구 충족을 위해 일차적 구성요소로서 어떻게 식사를 사용하였는가를 보여주었다.[47] 사회적 긴장 속에서 정체성을 담지한 헬레니즘 식사의 특성을 연구하면서, 데니스 스미스는 그 식사의 사회적 역학이 긴장을 낳고, 모순적인 방식(예컨대, 식사는 사회적 평등과 사회적 계층화 모두를 낳는다)을 보이는 것으로 특징짓고 있는데, 이는 중요한 차원을 갖는다. 의례화가 참여하는 사람에 대해 복잡성을 띠는 방식에 관한 의례 이론의 초점은 저 식사에서 초래된 사회 및 정체성 형성에 대해 사고하는 데 매우 유용하다.

이와 유사하게, 비밀스런 의례라는 전통 개념과는 맞지 않는 헬레니즘 식사 사건들에 의례 이론이 주목하는 것은 식사가 헬레니즘의 삶에서 문제가 되는 차원들에 관한 다시 틀 짓기, 통찰 그리고 배치를 위해 의례적으로 기능한 방식을 보여준다는 것이다. 앞에서 요약한 의례 이론에서 다양한 범주들(예컨대, 의례화, 배치, 차이 표시, 완전화, 아비투스, 탈경계성, 코뮤니타스, 의사소통)은 헬레니즘 식사에서 이미 관찰된 사회적 역동성 및 정체성 형성과 놀랍게도 잘 맞는다.

의례 이론과 헬레니즘 식사

최근의 의례 이론은 어떻게 식사가 광범위한 헬레니즘의 사회적

---

47 이 세미나의 2005년도 회기는 이 주제를 다루었다. 이 주제에 관하여 제시된 논문들을 위해서는 그 세미나의 웹 사이트를 보라. http://www.philipharland.com/meals/GrecoRomanMealsSeminar.htm#Seminar_Papers_Online_(for_2005).

구조, 인간관계 그리고 정체성 형성에 대해 생각하고 실험하며 협상하는 방식을 제공해주었는가를 볼 수 있는 렌즈를 제공한다. 헬레니즘 식사의 절반은 사적이며, 참가자들이 헬레니즘 사회 내의 구조들과 관계들을 "완전화"(조나단 스미스)할 수 있는 안정적이고 보호적인 환경을 제공하였다.

예컨대, 노예들, 노예 소유자들 그리고 자유로운 사람들 사이의 복잡한 관계는 식사에서 상호성과 우정이라는 헬레니즘적 가치 노선을 따라서 "완전화"되었다. 식사는 그 안에서 노예들이 모임의 인도자가 될 수 있고 그리고 노예 소유자들, 노예들, 자유로운 사람들이 관대한 우정 속에서 함께 기대 누울 수 있는 곳이 되었는데, 이에 비하여 의례화된 식사 환경 밖에서는 같은 민족 사람들 사이에서 훨씬 더 엄격한 위계질서가 작동하였다. 동시에 식사는 영예로운 사회적 신분에 따라 기대 눕는 위계질서의 방식으로 사회적 경계와 계층화를 재생산하였다. 비록 벨의 재생산이라는 용어는 의례 기능을 더욱 명확하게 하지만 이 역시, 평등과 계층화라는 모순적인 가치의 의례적인 완전화로 보인다.

헬레니즘 식사는 사회적 결속과 경계들이 안정성과 유연성을 모두 가진 아비투스(부르디외)가 되었다. 예컨대, 식사의 주연 부분을 여는 헌주는 주연 활동으로 들어가는 입구이고, 참가자가 그 잔을 바칠 수 있는 신들의 범위는 실험적이었다. 식사의 아비투스는 새로운 관계 유형들과 사회적 구조들이 일상적 삶의 결과를 낳지 않더라도, 시도해 볼 수 있는 어떤 "탈경계성"(터너)을 허용하였다. 이는 우정, 돌봄 그리고 관대함이라는 가치에 대한 폭넓은 이야기들을 만들어 냈고, 코뮤니타스(터너)의 식사에서는 사회적 기획을 맡았다. 식사가 행동을 위한 기획(예컨대, 섬기기/섬김을 받기, 연설하기, 포함하기/배제하기, 일하기/휴식하기)을 통합하면서 제공하는 안전한 공간은 식사 참가자들에게 "객관적인 현실"(벨)에 대해 특별히 강력한 감각을 주었다.

본 장에서, 나는 의례 이론이 얼마나 완전하게 이들 식사에 적용되는가를 보여주기 위하여 마티아스 클링하르트와 데니스 스미스가 구명한 그레코-로만 식사의 다섯 가지 핵심 요소를 검토할 것이다. 이들 요소들은 다음과 같다:

1. 기대어(더 높게 혹은 더 낮게) 눕기: 저녁에 너덧 시간을 함께 먹고 마시는 동안 모든 참가자들이 기대어 누워서 진행한다.
2. 저녁 식사의 순서: 먼저 음식을 먹는 일(deipnon, 식사) 뒤에 주연(symposion, 주연)이 이어지고, 주연은 술을 마시면서 대화와 공연 등을 진행한다.
3. 기념하는 헌주를 통한 순서의 구분: 식사가 끝나면, 거의 포도주로 헌주를 함으로서 주연을 시작한다.
4. 주연장(president: 主席)의 지도력: 주연장(symposiarch)은 주연의 진행을 맡은 사람으로 항상 같은 인물은 아니었고, 때때로 그 역할은 임시적이거나 도전 받기도 하였다.
5. 다양한 주변 인물들: 초대받은 참가자 외에도 자주 등장하는 하인들, 초대받지 않은 손님들, "여흥을 제공하는 사람들", 개들이 있다.

기대어(더 높게 혹은 더 낮게) 눕기: 저녁에 네댓 시간을 함께 먹고 마시는 동안 모든 참가자들이 기대어 누워서 진행한다.

기대 눕기의 윤리는 헬레니즘 문헌에서 지속적으로 강조하고 있다. 사실상, 식사의 이름이 "기대 눕기"였다. 해당 문헌은 함께 기대 눕기에 대하여 상당한 자의식을 갖고 있고, 동시에 그 자세를 미와 영예의 표시로 권하며, 기대 눕기를 할 수 있음에 대해 감탄하고 있다. 기대 눕기는 관계의 혁신이었다. 호머의 그리스와 고대 이스라엘에서, 지배적 관습은 식사에서 앉는 것이다. 고전적 그리스에서 시작하고 헬레니즘 시대로 가속화된, 기대 눕기는 점차 규범이 되었다. 기대 눕기는 여가를 의미하였고, 따라서 함께 기대 눕기는 여가의 공동체를 표현하였다.

기대 눕기의 규범은 극소수의 사람들만이 여가를 많이 경험했으나, 고통 속에서 살고 있는 대다수의 사람들과는 높은 사회적 긴장을 갖고 있었다. 그래서 식사에서 함께 기대 눕기는 사회적 차이를 표시하고 주목하게(조나단 스미스) 했다. 어떤 사람들(소수의 귀족 계급)은 여가를 즐길 수 있고 대다수의 사람들은 생존을 위해 분투하는 사회의 차이는 (거의) "모든 사람들"이 기대 누운 식사에서 재협상되고 완전화되었다(조나단 스미스).[48] 코뮤니타스(터너)가 사회적 규범들에 대항하여 형성되었고, 식사를 경제적 불공정과 관련된 사회적 실험으로 만들었다. 함께 기대 눕기의 "의례"는 함께함을 가정하였는데, 이는 그 순간만을 위한 것이기도 하고 현실적이기도 했다.

기대 눕기의 식사 실천은, 의례가 차이에 대하여 사람들이 생각하고 표시하는 것을 돕는 방식에 관한 조나단 스미스의 관심과 잘

---

48 G. E. M. de Ste. Croix, *The Class Struggle in the Ancient Greek World from the Archaic Age to the Arab Conquests*(Ithaca, N.Y.: Cornell University Press, 1981), 31-276의 방대한 연구를 보라.

맞는다. 기대 눕기라는 "의례"의 힘은 연회의 방 밖에서는 종종 평등하지 않았던 사람들을 식사 안에서 평등한 이들로서 기대 눕게 하는 능력에 있었다. 이는 사람들로 하여금 차이에 대하여 생각하고, 차이를 표시하게 해주었다. 즉, 공적으로 그들의 업무관계, 민족, 혹은 거주한 장소에 따라 상당히 다양한 신분의 사람들이 함께 기대 눕는 식사에서 적극적으로 표시되었다. 다양한 계급의 함께 기대 눕기에서 포인트는 함께 기대 눕기라는 행위를 표현하고 사고하는 일이다. 잠시 동안 함께 기대 눕는 공동체는 사람들로 하여금 그들의 세계를 평가할 뿐만 아니라 다른 세계에 대한 희망을 표현하도록 도왔다.

동시에, 식사에서 기대 눕기는 신분과 계층화를 강조하였다. 이는 가장 영예로운 자리가 주연장의 오른편 자리이고 가장 덜 영예로운 자리는 주연장의 등을 바라보는 원의 다른 끝자리가 되는, 기대 눕기의 분명한 질서가 항상 있었기 때문이다. 주연장의 오른편과 가장 가까운 자리에 있는 사람들이 사회 내에서 더 유명하고 영예를 가진 사람들이었다. 그러나 기대 눕기의 순서가 사회적 신분을 반영하지 않을 때에도 계층화는 있었다.[49] 이집트 지방의 테라퓨타이라는 유대인 집단에 대한 필로의 묘사는 기대 눕는 순서에 관한 다음의 관찰을 포함하고 있다:

> 기도를 드린 후에 장로들은 이전에 배치되었던 순서를 지키면서 기대 눕는다. 그들은 늙은이를 장로라고 지칭하지는 않는다. 어떤 경우 장로는 젊은이로 여겨진다(67:1,2).

---

49 테라퓨타이(Therapeutae) 가운데에서 기대 눕는 순서가 사회의 지위가 아니라 식사 공동체 안의 지위에 상응한 방식에 대한 필로의 묘사를 보라.

즉, 모든 사람이 함께 기대 눕는 코이노니아/공동체를 영광스럽게 여기면서도, 기대 눕기 자체는 분명한 계층화를 표현하였다.

이러한 모순은 처음에는 해석하기 어려워 보인다. 의례 이론의 도움을 받으면, 상호성의 표현과 사회적 신분의 주장을 동시에 행하는 기대 눕기의 실천은 의례가 행하는 전형적인 일로 보인다. 평등과 계층화의 가치를 동시에 유지하는 것은 일반 사회에서 두 가치의 긴장을 의례적으로 재생산한다. 이는 긴장을 안전하고 통제된 환경 안에 놓으며, 참가자들로 하여금 가치의 모순 가치에 대하여 사고하게 한다. 참으로 헬레니즘 문헌은 이러한 모순에 관하여 식사에서 토론하는 장면을 묘사한다. 종종 이 자리에서 나타나는 사상은 함축적이고 심층적이며, 분석적인 효과들을 이후에 혹은 다른 상황에서 드러낸다.

어떤 경우에 기대 눕기의 "의례" 행위는 벨이 배치라고 부른 효과를 일으킨다. 이는 식사에서 여성과 관련된 경우이다. 그레코-로만 사회에서 여성은 남성의 허락 없이는 공적인 자리에 나설 수 없었으나, 어떤 경우에는 (대부분 지중해 서쪽 지역에서) 여성이 남성과 함께 기대 눕기를 함에 따라 이 차이는 의례적으로 주목받으면서 완전화에 이른다.[50] 기대 눕기에 대한 아비투스(부르디외) 의례 이론은 사회에서 일반적이고 배타적인 남성 특권의 재협상을 도출해냈다.

물론 가끔씩 여성이 기대 눕는 것은 남성과 여성에 관해 다시 생각하게 만들었다. 이 의례적 성찰과 실험의 더 난해한 사례들은 사회적으로 여성이 취급받는 방식에 내재한 모순에 대한 새로운 의식을

---

50 Kathleen E. Corley, *Private Women, Public Meals: Social Conflict in the Synoptic Tradition* (Peabody, Mass.: Hendrickson, 1993)를 보라.

다룬다.

헬레니즘 시대에 여성은 기대 누운 남성의 발 옆에 앉아 있었다. 일부 여성이 식사와 대화에 참여할 수 있었지만, 앉은 자세로 가능했다. 루시안은 여성을 위한 의자의 존재를 언급하였고, 기대 눕기를 위한 긴 의자인 카우치와는 구별하였다.[51] 여성의 앉는 자세는 남성의 식사에 여성이 참여할 가능성의 여부와 여성이 기대 누운 남성과는 다르거나 혹은 열등한 존재로 표시되고 있음을 동시에 보여준다. 여성이 발 옆에 "의례적으로" 앉는 행위는 남성의 특권과 여성의 식사 참여 가능성을 동시에 주목함으로써, 해당 모임으로 하여금 제도사회에서 남성의 특권에 "대해 사고하게"(조나단 스미스) 한다.

때때로 남성과 함께 기대 누운 여성이건, 따로 앉은 여성이건, 혹은 남성의 발 옆에 앉은 여성이건, 식사는 삭제, 통찰, 혹은 사회적 변화를 허용하는 방식으로 제도권에서 여성들의 권리를 둘러싼 긴장을 재생산하였다. 여기서, 식사 "의례"는 가부장적인 질서의 기둥이 식사 중에 약간 느슨해지는 일종의 탈경계성(터너) 상황을 만들어냈다. 남성의 특권이 이렇게 느슨해지는 것은 저항의 행위가 아니라 외부 세계와 식사 세계 간의 그리고 남성과 여성 간의 차이에 대하여 사고하기 위한 계기이다. 크게 보면, 그것은 사회적 실험이었다. 적어도, 그것은 차이에 대한 반추였다. 부르디외의 용어로, 그것은 아비투스 자체가 약간 변화할 가능성을 허용하는 아비투스에 대한 작은 도전이었다.

다양한 신분과 성 정치학의 사례로 보면, 식사는 제도권 안에서

---

51 Lucian, *Conviviales*, 13-15.

암시적 긴장을 고조시키는 방식을 적극적으로 재생산한다. 그러한 재생산은 긴장의 반(半)의식적 인정, 그 긴장에 대한 통찰 그리고 식사 구조 자체의 재배치 혹은 또 다른 사회적 자리라는 이슈의 부분적 재배치를 야기하는 방식으로 이루어진다. 식사 혹은 사회에 대한 조정은 때로는 이미 확립된 계층화를 재천명하고 때로는 상호성을 향하여 변화한다.

신분과 성에 대한 제도권의 주제와 관련하여 식사에서 기대 눕기의 역동성에 대한 의례 이론의 설명은 식사의 상징적 동작에 관하여 앞에서 특징지은 것들과 잘 맞는다. 클링하르트는 식사의 "이상향적인" 특징을 밝혔고, 데니스 스미스는 식사의 동작과 어휘가 "이상화된" 특성을 갖는 것으로 보이는 방식에 주목하였다. 이는 "완전화"로서 의례에 대한 조나단 스미스의 이해, 의례가 사회적 질서의 일상적 경계들을 파괴한다는 부르디외의 인식 그리고 코뮤니타스로 이르는 터너의 의례 탈경계성과 잘 일치한다. 클링하르트와 데니스 스미스가 헬레니즘 식사 동작에서 이상향적인 혹은 이상화된 차원을 관찰했다는 것은 식사를 이해하기 위하여 의례 이론을 사용하는 것의 적절성을 확증해준다. 다른 한편, "이상향적인/이상화된"이라는 용어로는 식사의 심층적 양가성(ambivalence)과 모순적인 표현을 충분히 정당하게 평가할 수 없다. 의례 이론만이 식사의 이상향적인 희망과 모순적인 가치 모두를 설명할 수 있다.

저녁 식사의 순서: 먼저 음식을 먹는 일(deipnon, 식사) 뒤에 주연(symposion, 주연)이 이어지고, 주연은 술을 마시면서 대화와 공연등을 진행한다.

식사의 두 번째 기본 요소는 너무나 넓은 범위를 갖고 있어서 본 장에서 포괄적으로 모두 분석할 수는 없다. 본 장은 식사의 한 측면을 다루는 것으로 만족한다. 의례 분석에 알맞고 적합한 식사와 주연 둘 가운데 한 측면은 다루지 않을 것이다.

식사는 식사에서 먹는 부분이기 때문에, 사실상 영양의 문제이고 의례 분석에는 덜 적합하다고 본다. 그러나 식사가 상징적인 수준에서 주요한 관심을 끌었다는 것은 전체 식사의 긴장된 특성을 입증한다. 식사에서 명백해 보이는 차원조차도 상당한 사회적 비중을 지니고 있다. 이러한 차원들 중의 하나가 음식 자체에 대한 극적인 긴장이다. 클링하르트는 충분하지는 않았을 음식의 양 및 상황과 관련하여 식사의 다양한 긴장을 요약한다.52 로마서 14장과 15장에서 바울은 고기를 먹어야 할지 아닌지에 관한 논의를 주요하게 다룬다.

플루타르크와 플리니에 관한 확장된 논의에서, 식사에서 음식을 둘러싼 긴장은 누가 어디에 기대 누웠는가라는 질문과 상당히 유사하다. 그 질문은 다음을 포함한다: 모든 사람이 똑같은 양과 똑같은 질의 음식을 받아야 하는가? 만약 아니라면, 어떻게 정당화되고, 어떻게 결정되고 규정되는가? 이러한 문제적 상황은 단지 신분이 더 높은 사람이 더 많은 혹은 더 좋은 음식을 받았는가 아닌가에 대한 것이 아니다. 플리니는 각 사람에게 주어지는 음식의 양이 누가 더 중요한가라는 질문을 제기한 상황을 상세히 묘사하였다. 즉 영예로운 손님들인지 혹은 사업상 고객인지.53 플리니는 이 문제에 대하여

---

52 클링하르트의 *Gemeinschaftsmahl und Mahlgemeinschaft*에서 "Phora and Apophoreton: Zur Oekonomie von Gemeinschaften"라는 장은 핵심적인 개관을 제공할 뿐만 아니라 그 장의 각주들에서 철저한 참고문헌 목록을 보여준다.

모두가 똑같은 몫을 받는 해결책을 보고한다. 이것은 플루타르크가 이런 상황에 대한 많은 논의에서 선호했던 것과 상응하는 것으로 여겨진다. 그러나 그 질문이 문헌에서 그렇게 많은 주목을 끌었다는 것은 식사에서 그 질문이 쉽게 해소되지 않았으며 반복해서 제기되었다는 것을 뜻한다.

어떤 식사는 사람들이 자신의 집에서 자기 몫을 가져와서 먹는다. 결사의 식사는, 비록 서열의 문제는 여전히 있었지만, 음식의 양에 관해서는 논란이 덜했던 것으로 보인다. 결사에서 규칙은 그 모임의 공식 주최자가 음식의 더 좋은 부분을 더 많이 차지하는 것으로 상당히 일관성 있게 명시되었다. 다른 사람들은 동등한 몫을 받았다. 사람들이 받은 혹은 받지 않은 음식의 양이 문제가 된 고린도의 비슷한 논쟁에 관하여 바울은 기술한 바 있다.[54]

"식사의 암호 해독에 대하여 제시된 메리 더글라스의 기본적인 전제는 이 논의에 적합하다. 식사에서 사람이 먹는 것은 맛과 영양에 대한 것만이 아니다. 그것은 또한 사회적 질서를 전달한다. 비록 현대의 독자들에게 그 사실을 확신시키는 데에는 더글라스의 이론이 요청되지만, 헬레니즘 시대 지중해 지역에서는 당연히 전제된 것이다. 누가 얼마나 많은 음식을 받았는가에 대한 해결책의 결여는 기대 높기에 대해 위에서 다룬 것과 상당히 유사한 방식의 의례 이론이라는 렌즈를 통해서 가장 잘 보인다. 평등과 우정의 사회적 가치는 모든 사람이 똑같은 양의 음식을 받을 것을 요구한다. 기존의 사회적 계층화는 어떤 사람들이 자신의 지위에 맞게 다른 사람보다 더 많이

---

53 Pliny, *Epistulae* 2.6.
54 고린도전서 11:20-22.

받을 것을 요구하였다. 식사에서 의례는 제도권의 긴장을 재생산하도록 음식 양의 문제를 다루었다. 이는 그 집단으로 하여금 보호받는 환경에서 그 긴장을 관찰할 기회를 주었고, 그 긴장에 관해 생각하게 했다. 어떤 경우에는, 식사 안과 밖에서 모두 행동을 촉발하였다.

식사에서 음식의 양과 누가 얼마나 많이 받았는가는 헬레니즘 시대 지중해 지역의 의례들이 다루는 복잡한 문제들 중에서 중요한 부분이었을 것이다. 그러나 음식의 양과 누가 많이 받았는가는 문헌에서 논의된 문제의 전부가 아니다. 로마서 14장과 15장에서, 바울은 식사에서 사람이 무슨 음식을 먹었고 무슨 음식을 먹지 않았는가가 의례화의 대상이 된 상황을 묘사한다. 바울의 편지가 전해진 공동체는 유대인과 이방인 모두로 구성되어 있었다. 유대인과 이방인은 일차적으로 함께 식사하기 위해 모였고, 유대교의 음식규정은 식사에 제공된 고기를 유대인들이 먹지 못하게 막았다.[55] 또한 "그리스도" 공동체의 유대인 구성원들은 고기를 먹는 사람들과 함께 먹는 것을 망설이거나 염려한 것으로 보인다. 바울은 그 상황을 이렇게 묘사한다: "어떤 이는 모든 것을 다 먹을 수 있다고 생각하지만, 믿음이 약한 이는 채소만 먹습니다. … 여러분 각자가 음식 문제로 형제자매의 마음을 상하게 하면, 그것은 이미 사랑을 따라 살지 않는 것입니다. 음식 문제로 그 사람을 망하게 하지 마십시오. 그리스도께서 그 사람을 위하여 죽으셨습니다. … 그러므로 우리는 서로 평화를 도모하는 일과, 서로 덕을 세우는 일을 힘씁시다. 어떤 것을 먹음으로써 남을

---

55 채소를 먹는 것을 주장한 유대인의 음식 금지는 없었다. 바울이 편지를 쓴 지역에서 가장 가능하지 않았던 것은 유대인의 음식에 허용된 고기가 어떤 방식으로 준비될 필요가 있었다는 단지 그것이었다.

넘어지게 하면, 그러한 사람에게는 그것이 해롭습니다. 고기를 먹는 다든가 … 그 밖에 무엇이든지, 형제나 자매를 걸려 넘어지게 하는 일은, 하지 않는 것이 좋습니다"(14:2, 15, 19, 20b, 21). 바울이 제안 하는 해결책은 식사에서 서로 덕을 세우는 일의 중요성과 음식에 대한 유대인의 ("연약한") 거부를 존중하여, 공동의 식사에서 이방인들이 고기 먹는 것을 자제하도록 하는 것으로 보인다.

로마서는 바울의 논증이나 입장을 위해서가 아니라 식사의 복잡한 의례 기능에 대하여 무엇을 드러내는가를 보기 위한 본 연구에 있어서 중요하다.[56] 바울은 그 집단(들)에서 유대인과 이방인의 음식에 대한 입장 차이 때문에 긴장이 고조되었던 식사 실천을 다루고 있음이 분명하다.[57] 독자는 이러한 식사에서 (만약 모든 유대인이 아니라면) 대부분의 유대인은 단지 채소만을 먹었다고 추측해야 한다. 또한 독자는 (만약 모든 이방인들이 아니라면) 많은 이방인들은 계속해서 고기를 먹었다고 추측해야 한다. 다른 문헌에서 볼 때, 헬레니

---

56 어떻게 바울의 입장이 일관되는지를 보는 것은 어렵다. 14:3에서 바울은 쓰고 있다: "먹는 이는 먹지 않는 이를 업신여기지 말고, 먹지 않는 이는 먹는 이를 비판하지 마십시오." 그러면서 두 측 모두가 서로의 입장을 존중하라는 요구를 암시한다. 이 와 비슷하게 14:6에서 바울의 입장은 다음과 같았다: "먹는 이도 주님을 위하여 먹으며, 먹을 때에 하나님께 감사를 드립니다. 그리고 먹지 않는 이도 주님을 위하여 먹지 않으며, 또한 하나님께 감사를 드립니다." 그럼에도 불구하고, 14:20-21에서 의 바울의 결정적인 가르침은 고기를 먹는 것이 공동체의 유대인 구성원들을 분개하게 하기 때문에 이방인들에게 고기를 먹지 '말라고' 지시함으로써 위와 모순된다.
57 이것은 유대인들과 "그리스도인들" 사이의 차이 문제가 아니라, 유대인과 이방인 구성원들을 모두 지닌 "원-기독교적"(proto-Christian) 공동체 사이의 차이이다. 이 이른 시기에는 모든 기독교적 공동체들이 암시적으로 유대인인 것으로 이해되었다는 것은 거의 확실하다. 그레코-로만 세계에서 유대교의 다양성은 넓었고, "그리스도인들"은 유대인의 어떤 종류로서 거의 확실히 이해되었다. 이러한 "그리스도인들"이 그들의 유대적 공동체 안으로 이방인들을 환영하여 받아들였다는 것이 그것의 흥미로운 표시들 중의 하나였다.

즘 시대의 어떤 유대인들은 자신의 음식을 채소로만 제한하면서도 고기를 먹는 이방인들에 대해 불편을 느끼지 않았다.[58] 일부 유대인들은 공동체적 연대의 표현으로 때때로 이방인들과 함께 고기를 먹었을 수도 있으며, 나중에는 그 일을 후회했다는 것도 가능한 추측이다. 어떤 이방인들은 유대인의 염려를 존중하여 고기 먹는 일을 자제하였을 수도 있다. 어떤 유대인들이 자신의 불편함을 드러냈다는 것도 가능하다(바울이 그 일에 대해 들었으므로). 이러한 식사가 (그리고 서로 다른 행동이) 한 동안 계속되었다는 것도 분명해 보인다. 비록 공동체 식사의 음식 문제가 해결되지 않았고, 몇몇 이방인들은 고기를 먹고 있었음에도 불구하고, 이러한 식사가 유대인 구성원에게 매력적이었다는 것을 또한 예상할 수 있다.

바울은 "그리스도" 공동체가 음식의 불일치 문제를 극복하기를 바랐을 것이다. 바울이 특정 분파의 음식 관행보다 그 공동체 자체를 더욱 가치 있게 여겼다는 것은 그의 논의에서 분명히 확인할 수 있다.("하나님의 나라는 먹는 일과 마시는 일이 아니라, 성령 안에서 누리는 의와 평화와 기쁨입니다." 14:17).

그럼에도 불구하고, 바울은 식사에서 작용하는 수행적 성찰과, 그리고 보다 넓은 외연 속에서 유대인과 이방인이 겪어야 하는 다양한 어려움을 놓친 것으로 보인다. 나는 바울이 편지를 쓴 공동체 안에서 그 식사는 복잡하고 다루기 힘든 문제들에 대해 창조적으로 작동하는 과정에 있었다는 것을 제안하고 싶다. 좋은 의례가 그러하듯이, 식사는 세계 내에서 복잡한 긴장의 성찰과 최종적인 배치를 위하

---

58 잠언 23:3, 6; Ben Sira 31:14-22(16-26); Philo, *The Contemplative Life*, 53-55를 보라.

여 재생산을 실행한다. 바울은 질문이 대부분 누구의 음식 관습이 우세해야 하는가에 관한 것이라고 생각했다. 그러나 질문은 이스라엘 신앙의 신학적 가정하에서 그리고 로마의 사회정치적 지배 아래서 유대인과 이방인이 공동체로 있다는 더 심층적인 문제에 대한 것이다. 의례 이론의 관점에서, 식사는 단지 모든 사람이 로마인으로만 표현되는 사회 안에서 어떻게 그리스도 안에 있는 유대인이 될 수 있는가에 대한 더 큰 드라마를 재생산하기 위해 음식 유형을 사용한다. 되돌아보면, 그리스도 안에서 유대인과 이방인이 동일한 정체성을 갖게 하는 초기의 기획은 바울이 (그리고 다른 초기의 "기독교의" 지도자들이) 생각했던 것보다 훨씬 더 복잡한 일이다. 참으로, 대다수의 유대인은 채소만 먹고, 대다수의 이방인은 채소와 고기를 함께 먹으며, 일부 유대인과 일부 이방인은 서로의 음식에 적응하고, 또 다른 부류의 유대인은 음식의 다양성을 받아들이고 있는 식사 실천은, 그 공동체가 당시의 종교적 정치적 환경 아래서 취할 수 있는 가장 "완전화된" 식사였을지도 모른다.

바울이 공동체 식사를 위하여 같은 음식으로 해결되기를 바란 것이 이해는 가지만, 그것은 의례 협상이 복잡한 사회적 상황에서 행하는 깊이 있는 과정을 간과한 것이다. 바울은 긴장관계에 있는 기본 구도들을 나란히 배치하고, 변화 중에 있는 아비투스가 발전하도록 허용하는 ─좋은 의례로서의─ 식사가 갖는 힘을 간과하였다. 바울은 코뮤니타스를 위한 탈경계성의 가치를 파악하지 못했다. 바울이 식사의 이러한 힘을 파악하지 못했다는 것은 다소 놀라운데, 왜냐하면 다른 상황에서(예컨대, 갈라디아서 2:11-14에서, 안디옥에서 갈등하는 유대인과 이방인에게 함께 먹도록 바울이 권하는 것) 바울은 차이의 통합을 위하여 작동하는 식사의 힘을 알고 있기 때문이다.

단지 이 공동체의 식사에 관한 바울의 묘사와 논쟁만이 연구에 이용 가능하기 때문에, 그 식사가 로마의 지배와 유대교의 신학 아래에서 그리스도에 속한 유대인과 이방인이 함께 있다는 복잡성을 다루는 데 얼마나 생산적인지 파악하기는 어렵다. 바울이 식사 안에서 의례 긴장이 행하는 기여를 이해하지 못했을지라도 이 편지 덕분에, 우리는 어떻게 식사 실천이 전형적인 의례의 힘을 드러낼 수 있었고, 당대에 출현하는 다양한 정체성들 가운데서 상당한 사회적 비중을 담지한 것으로 드러날 수 있었는가를 볼 수 있었다.

기념하는 헌주를 통한 순서의 구분: 식사가 끝나면, 거의 포도주로 헌주를 함으로써 주연을 시작한다.

식사의 끝 부분에서 주연장은 식사 참가자들을 식사의 주축이 되는 행위로 인도한다. 그 수행은 먹는 일이 끝났음을 그리고 풍부하게 짜인 주연이 시작됨을 표시한다. 그것은 한 번 혹은 연속적인 헌주로 되어 있고, 대개는 찬송(찬양 혹은 성가와 같은 특성의 일제히 부르는 노래)을 수반한다. 헌주 행위는 일반적으로 주연장이 소량의 포도주를 잔에 붓고 잔을 신에게 바치며, 일부는 바닥에 혹은 불 속에 뿌리며, 포도주를 한 모금 마시고나서 그 잔을 기대 누운 사람들에게 돌려서 그들도 역시 한 모금 마시는 일을 포함한다.

이렇게 보면 헌주는 식사를 끝맺는 동작, 음주, 대화, 여흥, 노래, 드라마라는 주연의 대단원을 알리는 행위이다. 헌주의 중심성은 기대 누운 모든 사람에게 헌주의 잔을 의례의 방식으로 돌리는 일과 헌주와 함께 노래하는 찬송의 관계에서도 드러난다. 헌주가 식사에서 가장 매력적인 혹은 가장 극적인 부분이었다고 말하는 것은 부정확할 것이다. 비록 헌주가 의례적인 잔을 돌리는 일과 찬송에 의해서 중심적인 위치를 갖고, 극적으로 강조되고 있지만, 헌주는 주연보다는 주목이나 강조가 훨씬 덜한 것이다. 참가자들이 가장 많이 관심하는 것은 식사에서 가능했던 깊이 있는 토론이나 가르침의 측면에서건, 즐거움과 여흥의 측면에서이건 주연이었다. 클링하르가 주목하는 것은, 어떻게 헌주가 형식상 필수적인 것으로 다루어졌는가였다.[59]

헌주는 많은 변형을 갖고 있다.[60] 많은 헬레니즘 문헌들이 잔을 세 명의 신에게 바치도록 규정하고 있다. 이에 더하여, 헌주에서는 영예로운 손님을 위해서 마시기도 한다. 이집트에서 카이사르 아우구스투스(Caesar Augustus)의 군사적 승리 이후, 모든 식사는 황제의 비범함을 기리는 헌주를 포함해야 했다. 결사나 모임들은 그들 집단의 수호신을 위해 정기적으로 헌주했고, 식사 참가자들은 그 식사를 위해 다양한 신(들)에게 헌주하였다. 종종, 헌주는 구원자 제우스에게 행하는 기도를 포함한다. 헌주 기도는 단순히 "선한 신에게"였다. 질서의 신으로서 아폴로는 가장 빈번하게 헌주를 행한 신들 중 하나였고, 이 헌주는 황제에게 바치는 것과 혼합되기도 했다. 헌주 기도는 특정한 신에게 도움을 구하는데, 특히 치료에 대한 요구가 많

---

59 Klinghardt, *Gemeinschaftsmahl und Mahlgemeinschaft*, 102.

60 스미스와 클링하르트는 모두 이러한 변형들의 요약들을 제시한다. 클링하르트는 스미스보다도 그 많은 차이들에 더욱 넓게 주목한다. 그 두 학자은 얼마나 많은 헌주들이 일어났고 누구에게 행해졌는가에 대한 문헌에서 변형들에 다소 좌절한 것으로 보인다. Klinghardt, *Gemeinschaftsmahl und Mahlgemeinschaft*, 101-11; Dennis Smith, *From Symposium to Eucharist: The Banquet in the Early Christian World* (Minneapolis: Fortress Press, 2003), 28-31를 보라.

다. 다른 헌주 기도로는 감사기도, 특히 승리에 대한 감사기도가 많았다. 때로는, 헌주 기도가 찬송으로 불려지기도 했다.

식사에서 헌주에 대한 의례 이론화는 몇 가지 요소를 고려해야 한다: (1) 식사 구조에서 헌주의 "중심성," (2) 이 중심적 요소의 실천이 갖는 유연함(예컨대, 얼마나 많은 헌주를 하는가? 신들에게 그리고 손님들에게? 어느 신에게 혹은 어느 신들에게?), (3) 헌주(들)가 형식성과 자유분방함을 동시에 띰. 식사에서 초기의 기독교적 잔의 의미가 무엇이든지, 헬레니즘 시대 식사의 포괄적 범주 안에서 헌주의 의미는 저 초기의 기독교적인 의미 형성에서 중요한 역할을 한다.

헬레니즘 지중해 지역에서 삶의 두 측면을 요약하는 일은, 식사에서 헌주(들)가 무엇을 재생산하고, 반영하며, 소통시키고, 배치하는가를 고찰하기 위해 필요하다. 두 측면은 종교와 정체성 형성이다. 헌주의 의례 이론화는 그 둘 간의 개념적인 관계를 요청한다. 두 주제는 따로 책을 내서 길게 다룰 필요가 있지만, 여기서는 참고문헌을 알려주는 각주가 있는 짧은 요약에서 두 주제의 상호관계에 대한 일부 제안을 잇는 정도로 만족할 것이다.

헬레니즘 시대의 지중해에서 종교는 유동적인 변화를 겪고 있었다.[61] 이 시대의 혼란과 위에서 묘사한 다언어성의 출현과 관련해서, 종교는 개혁되고 있었다.[62] 그리스와 로마의 만신전은 관심과 헌신

---

61 두 가지 고전적인, 그럼에도 낡지 않은 연구들이 헬무트 쾨스터(Helmut Koester)의 두 권짜리 저서 *Introduction to the New Testament*(Berlin: Walter de Gruyter, 1995)와 Ramsay MacMullen, *Paganism in the Roman Empire*(New Haven, Conn.: Yale University Press, 1981)이다. 더욱 이론적인 관점을 위해서는, Jonathan Z. Smith, *Drudgery Divine: On the Comparison of Early Christianities and the Religions of Late Antiquity* (Chicago: University of Chicago Press, 1990)를 보라.

을 지속적으로 이끌어냈고,63 어떤 환경에서는 적극적으로 혼합되었다. 동시에 다신론과 그레코—로만의 만신전은 모두 그레코—로만의 철학자들64로부터, 상이한 종교적 전통을 지닌 다양한 피정복 문화들로부터, 특히 어느 때보다 대중화된 유대교로부터 상당한 비판을 받았다. 이스라엘 밖에서 유대교의 성장은 유대교의 윤리와 유일신론이 유대교 디아스포라와 많은 이방인들에게 설득력 있었던 것과도 관련이 있을 것이다.

그러나 당대에 유대교는 유일한 "새로운" 종교의 출현은 아니다. 다른 "이방의" 신들을 포함하는 종교적 운동들도 성장하고 있었다. 이시스, 미트라, 오시리스, 엘레우시스는 모두 지중해 지역에 걸쳐서

---

62 de Ste. Croix, *The Class Struggle in the Ancient Greek World*, 278-326, 409-51를 보라. 제국의 지배로 점령당한 영토들에 가해진 피해에 대해서는 Warren Carter, *Matthew and Empire: Initial Explorations*(Harrisburg, Pa.: Trinity Press International, 2001)와 Richard Horsley, ed., *A People's History of Christianity*, vol. 1, *Christian Origins*(Minneapolis: Fortress Press, 2005)에서의 요약들을 보라. *A Myth of Innocence: Mark and Christian Origins* (Philadelphia: Fortress Press, 1988), 1-45에서 문화적인 다양성에 대한 버튼 맥의 요약 서술을 보라.

63 이것은 역사적으로 두 가지 일차적인 방식들로 증언된다: (1) 대중적인 문헌에서 이러한 신들과 여신들에 대한 광대한 언급들 그리고 (2) 적어도 두 종류들의 고고학적인 증거, 곧 이러한 신들에게 헌신된 실제의 헬레니즘 시대의 신전들과 그러한 것들에 대한 광범위한 비문의 언급들. Koester, *Introduction to the New Testament*, vol. 2를 보라.

64 이러한 상호작용들에 대한 제럴드 다우닝(Gerald Downing)의 조사를 *Cynics and Christian Origins*(Edinburgh: T. & T. Clark, 1992)에서 보라. 그리고 어떻게 이러한 비판이 제국에 걸쳐서 유대교에 대한 흥미를 낳았는가에 대한 버튼 맥의 요약을 *Who Wrote the New Testament? The Making of the Christian Myth*(San Francisco: HarperSanFrancisco, 1995)에서 그리고 *Redescribing Christian Origins*, ed. Ron Cameron and Merrill P. Miller(Atlanta: Society of Biblical Literature, 2004)에서 그의 글을 보라.

추종 세력을 갖고 있었다.[65] 마지막으로, 로마제국 역시 정치적 문화적 지배와 밀접하게 관련된 종교적 선택을 고려하게 되었다.[66] 앞에서 살펴본 것처럼, 제국의 예배는 아폴로에 대한 헌신과 연결되었다.[67] 헬레니즘 종교에 대해서는, 그 시대의 종교가 현대인들이 세속적인 환경이라고 부르는 것과 완전히 통합되어 있었다는 필립 할랜드의 권고를 기억하는 것이 도움이 된다.[68] 뿐만 아니라, 헬레니즘 종교

---

65 J. Z. Smith의 *Drudgery Divine*은 19세기와 20세기로부터 "신비 종교"의 개념에 대한 중요한 비판과 나란히, 이러한 운동들의 명확한 요약을 제공한다.

66 제국의 제의, 숭배에 대한 두 가지 핵심 연구들은 S. R. F. Price, *Rituals and Power: The Roman Imperial Cult in Asia Mino*(Cambridge: Cambridge University Press, 1984)와, Duncan Fishwick, *The Imperial Cult in the Latin West: Studies in the Ruler Cult of the Western Provinces of the Roman Empire* (Leiden: Brill, 1987)이다.

67 이러한 현상에 대한 문헌의 광범위한 검토가 Robert J. Miller, *Born Divine: The Births of Jesus and Other Sons of God* (Santa Rosa, Calif.: Polebridge, 2003)에서 제공되어 있다.

68 할랜드는(*Associations, Synagogues, and Congregations*, 61에서) 다음과 같이 주장한다: 우리는 "종교적인" 그리고 "종교"와 같은 용어들을 사용하면서 우리가 우리의 주제를 개념화하도록 허용하는 추상들을 다루고 있음을 깨달을 필요가 있다. 우리는 우리가 연구하고 있는 집단들과 사람들이 삶의 다른 측면들로부터 반드시 고립시킬 객관적인 실재들을 다루고 있는 것이 아니다. 정치적, 경제적, 사회적 그리고 종교적인 부분으로 현대의 삶을 구획화하는 것은 고대의 맥락에는 적용되지 않는데, 그 고대의 맥락에서는 "종교"가 개인들의 일상 삶의 다양한 차원들 안에 매우 많이 스며들어 있었고, 그 개인들의 정체성들은 사회적인 그룹핑들 혹은 공동체들 안에 구분될 수 없게 관련되어 있었다. 그레코-로만의 문맥에서, 우리는 사회와 우주를 구성하는 연결망들 안의 인간 집단들, 후원자들 그리고 신들 사이의 적합한 관계들의 유지를 중심으로 이루어지는 세계관과 삶의 방식을 다루고 있다. 작업적 정의를 제공하자면, 고대에서 "종교" 혹은 경건은 인간 공동체들(혹은 그룹들)과 그들의 구성원들의 안전과 보호를 보장하는 방식들로 신들과 여신들에게 (다양한 종류들의 의례들, 특히 희생 제물들을 통하여) 적절하게 영광을 돌리는 것과 관련이 있었다. 게다가, 그러한 제의적인 영광들(혹은 더욱 현대적인 용어를 사용하면 "예배")이 띨 수 있는 형태들은 종교적이라는 것이 무엇을 의미해야 하는가에 대한 현대의 혹은 서구의 선입견들과 반드시 일치하지는 않는다.

는 일반적으로, 현대 서구 사회에서 이해하는 것보다 훨씬 복합적인 것으로 볼 필요가 있다. 헬레니즘 시대의 사람들은 오늘날 그러한 것처럼, 하나의 종교에 반드시 "속하지는" 않았다. 사람이 하루는 어느 한 신의 신전에 참석하고, 다음 날엔 다른 신의 도움을 부르며, 또 다른 날에는 또 다른 신에게 헌주했다는 것이 더욱 가능한 일이다.

헬레니즘 지중해에서 정체성 역시 진행 중인 사안이었다. Helle-nistic(헬레니즘의)라는 용어 자체는 고전적인 그리스가 사라졌지만, 문화적 이상(ideal)으로는 여전히 건재하던 시기에 일어난 기묘한 정체성 형성을 반영하고 있다. 로마의 정체성 자체는 많은 방식에서 고전적인 그리스 문화의 기묘한 복제였다. 뿐만 아니라, 로마의 정치적 지배는 북아프리카, 이집트, 이스라엘 그리고 영국에 이르는 다양한 문화에 그레코-로만을 혼합시키는 공격적인 의제도 불러왔다. 앞에서 살펴본 것처럼, 로마의 지배는 사람들이 그들의 부족 및 가족 집단과 스스로를 동일시하는 능력에 중대한 해를 끼쳤다. 마지막으로, 군사적으로 강요된 로마의 평화는 지중해 지역에 대량의 경제적 교역과 전방위적인 대규모 이동을 가능하게 했다. 로마는 모든 사람이 로마인이거나 혹은 "야만인"이 되는 제국적이고 이원론적인 방식으로 정체성 형성을 촉진하였다.69

헬레니즘 지중해에서 종교와 정체성 형성이 보여주는 불안정성을 서로 관련짓지 않을 수 없다. 한편으로 어떻게 "새로운"70 종교의

---

69 Stamenka Antonova, *Barbarian or Greek: The Charge of Barbarism and Early Christian Apologetics*(Ph.D. diss., Columbia University, 2005)를 보라.

70 실제로 이시스, 미트라, 엘레우시스, 오시리스, 예수 그리고 이스라엘의 하나님이라는 인물들에 대한 새로운 종교적인 추종이 일어난 과정은 적어도 두 기준들을 가졌던 것으로 보인다. 하나는 "새로운" 종교적인 인물이 그것의 추종자들 자신들

출현이 지중해 지역이라는 도가니 속 사람들을 위한 정체성 형성의 복잡한 요구에 기여하였는가를 보는 것은 중요하다. 예를 들면, 다른 문화에서 온 종교를 신앙하는 것은(예컨대, 이집트의 이시스, 페르시아의 미트라, 이스라엘의 예수) 문화적으로 뿌리 뽑힌 사람들로 하여금 복잡한 민족적 혼합을 이룬 새롭고 넓은 세계에 속한 것처럼 느끼게 도와주었다는 것은 분명해 보인다. 자신 혹은 자신의 가족을 위하여, 신을 선택한다는 가능성은 그리스인과 로마인이 그들의 만신전과 관계했던 방식에 뿌리내려져 있던 일이다.

다른 한편으로, 정체성의 새로운 구성은 종교적 실천의 출현을 위해 집을 사용하였다. 예컨대, 정체성과 종교에 대한 연합의 관계는 복잡하고 창조적이다. 종종, 하나의 연합은 목수들이나 선박제작자들의 결속으로서 소속과 정체성의 새로운 감각을 제공하였다. 새로운 (그리고 다소 잠정적인) 정체성 형성에서 주요한 창조성이 같은 종류의 일을 하는 사람들의 결사(연합)에 일차적으로 남아있는 동안, 종종 하나의 직종 연합은 그들이 헌신할, 하나 혹은 두 신을 선택한다. 다른 한편 가족에 기초한 연합들은 그들의 연합을 가리키는 일차적인 명칭으로 신의 이름을 취하기도 했다. 불안정하고 복잡한 지중해의 혼합에서, 정체성과 종교 형성은 견고하게, 그러나 항상 예측할 수 없는 방식으로 관계하고 있었다.

헌주(들)를 의례적으로 분석하는 가능성에서 보면, 헬레니즘 시

의 지역 외의 지중해 세계의 또 다른 부분으로부터 나온다는 것이었다(예컨대, 이시스는 그 본래의 출현지인 이집트보다는 그리스에서 대중적으로 되었다. 예수는 이스라엘보다는 시리아와 소아시아에서 대중적으로 되었다). 다른 하나는 그 대상 자체가 오랜 역사적인 전통의 일부라는 것이었다. 즉, 그 "새로운" 종교적인 대상이 "오래된" 것임이 중요하였던 것으로 보인다.

대의 정체성의 취약성과 유동성 그리고 종교가 정체성 형성에 행한 것으로 보이는 창조적 기여는 헬레니즘 식사에서 헌주(들)가 수행된 방식을 이해하는 데 도움이 될 것이다. 어떤 사람이 특정한 신에게 헌주를 할 때, 그 행위는 그 신과 전통적으로 밀착된 가족과 그 사람 자신의 동일시를 강화시켰을 것이다. 어떤 신에 대한 헌주는 개인을 그의 직업과 연결시켰을 것이다. 혹은 그를 이웃 연합—이는 그가 결사의 수호신에게 헌주한 경우이다—과 일시적으로 연결시켰을 것이다. 즉, 클링하르트와 데니스 스미스가 문제로 삼은, 어느 신이 헌주(들)를 받았는가의 불확실성은 사실 헬레니즘 시대 정체성의 광범위한 취약성이 의례적으로 재생산된 것일 수 있다. 신들의 다수성—각 사람에게 특정한 헬레니즘적 정체성을 부여하는 신들의 다수성—은 특정 신에게 헌신하는 사람에게 그가 택하고자 씨름했던 정체성의 다수성을 보여줄 수도 있다. 어떤 곳에서는 박카스에게 헌주하고, 다른 곳에서는 신적인 권력을 지닌 황제에게 헌주하며, 또 다른 곳에서는 이시스에게 헌주하는 일은 한 사람의 불안정하고 가변적인 정체성을 완전화하기 위한 과정일 것이다. 한 개인이 어떤 날 밤에는 박카스에게 헌주하고, 다음 날에는 예수에게 헌주했다고 생각하는 것은 전혀 이상한 일이 아니다. 대부분의 예수 모임이 가진 배타성은 다수성에 반대하였을지 모르지만, 다른 식사에서 헌주의 폭넓은 실천은 헬레니즘 식사가 당시의 정체성 형성의 복잡성과 관련하여 중요한 의례적 작업을 수행하고 있음을 보여준다. 다수의 신에 대한 헌주는 헬레니즘적 혼합 상황에 있는 사람들에게 새롭게 출현하는 정체성의 우연성과 가능성 모두를 보여준다. 이 점에서, 어떤 지역에서 다수의 신에게 헌주하는 일이 올바른 헌주의 방식으로 간주되었다는 것은 전혀 놀라운 일이 아니다.

이는 식사의 가장 중심적인 지점에 헌주를 위치시키면서도 동시에 헌주 행위를 소극적으로 다루는 모호함을 설명하는 데 도움을 준다. 사람들이 소란과 다가치의 시대에 자신이 누구인지를 이해하는 일은 중요하다. 식사에서 정체성을 형성할 수 있는 한, 그들은 통제하기엔 복잡한 힘들에 의한 타격을 덜 받을 수 있었다. 당신은 누구인가(혹은, 헌주의 경우에는 당신은 누구를 예배하는가)는 중심적인 문제이다. 나의 정체성을 최종적으로 배치하고, 확정하기 위해 다양한 헌주를 시도하는 일은 장기적으로는 도움이 되었지만, 강렬하고도 지속적인 소속에 대한 갈증은 남는다. 승리의 노래를 진지하게 부르고 모든 사람이 의무적으로 잔을 돌리는, 헌주의 중심적인 위치 설정은 소속의 중요성을 의미하였다. 헌주는 중요하지만, 헌주가 사람들을 특별히 고무시키지 않았다는 사실은, 정체성을 형성하는 과정과 상응한다. 우리가 잊지 말아야 할 것은, 헌주는 중요하지만, 그것만으로는 정체성의 문제가 짧은 시간 안에 해결될 수 없었다는 것이다. 정체성의 질문에 강하게 개입하는 일은 좌절만 낳고, 헌주가 행해진 방식은 그 시대의 정체성 형성이라는 과제의 모호성과 복잡성을 드러낸다.

정체성을 위한 더 큰 모험의 재생산으로서 헌주의 대상인 신의 다수성을 본다는 것은, 식사에서 신에 대한 헌주와 영예로운 손님에 대한 헌주의 융합을 이해하도록 돕는다. 식사에서 헌주함으로써 중요한 인물과 자신을 연합시키고 관련 맺게 하는 일은 정체성의 중요한 측면을 전달한다. 중심적인 헌주를 정체성에 대한 잠재의식적인 탐색(당신은 누구에게 속해 있는가?)으로 본다면, 그가 참석한 식사에서 영예로운 인물에게 잔을 올리는 일은 그 자신과 영예로운 사람이 소속이 같다는 것과 헌주에 참여한 각 사람의 정체성이 서로의 정체성을 강화시킨다는 느낌을 촉진시킨다.

의례 이론의 관점으로 쉽게 이해할 수 있는 것은, 로마 황제의 비범함을 위해 바치는 헌주이다. 아우구스투스의 이집트 승리 이후로 모든 식사가 공식적으로 요구받은, 황제에 대한 헌주는 당시의 문헌에 일관적으로 반영된 것은 아니다. (강요된 헌주가 면제된) 유대교적인 실천을 넘어선다고 해도, 어떤 식사는 황제에 대한 헌주를 포함하였고 다른 식사는 그렇지 않았다는 것이 분명하다. 앞에서 살펴본 것처럼, 어떤 지역에서는 아우구스투스의 (신화적인) 아버지이자 질서의 신 아폴로에 대한 헌주를 황제에 대한 헌주로 여겼다. 황제에 대한 헌주 실천의 다수성은 효과적인 의례 생산성을 반영한다. 로마의 지배자이자 침입자요 정복자인 황제에게 헌주하는 것, 혹은 권력을 차지한 로마를 암시하는 상징으로서 아폴로에게 헌주하는 것, 혹은 의례적 선택으로서 황제에 대한 헌주를 회피하는 일은, 외세의 치하에서 살아가는 삶의 딜레마를 극적인 방식으로 재생산한다. 이 어려운 문제를 효과적으로, 의례적으로 처리하는 과정을 위한 기회들이 식사의 헌주에 놓여있었다는 것은 다루기 힘든 딜레마이다.

식사 참여자들이 분명히 알고 있었던 것은 어떤 제국의 권력도 누가 황제에게 헌주하는지 하지 않는지를 통제할 수 없었다는 것이다. 참으로 대부분의 경우, 황제에게 헌주하지 않았다는 이유로 식사 주최자나 주연장을 정부 당국자에게 고발할 위험은 거의 없었다. 때로는 정부 당국자가 손님으로 와서 황제에 대한 헌주를 요구할 수도 있다. 그래서 헌주 선택의 범위는 아예 거부하는 것부터 규칙적인 헌주, 때로는 황제에 대한 순종행위까지 폭넓었다. 식사 참가자는 다양한 선택의 범위를 활용했을 것이다. 어떤 사람은 그의 친구 및 가족과의 식사에서 황제를 위한 헌주를 포함하지 않았지만, 식사의 주최자가 제국에 소속된 경우에는 헌주할 수도 있었다. 모든 경우, 헌주의 순간은 점령 세력과의 공모, 암묵적 협조, 간헐적 저항, 확고한 저항이라는 실제적이고 가치 있는 선택을 통해 현실 삶의 드라마를 재생산했다. 대다수의 실천은 암묵적 협조와 간헐적 저항 사이에 있었다. 반면에, 일관된 공모나 로마에 대한 전적인 저항은 거의 불가능했다.

달리 말해서, 현실 삶으로의 적용은 지속적으로 나타났다. 헌주의례는 제국의 점령과 관련하여 적나라한 방식이지만 식사 밖의 삶에서는 큰 위험을 초래하지 않도록, 보호하는 환경을 제공하였다. 식사 참여자는 그가 점령제국이 고용한 사람일 경우에도 황제에게 헌주하는 일을 성찰할 기회를 가질 수 있다. 또는 그 반대로 제도권에서 큰 위험을 수반할 수 있음을 알더라도, 황제를 위한 헌주 거부가 얼마나 지혜로운가를 느낄 수도 있다. 식사 환경에서 저항과 공모 행위는 헌주에서 여러 가지 방식으로 가능했을 것이다. 만약 어떤 사람이 저항을 원한다면, 그는 황제의 잔이 돌려질 때 그 잔을 마시지 않으면 그만이다. 혹은 자신의 헌주를 황제 대신 더욱 암시적인 아폴로에 대한 것으로 바꿀 수도 있다. 헌주에서 다양한 변형을 행하는 의례 경험은 현실 세계에서 자신의 행동을 이해할 (벨이 "배치"라고 부르는) 가능성을 크게 열어주었다.

주연장(president: 主席)의 지도력: 주연장(symposiarch)은 주연의 진행을 맡은 사람으로 항상 같은 인물은 아니었고, 때때로 그 역할은 임시적이거나 도전 받기도 하였다.

형식적 차원에서 식사는 주연장이 인도했다. 주연장은 식사 전에, 종종 식사 직전에, 선출되었다. 식사를 주최한 사람과 주연장이 같은 경우는 전혀 가정되지 않는다. 주최자는 손님 초청과 주연장 선출의 특전을 누릴 수 있었다. 주최자는 주연장의 오른 편에 기대 누울 영예로운 손님을 선택하는 특권/의무를 부여받는 지도적 위치였다. 이와 비슷하게, 주연장은 포도주를 물과 혼합하는 비율에 대한 지침을 제공한다. 늘 그러한 것은 아니지만, 헌주사 중 하나는 주연장이 행하였다. 연회의 여러 도입부 역시 주연장에 의해 행해졌다. 식사가 소란스러운 경우도 있기에, 정중한 예의의 집행자도 필요했다. 토론 인도는 주연장이 수행하기도 했고, 다른 사람이 수행하기도 했다. 더 철학적 종교적 식사에서는, 교사(주연장이 아니라)가 토론을 종종 인도했다. 대개 식사에서 토론은 참가자들에 의해 자발적으로 시작된다. 플루타르크—그는 주연장 역할을 발전시키고 크게 확대시켰는데—는 철학적 식사의 수행이 매우 전형적이고, 모범적이기 때문에 주연장이 필요하다고 여긴 사람들의 생각을 인정한다.[71] 복음서에서 예컨대, 예수는 식사에서 토론을 인도하고 가르치는 모습으로 그려졌으나(마지막 만찬을 제외하고는), 예수가 주연장으로는 묘사된 적이 없다. 기대 누운 사람들의 평등함은 모든 사람이 이야기하는 권리를 가졌다는 점에서 볼 때 분명하다. 노래 부르기는 다

---

71 Plutarch, *Questiones Conviviales,* 176E. '심포지아르크, 주연장'의 필요성이 없음에 대한 또 다른 주장을 위해서는 Horaz, *Saturnalia,* 2, 6, 67를 보라.

양한 사람들이 인도하였다.

주연장은 비교적 제한적인 지도자 역할을 갖는다. 식사 사건을 결정한 것은 무엇인가는 개별적 지도력보다는 식사의 구조와 특성 상 문화적으로 형성된 합의에 의존한다. 즉 주연 인도자의 지도력을 식사의 기본요소 중 하나로 열거함으로써 식사의 구조와 식사의 특성에 대한 문화적 동의가 한 개인의 지도력보다는 훨씬 결정적임을 주목하게 된다. 이는 헬레니즘 식사의 질서와 혼돈이라는 모든 차원에서 분명했다. 모든 사람이 기본적인 식사 질서를 존중했고, 서열에 따른 기대 눕기, 헌주, 주연의 윤리를 따랐다는 것은 구조 자체의 힘을 반영한다. 식사가 혼란스러운 성격, 초대받지 않은 손님들에게도 허용되는 특성, 절차에 대한 논쟁 등으로 잘 알려져 있었다는 것은 개인적 지도력의 요소가 식사에서 얼마나 작은 부분인가를 드러낸다.

식사의 이처럼 특이하고도 주요한 성격에 대하여 고찰하는 일은 중요하다. 식사는 너무나도 매력적이었으며, 헬레니즘 문화 그대로를 표현하는 것이기도 하다. 어째서 그렇게 핵심적인 문화적 실천이 강력한 개인적 지도력과 구조적으로 동떨어져 있었을까? 특히 당시 문화의 나머지 부분에서 위계질서적이고 가부장적인 지도력의 모델들이 건재한 상황에서(예컨대 황제, 귀족, 가부장적 가족), 어째서 매력적이고 영감을 불러일으키는 문화적 제도로서 식사가 권위의 유연한 구조에 크게 의존하고 있을까? 이러한 고찰은 몇 가지 관점에서 볼 때 주목할 가치가 있다. 예를 들어, 혹자는 문화의 지배 권력(예컨대, 로마제국의 권력)이 식사를 강력한 지도력이 필요하지 않은 사건으로 만들고자 하였는지 아닌지를 검토해 볼 것이다. 혹자는 귀족과 주최자라는 무대 뒤에 가려진 인물의 권력 역할을 탐구할 수도 있다.

　다른 한편으로, 의례 이론의 관점은 지배 문화 내에서 헬레니즘 시대의 식사가 갖는 두 가지 주요한 측면을 통합할 수 있다: (1) 개인적인 지도력보다는 유연한 구조에의 의존성, (2) 식사의 대중성과 창조성. 의례 이론의 관점에서 볼 때, 식사의 유연한 구조는 헬레니즘 시대의 깊이 있는 문제 중 하나를 재생산한다. 곧 지도력의 문제. 이는 식사에서 최소한의 개인적 지도력과 강력하지만 유연한 구조에 대한 의존을, 처음에는 이상하게 보였지만 의례적으로 일관성 있는 것으로 만든다.

　로마(로마 이전에는 셀류시드와 프톨레미) 제국의 권력이 헬레니즘적 풍경을 정치적으로 지배하고 있었으나, 제국 전반에 걸쳐서 대중에게 방향을 제시하고 지도력을 행사하는 경험은 그렇게 분명하지는 않았다. 만약 분명했더라도, 제국 권력의 의제를 자기의 것으로 받아들이는 피정복민은 거의 없었을 것이다. 게다가, 다양한 지중해 주변 지역을 그레코-로만적 이상으로 변형시키려는 로마의 장기적이고 강력한 노력조차도 식민지 백성들이 자발적으로 협조하게 만들지는 못했다.

　동시에 국제적인 상업과 이동으로 귀결된 강력하고 새로운 문화적 혼합은 많은 영역에서 불가능할 것 같았던 대중의 주도권을 촉진시켰다. 지중해 지역 전반에 걸쳐 새로운 종교적 운동의 번성은 노동자 길드(동업 조합)와 이웃 연합의 출현을 수반하였다. 배움의 광야 학교, 대중적 견유학파 그리고 알렉산드리아의 유대교 학교들과 도서관과 같은 교육적 시도들이 많은 지역에서 생겨났다. 고대 지중해 지역에서 여성의 권리는 다른 어느 때보다도 이 시대에 더욱 진전을 보았다. 경제적으로는, 제국의 권력과 무관한 후견적 네트워크가 제국 자체의 광범위한 후견적 노력과 더불어 번성하였다. 대중은 제국의 격려 없이도 심지어는 제국의 반대에도 불구하고, 여러 가지 방식으로 대중적 창조성을 경험했다. 비록 경제적인 자원은 제국의 의제를 위한 일에 대량으로 흘러 들어갔지만, 지역 및 지방 세력은 스스로를 유지, 지속할 수 있게 되었다.

대중의 주도권이 번성하면서도 지배적인 제국의 지도력이 삶의 많은 부분을 결정하는 경험은 혼란스럽고 방향성도 없었다. 비록 제국은 스스로를 유일한 권력으로 나타냈고, 토착 세력의 지위를 다시 설정하거나 다른 세력으로 대체하려고 했지만, 제국의 지배는 완전함과는 거리가 멀었고, 사람들의 삶에 영향을 미치는 다른 힘이 분명히 있었다. 제국의 지도력은 전체적이지도 않았고, 피할 수 있는 것도 아니었다. 제국적이지 않은 지도력은 그 힘을 획득하는 데 성공하기도 하고, 실패하기도 했다.

강력하지만 유동적인 식사 질서의 맥락에서 주연장의 제한된 역할은 헬레니즘 시대의 사람들에게 지도력 및 권력의 문제를 재생산하는 것으로 보였을 것이다. 주연장의(기대 눕기 질서의 초석으로서) 다소 과장된 위치는 헌주에서 주연장의 역할과 함께 그를 분명히 권력적인 인물로 제시한다. 그러나 주연장의 실제적인 지도력은 식사에 깔려있는 구조적 질서와 주연 동안 다른 참가자의 창조적 주도권 행사보다 훨씬 제한되어 있다. 주연장이 이후의 다른 식사에서 동일 인물인 경우가 거의 없었다는 것은, 많은 권력이 한 사람에게 집중될 수 없었다는 것을 확실하게 보여준다.

식사는 피상적인 지도자와 예측할 수는 없지만 적극적인 구성원을 지닌 권력 구조를 재생산하였다. 식사 질서에 대한(주연장에 대해 크게 주목하지 않고도) 일반 대중의 강한 충성심은 식사의 권력 역학 안에 안정적이고 안전한 환경을 만들어냈고, 인위적으로 권위를 부여받은 인물이 있는 상태에서 임의적이며 산발적인 지도력을 검증할 수 있었다. 식사 질서의 힘과 안전성은 다수의 참가자에 의한 주도권을 허용한다. 이는 임시적인 지도력은 긍정하지만 참가자들의 비공식적인 욕망에 대해서는 그들의 업적이나 평판에 따라 허용될 수도 거부될 수도 있다. 주연장의 공식적인 역할은 비록 약하지만, 참가자 중 누군가가 지속적으로 주도권을 장악하는 일을 제한하는 것이다.

식사의 권력 구조는 헬레니즘 시대 대중적 지도력의 역설, 만성적인 모순, 잠재력 그리고 장기적인 불안정성을 정교하게 재생산했다.[72] 이는 안전한 환경 내에서 지속적이고 다양한 완전화를 가능하

---

72 데니스 스미스가 〈그레코-로만 세계에서 식사에 관한 성서문학협회 세미나〉의 2007년 11월 세미나에서 본 장에 대해 표현한 그의 공식적인 응답은 매우 감사하는 것이었고, 이러한 의례 이론 접근을 찬성하였다. 스미스는 헬레니즘 시대들에서의 '심포지아르크', 주연장의 역할과 관련하여 이러한 독해의 적용에 관하여는 유보를 표현해왔다.(스미스의 논평들은 www.philipharland.com에서 볼 수 있다.) 스미스는 —스미스에 따르면— 약한 '심포지아르크'가 식사에 대한 헬라 및 고전적인 본문들에도 존재했던만큼 이러한 해석을 의심하였다. 만약 이것이 그렇다면, 그것은 나의 해석을 정말로 무너뜨릴 것이다. 그러나 고전적 그리스에서 모순적이게도 약한 '심포지아르크'에 대한 스미스의 주장이 유효하다는 것은 나에게는 전혀 분명하지 않다. 이 주제에 관한 플루타르크에 대한 수사학적으로 비판적인 독해(강력하고 책임 있는 '심포지아르크'가 헬레니즘 시대의 식사를 위해서 필수적이었다는 플루타르크의 주장에 대한 수사학적인 비판이 아니라, 플루타르크의 입장의 요약을 위해서는, Klinghardt, *Gemeinschaftsmahl und Mahlgemeinschaft,* 116-18를 보라)는 헬레니즘 시대들에는 약한 '심포지아르크'에 대한 상당한 불안이 있었음을 보여줄 것이라고 나는 생각한다. 즉 '심포지아르크'의 권력에 대한 플루타르크의 이상화는 현실에서 그 반대를 나타내는 것으로서 읽혀질 수 있다. 정말로, 식사에서 무질서에

게 했다. 그 안에서 개인은 사회적 위험을 감수할 필요가 없었고, 장기적으로 주도권을 갖거나 주장하지 않는 방식으로 자신의 카리스마를 시험할 수 있었다. 결사들의 식사에서는 지도적 역할을 부분적으로 법제화하였고, 현실 삶에서의 지도력과 상관없이 집단 지도력을 완전화할 수 있었다.

이와 같이 식사의 공유적 임시적 권력 균형을 지도력의 민주적인 모델의 진화로 보는 것은 매력적인 일이다. 식사는 다양한 지도력의 출현을 허용하였고, 권력 공유는 참가자들의 지도력이 발전할 수 있게 했다. 결사들이 식사를 개선하는 합법적인 과정을 창조하는 데서 다음의 단계를 간과해서는 안 될 것이다.

한편, 식사의 권력구조를 정치적 사회적 모델로 독해하는 방식에 대해서는 주의를 주고 싶다. 이에 반해, 나는 의례 이론이 식사의 권력 구조를 더 설득력 있게 독해하는 방식이라 생각한다. 즉 식사 안에서 참가자들이 주목하는 지도력과 권력의 구조는 제국의 제도 내에서 다루기 힘든 문제를 재생산하는 의례적 지성의 차원을 보여준다. 식사가 집단들이 제도권 내에서 겪는 문제를 검토하도록 돕는 장기적인 안목을 갖고 있다는 견해는, 식사가 민주적 스타일의 지도력을 위한 일차적인 기제라는 견해보다는 훨씬 더, 사실에 가깝게 보인다. 식사의 권력 구조가 통치를 위한 좋은 모델이었다는 것은 전혀 분명하지 않다. 주연장은 다소 틀에 박힌 지위였고, 식사가 잠정적인 혼돈으로 해체되고 마는 빈번하고 정기적인 경향은 헬레니즘 제도

대한 플루타르크 자신의 염려는 이러한 행동을 드러내 준다. 그리고 플루타르크(*Q uestiones Conviviales*, 176)와 호라즈(*Saturnalia*, 2, 6, 67)는 모두 행동이 매우 정중하기 때문에 '심포지아르크'를 필요로 하지 않는다는 고전적인 이상을 언급한다.

사회에 대해 갖는 정치적 이점이 거의 없었다. 오히려, 틀에 박힌 주연장은 의례 성찰과 완전화를 돋보이게 하는 역할을 하였고, 임시적인 혼돈은 의례 과정을 위한 탈경계성의 창조적 특성을 보여준다. 이는 식사 안에서 지속되는 의례 완전화가 어떤 민주적인 탐색도 포함하지 않았다는 것을 뜻하지는 않는다. 이는 식사의 전체적인 구조는 명백한 사회정치적인 탐색보다는 식사의 의례 역동성에 더욱 기인하였다는 것을 뜻한다. 의례 완전화와 사회적 정치적 실험의 교차는 8장에서 초기 기독교의 사회적 실험의 열쇠로서 식사에 대한 설명에서 더욱 자세하게 논의할 것이다.

다양한 주변 인물들: 초대받은 참가자 외에도 자주 등장하는 하인, 초대받지 않은 손님, "여흥을 제공하는 사람", 개가 있다.

식사에 대한 고대 문헌의 상당 부분이 기대 누운 사람들 밖의 인물들을 상세히 다루고 있는 편이다. 식사에서 중요한 것은 하인들이다. 비록 약간의 예외가 흥미롭기는 하지만,[73] 헬레니즘 식사는 식사 순서에 음식을 가져오고, 주연 전에 청소하며 —식사보다 덜하지만— 주연에 포도주를 내놓는 하인이 다소간 필요했다. 덜 부유한 환경에서는 더 하인의 수가 더 적었다. 결사에서는(가난한 사람들의 수가 많은), 그 결사가 모은 회비로 하인을 고용하거나 혹은 그 결사의 구성원 중 일부가 돌아가면서, 다른 사람들이 기대 누운 동안, 하인의 의무를 맡았다. 식사에서 개들이 있는 것은 바닥에 떨어진(특히 냅킨

---

73 *The Contemplative life*에서 테라퓨타이(Therapeutae)에 대한 필로의 광범위한 묘사는 이 집단이 하인들을 갖지 않음보다는, 서로에 대한 사랑으로, 번갈아가며 교대로 서로를 섬기며 기대 누운 것을 더 중요시하였다.

이나 도구로 사용한 빵) 음식을 먹음으로써 대체로 식사 후 청소를 돕는 역할과 관련이 있었다.

주연 동안, 또 다른 종류의 피고용인이 등장한다: 공연자들. 공연자들은 일반적으로 세 부류였다: 악사(일차적으로, 피리[flute] 연주자들, 이들은 여성들이 많았다), 가수, 이야기꾼(교사들/현자들, 혹은 연설가들). 모든 공연자들이 보수를 받지는 않았고, 현자들과 가수의 일부는 단순히 청중을 얻는 기회를 위해 참여했다. 종종 가수와 교사의 역할은 초대받은 손님인 기대 누운 사람들에 의해 행해졌다. 본 장에서 고려하기에는 분량이 많지만, 식사에서 늘 필요한 하인/피고용인의 존재가 갖는 의례 차원(들)의 고찰은 의미가 있을 것이다.

식사에서 주변인물과 관련된 초점은 초대 받지 않은 손님들의 주요 현상에 대한 의례 분석이다. 고전 그리스 문헌에서도 눈에 띄지만, 초대 받지 않은 손님 주제는 헬레니즘 문헌에서 주요한 것이 되었다. 클링하르트는 해당 문헌에서 초대 받지 않은 손님의 세 부류를 구명한다: 아클레토스(어떤 초대 없이 방문한 사람), 초대 받았지만, 주연만을 위해 늦게 온 손님, 에피클레토스(초대 받은 손님이 이차적으로 초대한 사람).[74] 더 이른 시기인 플라톤에서 헬레니즘 시대로부터 플루타르크까지 모두가 초대받지 않은 손님을 희화(플라톤과 플루타르크에서, 초대받지 않은 손님은 전체 사건에 핵심적인 기여를 한다)하여 다루는 경향이 있지만, 초대 받지 않은 손님이 제기한 문제에 주목하는 일은 대단히 많다. 플루타르크는 "연회의 비탄들"(Questiones Convivales)에서 초대 받은 손님들이 초대 받지 않

---

74 Klinghardt, *Gemeinschaftsmahl und Mahlgemeinschaft*, 84-97.

은 손님의 문제를 해결할 수 있게 하는 다섯 가지 방법(예컨대, 문제를 일으키는 사람을 초대하지 말라)을 상당히 긴 분량으로 제안하면서 그들의 문제를 다룬다.

세 유형의 초대 받지 않은 손님은 문헌에서 모두가 문제를 일으키는 자들로 등장한다.[75] 초대 받지 않은 손님은, 때로는 의도적으로, 토론을 중단시켰다. 문헌의 상당 부분은 견유학파 사람들이 주로 초대 받지 않은 손님, 도발적인 손님으로 그려진다. '아클레토스'(akletos)와 '에피클레토스'(epikletos)는 모두 주최자에게 추가적인 음식과 음료를 마련하는 부담을 주었다. 카우치는 이미 손님들이 차지하고 있어서 대개 식사 때에는 서 있었지만, 카우치를 내달라고 요구하는 경우도 있었고, 심지어는 기대 눕기에서 더 좋은 자리를 요구하는 경우도 있었다. 초대받지 않은 손님 중에는 주최자나 주연장을 놀리는 경우도 있었다. 그리고 싸움을 거는 경우도 있었다. 그들은 초대 받지 않은 채로 와서, 싸움을 시작하고, 방안의 불을 껐으며, 피리 부는 소녀를 강간하려 하였고, 심지어 초대 받은 참석자가 떠난 후에도 떠나기를 거부했는데, 루시안은 식사 때 카우치를 거부당했으나 술이 깰 때까지 잠을 잤던 한 견유학파의 이야기를 전한다.[76]

헬레니즘 문헌이 초대 받지 않고 늦게 온 손님들에게 주목하고 있

---

75 위에서 주목되었듯이, 플루타르크의 이야기들은 이러한 초대 받지 않은 손님들을 문제들로서 결코 인정하지 않았으나, 어떻게 초대 받은 손님들이 사태를 해결하도록 도울 수 있는가에 관한 그의 가르침들은 그 문제들에 대한 명확한 인식인 것으로 끝이 났다. 비록 플라톤이 초대 받지 않은 그리고 늦은 손님들을 이상화하였지만, 이러한 손님들이 후기의 헬레니즘 시기에서 그러했던 것처럼 고전적 그리스에서도 식사를 많이 방해하였는지 어떤지는 훨씬 덜 분명하다. 플라톤 시기는 이러한 초대 받지 않은 혹은 늦은 손님들을 훨씬 적게 경험했다는 사실이 당연할 것이다.

76 *Conviviales*, 43-47.

다는 것은 의례 이론화를 요구한다. 혹자는 이것이 터너가 말한 코뮤니타스에 이르는, 의례 탈경계성의 완벽한 사례라고 제안할 수도 있다. 헬레니즘 식사가 그들의 불쾌한 행동에 의외로 관대했던 것은 그들을 식사에 포함시키는 일에 대한 고의성을 암시한다.

그러나 초대 받지 않은 손님이 있는 상황은 의례적으로는 상당히 복잡한 경우이다. 어떤 점에서는 초대 받지 않거나 지각한 손님이 초래하는 불화도 식사의 일부이다. 헬레니즘 시대가 사람들을 충분히 통제할 수 없었다고 말할 수 있을지라도, 식사가 원칙을 유지한(예컨대, 초대 받은 손님은 지정된 순서로 기대 누웠다) 방식들을 보면 초대 받지 않은 손님의 경우는 그렇게 일반적이진 않다. 초대 받지 않은 손님이 초래하는 식사 질서에 대한 위협은 식사에 다루는 주제들 중에서 상당히 깊이 있는 차원의 수행에 해당된다. 따라서 지각하거나 초대 받지 않은 손님의 복잡성을 의례화로 분석하는 일이 필요하다.

(지각하거나 초대 받지 않은 손님이 있는 경우) 식사의 혼란스러운 구성과 다원적인 헬레니즘 사회 사이에는 눈에 띄는 평행이 존재한다. 갑작스런 침입자들에 대한 식사의 놀라운 관용은 헬레니즘 시대 지중해의 어지럽혀지고 혼란한 사회적 구성의 재생산일 수 있다. 의례 과정에 대한 사회적 지식은 제도 환경에 대한 변칙을 통하여 생각하고, 그 변칙을 완전화하는 안전한 장소를(식사 질서) 지속적으로 창조한다. 헬레니즘 지중해 지역의 경우, 지속적인 난관은 새롭고, 예측할 수 없으며, 풍부하고, 불안정하게 만드는 그리고 점증하는 사회적 혼합이었다. 식사가 때때로 놀라운 구성을 허용한 한, 식사는 지중해에서 일어난 사회적 혼합에서 자원들을 어떻게 배치할 것인가에 대하여 사람들이 생각할 수 있도록 의례적으로 도왔다. 벨과 조

나단 스미스의 틀 안에서 초대 받지 않은 손님의 탈경계성에 주목하는 일은 적절하다.

초대 받지 않은 손들에 대한 의례 분석은 비슷한 점에서 식사의 더 큰 역동성을 가리킨다. 클링하르트는 초대 받지 않거나 지각한 손님에 관한 문헌의 얼마나 틀에 박힌 고정관념들로 차 있는가에 주목한다. 즉 혼란의 뿌리는 주로 초대 받지 않거나 지각한 손님(들)이었다. 혹자는 초대 받지 않은 손님이 단순히 문학적인 유형일 뿐이고, 식사의 역사적 현상을 보여주는 자료로 신뢰할 수는 없다고 여길 수도 있다.[77] 그러나 초대 받지 않은 손님에 대한 언급이 많다는 것과, 식사의 질서 때문에 식사를 이상화한 플루타르크조차도 이러한 방해를 묘사했다는 것은 초대 받지 않은 손님이 실제로 존재하였음을 지지해준다.

혹자는 또 다른 점에서 고대 문헌의 정직성에 도전할 수도 있다. 지각하거나 초대 받지 않은 손님들에 대한 고대 문헌의 묘사가 질서를 깨는 유일한 (혹은 일차적인) 장애물이라고 할 수 있을지는 나도 궁금한 부분이다. 무질서에 대한 문헌들의 염려는 초대 받은 손님의 행동과도 관련이 있다고 볼 수 있다. 식사 그리고 초대 받은 손님들에 대한 이상화는, 초대 받지 않거나 지각한 손님들이 초래한 무질서를 희화시키는 쪽으로 방향 짓게 한 것으로 보인다.

확실히 플루타르크, 키케로 그리고 루시안 등은 초대 받은 손님들에 의한 방해적 행동도 표현한다. 초대받은 구성원들에 의한 난폭

---

77 이것이 그레코-로만 세계에서 식사에 관한 성서문학협회의 세미나에서 2007년 11월에 본 장에 대해 제시한 데니스 스미스의 응답에서 그의 입장이다. www.philipharland.com에서 "A Response to Hal Taussig's Paper"를 보라.

함이 식사 자리에서 종종 드러났다는 것은, 결사들의 규칙에 대한 몇몇 안내서를 통해서 볼 때에도 분명하다. 고린도에서 식사에 대한 바울의 불만(고전 11:17-23; 11:27-34; 14:26-40)은 식사에서 문제를 일으키는 식사자들에 관한 다른 문헌들과도 잘 들어맞는다.

식사의 무질서의 뿌리로서 초대 받지 않은 손님을 희화함에 관한 복잡성은 무질서 현상에 대한 의례 분석을 제한하지 않고, 오히려 확대시켜준다. 특히 주연에서, 방해에 대한 넓은 관용은 헬레니즘 사회에서 사람들의 긴장된 혼합을 재생산하도록 돕는 의례 탈경계성으로 잘 설명된다. 식사의 질서는 식사의 어떤 부분을 혼란에 빠지게도 하는데, 이는 사회적 무질서를 의례화하는 경험이 보통 삶의 경험 속에서 무질서를 완전화하도록 도왔기 때문이다. 식사가 무질서를 허용하거나 유도하는 방식은 "초대 받지 않은" 민족들과 이주민들에 대한 제도 사회의 갈등을 성찰할 수 있는 의례 공간을 창조하였다.

본 장은 의례 이론의 관점에서 헬레니즘 식사를 이해하는 일의 중요성을 분명하게 하였다. 의례 분석은 식사의 창조적이고 사회적인 실천의 성격을 보여 주었고, 그 식사가 헬레니즘 사회의 역동성에 대해서는 우연적인 계기가 아니라, 핵심적인 사회적 주제들과 협상하는 열쇠와 같은 원동력이었음을 보여주었다. 헬레니즘 지중해 지역의 대중들에게 식사가 얼마나 중요한 것이었는가에 대한 의례 분석은 그 시기에 기독교적 식사가 행한 기여를 이해하는 토대가 된다. 다음 장들은 이 과제를 다룰 것이다.

5 장
초기 기독교 식사의 확장적 특성

초기 기독교 식사의 기본적인 형태와 원동력이 이제 확립되었다. 헬레니즘 시대 축제적 식사의 특성은 분명하고, 식사에 참여한 초기 기독교의 참여 정도는 이미 예시되었다. 이 책은 초기 그리스도인들의 식사가 우선적인 사회적 실천으로 삼은 방식을 정교화하는 작업을 행하면서, 지중해의 사회에서 이들 식사의 범위에 대한 두 가지 주요한 질문을 다룰 필요가 있다.

1. 헬레니즘 시대의 지중해에서 축제적 식사의 사회적 경제적 범위는 얼마나 넓었는가?

특히 식사에 관한 고전 문헌의 상당 부분이 글을 읽을 줄 아는 엘리트로부터 나오므로, 축제적 식사가 엘리트 집단을 넘어서서 헬레니즘 시대의 사회 전반에 걸쳐서 실행되었는지의 여부를 조사하는 일은 매우 중요하다. 이 질문이 중요한 것은, 지난 20년 동안의 학문적 연구

는 초기 그리스도인들이 가난한 계급에서 나왔다고 제안하고 있기 때문이다.[1]

2. 제국의 제도권은 식사로 모인 초기 그리스도인들에게 얼마나 문제시 되었는가?

기독교 역사의 첫 150년 동안 교회는 정치권력의 주변부에 있었고, 수적으로도 적었기 때문에, 혹자는 초기 기독교 식사가 제도권에 대해 관심이 적었고, 비교적 종파적이었을 것이라 추정할 수도 있다. 심지어 헬레니즘의 식사 역학이 당시의 사회적 질문 몇 가지를 의례적으로 다루었다는 4장의 발견이 있더라도, 축제적 식사에서 초기 그리스도인들의 사회적 입장은 평가될 필요가 있다.

본 장은 헬레니즘 시대의 제도 사회에서 초기 기독교의 식사가 갖는 위치를 묘사하기 위하여, 이 중대한 질문을 모두 다룰 것이다.

---

1 다음과 같은 다양한 학자들의 광대한 연구들을 보라. Wayne A. Meeks, *The First Urban Christians: The Social World of the Apostle Paul* (New Haven, Conn.: Yale University Press, 1983); Gerd Theissen, *The Social Setting of Pauline Christianity: Essays on Corinth*(Philadelphia: Fortress Press, 1982); John Dominic Crossan, *The Historical Jesus: The Life of a Mediterranean Peasant* (San Francisco: HarperSanFrancisco, 1991). 또한 John Dominic Crossan, *The Birth of Christianity: Discovering What Happened in the Years Immediately after the Execution of Jesus*(San Francisco: HarperSanFrancisco, 1998); John Dominic Crossan and Jonathan Reed, *In Search of Paul: How Jesus's Apostle Opposed Rome's Empire with God's Kingdom: A New Vision of Paul's Words and World*(San Francisco: HarperSanFrancisco, 2004)를 보라.

가난한 초기 그리스도인들은 축제적인 식사로 모였는가?

신약성서와 다른 초기 기독교 문헌은 식사에 모인 예수의 가난한 추종자들을 분명히 묘사하고 있기 때문에, 이 질문에 대한 대답은 명백하다고 생각하는 사람도 있을 것이다. 1세기와 2세기의 거의 모든 문학적 자료와 저작은, 전체 인구의 단지 5퍼센트만이 글을 읽을 수 있었다는 점에서, 어떤 방식으로든 엘리트와 관련되어 있음이 틀림없다.[2] 그러나 그 저작들은 액면 그대로 받아들여질 수는 없고, 헬레니즘 식사에 관한 이전의 연구가 다룬 엘리트적 식사 자료에 대해서도 동일하게 의심해 보아야 한다.

초기 기독교의 출현에서 식사가 행한 중심적인 역할을 이해하는 열쇠는 지난 20년 동안 등장한 새로운 연구의 또 다른 측면이다.[3] 이 최

---

2 William. V. Harris, *Ancient Literacy*(Cambridge, Mass.: Harvard University Press, 1989); Alan Bowman and Greg Wolff, eds., *Literacy and Power in the Ancient World*(Cambridge: Harvard University Press, 1994)를 보라.

3 과거 20년의 실질적인 연구는 1988년으로부터 1993년까지 캐나다 성서학회에 의해 지원된 연합들에 대한 세미나의 지속된 협력적 연구를 통하여 명확해져 왔다. 그 세미나의 결과들의 많은 부분들은 존 클로펜보그(John Kloppenborg)와 스티븐 윌슨(Stephen G. Wilson)이 편집한 책 *Voluntary Associations in the Graeco-Roman World* (New York: Routledge, 1996)에서 이제 볼 수 있다. 캐나다, 특히 토론토 대학교(University of Toronto)는 이 연구의 중심으로 남아왔다. 리차드 애즈코우 (Richard Ascough)의 *Paul's Macedonian Associations: The Social Context of Philippians and 1 Thessalonians*(Tubingen: Mohr Siebeck, 2003)는 신약성서 연구들에 '연합/결사'란 용어를 아마도 가장 철저하게 적용한 저서이다. Matthias Klignhardt, *Gemeinschaftsmahl und Mahlgemeinschaft* (Tuebingen: Francke Verlag, 1996), 29-43는 더 이전의 그리고 더 새로운 결사의 연구를 검토하며, 결사와 식사 사이의 연결에 가장 엄밀히 주목한다. 필립 할랜드(Philip Harland)의 책, *Associations, Synagogues, and Congregations: Claiming a Place in Ancient Mediterranean Society*(Minneapolis: Fortress Press, 2003)은 이러한 연구의 가장 좋은 사례이고 요약으로서 현재 기여한다. 방법론적으로 잘 조정되고 주의 깊게

근의 연구는 19세기와 20세기 초반의 연구 중에서 일부를 의미 있게 심화시켰다. 그것은 헬레니즘 시대 지중해의 결사라고 불리는 것에 대한 연구이다. 이 최근의 연구가 헬레니즘 시대의 결사에 대하여 묘사하는 바는 이러한 조직들의 대다수가 일차적으로 식사로 모이는 것을 보여준다. 선구적인 연구자들이 행한 결사에 대한 연구에서 가장 최근에 일어난 고찰은, 결사(associations), 초기 기독교의 회중(congregations)[4] 그리고 당시의 회당(synagogues) 사이의 유사성을 밝혀냈으며, 같은 방식으로 별개의 것으로 알려진 세 개의 모임을 헬레니즘 시대의 축제적 식사와 밀접한 관련을 갖는 것으로 위치를 설정했다.[5]

본 연구의 목적을 위하여, 이들 연구는 어떤 계급이 축제적 식사에 참여하였는가가 특히 주요 관심사인데, 증거의 많은 부분이 비문(그러므로 순수하게 문헌적이지 않은) 자료에서 나오고, 많은 결사들은 보통의 노동자들로 구성되어 있었다. 첫째로 나는 헬레니즘 시대의 결사에 대한 연구를 요약하고, 결사에 대한 연구, 헬레니즘 시대의 식사 그리고 초기 기독교 사회의 형성과 관계된 내용들을 검토할 것이다.

자료가 제시된 이 저서는 결사에 대해 비범하게 분명한 묘사를 제공해준다. 초기의 "회당"과 "교회"가 결사라는 이러한 더 넓은 사회의 조직적 모델에 속하는 방식에 대한 그 저서의 제안은 탁월하다. 비록 소아시아에서의 제국의 숭배와 결사 사이의 복잡한 관계를 묘사함에 관한 그 저서의 다른 초점은 그 책에 두 주요한 논제를 주며, 그러한 것으로서 결사-회당-교회(congregations) 연결의 완전한 자료제시에는 산만해 보일 수 있다. 결사 연구가 식사 및 초기의 기독교와 잘 맞는 방식을 애즈코우, 할랜드, 클링하르트의 작업이 드러냄에 따라, 본 장은 그러한 작업에로 돌아간다.
4 Christian congregations: 기독교 교회. 저자는 이 책에서 congregations를 '에클레시아'에 해당하는 단어로 채택하고 있다. 〈역자주〉
5 예를 들면, Harland, *Associations, Synagogues, and Congregations*를 보라.

헬레니즘 시대의 결사

associations(결사)은 헬레니즘 시대에 널리 퍼져있는 사회적 조직을 두고 학자들이 사용하는 현대적인 영어 표현이다. 결사는 그리스어, 라틴어, 히브리어 등으로 불렀던 집단들에 대한 가장 좋은 번역으로서 인정받고 있다.6 서로 상이한 헬레니즘 시대의 집단 모두를 "결사"라는 21세기적 용어로 묶는 타당한 근거가 있다. 기술적인 연구에 익숙하지 않은 독자를 위해서 그 결사에 대한 가장 쉬운 별칭은 '클럽'이고, 이는 데니스 스미스와 다른 학자들에 의해서도 사용된 용어임을 밝힌다.7 이 책의 관점에서 볼 때에는, 그것들을 "저녁 식사 클럽"이라고 부르는 것이 더 타당할 수도 있다.

식사로 모이는 작은 집단들이 많았던 것은, 헬레니즘 시대의 혁신이었다. 비록 그러한 집단들은 헬레니즘 이전의 시대에도 존재했지만, 헬레니즘 시대는 그러한 조직에 대한 관심이 폭발적으로 일어났으며, 사회 전반에 걸쳐 주요한 현상이 되었다. 이들 집단은 적게는 10명 많게는 150명의 수가 정기적으로(보통 매월) 만났다.8 그들이 한 번에 모이는 규모는 15명에서 50명 사이인 경향을 띠었다.9

---

6 그것들은 *collegium*(Latin), *secta*(Latin), *factio*(Latin), *koinon*(Greek), *koinonia* (Greek), *thiasos*(Greek), *orgeones*(Greek), *ekklesia*(Greek), *synagoge*(Greek), *eranos*(Greek), *marzeach*(Hebrew) 그리고 *havurah*(Hebrew)를 포함한다. 이 연구의 제시에서 명백해지듯이, 이러한 집단들을 위한 열정이 헬레니즘의 시기에 너무도 발달하여서, 그 집단들은 그들의 특별한 집단들을 위해, *hierourgoi*(희생제물을 드리는 사제들), *synethei*(친밀한 사람들), *mystai*(입문자들)과 같은 그들 자신의 고유한 이름들을 종종 만들어냈다.

7 Dennis Smith, *From Symposium to Eucharist: The Banquet in the Early Christian World* (Minneapolis: Fortress Press, 2003), 87-132.

8 Klinghardt, *Gemeinschaftsmahl und Mahlgemeinschaft*, 12-37.

"결사들은 어떻게 음식이 제공되어야 할지에 대해 여러 가지 규정을 만들었다. 때로는 연회가 지역 신전 근처에서 열렸고, 연회를 위한 공간을 임대할 수 있었고, 고기는 희생제물 중에서 얻을 수 있었다. 때로는 귀족이 귀족의 집에서 식사를 주최하였다."[10] 때때로 그 집단은 신전이 있는 곳과 상관없이 식사하는 공간을 빌렸고, 가끔은 모임을 위하여 건물을 구매할 정도로 강력해졌다.[11]

특히 결사의 구성이 놀라웠다. 드 상트 크로와가 강조한 것처럼, 많은 결사들은 일차적 구성원이 노동계급이었다.[12] 한편, "꼴레지아"(collegia)에 대한 고대 문헌은 그 집단에 속한 혹은 그 집단을 후원한 영향력 있는 사람들에게 집중하는 경향을 띠었다.[13] 그러나 꼴레지아에 대한 새로운 연구에서는 그 안에 다양한 계층이 속하였다는 것이 분명하다.[14] "그 집단에서는 노예들이 지도자, 인도자가 될

---

9 Wilson, "Voluntary Association: An Overview," 8-15; Kloppenborg, "Collegia and Thiasoi: Issues in Function, Taxonomy and Membership," 17-26, in Kloppenborg and Wilson, *Voluntary Associations*; Harland, *Associations, Synagogues, and Congregations*, 8-62; Kloppenborg, *Voluntary Associations*, 8-18를 보라.

10 Catherine T. Nerney and Hal Taussig, *Re-Imagining Life Together in America: A New Gospel of Community*(Lanham, Md.: Sheed & Ward, 2002), 12.

11 Harland, *Associations, Synagogues, and Congregations*, 34-61.

12 G. E. M. de Ste. Croix, *The Class Struggle in the Ancient Greek World from the Archaic Age to the Arab Conquests*(Ithaca, N.Y.: Cornell University Press, 1981), 112-204, 278-326, 453-73.

13 Jean-Pierre Waltzing, *Étude Historique sur les Corporations Professionnelles Chez les Romains Depuis les Origines Jusqu'à la Chute de l'Empire d'Occident* (Louvain: C. Peeters, 1895-1900), 62-89를 보라.

14 드 상트 크로와의 독창적이고 때로는 논쟁적인 연구인 *Class Struggle in the Ancient Greek World*는 헬레니즘 시대의 결사들을 제국의 억압에 대항하여 가난한 사람들을 조직하는 데 핵심 역할을 하는 것으로 묘사한다. 드 상트 크로와는 결사의 활동

수 있었다. 이러한 보호적 환경 안에서 노예와 자유인의 혼합은 빈번하였다. 이와 비슷하게 남성과 여성은 공적으로보다는 이러한 환경에서 훨씬 많이 교제하였다."15 비록 이러한 연합들의 구성원 중 상당수가 가족 혹은 민족에 기반을 두고 있지만, 어떤 연합들은 전통적인 가족과 민족의 경계를 허물기도 했다.

일반적으로 결사 모임의 분위기는 앞에서 묘사한 식사 분위기를 반영한다. 즐거움, 유머, 우정, 상호성, 대화가 그 결사의 지속적인 특징이었다. 그러나 이따금씩 다양한 계급구성이 긴장을 만들어냈다는 것도 사실이다. 예를 들면, 박카스를 섬기는 결사(Iabakchoi)의 규칙은 구성원 사이에서 선의를 규정하고 갈등을 처벌하기 위하여 상당한 노력을 기울였음을 보여준다.

절충적이고 비교적 소규모 모임이라는 헬레니즘 문화 전반에 걸친 조직적 혁신은,

> 지중해 지역에 대한 제국 통치가 장기화되면서 더욱 가속화되었다. 부족 및 민족의 결속과 정체성은 알렉산더 대왕이 지중해와 근동 지역을 정복한 후에 그리고 셀류시드, 이집트를 뒤이어 가장 야심찬 로마인들의 침략과 통치 이후에, 극적으로 쇠퇴의 시기를 맞이한다. 수세기에 걸친 제국의 지배는 확대 가족들, 씨족들, 부족들 그리고 민

들로부터 직접적으로 유래한 수많은 폭동들과 제국의 폭력적인 반응들에 엄밀한 주목을 기울인다, 290-333, 512-40. 결사들의 강력한 전복적인 역할에 대한 그의 주장이 더욱 명백하지만, 드 상트 크로와만이 어떤 막연한 불안을 나타내는 것으로서 결사들을 파악한 것은 아니다. 본 장에서 주목되었듯이, 19세기와 20세기 초기의 연구의 대부분은 결사들을 타락해가는 헬레니즘의 시대에 관한 불만의 표시들로서 보았다.

15 Nerney and Taussig, *Re-Imagining Life Together in America*, 12.

족들이 사람들을 모으는 방식에 치명적 타격을 가하였다. 다양한 제국들의 지배로, 혈연과 지리에 기초한 전통적 모임 방식이 크게 파괴되었다.

많은 제국들이 전통적인 사회적 집단을 제국적 조직으로 대체하려고 했다. 피정복민에게 새로운 사회적 조직을 부과하려는 지속적인 시도들이 있었다. 가장 극적인 예는 아마도 로마제국인데, 그들은 고전적 그리스의 이상에 기초하여, 정복한 거의 모든 지역에 새로운 도시를 건설하려는 무모할 정도의 야심찬 시도를 감행했다. 그러나 가족적 민족적 전통 집단을 로마의 것으로 대체하려는 시도는 제한적인 성공만을 거두었다.

전통적인 집단의 붕괴와 제국의 제도에 저항하는 이들의 연대는, 제국 전반에 걸쳐 대중들 사이에 사회적 결속과 로마적 정체성의 부재로 이어졌다. 사회적 혼돈 속에서 연합하는 힘들의 결과로, 새로운 종류의 사회적 결사들이 등장하였다.[16]

헬레니즘 시대에는 결사라고 불리는 새로운 조직이 번성하였다. 이는 기술자들과 건설노동자들의 결사처럼, 직업 역할을 중심으로 형성된 집단으로 전문화되었다. 어떤 결사는 여흥과 음악의 추진력으로 생겨나기도 했다. 많은 결사들이 신들의 이름을 취함에 따라, 종교는 종종 사람들을 모으는 힘이 되었다. 많은 결사들이 그 구성원의 사후 매장을 보장해 주었다. —가족과 민족적 유대의 약화와 도시적 환경에서 증가하는 빈곤문제와 함께— 많은 사람들이 매장을 위

---

16 Ibid., 11.

한 적절한 수단, 토지, 혹은 네트워크를 갖지 못했기 때문이다.[17] 이 모든 맥락에서, 결사들은 헬레니즘 시기 동안에 성장하였다.[18]

---

[17] 그들의 회원들을 위한 적절한 매장에 대한 결사들의 관심이 널리 퍼져 있었기 때문에, 19세기의 연구는 결사의 주요한 유형이 장례였다고 일반적으로 주장하였다. Waltzing, *Étude Historique*, 172-77를 보라.

[18] 헬레니즘의 시기 동안에 결사의 힘에 관한 나의 입장은 그것들이 민주주의에 대한 쇠퇴의, 혹은 그리스의 '폴리스'(polis) 자체의 삶의 결과들임을 함의하지는 않는다. 후자의 내용은 다음의 저서에서 고전적으로 주장되어 왔다. E. G. L. Ziebarth, *Das griechische Vereinswesen*(Stuttgart: S. Hirzel, 1896); William Tarn and G. T. Griffin, *Hellenistic Civilization*(London: Arnold, 1952); Claude Mosse, *Athens in Decline*, 404-86 B.C.(London: Routledge and Kegan Paul, 1973); Heinz Kreissig, "Die Polis in Griechenland und im Orient in der hellenistichen Epoche," 1074-84 in *Hellenische Poleis: Kriseó Wandlungenó Wirkung*, ed. Elisabeth Charlotte Welskopf (Berlin: Akademie, 1974) 혹은 드 상트 크로와(*Class Struggle in the Ancient Greek World*)에 의해 혁신적으로 주장되었다. 결사들 문헌이 하층 계급들의 집단적인 표현에 대한 핵심 통찰을 제공하는 방식들에 관한 드 상트 크로와의 중요한 연구는 여전히 유효하다. 나는 이러한 주장된 인과성이 아직 입증되어야 하며, 아마도 심지어 완전히 오류라고 할랜드(*Associations, Synagogues, and Congregations*, 89-112)에 의해 확신하고 있다. 이러한 주장에서 문제들은 헬레니즘의 시기 동안에 민주주의의 쇠퇴가 지역의 수준들에서 그렇게 드러나지 않는 것이라는 것이다. 고전적 그리스의 민주주의를 둘러싼 문학적인 과장은 여전히 설명되어야 한다. 헬레니즘의 시기의 생생한 문화적, 경제적, 사회적 제도로서 폴리스의 생명력은 논박하기가 어렵다. 그리고 헬레니즘의 시기 동안에 민주주의의 쇠퇴를 향한 어떤 경향들과 폴리스 사이의 인과적 연결은 주제 넘은 것으로 보인다. 그러나 할랜드의 비판은 왜 결사 자체들이 헬레니즘의 시기에 그토록 생명력 있게 되었는가의 질문을 완전히 열어 놓는 것으로 보인다. 기이하게도 할랜드가 헬레니즘 시기에 결사들의 공동체적, 시민적, 종교적, 문화적인 생명력을 보여주면서도, 그는 이러한 비교적 새로운 사회적 형성의 원인들에 관해서는 이론화하지 않는다. 위에서 그리고 나의 이전의 저서(Nerney and Taussig, *Re-Imagining Life Together in America*)에서 주목되었듯이, 나는 알렉산드리아의, 셀류시드의 그리고 로마제국의 확산적 의식과 제국의 간섭을 헬레니즘 시기의 강력한 결사의 삶의 출현과 어떤 인과적 관계 안에 있는 것으로 본다.

결사의 종류

이 짧은 도입부만 보더라도, 상이한 종류의 결사들이 있었음이 명백하다. 결사들은 공통적으로 집단 충성에 대해서 그리고 식사를 위한 모임에 대해서, 새롭고 강력한 정체성의 구성요소로서 구성원 자격에 대한 강조를 했지만, 결사들 사이의 차이도 상당하다. 학문적 연구는 19세기 이후로 이러한 차이에 대한 유형론을 만들어냈다.[19]

19 19세기와 20세기 초기의 연구는 장례 결사들을 지배적인 유형으로 보는 것으로 나타났다. Theodor Mommsen, *De Collegis et sodaliciis romanorum*(Kiliae: Libraria Schwersiana, 1843); Jean-Pierre Waltzing, *Étude Historique*; George La Piana, 'Foreign Groups in Rome during the First Century of the Empire,' *Harvard Theological Review* 20(1972): 183-354를 보라. 이러한 결사들은 가족들이 적절한 매장을 행할 재정이 아마도 없는 가난한 사람들을 위한 매장을 처음에 보장하기 위하여 형성되었던 것으로 보인다. 월찡의 요약된 저서 *Étude Historique*는 그러한 결사들에 대한 처음의 장례 목적이 이러한 결사들의 더 일반적인 사회화 기능에 의해 재빨리 대체되었다는 의견을 전형적으로 나타냈다. -즉 이러한 집단들의 새로운 결사의 활동들(식사를 위한 모임과 공동체)이 처음의 매장 필요들을 곧 덮어버렸다. 이러한 초기의 연구는 일차적인 초점이 종교적이거나 직업적이었던 결사들이 있었음을 또한 정말로 주목하였다. 그리고 비록 초기의 결사의 유형들에는 항상 포함되지는 않았지만, 더 초기의 연구는 철학적이고 학교의 목적들을 위하여 식사를 위해 모인 집단들에도 주목하였다. 특히 월찡은 많은 결사들이 헬레니즘 시대의 노동자들(예를 들면, 배 건조자들, 소 목동들, 도공들, 의사와 같은 자들, 직물 짜는 자들 그리고 빵 굽는 자들)의 일을 중심으로 형성된 방식들을 묘사하는 데에 집중하였다. 아래에서 주목되듯이, 이러한 유형론은 심지어 21세기의 연구에서도 가치를 가진 것으로 보이는데, 이 21세기의 연구도 특별한 종류들의 노동자들의 모임으로서 헬레니즘 시대의 결사의 주요한 종류를 또한 묘사한다. 19세기와 20세기 초기의 연구들은 결사들의 많은 부분들의 종교적인 혹은 제의적 특성에 매우 인상을 받았고, 그러므로 그러한 것들을 분명한 별개의 종류의 결사로 보았다. 이러한 유형론의 어떤 것에 여전히 의존하면서, 그러나 그것을 식사 실천과의 관련에서 세분화하면서, 클링하르트는 일곱 가지 다른 종류들의 결사들을 제안한다. 과거 25년에, 결사들의 이러한 유형론은 프랑크 아우스뷔텔(Frank Aus- büttel), 존 클로펜보그 그리고 필립 할랜드에 의해 도전받아왔다. 헬레니즘 시대의 비문들과 문헌을 더욱 엄밀히 조사하면서, 아우스뷔텔은 단지 장례 목적에만 헌신된 결사

더 과거의 연구를 떠올리게 하지만 새로운 유형론의 가능성을 직접적으로 언급하면서, 1996년 존 클로펜보그는 "헬레니즘 제국들의 시대에서 결사들의 명확한 분류에 도달하는 것은 특히 어렵다"[20]라고 언급하였다. 기능주의[21]에 대한 대안으로, 클로펜보그는 결사들에 대해 세 가지 구성원 토대가 있다고 제안한다: 즉 가족-가구, 직업 그리고 제의.[22] 할랜드는 클로펜보르그의 제안을 따르면서, 결사들이 창조해낸 공통의 사회적 네트워크를 찾아낸다. 할랜드는 다섯 가지 서로 다른 사회적 네트워크에 기초한 결사 유형론을 제안한다: "(1) 가족 네크워크, (2) 민족적 혹은 지역적 네트워크, (3) 이웃 네트워크, (4) 직업적 네트워크 그리고 (5) 제의 혹은 신전 네트워크."[23]

할랜드의 사회적 네트워크로서 결사에 대한 이동은, 사회적 구성에 대한 헬레니즘적 혁신으로서(식사에 기초된) 결사들을 이해하는 이 책의 관심을 고무시킨다. 이는 어떻게 헬레니즘 시대가 대안적인 사회 네트워크들의 창조에 대한 열정을 풍부하게 갖고 있었는가를 인식하는 일의 중요성을 강조해준다. 헬레니즘의 대대적인 정치적,

---

들을 발견할 수 없었다. *Untersuchungen zu den Vereinen im Westen des Romischen Reiches*(Kallmünz: M. Lassleben, 1982), 21-24를 보라.

20 Kloppenborg, "Collegia and *Thiasoi*," in Kloppenborg and Wilson, *Voluntary Associations*, 18.

21 클로펜보그는 "collegia의 아마도 더 나은 분류는 그들의 회원 자격(membership)의 프로필(profile)에 기초될 것인데, 특히 다양한 collegia의 실제의 기능들이 상당한 정도로 서로 겹쳤기 때문에 그러하다"고 그와 똑같은 글에서 계속해서 제안하였다("Collegia and *Thiasoi*", 23). 클로펜보그는, 비록 그 자신의 범주들도 기능들에 비교적 무겁게 의존함에도 불구하고, 결사의 유형들을 확립하기 위한 기준들로서 "기능적인 경계들"에 대하여 또한 염려한다.

22 Kloppenborg and Wilson, *Voluntary Associations*, 23-25.

23 Harland, *Associations, Synagogues, and Congregations*, 25.

사회적, 문화적 변화는 이러한 종류의 사회적 생산성을 요구하였다. 새로운 세계의 권력 구조에 의한 집단적 충성 유형의 불안정화, 제국들이 나라들을 연결한 방식들에 의해 가능해진 광범위한 새로운 경제적 유형들 그리고 오래된 부족 및 씨족에 대한 충성의 붕괴는 사람들이 모이고 정체성을 확인하는 방식에서 새로워질 것을 요청하였다. 헬레니즘의 결사들은 집단 정체성을 새롭게 하기 위한 주요한 수단이었다.

결사와 식사

결사와 식사의 관계는 표면적인 차원에서는 명백하다. 마티아스 클링하르트는 다음과 같이 선언한다: "결사의 식사는 고대의 결사 생활에서 가장 중요하면서도 빈번했던 유일한 방식이다." 결사는 "항상 식사를 중심으로 이루어지는 공동체"였다.[24] 존 클로펜보그의 저서에 있는 독창적인 책 소개 글에서 스티븐 윌슨은 "공동체적 식사와 음주는 결사들의 삶과 늘 함께한 특징이다"라고 말한다.[25]

많은 결사들이 소유한 건물에 대한 연구의 일부로서, 할랜드는 그 건물은 "종종 성소와 연회 설비들 모두 갖추었다"[26]라고 관찰하면서, 결사들이 소유했던 몇몇 알려진 건물들에 관한 고고학적 연구를 요약한다. 오스티아의 건설 연합은 붙박이로 된 카우치를 갖춘 네 개

---

24 Klinghardt, *Gemeinschaftsmahl und Mahlgemeinschaft*, 33-43(저자의 번역).

25 Stephen G. Wilson, "Voluntary Association: An Overview," in Kloppenborg and Wilson, *Voluntary Associations*, 12.

26 Harland, *Associations, Synagogues, and Congregations*, 63.

의 식사 공간을 포함한 건물을 소유하였다.[27] 헬레니즘 시대의 실제적인 모습을 풍부하게 보여주는 할랜드의 책은 소아시아에서 출토된 두 개의 부조를 통해 서로 다른 결사들의 실천의 일부로서 식사를 위한 기대 눕기와 모임을 소개한다. 종교가 헬레니즘적 삶의 나머지의 분리되어 있지 않았다는 그의 주장과 맞게(3장을 보라), 결사들의 "연회 활동이 신에게 영광을 돌리거나 신과 교제하는 수단으로 간주되면서, 연회 활동에는 참여자를 위한 다양한 종교적 의미가 첨부될 수 있었다"[28]고 할랜드는 주장한다.

이 책에서는 어떻게 식사가 헬레니즘 결사들의 발전에서 중요한 역할을 했는가를 볼 필요가 있다. 헬레니즘 시대의 주요한 조직인 결사들이 식사만을 중심적인 요소로 삼았다는 것은 아니다. 이미 발전된 식사 실천이 결사들로 하여금 사람들을 모으기 위한 대리자의 역할을 한 것은 간과할 수 없을 것이다. 식사(deipnon) 후의 실제적이고 여유로운 인격적 상호작용이라는 주연의 전통은 결사가 구성원들의 충성을 증대시키는 조직이 되게 하였다. 헬레니즘 시대는 사람들을 모으는 낡은 방식들이 악화되고 있었거나 혹은 적극적으로 무너지고 있던 시기이다. 헬레니즘 시대의 결사들이 강력하게 성장한 도시들은 종종 차이와 분열이 뒤섞여 있었다. 결사들이 식사의 제도에 의존할 수 있었고, 새로운 형태의 정기적이고 확장된 연회를 발전시킬 필요가 없었다는 것은 이웃, 동료, 민족들을 모으는 그 결사의 능력에 활기를 불어 넣었다.

거꾸로 말하면 결사들은 식사가 사회적 표현과 사회적 실험을 위

---

27 Ibid., 65.
28 Ibid., 77.

한 더 조직적이고 공동체적인 구조에 기여할 수 있게 했다. 결사들의 지속적인 조직은 식사를 통해서 인간 상호작용의 다양성과 깊이가 정교하게 될 수 있도록 개방적이고 안정적인 틀을 제공하였다. 오랫동안 이어진 근동의 식사 실천과 헬레니즘 시대 결사 조직의 결합이 사회적 구성과 실험을 위한 폭넓고 강력한 기반을 마련하였다.

"자발적인" 결사들

결사들은 헬레니즘 시대의 중요하고 널리 퍼진 사회적 구성을 잘 보여준다. 결사들이 보여주는 새로운 종류의 집단화는 19세기와 현재의 연구 모두가 다루었다.[29] 이 연구의 두 국면에서 결사가 갖는 의미는 이전에는 관련짓지 않았던 개인이 그 집단 안에서 행한 비교적 강력한 역할에서 묘사되었다. 어느 정도는 개인들이 집단과의 교제와 사귐을 선택했다는 것은 분명한데, 이는 이전 시대에 대부분의 집단이 이미 확립된 사회적 계급, 부족, 혹은 가족으로 구성되었던 방식들과는 대조된다.

헬레니즘 결사들의 회원 자격은 개인의 의지에 훨씬 더 많이 의존했던 것으로 보인다.[30] 예를 들면 결사들이 아니면 어떤 수단이나 연

---

29 Franz Poland, *Geschichte des Griechisches Vereinswesen*(Leipzig: Teubner, 1909)를 보라. 클로펜보그와 윌슨이 편집한 책 *Voluntary Associations in the Graeco-Roman World*에서 그들의 개괄적인 글들(Kloppenborg, "Collegia and *Thiasoi*", Wilson, "Voluntary Association: An Overview")을 보라.

30 더 오래된 이전의 연구들이 이것을 나타내왔다. Lewis Richard Farnell, *The Higher Aspects of Greek Religion* (London: Williams and Norgate, 1912); W. S. Ferguson, "The Leading Ideas of the New Period," in *The Hellenistic Monarchies and the Rise of Rome*, ed. S. A. Cook, F. E. Adcock, and M. P.

결을 갖지 않을 개인이 존엄한 매장의 혜택을 받고 죽은 후에도 결사의 식사에서 영예를 얻을 수 있도록 만든 방식에 대해 많은 것을 이해할 수 있다. 이러한 보장이 개인들로 하여금 결사에 가입하도록 자극했다는 것은 상당히 분명하다. 앞에서 언급한 것처럼 더욱 중요한 것은 결사들의 장례보장은 결사 가입을 위한 피상적인 핑계일 뿐이고, 그 결사의 특정한 사회적 역동성이 갖는 매력 때문에 개인들을 끌어들일 수 있었던 것으로 보인다.

이와 비슷하게 민족적 결사들의 경우, 민족적인 유대가 해체되도록 위협하는 헬레니즘 사회의 다양한 요소들에 대한 명백한 반향으로 형성된 것이다. 그 시대의 세 가지 특별한 힘은 하나의 민족이 함께 모이는 것을 점점 어렵게 만들었다: (1) 로마제국에 충성하라는 그리고 민족적인 집단들이 함께 모이는 것을 위협으로 간주하는 당국의 압력, (2) 상업, 이주 그리고 피정복민의 강제 노동과 노예화로 인한 지중해 지역 민족들의 흩어짐, (3) 지중해의 다민족적 도시에서 민족들 간의 긴장. 이 긴장은 개인들이 민족적 충성심을 따라 민족적 결사에 가입할 때 강화될 수 있는 상황에 놓였음을 뜻한다.

직업 결사도 결사의 구성원이 되는 것이 고용을 보장하거나 고용주에게 고용 책임을 부과하지 않았다는 점에서 자발적인 차원을 갖고 있었다. 예를 들면 건설 노동자는 그의 동료 노동자들과 연대하여 때로는 고용주(들)의 반대에도 불구하고 결사에 가입하였다.

이 모든 것은 최근의 연구에서 "자발적인 결사들"이라는 명칭에

Charlesworth(Cambridge: Cambridge University Press, 1964); Martin P. Nilsson, *A History of Greek Religion*, trans. F. J. Fielden(Oxford: Clarendon, 1925); W. K. C. Guthrie, *The Greeks and Their Gods*(Boston: Beacon, 1950)를 보라.

이르렀다.31 그러나 훨씬 최근에는 이러한 명칭에 대하여 의심도 표현하고 있다.32 "자발적인"이라는 명칭은 개인이 대체로 자율적인 것으로 보이는 "현대적인" 사회 모델이 강하게 각인된 표현이라고 일부 학자들은 우려했다. 헬레니즘 시대의 개인들은 20세기와 21세기보다 훨씬 덜 자율적이었음은 사실이다. 민족 및 직업 연합의 사례들은 개인의 자발적 의지만큼이나 결사에 합류하게 만드는 사회적 압력을 반영한다. 물론 심지어 현대/탈현대의 사회에서도 자발적인 자율성이라는 개념은 사회학적인 자료보다는 마음의 상태에 더 근거한 개념일 것이다.

"자발적인"이라는 표현을 어떻게 분류하든지, 헬레니즘 시대의 결사들이 개인적 선택의 새로운 차원을 가졌다는 것과 현대의 개인의 의지가 그 시대에 존재할 수 없었다는 것 모두 어느 경우든 타당성이 있다. 이 연구의 목적상 논란의 양면을 모두 타당하게 여기고 있다. 식사와 결사의 관련은, 개인들의 결사 가입과 결사 식사의 상호작용에서 모두 그러한 선택을 할 수 있게 하는 새로운 종류의 사회적 추진력을 제공한 것으로 인정받을 수 있다. 다른 한편 고대 지중해 문화와 소집단의 삶의 결합은 현대적 선택 개념에 비추어 볼 때 상당히 낯선 문화적 의무의 감정을 수반하는 무의식적으로 사람들을 끌어모으는 집단적 힘들이 가득한 것으로 보인다. 결사들의 식사

---

31 물론 여기에서 중추적인 것은 Kloppenborg와 Wilson의 저서, *Voluntary Associations*이다. 또한 Nerney and Taussig, *Re-Imagining Life Together in America*에서 나 자신이 이전에 사용한 것을 보라.

32 Jonathan Z. Smith, "Dayyeinu," in *Redescribing Christian Origins*를 보라. Ascough, *Paul's Macedonian Associations*를 보라. 비록 그가 그 논쟁을 언급하고 있지만, 필립 할랜드의 책은 그 용어를 사용하지 않는다, 반면에 그의 스승과도 같은 클로펜보그는 그 자신의 책의 제목을 그 용어로 썼다.

는 깊게 배어있는 집단적 힘과 결합된 선택을 고조시키는 독특한 특징을 갖고 있었다.

결사(associations), 회당(synagogues) 그리고 회중(congregations)

지난 100년 이상, 역사학자들 중에는 헬레니즘 연합들이 첫 2세기 동안의 기독교 교회와 유사하였고, 종종 혼동되기도 했다고 제안한 이들이 있다. 19세기 후기와 20세기 초기의 몇몇 연구자는 강력한 유사성을 주장하였다.[33] 지난 20년간 진행된 최신 연구는 이 제안을 새롭게 했다.[34] 기독교의 시작과 제도권의 이슈들에 이 특별한 식사가 다가가는 방식에 대한 지난 연구에 충분히 고마움을 표현하고 현재적 중요성을 부여하고자, 이 유사성은 기독교 교회/회중의 사회

---

[33] 19세기의 아마도 가장 명백하고 예리한 연구는 1876년부터 1881년까지 나온 일련의 논문들(본서의 참고문헌을 보라)에서 G. Heinrici에 의해서 이루어졌고, 그의 저서 *Die Erste Brief an die Korinther*(Göttingen: Vandenhoeck & Ruprecht, 1896)가 뒤따랐다. 영어권에서는, 에드윈 해치(Edwin Hatch)의 *The Organization of the Early Christian Churches: Eight Lectures* (London: Rivingtons, 1888)이 비슷한 명백한 긍정적인 비교를 행하였는데, 장례 협회들(societies)과 기독교적 집회들(congregations) 사이의 정확한 상응이라는 해치의 주장은 그의 전반적인 제안들이 받을만했던 것보다 빠른 비판에 더욱 직면하게 만들었다. Waltzing, *Étude Historique* 를 또한 보라.

[34] Ascough, *Paul's Macedonian Associations*; Harland, *Associations, Synagogues, and Congregations*; Kloppenborg and Wilson, *Voluntary Associations* 를 보라. 그리고 J. H. Waszink, Carsten Colpe B. Koetting, "Genossen-schaft" (10: 83-155), 또한 Peter Hermann의 논문 the 1978 *Reallexikon fuer Antike und Christentum*; Peter Marshall, *Enmity in Corinth: Social Conventions in Paul's Relations with the Corinthians*(Tübingen: J. C. B. Mohr, 1987); S. C. Barton and Richard Horsley, "A Hellenistic Cult Group and the New Testament Churches," *Jahrbuch für Antike und Christentum* 24 (1981): 7-41를 보라.

적 형태의 기원에 대한 역사적 반성이라는 더 큰 문맥 속에 정초시킬 필요가 있다.

어떤 차원에서는 기독교의 시작에 대한 가장 전통적인 관점조차도 초기 기독교는 21세기의 기독교 집회(congregations)는 물론이고 수도원적 집단, 개혁교회, 혹은 중세의 교구도 전혀 닮지 않았음을 인지하고 있었다. "교회"(churches) 혹은 "회중"(congregations)의 시작에 대한 전통적인 상상은 교회/회중이 새로운 발명으로서 1세기에 무로부터 유가 되었다는 식의 전혀 있을법하지 않은 상상에 의존하고 있었다. 이 상상은 더 정교한 연구에서도 암시적으로 나타난다.35 그러나 그러한 사회적 구성이 단번에 생겨나지 않기 때문에 사실상 그러한 상상은 불가능하다. 또한 이는 기독교의 영웅적 혁신자로서 예수에 대한 표준적인 상상과도 맞지 않는데 예수를 교회나 어떤 사회적 조직을 창시한 분으로 혹은 그러한 창시에 관심이 있는 것으로 묘사하는 신약성서의 본문들이 없기 때문이다. 1세기 혹은 2세기 교회의 기원에 대한 주류 담론들과 전통적인 상상은 미숙하고 검토되지 않은 가정에 의존했다고 볼 수 있다.

조금 덜 미숙하지만 기본적으로는 비슷한 생각이 있는데, 지난 수 세대 동안 역사학자 중에는 초기 기독교의 회중이 새롭고 고유한 기독교적 통찰, 신학, 사회적 전망으로부터 파생된 새로운 사회적 구성이라고 제안한 이들도 있다. 새로운 기독교 사회의 특징이라는 생각은 독일의 아돌프 다이스만과 미국의 조시아 로이스까지 거슬러 올라간다.36

---

35 Meeks, *The First Urban Christians*; Raymond E. Brown, *The Community of the Beloved Disciple* (New York: Paulist, 1979)를 보라.

어떻게 초기의 기독교 교회가 생겨났는가에 대한 최근의 이론적 변형은 헬레니즘 시대의 결사를 참고하는 경우도 있지만, 기독교 모임의 사회적 전망과 대조되는 조직이라는 관점에서 참고한 경우이다. 1980년대에 초기 기독교를 사회학적 관점으로 바라본 선구자격인 웨인 믹스는『최초의 도시 그리스도인』(The First Urban Christians)에서 교회와 유사한 조직들을 검토한 후에 기독교 회중과 헬레니즘 결사 사이에는 유사점보다는 차이점이 많다고 제안했다.37 필립 할랜드가 염려한 것처럼, "사람들은 믹스가 기독교 모임이 다른 모임들과 비교될 수 없다는 점에서 다를 뿐만 아니라 고유하다고 간주한 것으로 본다."38 기독교 모임이 본질적으로 어떤 제도와도 비교될 수 없다는 제안은 기독교 모임이 주류 담론의 주장대로 독창적인 기독교 신앙을 따라 극적으로 생겨난 완전히 새로운 사회였다는 가정을 은폐하고 있을 뿐이다.

초기 기독교 회중이 무로부터 생겨났다는 전혀 그럴듯하지도 않은 시나리오가 건재한 상황에서 역사학자 중에는 초기 기독교 모임이 회당의 변형이라고 제안한 이들도 있다.39 이는 예수가 유대인이고 회당에 참석한 것으로 복음서가 묘사하므로 초기 기독교 모임은

36 Adolf Deissmann, *Paul: A Study in Social and Religious History*, trans. William E. Wilson(London: Hodder & Stoughton, 1927); *Light from the Ancient East: The New Testament Illustrated by Recently Discovered Texts of the Graeco-Roman World*, trans. Lionel R. M. Strachan(London: Hodder & Stoughton, 1927)를 보라. Josiah Royce, *The Problem of Christianity*(Chicago: University of Chicago Press, 1913)를 보라.

37 Meeks, *The First Urban Christians*, 74-83.

38 Harland, *Associations, Synagogues, and Congregations*, 210.

39 예를 들면, Oscar Cullmann, *Early Christian Worship*, trans. A. Stewart Todd and James B. Torrance(London: SCM, 1953), 14-34, 67-82를 보라.

회당과 유사한 형태, 즉 이방인을 받아들인 독특한 형태였을 것이라고 보는 것이다. 초기 기독교의 기본적인 사회 구성에 대한 이러한 상상 역시 결함 있는 제안이기도 하고 분명하지도 않은 것으로서 가능할 것 같지 않은 생각이다. 이는 예수 사후에 몇몇 추종자들이 그의 실천을 지속했을 것이라는 가정이 있음직하지 않다고 보는 것이 아니다. 상세한 역사적 조사에 따르면 기독교적 사회 구성의 첫 번째 혹은 두 번째 층을 회당으로 간주할 때 생기는 문제는 1세기의 회당이 무엇이었는가가 전혀 분명하지 않다는 점이다.

그 단어 자체는 그리스어 시나고게(synagoge)이고, 이는 "만남," "집회," "만나는 장소," 혹은 가장 문자적으로는 "함께 모여 옴"을 의미할 뿐이다. 이 그리스어 단어는 지중해 전반에 걸쳐 다양한 모임에서 사용되었다. 그 단어를 사용하는 대부분은 종교적 모임과는, 더구나 유대교적 모임과도 전혀 관계가 없었다. 시나고게라는 용어는 예루살렘으로부터 너무 멀리 떨어져 있어서 정기적으로 성전에 참석하는 것이 어려웠던 유대인들을 위하여 유대인과 유대교로 개종한 이들에 의해 예루살렘 성전 파괴 이전 시기에 사용되었다는 것은 사실이다. 헬레니즘 지중해 전역에서 유대인 디아스포라가 "시나고게"로 모인 것으로 알려져 있다. 어떤 경우 —모두는 전혀 아닌데— 이들 디아스포라가 모임을 갖는 건물도 "시나고게"라 불렸다. 종종 그 단어는 "만남" 자체를 지칭했던 것으로 보인다.

1세기 유대인들이 이 모임에서 무엇을 했는지도 분명하지 않다. 유대인들이 이 모임에서 행한 실천이 다양했다는 몇 가지 암시는 있다.[40] 디아스포라 유대인 모임에 대한 다양한 설명들은 식사의 묘사를 포함하고 있다.[41] 기원 후 70년에 예루살렘 성전이 파괴된 후에 랍비 유대교가 점차 형성되었고, 이 랍비적 유대교가 자기이해의 일차적인 측면으로 "회당"이라는 새로운 조직을 창조하였다는 것이 사실이다. 그러나 랍비 유대교의 회당이 분명한 형태로 나타나는 데는 적어도 두 세기 정도를 필요로 하였고, 1세기 디아스포라에서 "회당"이라고 불린 것과 혼동되어서는 안 된다. 랍비 이전의 회당들이 무엇을 하였는가에 대한 대략적인 견해를 제공하는 자료도 거의 없으며 현존하는 자료들은 지중해의 서로 다른 지역에서 서로 다른 실천을 반영하는 것으로 보인다(아마도 그렇게 보아야 할 것이다). 뿐만 아니라, 웨인 맥크레디가 최근 주목했듯이 "회당의 구조와 조직을 모방하려고 한 신약성서의 증거는 최소한이다."[42] 달리 말하면, 초기 그리스도인 중에는 회당과 같은 모임을 위해 모였다고 제안하고 싶은 사람이 있더라도, 이는 그 회당의 실천이 무엇이었는가에 대한 질문을 해결하지는 못한다. 다음의 논의가 보여주겠지만 몇몇 역사학자는 결사들에 대한 연구가 랍비 이전의 회당이 무엇을 행하였는가를 알기 위한 실제적인 자료일 것이라고 생각한다. 그러나 이는 초기 기독교 교회가 어떤 종류의 모임이고 그 모임의 실천이 무엇인가에 대한 지속적인 성찰이 부재했음을 강조할 뿐이다.

---

40 거의 모든 그러한 모임들이 토라를 읽는 것과 기도하는 것을 포함하였다고 가정하는 것이 아마도 안전할 것이다. 대부분의 경우들에, 예루살렘 성전의 계열들(lines)을 따른 의례 희생제의는 일어나지 않았다. 그러나 유대교적인 희생제의가 정말로 일어났던, 이집트의 레온토폴리스(Leontopolis) 근처의 유대적 모임 장소에 관한 문헌적이고 고고학적인 증거도 있다.

41 쿰란(Qumran) 문헌에서 식사에 관한 매우 다양한 언급들을 보라. 또 다른 잘 묘사된 사례는 이집트의 유대적 집단인 테라퓨타이(Therapeutae)에 대한 필로의 글에서 발견된다(*On the Contemplative life*, 17-52).

42 Wayne O. McCready, "Ekklesia and Voluntary Associations," in Kloppenborg and Wilson, *Voluntary Associations*, 62.

마티아스 클링하르트는 다음과 같이 제안한다: "초기 기독교 회중들이 그 모임과 모임의 역동성에서 헬레니즘 시대의 결사들과 어떤 점에서는 비교될 수 있다는 것은 오래된 통찰이며 이는 최근에 다시 인식되고 있다. 물론 훨씬 유익한 결과에 이를 수도 있다."[43] 이러한 방향에 대한 클링하르트의 희망은 그가 언급하는 1996년에 대한 평가 이후에 나타난 최신의 연구로 확증되고 있다.

웨인 맥크레디의 초점이 분명한 글 "교회와 자발적 결사들"("Ekklesia and Voluntary Associations")은 다소 망설이는 듯하다가 다음의 결론을 내린다:

초기 교회는 자발적인 결사들과 주요한 특징을 공유하였고, 그 결과로 초기 교회에 대해서는 외부인들도, 어느 정도는 내부인들도 그렇게 간주하였다. … 윌켄, 말허브 그리고 믹스의 연구는 자발적인 결사들이 초기 기독교의 회집에 대하여 외부인들은 어떻게 생각했는가 하는 문제뿐만 아니라 그리스도인들이 무엇을 믿고 어떻게 그들의 종교를 실천하였는가를 조사하기 위한 생산적인 자료임을 확증한다. 자발적 결사들이 교회를 그레코-로만 사회의 경계 안에 안착시킨 첫 준거가 되었다는 것은 매우 타당하다. … 참으로 자발적 결사의 다양성은 매력적인 특징이었는데, 이는 에클레시아(교회)의 실험과 발전을 허용하였고 동시에 기존의 사회와는 분명히 다른 공동체 규정을 창조할 수 있는 특별한 유형을 제공하였기 때문이다.[44]

---

43 Klinghardt, *Gemeinschaftsmahl und Mahlgemeinschaft*, 25(저자의 번역).
44 McCready, "Ekklesia and Voluntary Associations," 69-70.

드 상트 크로와가 초기 기독교적 모임을 헬레니즘 결사들의 프롤레타리아적 운동 안에 위치를 설정한 방식에 대해서는 이미 언급한 바가 있다. 이와 비슷하게 존 클로펜보그가 스티븐 윌슨과 함께 1996년에 편집한 책에서 클로펜보그의 글은 어떻게 터툴리안만큼이나 후대의 기독교 신학자가 기독교의 모임을 결사들이라는 어휘로 지칭하고 있는가에 주목한다.[45] 윌슨 자신은 "기독교적 모임과 콜레지움 사이의 연관"을 일반적으로 주장하면서 결사들과 초기 기독교 교회 사이의 회원, 활동, 조직, 배타성, 매장 활동, 성 역할, 계급 그리고 구조에 이르는 방대한 비교를 보여준다.[46]

지난 10년 중에는 리차드 애즈코우와 필립 할랜드가 결사들과 기독교 회중들의 교차에 관한 전문적인 연구 결과를 발표했는데, 이들은 그 유사성을 확증하면서도, 그 기획을 복잡하게 하고 있다. 첫째로, 애즈코우와 할랜드는 연구범위를 특별한 지역으로 제한했는데 이는 지혜로운 결정이다. 애즈코우는 데살로니가와 빌립보의 도시로, 할랜드는 소아시아로 제한하였다. 둘째로, 각각의 연구는 기독교 회중들과 결사들 사이의 관계에 대해 특별한 질문을 던진다. 할랜드는, 앞에서 살펴본 것처럼, 기독교 집회와 로마 당국 사이의 관계에 가장 관심을 기울이고 있다. 애즈코우는 직업 연합들의 특정한 형태와 초기 데살로니가의 기독교 집회를 연결하였다.

애즈코우의 2003년도 저서 『바울의 마케도니아 결사: 빌립보서

---

45 John Kloppenborg, "Collegia and *Thiasoi*", in Kloppenborg and Wilson, *Voluntary Associations*, 18.

46 Wilson, "Voluntary Association: An Overview," in Kloppenborg and Wilson, *Voluntary Associations*, 3-13, 4.

와 데살로니가 전서의 사회적 맥락』(*Paul's Macedonian Associations: The Social Context of Philippians and 1 Thessalonians*)은 빌립보와 데살로니가에서 바울이 관계한 결사들과 기독교 모임 사이의 유사점을 심층적으로 분석하였다. 다음은 애즈코우가 내린 결론의 한 부분이다.

> 우리의 논의는 바울이 마케도니아 공동체를 이해하는 측면들을 자발적 결사들에 대한 역사적 사료에서 발견할 수 있음을 보여주었다. …
> 바울은 마케도니아인들의 공동체에 대한 자기이해의 차이를 보여주려는 시도에서 결사들의 실천을 사용하기도 한다. 이를 위한 바울의 출발점은 자발적인 결사의 언어와 조직이다. 이 모든 것은 바울과 마케도니아의 기독교 공동체가 모두 자발적인 결사들과의 광범위한 공유를 암시한다. … 그러한 비교의 과정은 고대의 사회적인 지형에서, 결사들은 바울의 마케도니아 기독교 공동체의 구조를 이해하기 위해 이미 있던 유사한 공동체이다.[47]

할랜드 자신의 2003년 저서는 결사와 회중이 얼마나 동일한 것으로 보일 수 있는가에 대한 최종적 결론을 직접적으로 내리지는 않는다. 그러나 그의 인터넷 웹 사이트에서 할랜드는 다소 직접적으로 결론짓고 있다.

> 표준적 견해에 따르면 유대인과 그리스도인은 자신을 그레코-로만 사회와 완전히 분리시켰고, 주변 문화에 대한 어떠한 참여도 피하였

---

47 Ascough, *Paul's Macedonian Associations*, 190.

다. 로마제국의 문화라는 전체적인 관점에서 볼 때 회당들과 기독교 모임들이 소수의 문화 집단으로 남았다는 것은 진실이다. 이는 일차적으로는… 다신론적인 문화에서… 그들의 유일신론 때문이다. … 그럼에도 불구하고, 소아시아 결사들의 맥락에서 회당과 기독교 모임을 자세히 들여다보면 유대인과 그리스도인의 모임이 다른 "이교의" 결사들처럼 자신들을 위한 모임장소를 필요로 하고 있으며 고대 지중해 사회에서 집, 안식처를 구하는 방식에 주목하고 있다. … 결사를 유대교 및 기독교 모임과 비교하는 일은 기독교의 기원과 신약성서에 관한 새롭고, 심지어는 혁명적인 관점을 제공할 수 있다. … 소아시아에 있는 도시에서 나온 고고학적 증거는 유대인, 그리스도인 그리고 다른 그리스인들과 로마인이 공존하는 가운데서 로마제국의 사회적 종교적 삶에 대한 우리의 이해를 재평가할 수 있는 새롭고도 유익한 관점을 제공한다.[48]

그 책에서 완곡하게 표현하는 그의 결론에도 불구하고 할랜드는 지난 10년간 결사에 대한 연구를 통해 헬레니즘의 결사들, 회당 그리고 기독교 회중 사이의 유사성에 대한 가장 완전한 체계를 제시한다. 그의 결론 장에서 할랜드는 책 전체에 걸쳐 제시된 주요한 유사성을 요약한다:

우리는 지역적 토대를 가진 결사들과 회당, 기독교 회중들을 함께 비교할 가치가 있음을 알게 되었다. … 비문들과 고고학적 자료는 바울

---

48 www.philipharland.com를 보라.

그룹이 갖는 정체성의 주제를 포함하여⋯ 바울과 그의 공동체에 새로운 빛을 준다. 직업 정체성과 네트워크는 고대 세계에서 결사의 중요한 기초였다. 바울은 손기술 노동자(텐트 만드는 사람)로서 종종 그의 직업의 관점에서 자신의 정체성을 표현하였고, 우리는 작업장과 그 연결망들이 초기 기독교 설교를 위한 주요한 사회적 맥락임을 발견하였다. ⋯ 더구나 동료 구성원에 대해 "형제들" 그리고 지도자들에 대해 "어머니" 혹은 "아버지"라는 용어의 사용을 포함하여 결사들 내에서 사용하는 허구적인 친족 언어의 중요성은 바울의 모임 안에서도 이러한 언어가 사용되었음을 이해하기 위한 새로운 틀을 제공해 주었다. ⋯ 바울 서신은 집단-사회 관계의 지속적인 협상과 집단 경계 설정을 보여준다. 기독교 모임과 주변 사회 간의 상호작용은 보통의 종파적 접근이 제안하는 것보다 복잡할 수 있다. 예컨대 고린도에서 우상에게 바친 음식을 먹는 문제(고전 8-10장)를 더 잘 파악할 수 있었던 것은 결사들이 연회를 여는 목적과 다수의 식사모임에 소속할 수 있는 잠재성의 빛에서이다. 바울과 같은 기독교 지도자들은 제국의 문화적 세계와의 관계에서 그들이 받아들일 수 있는 실천이라고 여기는 것을 결정할 필요가 있었다.[49]

앞에서 살펴본 것처럼 할랜드의 책이, 결사들과 기독교 모임 사이의 연결에 대한 연구뿐 아니라 결사들이 반(反)제국적이지 않았다는 인상과도 씨름하는 이중의 목적을 수행하는 것처럼 보이지만, 이는 그 책의 조직과 스타일의 문제일 뿐이다. 사실상 두 목적은 전적

---

49 Harland, *Associations, Synagogues, and Congregations*, 267-68.

으로 보완적이다. 할랜드에게 결사들이 일반적으로 반(反)제국적이지 않다는 것의 요지는 기독교 회중들이 헬레니즘 시대의 결사들과 비슷하다는 그의 요점에 기여한다. "이 세계에 속하지" 않음이라는 신약성서의 주장을 두고 모든 초기 기독교 공동체가 "종파적"이었고 자신을 결사들과 같은 헬레니즘 조직과 의도적으로 대조시키고 있는 것으로 여긴, 오랜 기독교적 해석의 역사와 싸워야 한다는 것을 할랜드는 잘 알고 있다.[50] 따라서 할랜드는 무엇보다도 해석과 연구의 전통을 무너뜨리고 헬레니즘 시대의 결사들과 기독교 회중들 사이의 중요하고 광범위한 유사성을 다른 사람들이 반드시 볼 수 있게 할 필요가 있었다. 할랜드의 마지막 문단은 "종파적" 연구에 대한 도전이 기독교 회중들과 결사들의 밀접한 관련에 대한 그의 관심에 얼마나 중요한가를 보여 준다:

가장 중요한 것은 제국의 차원에서 로마 시민의 삶에 대한 사례 연구는 로마의 소아시아 사회 내에서 특별히 유대인과 그리스도인의 자리를 이해할 수 있도록 도와주었다. 이 점에서 결사들은 회당과 기독교 회중들 모두와 비교하기 위한 유익한 모델을 제공한다. 역사적 사료를 통한 비교는 이 연구가 도시 국가와 제국 안에서 삶의 사회적 문화적 현실에 집중할 수 있게 해주었다. 그 결과는 기독교 모임을 종파적으로 독해하는 주류 입장을 문제 삼는다. 로마제국 및 기타 도시 국가의 차원과 관련해서 유대인과 그리스도인 사이에는 태도와 실천의 범위가 있었고, 이는 그 모임과 사회 사이의 구분선이 어디에서 얼마나

---

50 Ibid., 267.

엄격하게 그어져야 하는가에 대한 다양한 의견을 보여주고 있다.[51]

우리의 목적을 위해서 할랜드의 관심을 존중하는 것은 중요하다. 즉 초기 기독교의 집회는 확실히 결사들을 모델로 한 것이다. 집회의 조직이 결사 모델에 의존하였다는 것은 사회적 구성과 기능들이 이미 형성되어 있던 체계로부터 새롭게 출현하는 초기 기독교의(식사) 역동성에 대한 이 책의 묘사를 더욱 정교하게 해준다.

결사들과 초기 교회 간의 강력한 유사성은 할랜드가 제안한 셋째 용어를 헤아리지 않고는 제대로 이해될 수 없는데, 본 장에서 이미 조금 [다루어졌다.] 그 용어/조직은 회당이다. 본 장의 앞부분에서 1세기 유대인 디아스포라에 대한 용어로서 회당의 모호성에 주목한 바 있다. 여기에서는 회당이 앞에서 언급한 결사들 및 회중들과 유사하다는 것에 주목할 필요가 있다.[52] 달리 말하면 클링하르트가 주장

---

51 Ibid., 268-69.
52 마침내 기독교가 된 것의 적어도 첫 150년 동안에는 유대교와 기독교를 분리된 것으로 생각하는 것은 오류이다. 1세기에 예수나 그리스도와 관련하여 모였던 대부분의 집단들은 자신들을 "이스라엘"의 영적인 공동체의 어떤 일부로서 생각하였다는 것이 가장 가능한데, 비록 그러한 소속이 다른 유대인들에 의해 논쟁되었고 그리고 유대교의 일부가 됨의 다소 실험적인 방식들을 포함하였지만, 그러하다. 이러한 방식으로, 1세기에 교회들로부터 회당들을 구분하는 것은 거의 불가능하였을 것이고, 아마도 시대착오적이었을 것이다. 예를 들면, "서머나(Smyrna) 교회의 천사"에게 전하는 요한계시록의 편지는 다음의 도전을 포함한다: "또 자칭 유대 사람이라는 자들에게서 네가 비방을 당하고 있는 것도, 나는 알고 있다. 그러나 사실 그들은 유대 사람이 아니라 사탄의 무리(a synagogue of Satan)다"(2: 8-9). 이것이 정확히 무엇을 의미하였는가는 불분명하지만, 여기에서 '교회'(그리스어, ekklesia)와 '회당'(synagogue)이란 단어들이 비슷한 의미로 쓰였다는 것이 상당히 가능하다. 어쨌든, 유대인이고 회당의 구성원인 것이 계시록의 저자에게는 좋은 것으로 보여졌고(그리고 아마도 서머나의 교회의 일부가 되는 것도 동일하였을 것이다) 그리고 그들이 실제로는 아니면서도 유대인들인 "척 하는" 서머나인들이 다루어지고 있

한 것처럼 조직의 형태에 대해서는 "헬레니즘의 이교도와 유대교적 공동체 사이에 아무런 차이도 가정하지 않는다."[53] 이와 비슷하게 할랜드는 "유대인과 그리스도인 역시 결사들과 공통의 용어를 사용하여 그들의 모임을 구별하였다"[54]고 결론짓는다.

요약하면 회당, 회중 그리고 결사라는 용어는 헬레니즘 세계에서는 상당히 겹쳐 있던 것으로 보인다. 확실히 초기 기독교적 모임에서는 이 개념들을 따로따로 작용한 것으로 보인다. 더욱 중요한 것은 이 세 용어가 넓은 범위의 집단들에 대하여 그들이 "그리스도인"이건 아니건 헬레니즘 시대에 걸쳐 동의어적이고 보완적인 방식으로 사용되었다는 것이다.[55] 헬레니즘 시대의 교회와 회당이 과거 1600년 동안 그랬듯이 각각 별개의 조직적 형태를 갖고 있었다는 사고는 더 이상 유지될 수 없다. 교회와 회당이 더 넓은 조직의 범주에 속한다는 생각이 더 정확하며, 이 범주에 대해 본 장은 그리고 본 장에서 요약했던 최신의 연구는 "결사"(associations)라고 지칭했다.

초기의 교회와 결사들을 비교하면서 배제했던 차이들이 무엇이건 간에[56] 이러한 비교가 본 장의 앞부분에서 제시된 다른 미숙하고

는 문제였다는 것은 거의 확실하다. 심지어 초기의 기독교적 문헌이 그들의 집단들에 대하여 '에클레시아'라는 용어를 더 선호하였던 것으로 보일 때에도 (이는 합의의 관점과는 거리가 먼 것이었다), 그것은 자신들을 회당으로서 생각하는 것을 배제하기 위해서 반드시 사용된 용어는 아니었다.

53 Klinghardt, *Gemeinschaftsmahl und Mahlgemeinschaft*, 11(저자의 번역).

54 Harland, *Associations, Synagogues, and Congregations*, 212. 할랜드는 필로를 인용한다, *On the Contemplative life; Special Laws* 2.145-46; *Embassy to Gaius* 312-13; *On Virtues* 33.178; Tertullian, *Apology* 38,39; Eusebius, *H.E.* 10.1.8., 303.

55 이러한 문맥에서는, "결사"에 대한 그리스어는 '코이논'(koinon)이 될 것이다.

56 그러나 우리는 '결사'라는 용어가 헬레니즘 시대의 지중해 세계 자체에 고유한 것이

단순하게 제안된 기원들 중 어느 것보다도 초기 기독교 회중의 기원에 대한 견고한 토대를 제공한다는 점은 분명하다. 기독교 기원에 대한 지배적인 설명들을 강력히 지지하는 무비판적 사고만이, 교회가 1세기에 무(無)로부터 혹은 예수에 의한 위임(이는 신약성서에 존재하지 않는다)으로 등장했다고 생각할 것이다.

초기 기독교 회중들이 더 넓고 오래된 결사들이 있는 세계의 일부

기보다는 고대 지중해 세계에 대한 20세기와 21세기의 용어임을 급히 덧붙여야 한다. 즉 현대의 용어 '결사'는 본 장의 시작 부분에서 나열된, 집단들의 다양한 범위의 이름들에 대해 사용되고 있다. 그리고 이것은 단순히 용어정의 문제가 아닐 수도 있다. 현재의 학문적 용어 '결사'는 너무 모호하거나 너무 넓다고 볼 수도 있다. 초기의 기독교적 교회들의 더 넓은 조직적 특성을 파악하기 위해서 새로운 "결사들" 연구가 매우 가치 있다고 본 장은 주장하지만, 결사라는 이러한 더 넓은 포괄적 용어에 관련된 학문적 유보들을 위한 이유들은 이해할 수 있다. 결사들 연구의 미묘한 차이들에 대한 이러한 파악을 한 후에, 그러면 얼마나 많이 초기의 "기독교적" 집회들(congregations)이 헬레니즘 시대의 결사들이라고 고려될 수 있는가 혹은 고려될 수 있었는가에 대해 무엇을 말할 수 있을까? 이 가능성을 요약하는 데는, 하나의 최종적 주의사항이 인정될 필요가 있다. 첫 150년의 모든 기독교적인 모임들이 동일하게 보였다고 가정하는 것은 오류가 될 것이다. 회원 구성의 측면에서 이 집단들에는 분명히 상당한 다양성이 있었다(예를 들면, 성별, 계급, 유대교적 실천 그리고 민족 등이 초기의 "기독교적인" 공동체들에서 매우 다양하였던 것으로 보인다). 초기의 기독교적인 집단들의 사회적 구조 또한 다양하였던 것으로 보인다.(예컨대, 어떤 이들은 가족 집단들로서 만났고, 다른 이들은 상업 집단들로서, 또 어떤 이들은 다소 비밀스런 집단들로 그리고 또 다른 이들은 더 넓은 이웃 모임들의 부분으로서 만났다.) 역설적이게도 초기의 기독교적 집단들의 구성원과 사회적 구조들의 이 다양성은 본 장에서 더 앞에서 요약된 결사들의 유형들과 거의 전체적으로 상응한다. 본 장은 어떻게 윌슨, 애즈코우 그리고 할랜드의 최근 연구가 결사들과 교회들 사이의 행동, 회원 자격, 용어 그리고 공동체 역할들에서 광범위한 평행들을 나타내는가를 보여주어 왔다. 연구의 전체 범위는 일차적으로 식사에서 모이는 결사들과 초기 교회들의 놀라운 평행들을 지적해 왔고, 본 장은 결론 부분에서 이 유사점으로 돌아간다. 클로펜보그, 클링하르트 그리고 윌슨의 연구는 안과 밖의 사람들 모두 기독교적 집단들을 *collegia*, 장례 연합들, 혹은 "공동체들"(그리스어, '코이노니아')이라고 지칭하였음을 또한 주목해 왔다. 조직적인 형태로서의 결사들과 운동으로서의 초기의 기독교 모두가 헬레니즘의 시기에 꽃피었다는 것은 그 둘 사이의 연결로서 간과될 수 없다.

서 조직적으로 출현하였다는 것은 기독교의 발전에 있어서 식사의 중심적 역할을 정교하게 하도록 돕는다.(본 장의 결론을 보라.) 적어도 그만큼 중요한 것은 기존 사회에 있던 조직적인 구조 안에서 그 구조의 일부로서 초기 기독교가 출현하는 모습이다. 헬레니즘 세계에서 결사들을(그리고 더 넓은 현상 안에 있는 초기 기독교라는 부분을) 이해하는 것은 기독교의 시작에 대한 덜 마술적이면서도 더 발전적인 이해를 갖게 해준다.

식사, 결사 그리고 초기 그리스도인

헬레니즘 시대 지중해 세계에서 식사의 강력하고도 제도화된 사회적 실천에 대한 명확한 개관 그리고 그 시대에 광범위하게 성장하는 조직으로서 결사에 대한 이해를 견지하면서 이제 우리는 기존 사회의 요소들이 초기 기독교를 형성하도록 도왔던 주요한 방식들을 볼 수 있게 되었다.

3장은 헬레니즘 시대에 널리 퍼져있던 식사라는 사회적 실천을 제시하였고 여기에는 그 식사가 표현했던 깊이 있는 사회적 가치들과 그 식사가 촉진시킨 사회적 실천의 역할을 포함하고 있다. 3장은 헬레니즘 식사와 기독교의 문헌에 나타난 사회적 가치와 실험을 위한 의미 있는 유사성을 확실하게 하면서 초기 기독교 문헌에서 동일하게 나타나는 식사의 중심성을 검토하였다. 헬레니즘 결사들에 대한 연구는 결사들과 초기 교회 사이의 강한 조직적 유사성과 함께 그들 각각에서 식사의 중심성을 보여주었다.

초기 기독교의 사회적 실험과 가치는 우선적으로 그들의 식사에서 형성되었고, 식사의 큰 부분은 결사와 비슷한 "기독교" 모임에서 일어났다. 이 점에서 초기 기독교의 사회적 가치와 실험의 상당 부분이 헬레니즘 결사의 요소들과 얼마나 밀접한가를 관찰하는 것은 쉬운 일이다. 식사와 결사들 간의 관계에 대한 본 장의 연구에서 앞에서 살펴본 것처럼, 식사의 사회적 실천과 결사들의 조직적 구조를 결합시키는 일은 그 둘 모두의 사회적 힘을 비약적으로 증폭시켰다. 헬레니즘 시대에 소집단들의 삶이 갖는 창조적이고 구성적인 역동성은 고도로 제도화된 식사의 사회적 실천과 결사들의 매력 모두에 의존했다. 초기 기독교의 출현은 식사 없이는 그리고 헬레니즘 시대 결사들의 조직적 형태 없이는 생각하는 것이 불가능하다. 초기 교회의 창조성과 지속하는 힘은 식사 역학에 크게 의존한다. 초기 교회의 조직적 확산은 결사들의 모델이 없이는 생각할 수 없었다. 비록 이것이 기독교의 출현에서 새로운 "기독교" 사상 혹은 인물의 역할을 제거하려는 의도는 아니지만, 식사와 결사의 힘과 비교하면, 그러한 사상 및 인물의 중요성을 분명히 상대화한다.

결사들, 초기 그리스도인 그리고 가난한 사람들

본 장에서 초기 기독교와 결사들의 제도상의 밀접한 관련이 보여주는 중요한 관점은 가난한 사람들과 노예들의 집단을 포함한 헬레니즘 결사들에 대한 묘사이다. 결사들은 종종 계층이 낮은 노동자의 동업조합이었다. 결사들은 종종 노예를 구성원으로만이 아니라 지도자로 삼기도 했다. 축제적 식사에서 결사들과 초기 기독교 모임 간의 강한 유사성은 초기 기독교의 집회가 엘리트의 집회가 아니라 재산이 거의 없는 노동자들과 비슷한 처지의 여성 그리고 노예의 참여가 가능―심지어는 우세하게―했다는 강력한 암시를 나타낸다.

이 결론에서 중요한 것은 결사들에 관한 최신의 연구 자료들이다. 애즈코우, 할랜드, 클로펜보르그 그리고 윌슨의 연구는 (엘리트의) 문학적인 자료보다는 건물, 공적인 표지에 쓰여진 역사적 사료들에 크게 의존한다. 이는 주류적이고 문학적인 저작들보다는 원시적이며 결사의 식사가 당시의 넓은 사회적 경제적 분포를 관통하는 방식을 보여 준다.

식사 자리의 또 다른 초기 기독교의 가난한 사람들

식사, 초기 그리스도인 그리고 결사들의 강력한 사회적 결합을 인식한 후에 중요한 초기 기독교 식사 중 몇 가지는 결사들과는 관계가 없는 환경에서 일어났음에 틀림없다는 것에 주목해야 한다. 즉 헬레니즘 식사의 고도로 제도화된 사회적 실천은 초기 기독교에서 결사들의 환경을 넘어서 상당히 확대되었다. 흥미롭게도 다른 식사 환경 중 일부는 초기 기독교의 현존과 가난한 사람들을 모두 강력하게 암시하고 있다.

결사가 아닌 환경에서 초기의 "기독교" 식사 모임의 분명한 사례 중 하나는, 아마도 초기의 유랑하는 "기독교" 전도자일 것이다. 어떤 식사(예컨대, 이웃, 확대된 가족, 친구들의 모임)에 참여하기를 원하면서, 장소를 이동하는 순회[57] 전도자들의 모습은 요한계시록,[58] 디다

---

57 게르트 타이센의 몇몇 저서들, 주목하게는 "Itinerant Radicalism: The Tradition of Jesus Sayings from the Perspective of the Sociology of Literature,"

케,[59] 그리고 바울 서신[60]에서 분명히 나타난다. 대부분의 학자들은 마태, 마가, 누가 그리고 도마복음에서 하나님의 나라를 선포하도록 파송된 12명 혹은 70명에 대한 이른바 "선교적 가르침"이 갈릴리의 순회 전도자의 실천을 반영한 것으로 본다. 해당 본문들은 사람이 머물고 식사할 수 있는 집을 찾고, 목표한 일이 이루어질 때까지 한 곳에 머물면서, 하나님 나라의 도래를 선포하기 위해, 마을로 들어가는 실천에 대해 묘사하고 있다.[61] 어떤 학자들은 이 가르침을 예수 사후 Q운동의 실천을 묘사하는 것으로 간주하고,[62] 다른 학자들은 예수

Radical Religion 2, nos. 2-3(1975): 84-93이 초기 기독교의 현자들의 이러한 초기의 순회를 묘사한다. 또한 Theissen, *The Sociology of Early Palestinian Christianity*(Philadelphia: Fortress Press, 1978)를 보라. 그의 저서 *The Social Setting of Pauline Christianity: Essays on Corinth*(Philadelphia: Fortress Press, 1982)도 그리스와 소아이사에서의 이러한 역동성을 설명한다.

58 "예언자 이세벨(Jezebel)"과 두아디라(Thyatira) 교회 사이의 역동성은 이처럼 (2:19-21) (부정적으로) 묘사된다. 단지 암시적으로지만, 실제로 "밧모 섬의 요한"(계시록의 저자를 요한이라고, 그것이 누구였든지 간에, 지명하기 위해 이 이름을 사용하면서)과 소아시아의 일곱 교회들 사이의 관계는 이 유형에 따랐던 것으로 보인다. 즉, 계시록의 저자가 이 집단들을, 어떤 경우들에는 권위를 얻으면서 그리고 다른 경우들에는 명백한 적대감을 얻으면서 방문했던 것처럼 보인다.

59 디다케 12:1-2는 얼마나 오래 그러한 현자들/예언자들이 머물 수 있는가에 관한 분명한 지침들을 주며, 공동체와 그들이 먹고 마시는 것에 대해 분명한 언급을 하고 있다.

60 어떤 경우에는, 바울의 편지들은 바울이 그들(집단들)을 결코 만나지 않았더라도, 선생(바울)과 학생들 사이와 같은 기존의 "기독교적인" 집단에 대한 관계를 나타낸다. 이것은 그의 로마서에서 가장 명백하다: "나는 기도할 때마다 언제나 여러분을 생각하며 언젠가는 하나님의 뜻으로 여러분에게로 갈 수 있는 좋은 길이 열리기를 간구하고 있습니다. 내가 여러분을 간절히 보고 싶어 하는 것은 여러분에게 어떤 신령한 은사를 나누어 주어 여러분을 굳세게 하려고 하는 것입니다"(1:10-11).

61 마태복음 10:5-15; 마가복음 6:7-13; 누가복음 9:1-6; 10:1-12 그리고 도마복음 14:4-5를 보라.

62 Burton Mack, *The Lost Gospel: The Book of Q and Christian Origins*(San Francisco: HarperSanFrancisco, 1993); Leif Vaage, *Galilean Upstarts: Jesus'*

자신이 가르치는 사역을 하는 동안에 예외적으로 있었던 제자들의 실천으로 보며,[63] 또 다른 학자들은 두 기간 모두에 걸친 운동의 묘사로 본다.[64]

초기의 "기독교" 전도자들이 가르치는 역할로 참여가 가능한 식사는 데니스 스미스와 마티아스 클링하르트의 저작에 묘사된 대로 5~6가지 종류였다. 이 식사는 누군가가 이웃과 친구 등 확대 가족의 식사를 위하여 초대하는 경우였다. 스미스와 클링하르트는 이를 헬레니즘 지중해에서 널리 행해진 실천의 자료로 제시했다. 여기서 초대 받은 (그리고 아마도 몇몇 초대 받지 않은) 사람들은 3장에서 묘사한 사회적 유대와 상호성의 목적을 위하여 모였지만 본 장에서 묘사하는 결사들의 부분은 아니다. 이 식사는 주최자의 희망 혹은 누군가의 생일로 모인, 특별한 경우이다. (초대 받은 혹은 초대 받지 않은) 전도자가 주연 동안에 어떤 가르침을 행하는 일은 바로 그러한 식사 모임이었다. 3장에 서술된 사회적 가치와 실험의 상당수도 그러한 식사에서 일어났다는 것이 가장 개연성 있는 사실일 것이다. 그리고 영예를 얻거나 수모를 당하는, 초대 받은 혹은 초대 받지 않은[65] 순

First Followers According to Q (Valley Forge Pa.: Trinity Press International, 1994)를 보라.

63 N. T. Wright, *Who Was Jesus?*(Grand Rapids: Eerdmans, 1993); Marcus Borg, *Meeting Jesus Again for the First Time: The Historical Jesus and the Heart of Contemporary Faith* (San Francisco: HarperSanFrancisco, 1994)를 보라.

64 Crossan, *Historical Jesus; The Birth of Christianity*(Hew York: HarperCollins, 1998)과 그의 글 "Itinerants and Householders in the Earliest Kingdom Movement," in *Reimagining Christian Origins: A Colloquium Honoring Burton L. Mack,* ed. Elizabeth A. Castelli and Hal Taussig(Valley Forge, Pa.: Trinity Press International, 1996), 113-29를 보라.

65 위에서 언급된 12명과 72(70)명을 파송하는 것뿐만 아니라, 예수를 식사에 초대

회 전도자에 관한 초기 기독교 문헌과 일반 문헌 모두의[66] 묘사로 볼 때 이 전도자들이 기원 후 30년대와 40년대에 초기 기독교 출현에 상당한 역할을 하였다는 것은 분명하다.[67]

앞의 서술에서 볼 때 분명한 것처럼 초기 전도자들이 축제적인 식사에 참가하기 위해 애썼다는 것은, 기독교적 순회 전도자의 가난을 암시한다. 초기 기독교 이야기에 나타나는 순회성에 대한 묘사는 가난이 환경적이었는지 혹은 자발적이었는지를 특별히 명확하게 하지는 않지만 분명하게 가난을 이야기하고 있다. "자루도 속옷도 신도 지니지 말아라. … 너희가 그 집에 들어갈 때에 평화를 빈다고 인사하여라. … 그 집에 머물고, 그들이 내놓는 무슨 음식과 음료도 먹어라. … 너를 환영하는 마을 어디로 가든지, 네 앞에 놓인 것을 먹어라."

이 연구의 요점은 초기 기독교 식사 모임들이 항상 가난한 노동자

받은 혹은 초대 받지 않은 손님 현자로서 나타내는 많은 본문들(예컨대, 누가복음 19:1-10 그리고 요한복음 2:1-12)이 이러한 역동성을 나타낸다. 예수가 식사에서 현자의 이러한 역할을 하는 많은 본문들은 예수에 관한 보고들이기보다는 식사에서 현자들이라는 이러한 지속적인 실천을 성찰하는 이야기들이라는 것이 내가 보기에는 분명하다.

66 물론 식사에 관한 더 넓은 헬레니즘 시기의 문헌은 초기 기독교의 현자들이 식사에서 더 넓은 운동을 형성하는 것을 논의하지 않는다. 오히려 (클링하르트와 스미스 덕분에 가능하듯이) 이러한 문헌을 아는 것은 식사에서 현자의 사회적 과정을 우리가 더욱 깊게 이해하는 것을 돕는다. 예컨대 Pancrates, *Ep.* 3, 19.5-9에서 견유학파 현자의 출현을 보라. 다른 그러한 사례들은 M. L. West, *Iambi et Elegi Graeci ante Alexandrrum cantati* I/II 그리고 Kloppenborg and Wilson, *Voluntary Associations*, 86에 수집되어 있다. 물론 이러한 역동성들의 가장 좋은 묘사는 플루타르크의 *Questiones Conviviales*에 나타난다.

67 그러한 현자들이 더욱 연합에 기반된 교회들과 그들의 식사 자리들을 이후에 방문하였다는 것은 또한 사실이다. 이것은 요한계시록 2장, 3장과 디다케 13-16에서 특히 분명해진다.

들, 버려진 여성들 그리고 노예들로 이루어졌음을 주장하려는 것이 아니다. 그러한 묘사는 지나치게 낭만적이고 심지어 이 연구의 많은 자료들과도 맞지 않는다. 다만 식사가 단지 엘리트 그리스도인의 모임을 위한 것이었다는 더 초기의 식사에 대한 비평적 연구는 더 이상 유지할 수 없게 되었다. 식사에서 초기 그리스도인의 유형은 가난한 사람들의 상당수를 포함하여 사회적 경제적 계급의 넓은 범위를 가로지르며 팽창했다.

기존의 사회질서는 식사로 모인 초기 그리스도인들에게 얼마나 큰 문제였는가?

4장에서 헬레니즘 시대의 식사와 그 식사의 초기 기독교적인 정교화에 대한 의례 분석은 주요한 사회적 실천의 강력하면서도 사회구성적 역학을 보여주었다. 이 연구에서 볼 때, 헬레니즘 문화에서 식사의 반(半)사적인(semi private) 위치는 대안적인 세계에 대한 상상을 수행하는 데 중심적인 역할을 한 것이 분명하다. 이 식사가 다소간 보호를 받으면서도 사적인 공간인 한, 식사는 대안적 관계 및 새로운 사회를 상상하고 실험할 수 있었다. 상대적으로 사적인 특성은 식사 참가자들이 위기에 처한 기존 사회의 거칠고 혼란스러운 상호작용에 종속되지 않고도 현재 상태와는 다른 세계의 모습에 대하여 몸짓과 말로 숙고하게 해주었다. 의례 분석이 보여주듯이 상상은 헬레니즘 사회의 변화하는 전망에 대하여 반동적이고 회고적이며 때로는 보수적이었다. 이러한 사적인 상상은 식사 세계 안에서 새롭

지만 소극적인 적용이나 혹은 담대한 사회적 모험을 촉발하였다. 6
장은 이러한 사적인 보호가 로마의 권력에 대항한 저항의 몸짓을 불
러일으킨 방식을 묘사할 것이다.

어떻게 남성과 여성이 관계하고, 누가 책임적인 위치에 있었으
며, 어떻게 재화가 분배되고, 민족성은 무엇을 의미하였거나 의미하
지 않았는가, 어떻게 일과 여가가 연결되었으며, 누가 사회에 속하였
고, 가족과 부족은 무슨 역할을 할 수 있었으며, 헬레니즘 사회의 복
잡한 사회적 혼합을 어떻게 이해할 것인가 같은 질문은 모두가 식사
의 의례 언어와 사적인 식사 공간의 보호 덕분에 재상상의 주제가
되었다.

그러나 식사는 사적이지만은 않았다. 식사하는 공간은 반(半)은
사적이었다. 그곳에는 세상을 향해 열려 있는 창문이 항상 있었다.
데이빗 볼치와 마이클 화이트는 그레코-로만 시대 빌라들의 식사하
는 공간이 —여러 가지 점에서 빌라 그 자체가— 어떻게 세상을 향하
여 건축학적으로 열려 있었는가를 보여준다.[68] 평민적인 결사의 식
사는 공공의 임대 공간에서 혹은 많은 사람들이 오가는 결사의 집에
서 행하여졌다. 헬레니즘의 신전들은 제단을 중심으로 식사하는 공
간을 항상 갖고 있었고 생일잔치부터 주요인사의 환영에 이르기까
지, 다양한 사회적 기능을 위해 쓰였다. 노동자와 심지어 노예도 저

---

68 David L. Balch, "Paul's Portrait of Christ Crucified(Gal. 3:1) in Light of
Paintings and Sculptures of Suffering and Death in Pompeiian ad Roman
Houses," in *Early Christian Families in Context: An Interdisciplinary Dialogue*,
ed. David L. Balch and Carolyn Osiek(Grand Rapids: Eerdmans, 2003),
84-109를 보라. 또한 그리고 Michael L. White, *The Social Origins of Christian
Architecture*, 2 vols.(Valley Forge, Pa.: Trinity Press International, 1996)를
보라. 이는 1세기에서 4세기까지의 집들에서의 식사하는 방을 연구한 것이다.

녁 식사를 위하여 도시에 있는 식사 공간을 임대할 수 있었다. 이 공간 모두에 ―사적인 집이나 임대한 공간이나― 낯선 사람들이 초대 받지 않은 채로 떠돌아다니다 들어올 가능성은 항상 있었다.(4장에서 논의된 대로 이 식사는 그러한 방해에도 개방적이도록 잠재적인 구조를 갖고 있었다.)

그래서 식사는 ―보호받는 사적인 특성을 이용하면서도― 세상에 자신을 보여주는 계기도 되었다. 식사에서 보이는 것은 말이 오가고, 노래를 부르며, 예측할 수 없고 불안정한 청중이다. 보여주는 일에 대한 의식은 식사 전반에 걸쳐 보통의 일이었고, 아마도 헌주로 가장 잘 특징지어지고 있는데, 헌주는 청중에게 선언하고 동시에 하나로 결속시켰다.

사적인 것과 공적인 것의 혼합은 대안적 세계에 대한 상상을 자극하였다. 세상에 대한 개방성은 보여줌의 의식을 촉진하였고 반면에, 막혀있는 벽들의 안정성과 기대 눕기의 친밀성은 공적인 환경에서는 허용되지 않았던 것에 대한 갈증을 불러일으켰다. 식사는 그 식사의 안정적인 형식으로 구성된 상상의 세계 안에서 참가자들이 살도록 초청하였는데, 이는 식사의 친밀성으로 생겨난 어떤 것에 대한 갈망과 방 안에서 들여다보는 세계에 대한 희미한 의식이었다. 의례이론은 식사 안에서 수행하는 상상이 항상 수정될 수 있었기에 ―주요한 식사 요소들의 바로 그 구성에 의하여― 불안정하였다는 것을 보게 하지만 연회는 대안적인 세계를 상상한 자료들도 만들어냈다.

초기 그리스도인의 야심차고 공상적이며 우주적인 상상을 탐구하고 그것을 굳게 위치시키는 일은 식사 안에서 가능했다. 그리스도인이 이스라엘 및 그레코-로만의 유산인 우주적 상상들로부터 제공받은 대안적 세계에 대한 원대한 전망을 생산해내는 데 식사가 얼마나 적절하였는가가 이제 평가될 차례다. 그리고 —아마도 가장 뚜렷하게는— 우주적인 상상들과 식사 자체의 사회적인 힘도 탐구할 수 있을 것이다. 마치 작은 세포들과 같은 기독교 요소들에 대해 장엄한 우주적 어휘가 갖는 기능은 식사의 사회적 재상상의 맥락에서 탐구할 때 잘 드러날 것이다. 즉 초기 기독교 문헌에 나타난 우주적인 어휘는 —식사의 맥락 안에 사회적으로 위치시킬 때— 초기 그리스도인들이 새로운 세상을 묘사하고 축하하는 것을 도울 것이 분명하다. 그 우주적 어휘를 식사 안에 위치시키는 일은 어째서 초기 그리스도인의 우주적인 전망이 항상 현재 시제로 되어 있는가를 다른 어떤 학문적 추론보다 잘 설명해 줄 것이다. 초기 기독교가 우주적인 언어로 사회적 전망을 제시하는 목적은 이미 긴장 가운데 있고 사회적 환기를 일으키는 식사의 한 구성요소로 이해될 수도 있다. 또한 식사에서 사회적 암시들은 그 우주적 언어의 장엄함으로 인해 획기적으로 증가될 수도 있다. 사회적 관계를 재상상하고 조절하는 일에서 식사의 중요성은 초기 그리스도인의 우주적 상상에 의해 증폭되었을 것이다.

이 가설은 두 단계로 탐구될 것이다. 첫째로, 초기 기독교 문헌의 어떤 종류와 헬레니즘 식사 간의 특정한 형식적 연관을 탐구한다. 초기 기독교의 우주적 상상과 식사 자체의 특정 부분들 간의 연관을 보여준 후, 초기 기독교 문헌의 다른 형태들이 식사 중에 읽혀지고, 공연되며, 혹은 생산되었을 가능성에 대한 제안이 있을 것이다.

헬레니즘 식사에서 초기 기독교가 우주적 찬송으로(hymnic) 상상한 것들

이 책의 1장은 헬레니즘 식사에서 공들여 만든 노래 부르기의 5~6가지 장면을 묘사하였다. 3장은 표준적인 식사 특히 주연 동안 얼마나 자주 노래 부르기를 포함했는가를 서술하였다. 식사와 주연 사이에 포도주로 행하는 헌주에 대한 4장의 의례 분석은 헌주 동안 찬송 혹은 찬송 부르기의 중요성을 보여주었다. 바울은 주연 동안의 여러 가지 활동들을 분명하게 지칭하면서 고린도인들에게 편지를 썼다. "여러분이 함께 모이는 자리에는, 찬송하는 사람도 있고, 가르치는 사람도 있고, 방언하는 사람도 있고, 통역하는 사람도 있습니다"(고린도전서 14:26).

고전 및 코이네 그리스어로 된 노래 중 현존하는 본문들에 대한 연구는 고대 지중해 지역의 몇몇 표준적인 노래 형태를 밝혀내는 데 도움을 주었다. 신약성서 연구는 노래의 형태가 신약성서와 그 밖의 초기 기독교 문헌에서 비교적 빈번하게 발견되고 있음을 지적했다. 이러한 연구는 고대 찬송들의 형식적인 문학적 특성을 통하여 신약성서의 서신, 복음서 그리고 계시록 안에 포함된 노래들을 발견하였다. 초기 기독교 본문들의 한가운데 노래들이 있는 이유는 무엇이고 어디에서 그러한 노래들이 불리어졌는가에 대해 신약성서 양식비평이 질문을 던지지 않았다는 것은, 아마도 신약성서의 문학적 발견들에 대해 사회적 질문을 던져야 할 이 학풍의 대표적인 실패라 할 수 있다. 이 책의 목적을 위하여 비평적으로 고도로 양식화된 것들의 발견은 초기 기독교 문헌과 노래를 주연의 대표적 활동 영역으로 삼았던 식사 간의 밀접한 연관을 확증해준다. 사실, 초기 그리스도인들이 식사가 아니라면 다른 어디에서 노래들을 불렀을지는 분명하지 않을 것이다.[69]

이러한 초기 기독교적 찬송들에 대한 학문적 연구는 노래의 언어가 현저하게 우주적임을 발견했다.[70] 양식비평을 행한 시대의 전형은 우주적 찬송의 사회적 목적보다는 이 우주적 언어의 신학적인 암시에 더 많은 주의를 기울였다. 노래들이 그리스도를 우주적 인물로 묘사한 방식은 더 초기의 연구에서 다루어졌다. 본 장은 이 우주적인 노래들을 사회 형성적 차원에서 독해할 것인데,[71] 초기 기독교 식사의 정확한 특성과 특별히 그 식사에서 노래들의 광범위한 사용에 관한 스미스와 클링하르트의 연구 덕분에 논의하기 더 좋아졌다.[72]

---

69 다른 하나의 알려져 있는 초기의 기독교적인 활동은 노래하기를 위한 계기였을 수 있다. 세례—그것의 명백한 의례적 성격과 함께—는 노래하기를 수반했던 것이 당연하다. 그리고 본 장에서 조사된 초기 기독교의 찬송들에서 사용된 언어의 종류들은 세례의 시작들의 부름과 잘 맞는다.

70 Jack T. Sanders, *New Testament Christological Hymns: Their Historical Religious Background*(Cambridge: Cambridge University Pres, 1971)을 보라. 이러한 노래들의 우주론적인 언어에 관한 아마도 다만 몇몇일 사회적인 연구들의 하나가 Burton Mack, *Logos und Sophia*(Gottingen: Vadenhoeck & Ruprecht, 1973), 11-18, 178-82에서 나타난다.

71 초기의 기독교적 찬송들의 사회적 기능의 유일한 주요 연구가 버튼 맥의 연구이고, 이는 그의 저서 *A Myth of Innocence: Mark and Christian Origins* (Philadelphia: Fortress Press, 1988), 103-8; *Who Wrote the New Testament? The Making of the Christian Myth* (San Francisco: Harper San Francisco, 1995), 91-96에서 나타난다. 이 두 저서들은 모두 아래에서 참조되고 있다. 아래에서 주목되듯이, 맥은 그 찬송들이 사회적으로 기능하였다고 주장하고, 심지어 그것들을 식사에 대한 그의 논의에 직접적으로 관련시킨다. 그러나 맥은 식사 자리에서 그 찬송들을 부른 것으로 묘사하지는 않는다. 참으로, 찬송들에 대한 이전의 연구는 여전히 전형적이어서, 맥은 이 찬송들이 수행된 어떤 사회적 자리도 제안하지 않는다.

72 노래하기는 모든 그레코-로만의 식사에 속하였다. 이러한 식사의 넓은 범위에서

초기 기독교 찬송들의 사례에서는 우주적인 언어가 돋보인다. 잘 알려진 것으로는 요한복음의 서문에 삽입된 찬송이 있다(요한복음 1:1-4, 8-14, 16-18, 저자의 번역).

처음에 말씀(*logos*)이 있었다.

그 말씀은 하나님과 함께 있었다.

그리고 그 말씀은 하나님이었다.

그 말씀은 처음에 하나님과 함께 있었다.

그 말씀을 통하여 만물이 존재하게 되었다,

아무 것도 그 말씀을 통하지 않고서는 존재할 수 없었다.

이 말씀을 통하여 존재하게 된 것은 생명이다.

생명은 사람들의 빛이었다.

그리고 그 빛은 어둠 속을 비춘다.

그러나 어둠은 그 빛을 이길 수 없다. …

그 말씀은 참 빛이었다.

모두에게 빛을 주는

그 말씀이 세계로 들어왔다.

그 말씀은 세계 안에 있었다.

불린 노래들이나 찬송들은 우주적인 특성을 갖는 경향을 띠었다. 비록 본 장은 초기의 기독교적인 식사와 우주적인 노래들에 초점을 맞추지만, 식사에서 우주적인 노래들을 부른 것은 단지 초기의 그리스도인들만은 아니었음을 주장하는 것은 중요하다. 이시스(Isis) 찬송들에 대한 논의를 Frederick Clifton Grant, *Hellenistic Religions: The Age of Syncretism*(New York: Liberal Arts Press, 1953), 128-33에서 보라 그리고 데니스 스미스(*From Symposium to Eucharist*, 206-14)와 클링하르트(*Gemeinschaftsmahl und Mahlgemeinschaft*, 101-10)의 배경 설명을 보라.

세계는 그 말씀을 통하여 존재하게 된 것이다.

그리고 세계는 그 말씀을 인정하지 않았다.

그 말씀은 자기의 것에게로 왔다.

그리고 그의 백성들은 그를 받아들이지 않았다.

그러나 그 말씀을 받아들인 사람들에게는

그 말씀이 하나님의 자녀가 되는 권력을 주었다.

그의 이름을 믿은 사람들

그들은 인류에게서 태어나지 않았고,

인간이 욕망하는 것도 아니며

인간이 뜻하는 바도 아니요

다만 하나님에게서 난 자들이다.

그 말씀은 살이 되었다.

그 말씀은 우리 가운데서 장막을 세웠다.

그리고 우리는 그의 영광을 보았다.

그 영광은 아버지께로부터 온 것이다.

아버지의 유일한 아들로서,

은혜와 진리가 가득한…

참으로 그 충만으로부터 우리 모두는 받았다.

은혜를 번성하게 하는 은혜를.

율법은 모세를 통하여 주어졌고,

은혜와 진리는 예수 그리스도를 통하여 온다.

하나님을 본 사람은 아무도 없다.

오직 아들,

아버지의 심장 가까이에 있는 아들이

하나님을 알게 하였다.[73]

이 노래는 분명히 우주적이며 심지어는 선재하는 로고스 안에서 모든 만물의 시작을 축하하는 우주론으로 간주될 수도 있다. 선재하는 로고스에 대한 묘사는 로고스에 대한 신플라톤철학의 개념들과 잠언 8:22-31, 벤 시라 24:1-18 그리고 지혜서 7:12-8:4에서 나타나는 선재하는 지혜/소피아 주제 모두에 확실히 의존하고 있다. 빛이라는 어휘는 당시 광범위하게 쓰인 우주론적 언어와도 일치하며, 창세기 1장을 의도적으로 환기시키는 것이 확실하다. 14절의 내용과 동사는(예컨대, "그 말씀은 우리 가운데서 장막을 세웠다 -그리스어, skeneo) 지혜가 하늘의 집을 떠나서 지상에서 집을 찾으며 이스라엘에서 집을 발견하는 우주적 드라마에 크게 의존하고 있다.

이와 상당히 유사한 내용이 골로새서 1:15-20의 찬송에도 있다 (저자의 번역):

그는 보이지 않는 하나님의 형상이다.

---

73 양식비평 연구들은, 말씀에서 세례자 요한으로 주제 변화에 부합하게, 5-7절과 15절은 마침(cadence)이나 양식에서 찬송답지 않음을 보여주어 왔다. Sanders, *New Testament Christological Hymns*, Mack, *Logos und Sophia*를 보라. 다양한 이론들이 정확한 찬송적인 본문이 무엇인지에 대해 존재한다. 어떤 이론들은 그 찬송 자체가 유대적인 것이고 원래의 형태에서는 예수에 대한 관련이 없다고 주장한다. Sanders, *New Testament Christological Hymns*, 44-45를 보라. 샌더스는, 지혜 자체가 그러한 노래들에 대한 표준적인 주제였을지도 모른다고 함축하면서, 어떻게 몇몇 신약성서의 찬송들이 지혜의 모습에 초점 맞추는가를 주목한다(*New Testament Christological Hymns*, 44-45). 대부분의 논의들은(예컨대, Schnackenburg), 그러나 원래의 찬송을 명백히 예수에 기초된 그리스도론적인 초점을 갖는 것으로 정말로 본다. 그러나 다른 이들은(예컨대 Raymond Brown) 주제 변화가 주어졌으므로 단지 17절만을 이후에 도입된 것으로 본다.

모든 피조물의 첫-태생이다.

이는 그 분 안에서 만물이 창조되었기 때문이다.

하늘과 땅의

보이는 모든 것들과 보이지 않는 모든 것들,

왕좌들, 지배하는 힘들, 권세들 그리고 권력들,

만물이 창조되었다. 그를 통하여 그리고 그를 위하여.

그는 만물 이전에 존재한다.

그리고 그분 안에서 만물은 함께 모인다.

그리고 그는 그 몸의 머리이다.

그 몸은 집회다.

그는 시작이다.

죽은 자들의 첫-태생이다.

그래서 그는 만물 중에서 뛰어나다;

하나님은 모든 충만이 그 분 안에서 발견되기를 원하기 때문이다.

만물이 그를 통하여 그리고 그 안에서 화해할 것이다.

하늘의 모든 것들과 땅의 모든 것들이,

십자가에서의 그의 죽음을 통한 평화를 이룸으로써.[74]

---

74 여기에서도 찬송의 기독교 이전 형태에 관한 몇몇 논의가 있는데, 두 가지 명백한
기독교적인 언급들이 분명한 연들(stanzas) 끝에 나오기 때문이다(18d절에서
ekklesia 그리고 전체 노래의 끝에서 십자가 위의 죽음). 그러나 대부분의 주석가들
은 이 두 가지 "끝들"이 문학적으로 절정을 이루고 있으며 예수의 작은 교회
[ekklesia]와 십자가의 굴욕적인 죽음 그리고 그의 우주적인 지위 사이의 과장되더
라도 매우 강력한 연결을 이룬다고 주목한다. 그리고 여기에서도 역시, 지혜/소피
아와 관련들은 분명해 보인다(예를 들면, 잠언 8:22-26의 "모든 만물의 첫 태생,"
지혜서 7:26에서 그녀/그 안에서 "모든 만물들이 존재함," 또한 잠언 8:22-28에서
"모든 만물들 이전의 그녀의/그의 존재"). 학문적 연구 경향은 요한복음 1장보다는
이 찬송에서 연들의 단절(16, 18절과 20절)을 더 밝히는 것에 있었다. 샌더스의

본문에서 그리스도의 존재는 확실히 우주적 영역에 놓인다. 본문 역시 그리스도 안에서 모든 존재의 시작과 근거를 노래하는 데 집중하고 있다. 이 찬송에는 요한복음이 사용한 우주론적 어휘와 동일한 부분이 많다. 이 찬송은 우주적인 최상급 표현을 두 번이나 겹쳐 사용하고, 초기 "기독교" 회중과 십자가에서 예수의 비극적 죽음이라는 구체적인 역사적 현실에 대해 직접적으로 언급하면서, 우주적 장식체를 두 번 사용하여 끝마치는 방식으로 그리스도의 놀라운 지위를 강조한다. 빠른 연속적 나열의 방식으로, 그리스도는 보이지 않는 하나님의 형상이고, 모든 피조물의 첫 태생이며, 모든 곳에 있는 만물의 창조자이고, 선재하는 분이며, 모든 것을 함께 모으는 분이고, 몸의 머리이며 그리고 특이하고 놀라운 절정부에서 기독교 회중의 머리로 선언된다. 두 번째 부분에서는, 그리스도는 시작이고, 죽은 자들의 첫 태생이며, 가장 뛰어난 분이고, 만물을 충만케 하는 분이며, 모든 것을 화해시키는 분이고, 평화를 가져오는 분이며 그리고 다시 한 번 특이하고 놀라운 절정부에서 십자가형을 받은 분이다. 이 노래는 우주적 최상급의 언어로 예수가, 우주만물의 놀라운 수장이라며 환호한다.

십자가형을 받은 예수의 놀라운 복종이라는 주제로 우주에 대한 비슷한 전망을 빌립보서 2:6-11도 노래하고 있다(저자의 번역):

> 그리스도 예수,
> 그는 하나님의 형상을 가진 존재

요약, 75-87을 보라.

하나님과 동등함을 취하지 않았다.

마땅히 가지고 있어야할 것인데.

그러나 그는 그 자신을 비웠다.

노예의 형상을 취하려고,

사람들처럼 되고,

그리고 모든 면에서 사람처럼 되었다.

심지어 그는 더욱 낮아져서,

죽음, 십자가의 죽음까지 받아들였다.

그리고 이 일 때문에 하나님은 그를 일으켰다.

그리고 그에게 이름을 주었다.

그 이름은 모든 이름들보다 뛰어난 것이다.

그래서 만물들이

하늘과,

땅 위에 있는,

그리고 땅 아래 있는,

예수의 이름 앞에 무릎을 꿇어야 한다.

그리고 모든 혀가 인정해야 한다.

예수 그리스도를 주님으로

하나님 아버지께 영광을.

여기서도 그리스도 예수는 하나님과 동등한 분이자 우주 안에서 만물을 다스리는 분으로 노래되고 있다. 골로새서의 찬송처럼, 우주적 통치는 예수의 십자가형에서, 예수의 굴욕과 아이러니한 긴장 속에 놓여 있다. 세 찬송 본문의 우주적 특징은 초기 기독교 문헌 중 다른 본문(예컨대, 누가복음 1:67-79; 2:29-32; 로마서 11:33-36; 디모데전서 3:16; 6:15, 16; 그리고 요한 계시록 4:11)에서도 발견된다.[75]

버튼 맥은 어떻게 찬송들의 우주적 묘사가 초기 그리스도인의 사회적 상상으로 기능했는가를 길게 언급한다:

> 이는 우주적 규모의 신화형성이다. 그레코-로만 세계에 걸쳐 주님은 주권을 의미했다. 인간은 그/그녀의 영역을 설정하는 용도로 주의 이름만 알면 충분했다. 이스라엘의 하나님은 유대인들의 주님이었다. 세라피스는 신비 제의의 주님이었다. 다른 신들은 그들 백성의 주님이었다. 이집트의 왕과 여왕도 주님이며, 신성에 근거하여 다스렸다. 그리고 로마의 황제 또한 복종을 요구했고, 황제 자신을 주님으로 부르게 했다. 시[76]는 예수 그리스도가 모든 주들 위에 있는 주님의 이름이라고 말한다. 이는 아주 놀라운 주장이다. 마음이 압도될 정도의 사고이다. 생각해 보라. 모든 것의 주님이신 예수 그리스도의 이름으로 순교를 당한 그리스도인들에게 그리고 하늘과 땅 아래 세계까지 포함하여 우주에 걸쳐 일어나는, 그래서 하나님 아버지께서 기꺼이 영광을 받으시는 연대에 대하여, 모든 무릎이 무릎을 꿇고, 모든 혀가 고백한다고 생각해 보라. …
>
> 그리스도 찬송이 보여주는 것은, 그리스도인들이 매우 진지하게 스스로를 대안사회로 여겼다는 것이다. 그리스도인들은 그들의 회중

---

75 계시록의 노래 양식은 더욱 넓으며 본 장의 뒤에서 더 길게 논의된다.

76 맥은 그의 더 넓은 논의에 걸쳐서 이것이 "찬송"임을 인정한다(*Who Wrote the New Testament?* 91-96). 여기에서 맥이 그것을 시라고 지칭하는 것은 그 언어의 시적인 형태를 파악하기 때문이다.

이 다른 사회적 구성과는 어떻게 다른가를 생각했고, 인간 공동체에 대한 그리스도인의 전망이 세상에서 사람들이 함께 살아가는 데 얼마나 유익한가를 말하는 방식을 찾아냈다. … 그리스도 찬송은 예수 외에는 어떤 왕도 필요 없는 기독교적 저항의 결과였다.

그러나 얼마나 대담한 주장인가! 세상의 여러 왕국들과, 고대의 민족적, 국가적, 혹은 종교적 전통을 가진 다른 집단들과 비교해 보면… 그리스도인들은 가능할 것 같지 않은 새로운 사회적 개념을 가지고 실험하는, 작고 임시적인 세포들에 불과했다. 그리스도인들은 지위도, 권력도, 전통적 문화도 갖지 않았다. … 그리스도인들은 자신을 하나의 나라, 이 세계의 모든 다른 나라들과는 구별되고, 그 나라들보다 우월한 나라에 속한 회중으로 생각하고 있었다. … 로마 황제보다 더욱 높으신 주님이 있는….

그러한 나라에 속함을 생각하는 것은 혼란스럽기도 하지만, 권리를 빼앗긴 사람들에게는 매력적인 선택일 수 있다. 기독교 회중은 새롭게 상상한 우주적 나라의 의미를 두고 흥분된 논의 장소를 제공하였다. … 지성인들과 시인들이 그러한 나라의 계시 사건에 대한 창조적인 생각들과 저작들을 공유하는 것은 놀라운 포럼(공개 토론)이었다.[77]

맥은 초기 그리스도인들의 우주적 찬송들을 이렇게 다루기 바로 전 부분에서 "의례 식사"[78]라 부른 것에 초점을 맞추고는 있지만, 식사를 찬송들을 위한 자리로서 명시적으로 언급하지는 않는다. 스미스와 클링하르트의 연구에서 식사의 노래 부르기에 관한 세부사항

---

77 Mack, *Who Wrote the New Testament?* 92-96.
78 Ibid., 87-91. 맥은 이러한 찬송들이 만들어졌던 "놀라운 포럼"을 정말로 언급한다.

들은, 본 장이 초기 기독교 찬송들의 사회적 의미에 대한 맥의 정교한 논의를 다시 식사에 위치시킬 수 있게 해준다.[79]

초기 기독교 찬송들의 우주적 특징이 식사의 사회적 실천과 잘 맞고 우주적인 노래들이 표현한 사회적 재전망을 인정함에 따라, 식사의 우주적이고 사회적인 특성을 4장의 의례 분석과 연결시킬 필요가 생겨난다. 식사의 매개—특히 그 식사가 공연 행위와 의례로 분석되면서—는 초기 기독교 찬송들의 우주적 언어가 갖는 사회적 의미를 강조하며 그 너머로 나아간다. 4장에서 이미 의례적으로 분석한 식사의 한 측면(헌주에서 노래 부르기)과 4장에서 의례적으로 분석되지 않은 식사의 두 측면(십자가형을 받은 예수에게 헌주하기와 주연 동안 노래 부르기)은 우주적인 기독교 찬송들의 어휘가 갖는 사회적 의미에 대한 위의 분석을 보완한다.

식사와 주연 사이의 헌주 분석은 사회적 의미에 대한 두 가지의 극적인 협상을 가리킨다. 두 가지 사회적 의미의 수행은 4장에서 본 것처럼, 찬송들이 헌주에서 불려졌다는 사실에 의해 고양되면서 또한 미묘한 차이를 드러낸다.

1. 헬레니즘적 식사에서 헌주가 헌주 자체의 주제로 다양한(혹은 하나의) 신(들)의 혼합과 선택을 통하여 사회적 정체성을 협상하도록 밀어붙이고 도와준 방식들.

헌주가 바쳐지는 신들에 대한 세밀한 분석은 서로 다른 식사가 누구

---

79 우주적인 그리스도 찬송들이 일차적으로 식사에서 불렸다는 주장이 명시적으로 인쇄되어 존재하지는 않지만, 맥 자신은 식사가 이 찬송들을 위한 자리였다고 가정한다는 것을 본 저자에게 사적으로 여러 차례 인정해왔다.

에게 잔이 올려질 것인가에 초점 맞추거나 혹은 그것을 열어놓음에 따라 다양한(비교적 새로운) 정체성의 협상이 일어나고 있음을 분명하게 한다. 헌주에서 어느 신이 영광을 받아야 하는가의 선택은 식사에 참여한 사람들이 새롭게 출현하는 사회적 헌신을 실천할 수 있게 해주었다. 어떤 결사가 어느 신에게만 잔을 들게 되었다는 것은 혼란스러운 헬레니즘의 다국가 상황에서 사회적 정체성을 발전시킬 수 있게 해주었다. 확대 가족이나 이웃의 식사가 식사에서 헌주할 수 있는 신들의 다양성을 종종 경험하였다는 것은 문화들, 정복된 나라, 민족, 종교 그리고 제국의 헬레니즘적인 혼합 상황에 놓여있던 정체성의 긴장을 반영한다. 6장에서 논의하겠지만, 식사 결사들이 황제에게 헌주하도록 제국의 압력을 받았다는 것은 누구에게 헌주할 것인가를 결정하는 일이 사회적으로 문제가 되었음을 암시한다. 초기 그리스도인들이 예수에게만 혹은 그리스도에게만 헌주함으로써 정체성을 나타내는 헌주를 포함하는 다른 식사의 실험과 긴장의 배경에 대항했다. 예수/그리스도에게 대한 초기 그리스도인들의 헌주는 사회적 정체성을 힘 있게 주장할 수 있게 해주었다. 식사에서 헌주하기는 복잡하면서도 여전히 혼합과정에 있는 시대 속에서, 정체성의 긴장을 위협하거나 확실하게 할 수 있게 해주었다.

헌주의 잔을 돌리는 동안, 모든 식사 참가자들이 노래를 불렀다는 것은, 사회적 정체성의 주제를 더욱 더 극적이고 예리하게 만들었다. 초기 기독교의 노래들이 우주적이고, 새롭고 대안적인 세계에 대한 전망을 담고 있었다는 것은, 헌주 행위와 그리스도 찬송의 어휘에 주요한 의미를 부여한다. 그리스도가 우주를 다스린다는 노래들이 식사가 진행되면서 정체성이 모호해지고 권위의 다툼이 고조되는 시점에 맞추어 불렀을 때, 헌주를 행하는 극과 찬송의 가사는 극적인 방식으로 기능한다. 초기 기독교 식사에서 예수/그리스도에게 배타적으로 행해진 헌주는 앞에서 맥이 제시한 이상향적 사회에 대한 헌신을 수행한다.

2. 헌주가 어떻게 그 당시의 사람이 로마제국의 점령과 관련하여 자신의 위치를 설정했는가에 대한 비교적 안전한 선택의 체계를 이끌어낸 방식들. 헌주가 모든 식사에서 황제를 위해 행해져야 한다는(적어도 명목상으로는) 공식적인 요구는 황제에 대한 순종과 저항을 모두 실험하는 의례적 기회를 제공한다. 그러한 요구를 강제하기는 불가능했기에, 각각의 식사가 헌주를 수행한 방식은 제국의 권력과 관련하여 항상 정체성을 위한 의례 훈련이자 실천이었다. 황제의 요구에 대한 유대인의 저항이 성공하였고, 유대인들은 그 요구를 면제받았기에, 유대인들이 식사에서 헌주를 하는 모든 때에 그들은 저항의 정체성을 의례적으로(제의적으로) 천명하였다. 초기 그리스도인들이 유대인인 한, 그들도 황제에게 행해지지 않은 헌주의 의미에 동참했을 것이다. 초기 그리스도인들이 유대인이(유대인들로 간주되지) 아니라면, 그들이 예수/그리스도에게 헌주한 일은 훨씬 더 위험한 정체성 실험이 되었을 것이다.

당시 알려진 로마의 세계 지배와 황제에게 헌주하라는 요구의 맥락 속에서 헌주의 시간에 전체 우주를 다스리는 예수/그리스도의 통치를 찬양하는 우주적 노래를 부르는 일은 초기 기독교적 저항의 강력한 의례적 수행이 되었다. 앞에서 살펴본 것처럼, 예수에게 잔을 드는 행위는 저항의 요소를 갖고 있었다. 그러나 예수/그리스도의 우주적 통치를 노래하는 것은 새롭게 출현하는 기독교적 정체성과 로마에 대한 저항의 윤곽을 의례적으로 극화한다.

헌주에서 그리스도에 대해 부르는 우주적인 노래 의식은 4장에서의 헌주 의례 분석을 증대시킨다. 그러나 우주적인 그리스도 찬송과 식사 사이에는 두 가지 두드러진 의례 연관이 있다. 하나는 헬레니즘 사회를 지지하는 층에서 수행하는 식사의 기능과 관련 있다. 다른 하나는 주연 동안에 노래 부르기와 관련된다.

우주적 그리스도 찬송과 식사의 첫 번째 추가적인 의례적 의미는, 자신이 죽었을 때 기억되지(혹은 매장되지) 못할 것을 염려하는 사람들에 대해 헬레니즘 식사가 갖는 특별한 사회적 기능에 있다. 대부분의 헬레니즘 결사들은 사망할 경우, 서로를 매장해주고 고인을 기리며 추모의 식사를 한다는 약속을 회원 계약 안에 포함하였다.[80] 결사에서 회원자격의 이러한 구성 요소는 종종 장례와 매장을 위한 재정이 없는 대중의 경제적 취약성에 기인한다. 결사들은 그들의 회비를 사망한 회원을 위한 매장과 추모 식사에 사용하였다. 사망과 식사 간의 이러한 연관은 의례 식사 실천과 그리스도 찬송 언어의 흥미로운 융합을 설명해줄 수 있고, 동시에 초기 기독교적 식사 안에서 천명한 새로운 사회적 정체성에 윤곽을 더해 준다.

---

80 윌슨과 클로펜보그의 *Voluntary Associations*는 장례들 및 장례 식사와 관련된 결사들에 대한 19세기 학문 연구의 결론들을 교정한다. 장례 연합들이 결사의 어떤 종류였다고 더 이전의 연구에서 주장된 반면에, 장례의 보장 그리고 사망한 모임 회원을 위한 추모의 식사는 거의 모든 결사들의 일반적인 실천이었음이 이제는 명확한 것으로 나타난다(12-16).

여기에서 검토된 세 가지 초기 기독교 찬송 중 두 가지는(대략적인 검토에 포함되지 않은 다른 것들은)[81] 예수의 십자가형에 대한 날선 언급을 보여준다. 예수의 우주적 통치와 로마의 적으로서 예수가 십자가형으로 처형된 아이러니한 긴장은, 다시 6장의 초기 기독교 식사가 실험한 로마에 대한 저항을 설명하는 부분에서 상당히 길게 탐구할 것이다. 그러나 여기서는, 초기 기독교 식사에 참석한 사람들의 죽음과 관련하여 헌주와 우주적 찬송을 사회적 결속과 정체성의 측면에서 고찰할 필요가 있다. 골로새서의 찬송은 예수를 "죽은 자들의 첫 태생, 열매"로 선포하였다. 이 찬송이 초기 기독교 식사에서 불린 한, 그것은 예수를 "결사" 회원들의 식사에서 기억되어야 할 죽은 회원들의 긴 행렬 중 맨 첫 번째 회원과 동일시하고 있는 것으로 보여질 필요가 있다. 이 점에서 초기 기독교 식사 참가자들은 죽음 이후에 기억되는 자신들 중의 한 사람으로서 예수를 중심으로 하는 참여자들의 결속과 더불어 자신의 죽음과 직면하여 서로 결속하는 일이 필요했다. 찬송의 우주적 특성은 —특히 예수의 십자가형에 대한 직접적인 언급과 함께— 예수가 다스리는 대항적 세계와 죽음을 초월하는 대항적 정체성을 환기시킨다.

빌립보서의 찬송은 "그리스도 예수"를 "모든 방식에서 사람과 같고, 훨씬 더 낮추었으며, 심지어 죽음, 곧 십자가형을 받아들인 분"으로서 묘사함으로써 비슷한 점을 보여준다. 예수가 "모든 방식에서 사람과 같음"에 대한 찬송의 주장은 이후의 신학이 속죄 신학에 덧붙여 만든 고문과 관련된 연관보다 —그런데 고문과의 관련은 그 찬송에

---

81 에베소서 5:14b; 계시록 5:9-10을 보라.

서는 전혀 떠올릴 수 없다— 결사들의 방식으로 회원 각각의 죽음 이후에 기억될 것을 중심으로 한 식사 공동체의 결속을 훨씬 더 떠올리게 한다. 그래서 빌립보서의 찬송은 예수의 우주적인 승리를 노래하는 식사를 통하여 사람들을 위한 새로운 우주적 소속을 축하했다. 동시에 노래하는 사람들은 그들이 자신의 죽음에 직면하여 결사와의 결속을 주장했다. 그들의 사회적 정체성은 —우주적인 찬송에서 노래한 것처럼— 죽음 너머 그리고 죽음을 야기한 환경 너머에 있었다.

헌주, 죽음 그리고 우주적 노래들 사이의 연관은 이미 사망한 회원들을 위한 결사들의 식사에 더 깊은 뿌리를 갖고 있다.[82] 최근에 사망한 회원을 기린 특별한 결사의 식사에서 종종, 헌주는 사망한 그 사람을 떠올리게 한다. 찬송 안에서 우주적인 소속과 죽음의 연관은 특정한 헌주 표현을 만들어내기도 한다. 초기 기독교 찬송, 죽음 그리고 헌주 사이의 연관에 주목하면서 헌주와 죽음을 연결하는 또 다른 본문의 체계를 —적어도 짧게라도— 다루는 일이 필요하다. 그러나 이 논의는 주의 깊게 이루어져야 하고 본문을 뒤섞는 일은 피해야 한다.

본문의 체계는 잔을 바침(헌주)을 예수의 죽음과 연결하는 것을 포함한다. 이러한 연관은 신약성서에서 두 가지 서로 다른 방식으로 행해진다. 바울의 초기 본문(들)에서는 바울이 예수에 대하여 받은

---

82 본 장보다 앞에 있는 결사들의 이러한 차원에 관하여 보라. 결사들에 대한 초기의 연구는 장례들을 중심으로 한 이러한 결속에 초점 맞춘 결사들의 특정한 종류들이 있었다고 제안하였다(Waltzing, *Étude Historique*를 보라). 처음에는 존 클로펜보그가, 그 다음에 더욱 최근에는 필립 할랜드가 거의 모든 헬레니즘 시기의 결사들이 그 회원들 각각이 적절히 매장되고, 그 결사의 추모 식사에서 기념되리라는 보장을 포함하였다고 제안하였다.

전통이 "식사 후에 잔"을 드는 것으로 예수를 기념하여 행하는 "나의 피로 세운 계약"(고린도전서 11:25)이라고 가르쳤다. 분명히 헌주의 전형적인 위치에 놓인 이 실천은 헌주와 예수의 죽음을 기억하는 일을 연결시켰고, 이 전통 안에 있는 식사자들로 하여금 죽음을 맞이한 예수에 대한 헌주의 기억과 그런 예수와의 결속을 반복하도록 가르쳤다. 바울은 계속해서 다음과 같이 쓰고 있다. "여러분이… 이 잔을 마실 때마다 주님의 죽으심을 그가 오실 때까지 선포하는 것입니다"(11:26 NJB, 표준새번역). 고린도전서 10:16에서 바울은 "우리가 축복하는 축복의 잔은, 그리스도의 피에 참여함이 아닙니까?"라고 주장하였다. 예수의 죽음과 잔 사이의 유사한 연관이 공관복음서에도 나타난다. 비록 마가도 마태도[83] 예수가 제자들에게 "나를 기념하여 이것을 행하라"고 가르치는 모습을 기록하지는 않지만, 헌주와 죽음을 연결시키는 힘이 예수의 고난과 십자가형의 이야기 바로 직전에 행해진 마지막 만찬에서 잔과 피에 대하여 묘사하는 예수의 말씀에 드러나 있다.

마지막 만찬에서 헌주의 전승을 우주적 찬송과 연결할 때, 필요한 주의사항은 마지막 만찬 전승의 편재성(도처에 있음)에 대한 더 초기 연구의 가정들과 대부분 관련된다. 전통적인 기독교의 상상은 많은 이전 연구들과 함께 마지막 만찬, 빵 그리고 잔을 둘러싼 본문의 관련이 초기 기독교에서 보편적으로 관찰되었다고 가정했다.

그러나 이 가정은 식사를 연구한 지난 세대에 의해서 전적으로

---

83 누가복음에서 이 장면의 상황은 다소 곡해된 사본 전승에 의해 약화되어 있다. 즉 누가의 마지막 만찬에서 기념하는 잔은 덜 확실한 전승에 속하고, 서로 다른 두 잔들로 귀결된다.

의문시되고 있다.[84] 찬송에서 예수의 죽음과 우주적 통치를 헌주와 연관시키는 일이 마지막 만찬 전승이 잔과 예수의 죽음을 연결시키는 장소인, 같은 식사 자리에서 틀림없이 일어났다고 가정하는 것은 무책임한 해석이다. 찬송들과 마지막 만찬 말씀이 예수의 죽음과 헌주 잔 사이를 연결하는 방식은 그들 각각의 방식으로 작동했다는 것이 더욱 가능한 해석이다. 그러나 어떤 경우에는 마지막 만찬의 헌주가 예수의 죽음에 주목하는 그리스도의 우주적 찬송 이전 혹은 동시에 이야기되었다는 것도 가능한 해석이다. 예수의 죽음과 헌주와의 연관 체계는 초기 기독교 식사와 로마제국에 대항한 저항에 관한 6장의 토론에서 더욱 탐구될 것이다.

우주적 찬송들은 헌주의 시점에서만 노래 불러진 것은 아니다. 오히려 헬레니즘 식사와 그 식사의 노래들의 위치에 관한 일반적인 묘사는 앞에서 살펴 본 것처럼, 그러한 노래들이 주연의 여러 부분에서 불렸음을 보여준다. 즉 예수/그리스도의 우주적 통치를 노래하는 일은 식사의 더 길고, 여유 있는 부분에서 계속되었는데, 그 부분에서는 종종 가르침이 행해졌고, 참여자들 사이에 토론이 일어났으며,

---

84 데니스 스미스(*From Symposium to Eucharist*, 225-27)와 클링하르트(*Gemein-schaftsmahl und Mahlgemeinschaft*, 286-91)는 모두 이러한 궤도를 거부한다. 마지막 만찬과의 연결을 전혀 갖지 않는 디다케의 완전히 다른 잔 말씀에 집중하며, 식사 궤도들에 대한 존 도미닉 크로산의 검토는 잔을 중심으로 말해진 초기의 기독교적인 말씀들의 몇 가지 서로 다른 종류들이 있었다고 주장한다. (*Historical Jesus*, 1991: 322-328). 식사를 둘러싼 본문 전승들에 대한 버튼 맥의 연구는 초기 기독교에서 잔에 대한 헌주의 말씀들의 훨씬 더 다양한 체계를 제안한다. *Myth of Innocence*, 299-302, 275-76를 보라. 마지막으로, 데니스 스미스와 할 타우직, *Many Tables: The Eucharist in the New Testament and Liturgy Today* (London: SCM, 1990), 42-47,72-81은 초기의 교회들에서 넓은 범위의 잔 말씀들을 제안한다.

어떤 공연이 행해졌을 수도 있고, 가끔씩 황홀경에서 말하는 일도 있었고 그리고 일반적인 축제가 지속되었다.

확장된 주연동안에 일어난 예수의 우주적 통치에 대한 노래 부르기는 식사 참가자들의 공동체 경험을 예수가 통치하는 대안적인 전망과 연결시켰다. 식사 참가자들은 식사에서 그들의 사회적 연대를 우주적 노래의 주제와 연결된 것으로 이해했을 것이다. 맥이 앞에서 언급한 것처럼, 우주적 찬송을 통하여 식사에 참여한 사람들은 자신의 식사 모임을 식사 환경 밖에 있는 세상에 대한 실제적인 대안으로 보았을 것이다.

초기 기독교의 본문, 식사 그리고 비전의 확장

축제적 식사에서 이야기하고, 가르치며, 낭독하고, 공연했을 예수 및 다른 이들에 대한 이야기들, 예수에게 귀속된 말씀들, 바울 및 다른 사람들로부터 온 편지들, 어떤 관점들에 대한 논쟁들 그리고 예수와 다른 사람들에 대한 시문들을 생각해 볼 수 있다는 것을 3장에서 암시한 바 있다. 확실히 일반적으로 주연은 이야기하기, 시, 논쟁, 읽기, 암송 그리고 극적인 공연들로 알려져 있었다. 8장은 어떻게 그러한 혼합이 일어났을지, 그리하여 신약성서의 일부 혹은 다른 모음집들이 된 본문을 어떻게 만들어 냈을지 그리고 어떻게 초기 기독교의 사회적 특성을 형성하였을 지에 대해 확대 검토를 할 것이다.

초기 기독교 식사의 사회적 확산과 식사에서 부른 찬송의 세상에 대한 전망을 다룰 본 장의 끝에서 초기 기독교 본문들에 나타난 위험들을 감수하고 모험적이며 사회적 긴장을 담은 어휘와 식사의 사회적 역학 사이의 상응에 주목하는 것이 적절할 것이다. 신약성서 안에 삽입된 찬송들과 식사에서 찬송을 부르는 실천과의 연관은 그 가능성을 향한 길을 열어준다.

　지중해 지역에서 헬레니즘 식사가 사회적 정체성이라는 어려운 주제를 의례적으로 다룬 방식은, 세계가 얼마나 다를 수 있는가에 대한 초기 기독교의 상상들에 의해 보완되었다. 식사의 의례 차원이 사회적 질문을 던지는 암묵적 방식은 신약성서에서 발견되고, 식사에서 불린 명백한 사회적 전망의 찬송들에 의해 극적으로 확장되었다. 이는 초기 기독교의 이야기들, 가르침들 그리고 편지들이 식사라는 사회적 혼합과 역동적 상호작용 안에 있었다는 그럴듯한 가능성을 암시한다. 이 탐구가 로마제국의 지배로부터 초기 그리스도인들이 행한 특정한 사회적 도전을 지향함에 따라 본문들과 식사의 상응은 더 깊은 뿌리들과 더 많은 확장을 요구한다.

6 장
로마제국의 권력에 대항한 저항의 식사

　지난 10년 동안의 신약성서 연구에서 가장 주목할 측면 중 하나는 로마제국의 권력이라는 맥락 안에서 초기 기독교 문헌에 대한 더 예리한 관심이다. 바울의 편지, 복음서 그리고 광범위한 다른 초기 기독교 저작들이 로마의 억압, 제국의 우상숭배 그리고 경제적 착취에 대해 저항을 일으키는 것으로 읽힐 수 있다는 새로운 이해는 초기 기독교에 관한 연구를 명료하게 하기 위해 설명할 필요가 있다.

　새로운 연구와 해석에 대한 간단한 요약 후에 본 장은 초기 기독교 식사와 로마의 제국적 권력 간의 관계를 검토한다. 그러한 검토는 다소 놀라운 결과를 산출한다. 본 장은 초기 기독교 식사의 사회적 실천이 로마에 대한 초기 기독교의 저항에서 중심적 역할을 했다는 주장을 제기한다. 비록 일부 학자들은 로마의 권력에 대한 초기 기독교의 관계에서 식사의 중요성을 의심해 왔지만,[1] 본 장은 식사가 로

1　Brigitte Kahl, "Reading Galatians and Empire at the Great Altar of Pergamon," *Union Seminary Quarterly Review* 59, nos. 3-4(2005): 21-43;

마에 대해 저항하는 초기 기독교의 행위가 된 중심적인 방식과 그 윤곽을 제시한다. 본 장은 매우 저항적이었던 식사의 특정한 차원들과 식사와 저항 간의 연관을 확인시켜 주는 초기 기독교 본문 모두를 살펴볼 것이다. 비록 본 장은 모든 초기 기독교 혹은 모든 초기 기독교의 식사가 제국의 권력에 저항하였다고 제안하는 것은 아니지만, 식사가 당대에 있었던 저항에서 중요한 역할을 행한 방식을 보여줄 것이다.

최근의 제국-비판적인 신약성서 연구의 요약

학자들은 초기 기독교의 선포를 로마가 1세기와 2세기에 지중해 세계를 지배한 맥락 안에 위치시키고 있다. 당시 로마가 얼마나 세계를 완전하게 통제할 수 있었는가에 대한 정보가 상당한 시간 동안 쌓여왔지만, 신약성서와 초기 기독교 연구는 초기 그리스도인들의 문헌과 삶을 단지 최근에서야 적극적으로 당시의 맥락 안에서 살펴보게 되었다. 그렇지만 맥락화, 상황화의 작업 이후로 초기 그리스도인들과 로마의 군사적 점령 기구, 경제적 지배와 착취, 대량의 과세와 노예화, 문화적 제국주의 그리고 위의 모든 것들에 대해 제국의 신적인 권리를 종교적으로 강요한 일들 간의 대조는 명백해졌다. 1세기 기독교와 로마제국 간의 적대에 대한 새로운 연구는 금방 뿌리

Warren Carter, *The Roman Empire and the New Testament: An Essential Guide* (Nashville: Abingdon, 2006); Warren Carter, *Matthew and Empire: Initial Explorations*(Harrisburg, Pa.: Trinity Press International, 2001)를 보라.

내릴 수 있게 되었다. 브리짓 칼, 워렌 카터와 같은 대담하고 새로운 학자들이 등장하였을 뿐만 아니라, 엘리자벳 슈슬러 피오렌자, 디이터 죠지 그리고 리챠드 호슬리와 같은 신약성서 연구에 공헌한 학자들도 주요한 기여를 하였다. 심지어 라이트와 같은 보수적인 학자들도 신약성서의 저자들은 "로마제국의 전체 체계에 대해 전복적인 것으로" 보여질 필요가 있다는 "논제에 대해 다소 완전한 동의"에 이르렀다.[2]

이러한 새로운 의식의 핵심에는 초기 기독교 문헌 안에서 중심적 의미를 형성하고 있는 십자가형에 있다. 리차드 호슬리는 바울에게 십자가형이 갖는 반(反)로마적 의미를 다음과 같이 요약한다:

> 확실히 바울의 복음에서 가장 노골적으로 반(反)로마제국적인 측면은 십자가형을 받은 그리스도에 대한 초점이다. … 물론, 십자가형은 로마인들이 로마의 질서에 저항하는 피지배자를 "본보기 효과"를 위하여 고문하고 죽이는 끔찍한 수단이었다. … 바울 복음의 급진적인 다른 부분들 역시, 로마인들에 의해 십자가에서 죽은 정치적 반란자가 그 세계의 진정한 주님으로 왕좌에 올랐고(종말론적인) 파루시아(황제가 그의 도성으로 입장하는 것을 가리키는 말)로 곧 돌아올 것이라는 메시지였다. 로마의 지배자들에 의해 십자가에서 죽은 분은 로마의 지배자들을 포함하여 이제 곧 "만물"을 다스릴 주님이다.[3]

---

2 N. T. Wright, "Paul's Gospel and Caesar's Empire" *Reflections* 2(1998).

3 Richard Horsley, ed., *Paul and Empire: Religion and Power in Roman Imperial Society*(Harrisburg, Pa.: Trinity Press International, 1997), 141-42.

6장_ 로마제국의 권력에 대항한 저항의 식사 | 263

십자가형이 제국에 대항한 일에 가한 로마의 처벌이었다는 것은 십자가 위의 예수를 로마에 대한 초기 기독교적 저항의 노골적인 상징으로 만들었다.

예수만이 로마에 의해 십자가형을 받고 죽었다는 것이 아니다(수만 명의 사람들이 로마에 의하여 임의적인 이유로 십자가형을 받아 죽었기 때문이다). 오히려 예수의 십자가 죽음은 로마의 지배에 대항한 "하나님의 장엄한 통치"4의 현존을 가리키는 예수 자신의 가르침과 여러 가지 면에서 상응한다. 사실 대부분의 초기 기독교 문헌의 가치는 로마의 요구와 분명한 긴장을 갖는 것으로 공식화되어 있다는 데 학자들은 동의한다. 워렌 카터가 요약한 것처럼, "로마는 신들이 그 신들의 주권, 현존, 대리 행위 그리고 축복을 땅 위에 나타내고자 로마를 선택하였다고 주장하면서 제국을 위하여 신적인 인가를 주장하였다. 신약성서의 책들은 결국에는 하나님의 목적이 달성될 것이라고 주장하면서 로마의 주장을 논박한다."5 초기 그리스도인들이 예수의 이름으로 모인 것은 "유대인과 이방인, 그리스인과 야만인, 자유인과 노예, 남성과 여성이… 함께 먹는 새로운 시대와 세계 질서"를 나타냈다라고 브리짓 칼은 말한다.6 "로마 황제를 대신해서 속주들을 통치하는 자들은 무질서하고 포괄적인 식탁교제의 메시지에

---

4 이것은 *basileia tou theou*에 대한 성서학자들에 의한 번역이다. 이 번역에 대한 논의를 Robert Miller, ed., *The Complete Gospels*(Santa Rosa, Calif.: Polebridge, 1994), 12에서 보라. 또한 反-로마적 논의로서 *basileia tou theou*에 대한 확장된 논의를 John Dominic Crossan, *The Historical Jesus: The Life of a Mediterranean Jewish Peasant*(San Francisco: HarperSanFrancisco, 1991), 265-302에서 보라.

5 Carter, *Roman Empire and the New Testament*, 99.

6 Kahl, "Reading Galatians and Empire at the Great Altar of Pergamon," 40.

뭔가 심각한 문제가 있다는 것을 인지하였다"라고 칼은 쓰고 있다.7 로마와 초기 기독교적 가치는 전적으로 반대였다.

로마의 억압, 지배 그리고 세계에 대한 신적인 지배라는 신성모독적 주장에 저항을 표현하기 위하여 초기 그리스도인들은 제국에 대항하여 로마의 용어를 활용하기 시작했다. 디이터 죠지가 "다음과 같이 중심적 개념이 부과되어 있는 용어들; 유앙겔리온[제왕적 구원자의 '복음'], 피스티스[로마 백성의 충성에 대한 보답으로서, 시저/로마의 '충실' 혹은 신실함], 디카이오수네[시저가 요구하는 '정의'] 그리고 에이레네[로마의 정복이 보장하는 좋은 질서로서의 '평화']"라고 말한 것은 처형된 예수와 그가 전한 가치에 대한 초기 그리스도인들의 충성을 표현하기 위해 그리스도인들이 적극적으로 사용한 것이다.8 리차드 호슬리는 "바울이 제국의 종교와 밀접하게 연관된 언어를 의도적으로 사용하는 한, 바울은 그의 복음을 시저의 복음과 직접적으로 경쟁하는 것으로 제시했다"9고 주장한다. 라이트는 이러한 신약성서의 주제를 정교화한다: "'우리의 시민권은 하늘에 있습니다. 그리고 그곳으로부터 우리는 구세주, 주님 예수, 메시아를 기다립니다.' … 예수는 주님입니다. 그리고 시저는 (주님이) 아닙니다. 시저의 제국은… 모방입니다. 예수의 제국은… 실재입니다."10

로마의 지배에 대한 작은 기독교 운동의 날선 도전은 위험하였다. 이 위험에 대한 카렌 킹의 묘사는 적절하다: "지역의 신들을 숭배하

---

7 Ibid., 41.

8 Dieter Georgi, *Theocracy in Paul in Praxis and Theology*(Minneapolis: Fortress Press, 1991), 83.

9 Horsley, *Paul and Empire,* 140.

10 N. T. Wright, "Paul's Gospel and Caesar's Empire," *Reflections* 2 (1998).

는 일은 모든 시민과 백성의 의무다, 이 신들이 제국과 그 신들의 도시를 지탱하기 때문이다. 그리스도인들이 알고 있었던 바대로 이 의무를 거부하는 것은 반역으로 간주되었고, 그래서 그리스도인들이 이 신들을 '악마들' 그리고 '타락한 천사들'이라고 불렀을 때 그리스도인들은 로마제국의 신화적인 토대들과 사회적 질서의 근간에 적지 않게 공격을 가한 것이다."[11]

제국에 대항하는 가치를 일관성 있게 표현하는 일은 다른 관계와 행동을 지시하는 모델을 세우고자 한, 초기 그리스도인들의 의도에서 생겨났다. 워렌 카터가 다음과 같이 주목한 것처럼:

> 신약성서의 본문들은 독자들로 하여금 제국의 방식과는 달리 생명을 주는 대안을 제시하는 실천들로 구성된 대안적 공동체의 구성을 촉구한다. … 예컨대 바울은 엘리트 권력과 특권의 과시로 가득한 도시에서 로마에 있는 교회들에게 다음과 같이 촉구한다: "여러분은 이 시대의 풍조를 본받지 말고, 마음을 새롭게 함으로 변화를 받아서…"(로마서 12:2). … 바울은 그들에게 상호적인 지지공동체를 구성하고, 서로 사랑하며, 서로에게 교만하지 말며 그리고 그들의 원수들을 보복하기보다는 먹이라고 가르친다(12장). 분명히 이러한 실천들은 귀족-피보호민의 빚 관계와 의존, 제국의 위계질서와 지배 그리고 군사적 보복의 실행과는 아주 다르다. 성도들은 아주 다른 사회적 경험과 인간성의 방식을 창조한다. … 바울은 또한 예루살렘에 있는 성도들의 고통을 덜어주기 위해 그의 이방인 공동체들에게서 헌금을 모은다.[12]

---

11 Karen L. King, *The Secret Revelation of John*(Cambridge, Mass.: Harvard University Press, 2006), 168.

로마에 대한 저항이라는 위의 주제와 관련된 신약성서와 초기 기독교적 연구에서 이러한 새로운 초점은 기독교적 문헌을 이해하는 유일한 방식은 아닐 수도 있지만, 그 새로운 초점이 초기 기독교적 특성의 탐구에서 고려되어야 한다는 점은 분명하다.

초기 기독교 식사와 로마제국

"기독교"의 첫 100년 역사에서 로마제국의 권력에 대항한 초기 기독교의 저항에 대한 새로운 이해를 요약하면서, 본 장은 이제 이 저항의 한 요소인 초기 기독교 식사의 역할을 탐구한다. 그레코-로만의 식사—그리고 특히 초기 기독교 식사—에서 저항적 경향의 차원은 앞 장들의 주변부에서 이미 제시하였다. 본 장은 이제 식사가 로마에 대한 초기 기독교의 저항에서 얼마나 중심적이었는가라는 질문을 검토할 것이다.

식사의 저항적 특성에 대한 본 연구는 이 책 자체와 같은 유형을 따른다. 첫째로, 로마제국에 대한 저항으로서 일반적인 그레코-로만의 식사 문제를 다룬다. 그 다음에 초기 기독교 식사의 저항의 하위체계가 뒤따르는데, 먼저 상상적인 대항사회(counter-society)로서 식사의 역할을 검토하고, 나중에 십자가형과 식사 사이의 의례적이고 문학적인 관계를 탐구한다. 결론에서 이 연구는 식사가 사실상, 로마에 대한 초기의 기독교적 저항의 주요한 형태였다는 강력한 가

---

12 Carter, *Roman Empire and the New Testament*, 21.

능성을 살펴보고, 그것이 무엇을 의미하였을지를 탐구한다.

식사를 위해 모이는 결사에 대한 로마제국의 염려

헬레니즘 시대는 2장에서 이미 논의한 특별한 종류의 식사 모임에 대한 주요한 논란을 알고 있었다. 로마 당국은 결사들의 식사 모임을 주로 폭동의 계기 혹은 폭동을 계획하는 계기로 가정하고 의심의 눈초리로 보았다는 상당한 증거가 있다. 이러한 긴장은 상이한 두 학자에 의하여 최근에 연구되었고 다소 상이한 결과를 낳았다. 두 경우 모두에서 두 학자는 19세기의 연구, 특히 월칭의 연구를 언급하고 그 연구를 새롭게 하려고 했다.

웬디 코터의 1996년 연구인 "결사와 로마의 법: 자발적인 결사들에 대한 국가의 제한들, 기원전 64년~기원 후 200"(The Collegia and Roman Law: State Restrictions on Voluntary Associations, 64 BCE-200 CE)는 공화정으로부터 2세기 제국에 걸쳐 연합들에 대한 로마의 금지 역사를 검토한다.[13] 필립 할랜드의 저서인 『결사들, 회당들 그리고 집회들: 고대 지중해 사회에서 장소의 요구』(Associations, Synagogues, and Congregations: Claiming a Place in Ancient Mediterranean Society)는 동부 소아시아에서 저자인 할랜드 자신이 행한 새로운 비문 연구에 기초한 최초의 연구이고 이 연구는 결사들과 로마 정부 차원의

---

13 Wendy Cotter, "The Collegia and Roman Law: State Restrictions on Voluntary Associations, 64 BCE-200 CE," in *Voluntary Associations in the Graeco-Roman World*, ed. John S. Kloppenborg and Stephen G. Wilson (London: Routledge, 1996).

철저한 긴장을 표현한(코터의 연구를 포함한) 기존 연구들의 가정을 교정하는 성격을 갖는다.[14]

식사에서 결사들의 모임이 폭동의 의도로 변할 가능성에 대한 로마의 염려를 코터는 분명히 묘사한다. 코터는 폭동에 대한 그러한 염려를 로마의 시민전쟁 시기로 거슬러 추적하는데, 이 시기에는 기원전 64년에 원로원이 결사들에 반대한 로마 최초의 일반적인 정부의 행동으로서 "공공의 이익과 갈등하는 것으로 나타난" 모든 결사들을 폐지하는 조치가 이루어진다.[15] 클로디우스가 권력을 잡으려고 선동한 결사들에 대한 금지를 클로디우스 자신이 해제하였다는 점에서 동일한 시민전쟁 시기가 그러한 염려를 확인해 주는 것으로 보인다는 사실을 코터는 주목한다.[16] 이는 "기원전 58년과 기원전 49년의 줄리어스 시저의 독재 사이에" 결사들에 대한 두 가지 추가 칙령으로 귀결된다.[17] 줄리어스 시저는 "가장 고대의 것"만을 허용하면서 금지조치를 강화하였다.

코터는 기원 후 1세기의 황제들 대부분(아우구스투스, 티베리우스, 클라디우스 그리고 네로 등)이 전체 제국에 걸쳐서 결사들에 대해 취한 공식적인 행동 조치 자료를 제시한다. 지역의 행동 조치 문서는 드물지만, 이집트의 방대한 기록들은 그러한 모임에 대한 제국의 적대감을 확증하는 경향이 있음을 코터는 주목한다.[18] 결사들의 모임

---

14 Philip Harland, *Associations, Synagogues, and Congregations: Claiming a Place in Ancient Mediterranean Society*(Minneapolis: Fortress Press, 2003).

15 Cotter의 글 "The Collegia and Roman Law," 76은 Asconius, *In Seantu contra L. Pisonem* 8을 인용한다.

16 Cotter, "The Collegia and Roman Law," 76.

17 Ibid.

에 대한 금지는 단지 결사들의 식사에 반대한 것이 아닌 방식으로 문구가 이루어져 있음을 주목할 필요가 있다. 그러나 5장에서 살펴본 것처럼 식사/연회는 결사들이 모임을 시행한 일상의 방식이었다.

코터가 논의한 2세기 초기의 황제들은 결사들에 대해 약간 다른 의미의 접근을 보여준다.[19] 트라얀과 하드리안은 결사들을 불허하였고 결사들에 반대하는 조치를 취하였지만, 그들은 일반적인 불허 조치 말고도 예외사항에 대해 심도 있게 논의한다. 더 상세한 자료는 코터가 알고 있는 심각한 난제를 해소시켜 줄 것으로 보인다. "만약 클라디우스, 네로 그리고 트라얀이 콜레지움을 억압하는 것으로 보인다면 이들 클럽들이 계속해서 생겨나고 자랐기 때문일 것이다."[20] 달리 말하면 결사들에 대한 로마의 억압을 평가하려면 제국의 지속적인 억압과 함께 정부의 억압에도 불구하고 이루어진 결사들의 성공까지도 고려해야 할 것이다. 5장에서 본 것처럼, 결사들에 대해 제국이 억압한 시기는 정확히 결사들이 성장한 특히 기독교적 모임들이 성장한 시기이다.

결사들에 대한 제국의 억압을 보여주는 코터의 묘사는 초기 "기독교"의 연구에서 두 가지 특별한 요소에 주목한다. 첫째로, 코터는 결사들에 대한 금지조치의 예외로서 제국 전반에 걸쳐서 적용된 유대교 모임들에 대한 일관된 관용을 상당히 자세히 묘사한다. "로마인에게는, 유대교의 회당은 다른 종교적 콜레지움과 비슷한 것으로 보였을 것이다"고 인정하며, 코터는 로마인들이 이러한 금지로부터 유

---

18 Ibid., 79.
19 Ibid., 82-86.
20 Ibid., 88.

대인들의 식사 모임을 면제해 주었다는 것을 보여준다.[21] 코터는 면제를 지지한 이들로 키케로, 줄리어스 시저, 요세푸스를 언급하고 그리고 클라디우스가 유대인의 모임들을 금지한 경우에는 뒤이은 권력자들이 곧바로 금지를 무효화했다고 지적한다.[22]

유대교 결사/회당 식사 모임의 합법성에 주목하면서 코터는 결사 식사 모임의 경제적인 범위(2장에서 인용된 할랜드의 연구도 주목했듯이)에도 주목한다. 특히 결사 구성원 자격을 통제하는 로마법에 대한 논의에서 결사들이 번성한 동안 결사들에 대한 규제도 많았다는 아이러니를 통해 로마법이 결사들을 상당히 의식하고 있음을 보여준다. 특별히 코터는 어떻게 금지와 동시에 황제와 그의 관료들이 가난한 사람들과 노예들의 결사 가입을 허용했는가를 묘사한다. 이는 다수의 가난한 회원이 소속되고 종종 노예들이 식사 주연장(symposiarchs)으로 활동했던 결사들에 대한 2장의 묘사를 확증해준다. 코터가 결론내린 것처럼 "가난한 사람들의 클럽이 있었다는 타당한 증거가 있다."[23]

코터의 강조한 결론은 매우 성공한 결사들을 억압하는 제국의 일관된 시도와 초기 기독교 식사에 대한 우리의 관심을 관련지을 수 있게 해 준다.

자발적인 모임들, 단체들의 금지와 해산은 로마인들의 당연한 권리이고, 빈번한 정책이었다. … 따라서 클럽들에 대한 억압을 연구하

---

21 Ibid., 77.
22 Ibid., 78.
23 Ibid., 87.

는 일은, 그 클럽들이 지중해 세계의 사람들에게 얼마나 중요했는가를 보여준다. 현대의 연구는, 정치적으로 불법적인 성격임에도 불구하고, 콜레지움에 대해 지속적으로 관심을 가졌던 이유들을 더 세밀히 다룰 필요가 있다.

둘째로, 자발적 결사들에 대한 로마의 규제는 초기의 기독교 공동체들의 배경의 일부로 보아야 한다. 그리스도인들은 자신들의 유대인 영웅과 유대교 전통에 대한 그들의 호소가 유대교 단체로 보이도록 은폐했기 때문에 도시 관리들의 "비공식적" 조사를 통과하였을까?
…

제국의 시기 동안 불법적인 단체에 속하는 데 대한 현실적인 위험은 기독교적 본문들의 주석에서 그러한 것처럼 1세대 기독교 현실의 재구성에서 대개 간과되었다. 그럼에도 불구하고, 단체들에 대한 로마의 규제 증거와 갑작스러운 단체들의 조사 및 해산의 위협은 우리의 주석적 연구의 두 측면으로 통합해야 한다.[24]

필립 할랜드는 결사들과 로마제국 사이의 적대를 가정하는 것을 조심하면서 소아시아의 비문 증거에 대한 상세한 연구를 근거로 자신의 주장을 펼친다. 그는 "로마의 소아시아 사회" 밖으로는 나가지 않았지만 "일반적으로, 결사들은 반(反)로마적이거나 전복적 집단이 아니었다"고 결론 내린다.[25] 필립 할랜드는 그의 주장의 근거로 "전통적인 신들에게 행한 희생제물, 신비 및 그 밖의 의례들과 평행을 이루는 제국 신들에 대한 종교적 의례들이 많은 결사들 안에서

---

24 Ibid., 88.
25 Harland, *Associations, Synagogues, and Congregations*, 268, 173.

중요한 요소였음을 암시하는 소아시아의 비문 증거"를 제시한다.26
비슷하게 "자신들을 제국과 연결시킨 일은 결사가 사회와 세계 안에
서 자기의 공간을 요구할 수 있는 방식 중의 하나였다."27 달리 말하
면 할랜드는 코터와 그녀의 선행 연구자들이 발견한 결사들과 로마
사이의 일반적인 긴장을 직접적으로 논박하지는 않으나28 할랜드는
결사들이 그들을 둘러싼 로마 권력에 대해 협조하고 수용하는 추가
적 암시들을 발견한다.

코터처럼 할랜드도 그의 결론을 소아시아의 유대교 및 기독교 결
사 전체로 확대하는 데에도 관심이 있다.29 할랜드는 "다수의 유대인
과 그리스도인이 황제를 사물의 우주적인 질서 안에서 주요한 인물,
즉 특별한 존중과 영예를 받을 만한 인물로 간주하였다"고 제시한
다.30 할랜드는 로마제국의 지배에 대한 유대교 및 기독교의 반대를
인정하면서도31 그의 전체적인 결론은 —할랜드가 말한대로— "폴

---

26 Ibid., 136.

27 Ibid., 160.

28 할랜드의 저서의 6장과 9장은 그들의 공통의 제목인 "바르게 보는 긴장들"에서 이
러한 결사-제국 긴장들을 실제로 주도적으로(proactively) 인정하면서도 또한 경
시한다.

29 본서의 2장에서 주목되었듯이, 회당들과 "기독교적인" 집회들의 결사들과의 동일
시에 대한 할랜드의 기여가 주요한 업적이다.

30 Harland, *Associations, Synagogues, and Congregations*, 237.

31 할랜드는 요한계시록의 고도로 反-제국적인 언어의 논의에 그의 마지막 장의 대부
분을 할애하는데, 계시록은 거의 확실히 소아시아에로 그리고/혹은 소아시아에서
씌어졌다. 이것은 초기 기독교 내부의 反-제국적 표현의 강력한 증거를 인정하는
것을 강화한다. 할랜드는, 그러나, 이러한 강력한 反-로마적 입장을 "수사학적인
상황과 전략"에로 혹은 계시록의 저자(들)에 의한 비현실적이거나 지지될 수 없는
입장으로 대개 간주한다(253). 마지막으로, 본서는 할랜드가 —기독교적인 것이
든 다른 것이든— 결사들의 反-제국적 차원들을 충분히 진지하게 받아들이지 않는
다고(다음 페이지들을 보라) 결론 내리므로 그리고 할랜드의 저서의 다른 차원들

리스 제국의… 차원과 관련하여 유대인과 그리스도인 사이의 일련의 태도와 실천을 고려하면 본 장의 시작 부분에서 언급한 저자들의 반(反)제국적인 결론들에 반대한다.[32]

할랜드의 공헌은 중요한 단서를 제공한다. 특히 비문의 증거는 일상의 삶의 리듬과 현상에 더욱 가깝기 때문에 결사들이—심지어 유대인과 그리스도인 결사들이— 로마의 권력을 때로는 의식적으로 때로는 자발적으로 인정하였다는 것은 역사적 현실로서 받아들여야 한다. 마지막으로 할랜드의 연구는 결사들(특히 유대인과 그리스도인의 결사들)과 로마제국 사이의 더 큰 긴장 가운데서 미묘한 차이가 있음을 요청한다. 할랜드의 비문 증거는(초기 기독교의) 결사들과 제

은 본서의 연구 그리고 결사들에 대한 초기 기독교의 관계의 연구 모두를 위해서 매우 가치 있으므로, 계시록에 관한 할랜드의 입장의 인용이 적절할 것이다(*Associations, Synagogues, and Congregations*, 262): 요한은 그리스도인들에게 시민적 삶의 그러한 측면들로부터 자신들을 거리 두라고 요청하지만, 그러나 실천적으로 말하면, 요한이 아시아의 도시들에 사는 이 사람들이 무엇을 하기를 기대하였는가는 항상 분명하지는 않다. 요한은 길드들의 공동의 식사를 포함하여, 어떠한 사회적 맥락 안에서도 제국의 다른 신들에게 바쳐졌던 희생의 음식을 그들이 피하기를 확실히 원하였다. 요한은 그 사람들이 길드들도 아예 피하기를 또한 원하였는데, 그가 우상숭배적이라고 간주한 제국의 의례들과 다른 실천들이 그러한 길드들 안에서 일어났기 때문이었다. 이것은 그리스도인들이 동료 노동자들과 다른 상인들 및 교역자들과의 사회적 사업적 접촉들을 제한할 것을 요구할 것이었다. 요한은 또한 궁극적인 사망이 임박한 악한 제국의 융성에, 그가 보기에, 기여한 상품들의 생산과 교역에 연루되는 것을 확실히 허락하지 않았다. 그러면, 요한은 어떻게 그리스도인들이 생계를 이어나가기를 기대하였는가? 그들은 다른 이들로부터 고립되어 살아야 했는가? 어떤 직업들이 받아들여질 수 있었는가? 어떻게 지역의 그리스도인 상인이나 염색업자는 적어도 동료 노동자들과 더 부유한 손님들 혹은 귀족들과의 어떤 친근한 접촉들을 유지함 없이 그의 혹은 그녀의 직업을 계속하였는가? 어떻게 사람은 폴리스의 사실상 모든 영역 안에 스며 있는 제국주의와의 모든 접촉을 피해야 했는가? 계시록은 그러한 질문들에 명확한 대답을 제공하지 않으며, 우리는 의아해 하는 채로 남아 있다.

32 Harland, *Associations, Synagogues, and Congregations*, 268-69.

국 권력 주제에 대해 다음의 측면들과 잘 맞는다.

1. 소아시아에서 로마에 대한 초기 기독교 저항의 비교적 강력한 증거가
   있다. 요한계시록에서 발견되는 명백한 반대는 갈등적 관계의 유일한
   사례가 아니다. 바울에 대한 호슬리와 다른 학자들의 연구는 소아시아
   에서의 저항적인 시도의 몇몇 사례를 보여준다.33

2. 할랜드가 조사한 지리적 영토는 1세기 제국의 다른 부분들보다도 훨
   씬 더 긴 시간 동안 로마통제하에 있던 지중해 지역이었다. 비록 소아
   시아가 제국의 다른 부분보다 로마 통치의 조건들을 더욱 잘 준수하였
   을 것이지만, 소아시아의 특성을 정복당하고 식민지화된 나머지 영토
   들에 적용하지 않는 것도 중요하다.

3. 결사들에 대한 제국의 적극적 적대에 관한 코터의 (그리고 다른 학자
   들의) 검토는 간과될 수 없다. 할랜드는 결사들의 모임에 대항하여 로
   마가 취한 법적 조치들을 언급조차 하지 않았다.

4. 할랜드의 언어는 기묘하게 비틀어져 있다. 그는 독자에게 요한계시록
   을 수사학적 전략으로 읽으라고 요구하면서도34 목회서신과 다른 초
   기 기독교 문헌들의 덜 적대적인 수사들은 직설적으로 받아들이는 것
   으로 보인다.35

---

33 특히 브리짓 칼의 새로운 저서에서의 연구를 보라, *Galatians Reimagined: Through
  the Eyes of the Vanquished*(Minneapolis: Fortress Press, 2008). 또한 칼,
  "Reading Galatians and Empire at the Great Altar of Pergamon"를 보라.

34 Harland, *Associations, Synagogues, and Congregations*, 251-63.

35 Ibid., 231-37.

5. 초기 기독교의 것이든 아니든, 결사들이 로마의 권력에 적응하였다는 할랜드의 요지는 인정되어야 한다. 이들 결사들 때때로 로마의 권위에 굴복하기도 했다는 것은 논박할 수 없는 사실이다. 또한 초기 기독교 공동체가 회원들로 하여금 제국 정부에 복종할 것을 가르쳤다는 것도 논박할 수 없다(베드로전서 2장, 로마서 12장).

전체적으로는, "폴리스에 대한 제국의… 차원들과 관련하여 유대인들과 그리스도인들에게 있었던 일련의 태도와 실천"을 보여주려는 할랜드의 노력까지도 많은 결사들, 특히 유대교 및 기독교 결사들이 로마와의 긴장을 경험했음을 암시하는 것으로 볼 필요가 있다.[36] 그들이 식사를 위하여 모였을 때 그들은 모임에 대한 로마의 암묵적인 도전을 받으며 모였다. 이러한 도전은 —시간과 장소에 따라서— 황제가 직접내린 금지조치, 원로원이나 지방 당국자들의 금지조치, 누가 결사들에 속할 수 있고 누가 속할 수 없는가에 대한 다양한 로마 법과 칙령들, 모든 식사 모임은 황제에게 헌주하는 일을 포함해야 한다는 주장, 식사에서 고기가 황제 혹은 제국과 연관된 신(예컨대, 아폴로, 아프로디테 그리고 제우스)을 기린 희생제물의 일부인 경우 그 고기를 먹어야 할지 아닌지에 대한 결정들 그리고 제국의 첩자들이 식사 활동의 정보를 보고할 수 있는 식사의 구멍 많은 느슨한 경계들을 포함한다.

로마와 헬레니즘 시대의 결사들의 식사에서 나타난 일반적인 적대에 주목한 후에 로마의 통제와 관련하여 의례의 방식으로 식사 참가자들을 위한 공간을 협상한 식사의 측면을 주목하는 것도 중요하

---

36 Ibid., 268, 269.

다. 제국에 대한 저항의 성격으로 강조되지는 않았지만 이러한 측면은 4장에서 이루어진 식사 의례 분석에서 다소 상세하게 연구했다. 이 측면의 상당한 부분은 어떻게 반(半) 사적이고 반(半) 공적인 식사 몇 가지들이 식사 참가자들에게 제국 권력이 명백히 드러난 공공 영역에서는 볼 수 없는, 추가적인 성찰, 저항 그리고 미묘한 차이로 참가자들의 정체성을 협상할 기회를 제공하였는가를 보여준다. 제국의 지배와 관련하여 상상하는 힘의 영역을 만들어낸 식사의 특별한 측면은 다음을 포함한다:

1. (종종 로마 정복군에 의해 만들어진) 노예, 자유인 그리고 노예 소유자라는 제도 사회의 불공평에 대한 "완전화"(perfection)가 세 가지 불평등한 계급이 식사에서 함께 기대 누운 자신을 발견할 때 일어났다. 식사는 작은 집단들이 로마의 지배체계에 대항하는 방식으로 그들의 사회 질서를 재형성하는 계기와 구조를 제공하였다.

2. 식사의 아비투스, 혹은 확립된 문화적 유형은 식사 시간에 어떤 "탈경계성"(liminality)을 허용하였는데, 그 안에서는 새로운 관계적 유형과 사회적 구조를 제국이 지배하는 공적인 영역에서는 문제를 초래하지 않으면서 시도할 수 있었다. 식사 구조의 안정성과 안전함은 우정, 친교 그리고 카리스의 특징을 강조하는 새로운 관계를 상상할 수 있는 일차적 환경이 되었다.

3. 대다수가 생존을 위해 씨름하는 동안 여가를 즐길 수 있는 사람들(소수의 귀족 계급)이 있는 경제적 차이는[37] (거의) "모든 사람들"이 계급 경계를 넘어 함께 기대 누운 식사에서 재협상되고 "완전화"되었다.

4. 평등(예를 들면, "모든 사람"이 식사에서 기대 눕기)과 계급(예컨대, 기대 누운 사람들 사이에는 지위의 질서가 있다)의 가치를 동시에 유지하는 일은 전체 사회에서 이들 두 가치의 긴장을 의례적으로 재생산하였다. 이 긴장은 노예와 자유인, 남성과 여성, 로마인과 피정복민, 교육받은 자와 문맹자 그리고 부자와 가난한 자가 서로 소외되어 있는 세계에서 심각해질 수 있는 긴장의 축소판을 제공한다. 식사라는 안전한 공간에서 세상의 모순적 가치들이 의례적으로 재생산되는 것은 각각의 가치에 대한 상호적인 질문을 허용하였다.

5. 평등과 우정의 사회적 가치는 모든 사람이 같은 양의 음식을 나눌 수 있게 했다. 세상의 계급에 따르면 어떤 사람들은 그들의 지위를 고려하여 다른 사람들보다 더 많이 받을 수 있었다. 달리 말하면, 정의를 주장하는 사회적 가면과 기존 사회에서 받는 음식의 극적인 불일치는 더 안전하고 덜 위험한 식사 환경에서 재연된 것이다. 좋은 의례의 경우, 식사는 기존사회와의 긴장을 재생산하기 위해 음식의 양을 다룬다. 이는 그 모임이 비교적 보호된 환경 안에서 긴장을 관찰하고, 긴장을 올바르게 위치시키며, 어떤 경우에는 제공된 음식과 관련하여 평등과 우정의 가치를 재연하는 기회를 주었다.

6. 헌주 의례는 점령 제국과의 관계가 적나라한 방식으로 그러나 식사 외부에서 삶의 높은 위험이 없이도 성찰할 수 있는 보호 환경을 제공하였다. 식사에서 참여자는 심지어 그가 점령자에게 고통 받을 때에도

---

37 G. E. M. de Ste. Croix, *The Class Struggle in the Ancient Greek World from the Archaic Age to the Arab Conquests*(Ithaca, N.Y.: Cornell University Press, 1981), 112-203를 보라.

황제에게 헌주하는 일이 어떻게 느껴지는지를 경험하는 기회를 가질 수 있었다. 혹은 반대로, 그가 외부 세계에서는 황제에 대한 저항이 많은 위험을 초래함을 인지할 때에도 황제에 대한 헌주에 저항하는 것이 얼마나 지혜롭게 보이는가를 경험할 수 있었다. 보호된 저항과 협력의 행위는 헌주 시간에 다양한 형태로 가능하였을 것이다. 만약 누가 저항을 시도하길 원한다면, 그는 황제의 잔이 돌려질 때 그 잔을 거부할 수 있다. 혹은 황제에게 헌주하는 대신 암묵적인 아폴로에게 헌주하는 것으로 바꿀 수도 있다. 혹은 예수나, 이스라엘의 하나님, 혹은 이시스에게 헌주하고, 그래서 황제의 헌주를 무시할 수도 있다.

7. 식사는 표면상 인도자와 예측할 수 없으나 적극적인 구성원을 지닌 권력 구조를 재생산하였다(주연장의 지도력에 대해 더 살펴볼 필요 없이). 식사 질서에 대한 대중의 강력한 지지는 식사의 권력 역학 안으로 정착하고 안전한 환경을 만들어냈으며 이 환경은 인위적인 어떤 권위를 행사하는 인물이 있을 때 자발적이고 분산적인 지도력이 가능한지를 시험할 수 있었다. 즉, 취약한 형식적 지도력만을 지닌 식사구조의 생존력은 식사 참가자들이 제국의 모델과는 다른 종류의(공유된) 권력을 누릴 수 있게 해주었다. 식사 질서의 힘과 안전성은 정기적인 참가자들에 의한 다수의 그리고 정규적인 주도권을 허용했다. 식사 질서에서는 임시적인 지도력에 고무되었으나 비공식적인 충동들이 그것들의 장점과 수용여부에 따라 성공하거나 실패할 수 있었다.

8. 어떤 방해, 특히 주연에서(초대 받지 않은 손님, 지각한 손님 그리고 논쟁들) 방해에 대한 폭넓은 관용은 헬레니즘 사회에 퍼져있는 긴장들의 혼합을 재생산하도록 돕는 의례 탈경계성으로 잘 설명된다. 신뢰

할 만한 식사의 확립된 질서는 식사의 어떤 부분이 거의 혼돈으로 떨어지는 일도 허용하는데, 사회적 무질서를 의례화를 통해 경험하는 일은 식사자들의 일상적 경험에서 나타나는 무질서를 완전화하도록 돕기 때문이다. 식사는 다양한 사람들이 황제의 질서나 권력에 의존하지 않고 서로 관계할 수 있는 방식을 만들어낼 수 있게 해주었다.

헬레니즘 식사는 제국이 의심스럽게 여기는 결사들의 정기적인 활동의 핵심이자 反제국적인 동작과 상상의 무수한 가능성을 포함하는 "의례"로서 제국의 권력과 긴장 가운데 깊게 파고들어간 사회적 실천으로 기능하였다. 플루타르크의 티몬은 이 긴장을 분명히 표현하였다: "만일 우리가 사람들 사이의 평등을 보장해야 한다면, 첫 번째 자리부터 시작하지 않게 하고 허영이나 과시 없이 자리를 차지하도록 훈련시키지 않는 이유는 무엇인가? 왜냐하면 사람들은 문에 들어서는 순간, 식사가 민주적인 모임이고 식사에는 부유한 사람이 기대 눕고 더 비천한 사람들에게 군림하는 아크로폴리스와 같은 우월한 자리가 없다는 것을 이해할 수 있기 때문이다."[38] 제국에 대한 결사들의 입장은 제임스 스코트가 대중의 "저항 기술"의 "숨겨진 사본들," 그리고 종교적 표현이라고 명명한 것과 거의 정확하게 맞는다.[39]

---

38 Plutarch, *Questiones Conviviales* 616E-F.

39 James C. Scott, *Domination and the Arts of Resistance: Hidden Transcripts*(New Haven: Yale University Press, 1990).

초기 기독교 식사의 특별한 측면과 제국에 대한 저항

코터와 여러 학자들이 주목한 것처럼 초기 기독교 모임은 정기적으로 헬레니즘적 식사로 모여 제국의 지배라는 긴장 속에서 식사를 행했다. 초기 기독교 식사 모임은 결사의 식사에 대한 로마제국의 우려(왜냐하면 그리스도인들은 시저가 아닌 다른 구원자나 주님에게 헌주하였기 때문이다)를 완화시키지 않았다. 이는 결사의 식사와 로마 사이의 긴장을 배가시켰다. 헬레니즘 문화에서 식사가가 널리 행해지고 성장한 것은 추가적인 두 가지 상호 긴장의 역학으로 귀결된다: (1) 로마의 편집증에 기름 붓기, (2) 로마의 염려에도 불구하고 식사가 널리 퍼진 덕분에 로마의 적대로부터 어느 정도는 보호 받음.

식사에 참여한 초기 "그리스도인들"[40]의 유일신론적 입장은, 이 유일신론이 황제의 신성 주장이나 "세계"를 지배할 신적인 권리 주장과 긴장 속에 있었다는 점에서 충돌은 악화되었다.[41] 이미 오래 전

---

40 여기에서 다시, '그리스도인'이라는 용어의 사용은 시대착오적인 것으로서 일반적으로 인정되어야 한다. 많은 그리스도 또는 예수 결사들의 유일신론은 식사 참가자들이나 외부의 관찰자들 양편에 의해서 거의 확실히 유대교의 것으로 이해되었다.

41 초기의 그리스도인들과 로마 사이의 대립을 제안하는 최근의 연구는 그 긴장을 신학적인 측면들로 특징짓는다. 이 설명은 구원자, 주님으로서 한 하나님 혹은 예수에 대한 초기 그리스도인들의 충실이 그러한 대립을 낳았다(그리고 표현하였다)고 본다. 이것이 부인할 수 없게 사실인 한편, 그 대립을 단순히 신학정치적인 갈등으로 특징짓는 것은 식사에서 모임에 수반되는 깊이 스민 反-제국적인 사회적 전망들을 전혀 간과한다. 로마의 관점에서 볼 때, 어느 결사가 반란적인 계획을 위하여 식사 모임을 사용하고 있었는지에 대한 무엇보다 중요한 편집증적 관심은 이러한 종류의 식사를 하는 것 자체가 문제거리였음을 보여준다. 이러한 빛에서, 기독교-로마 긴장의 신학적 원인에 대한 현재의 20세기와 21세기 연구의 강조는 이데올로기의 중요성에 지나치게 초점 맞춰지고 그리고 (대항-)문화적 실천의 정치적인 차원들에는 충분히 주목하지 않은 것으로 나타난다.

에 제국과의 성공적인 협상 덕분에 유대교의 식사는 로마의 의심에서 제외되어 있었다. 기독교적 식사 모임이 유대교의 것과 다른 무엇으로 보여진 한,[42] 기독교 식사는 유일신론까지 결합된 사건으로서 로마의 이중 의심을 받게 된다. 본 장의 시작 부분에서 본 것처럼 구세주, 주님, 혹은 평화를 주는 자로서(시저 대신에) 예수에 대한 초기 기독교의 노골적인 대항주장(혹은 묘사)은 로마인의 염려 섞인 시선을 이끌어냈다. 지난 장에서 보았듯이, 식사 참가자가 황제에게 경의를 표하는 헌주 시간에 기름부음 받은 구세주와 주님이신 예수에 대한 초기 기독교의 찬송들이 사용된 것은 외부에서는 로마의 분노를 도발하는 일로 보였을 것이 틀림없다.

그러나 초기 그리스도인들의 운동이 이루어진 처음 두 세대 동안 그리스도인들에 대한 광범위한 로마의 적대 증거가 거의 없기에[43] 로마에 대한 저항으로서 초기 기독교 식사에 대한 본 장의 탐구는 로마의 억압, 우상숭배 그리고 허식에 대항하는 것으로서 이들 식사 모임의 자기이해에 집중할 것이다. 달리 말하면, 본 장은 이 식사가 참가자들을 위하여 제국에 대항하는 희망적 전망과 자기이해를 촉진하고 표현한 방식을 탐구한다.

---

42 코터가 의아해 하듯이, 초기의 기독교적 식사의 첫 두 세대들은(그리고 어떤 지역들에서는 아마도 길게는 첫 200년은) 그 식사의 참가자들과 로마인들 모두에 의해서 유대적인 것으로 이해되었고, 그러므로 "세계"를 지배할 황제의 신적 권리에 대한 그들의 유일신론적인 거부라는 이유로 로마의 의심에서 대체로 면제되었다는 것이 가능하다.

43 초기의 그리스도인들은 —심지어 첫 몇몇 세대들에서는— 로마의 억압으로부터 상당히 규칙적인 압력 아래에 있었다. 그들이 "그리스도인들" 자체였기 때문이 아니라 엘리트가 아닌 점령된 인구들의 모든 요소들이 압력, 제한 그리고 마구잡이의 명백한 억압 아래에 있었기 때문에 그러했다는 것이 나의 입장이다.

로마에 대한 대항사회로서 초기 기독교의 식사

일반적으로 헬레니즘 식사는 집단과 개인이 그들의 "이상향적인" 희망을 표현하는 방식으로 기능했다는 것을 이 책의 3장에서 논의했다. 3장에서, 카리스라는 식사 가치에 대한 클링하르트의 주장은 식사의 행동이 식사참가자들에게 사회와 세계에 대한 모델을 나타내는 감각적 경험을 제공한다는 식사의 힘을 명확하게 한다.44

초기 기독교 식사의 우주적 차원에 대한 5장의 묘사는 이러한 이상향적인 특성을 보완했다. 첫째로 식사 안에서 초기 기독교의 우주적 찬송들과 전망을 문학적 기술의 근거 위에 놓음으로써, 둘째로 암시에 의해 식사에서 다른 초기 기독교 구전 및 원(proto)-문학적 표현들을 위치시킴으로써, 어떻게 다른 세계에 대한 희망이 초기 기독교의 식사에 스며들었는가를 보여주었다. 우주적인 희망이 식사 참가자들에 의하여 소화/내면화되고 식사에서 사회적 모델을 형성하는 방식이 5장에서 분명해졌다. 모델 형성은 개별 행동의 차원, 식사 결사들의 사회적인 연대의 차원 그리고 세계의 현재 방식에 대한 반대와 비난의 명백한 의식 차원에서 일어났다. 우주적 어휘를 사용하는 초기 기독교의 경향이 식사 맥락 안에 놓였을 때 식사는 대안적인 세계를 그렸고, 상상하였으며, 새로운 세계를 맛보는 방식을 적어도 반(半)의식적으로 제공하였다는 것이 분명해졌다.

이제 초기 기독교의 우주적 수사를 더 명료한 사회적 맥락 속에 둘 수 있게 되었다. 독자들이 기독교적인 우주적 수사의 식사 환경을

---

44 Matthias Klignhardt, *Gemeinschaftsmahl und Mahlgemeinschaft:*(Tübingen: Francke Verlag, 1996), 163-74.

이해하고 헬레니즘 식사가 로마제국의 세계관에 대한 대안을 이미 협상하는 방식을 이해하면, 초기 기독교의 문헌들이 상상한 새로운 우주는 적어도 암묵적으로 그리고 명백히 반(反)제국적인 것으로 보일 것이다. 헬레니즘 식사가 저항적 성격을 띠었다는 클링하르트의 관찰은 초기 기독교의 우주적 문학의 식사 상황에 직접 적용된다: "헬레니즘에서는… 식사 공동체의 전형적 기능이 전혀 감소되지 않았고 오히려 훨씬 더 효과적이었다. 식사는 공동체를 위한 구체적인 이상향이다. 식사에서 공동체의 이상화는 통치에 대한 이론화의 기초에도 기여한다."45

식사에서 예수가 "모든 이름 위에 뛰어난 이름"을 가진 것에 대해 그리고 "하늘과 땅 위와 땅 아래에 있는 모두가 예수의 이름 앞에 무릎을 꿇게 함"(빌립보서 2:9-10)에 대해 노래하는 것은 빌립보에서 초기 기독교의 식사를 로마적 세계에 대한 저항의 행위이자 대안적인 "식사 세계"의 주장으로 만든 것이 틀림없다. 누가의 문헌은 제국에 대항하는 것과 제국에 순응하는 것 모두를 자료 안에 포함한다. 그럼에도 불구하고 "집마다 빵을 떼면서"와 연결된 사도행전 2:44-46의 "믿는 사람은 모두 함께 지내면서 모든 것을 공동으로 소유하고, 재산과 소유물을 팔아서, 모든 사람에게 필요한 대로 나누어 가졌다"는 묘사는 로마의 지배에 대한 거의 명백한 정치적 경제적 도전이다.46 심지어 예수가 예루살렘에 들어갈 때에 왕으로 환호 받는 마

---

45 Ibid., 164(저자의 번역).
46 이 사도행전 2:44-46 본문은 역사적으로 정확한 것으로 받아들여지도록 의미된 것은 아니다. 그것은 어떻게 누가가 식사 행동 그리고 저항의 사회정치적 모델들 간의 연결을 사용하는가의 예시로서 단순히 여기에서 인용된다.

태의 이야기(21:1-11)와 같은 본문을 식사에서 읽는 것도 황제 이외의 다른 지배자에 대한 갈망을 상상하고 표현하는 방식이 된다.

아델라 야브로 콜린스는 식사의 맥락에서 요한계시록의 중요하고 의미심장한 특성에 주목한다:

> 묵시록은, 아마도 정기적으로, 특정 지역에 모인 그리스도인들 앞에서 크게 낭독되었을 것이다. … 이 이유 때문에 계시를 "읽는 자들"보다는 처음으로 "듣는 자들"을 이야기하는 것이 더 낫다.
>
> 묵시록은 의미심장한 만큼 떠올리게 하는 것들도 많다. 묵시록은 태도와 느낌을 드러낼 뿐 아니라, 그러한 것들을 이끌어낸다. … 묵시록은 상상적 참여를 이끌어내는 효과적인 상징들과 이야기 구성을 사용하여 듣는 자의 생각, 태도 그리고 느낌을 기술적으로 잘 다룬다. 청중의 공포와 연민의 감정이 격렬해지고, 객관적인 표현이 주어진다는 의미에서 청중의 정서는 정화된다. 감정은 의식의 차원으로 올라와서 덜 위협적이 된다. … 로마 권력의 공포는 떠올려지고 강렬하게 된다. 다양한 상징적 이야기에서, 갈등이 묘사되는데, 각각의 갈등은 듣는 자들의 상황을 가리킨다. … 듣는 자들의 운명은 11장의 두 증인과 12장의 여자 이야기로 상징화된다. 그들을 위협하는 권력은 심연에서 온 짐승과 용으로 상징화된다. 생생한 이미지들은 공포를 완화하기보다는 공포를 강화시키도록 되어 있다. 그럼에도 불구하고, 우주적인 장면으로 갈등을 투사하는 것은 말하자면, 그것이 갈등을 명료하게 하고 대상화시킨다는 의미에서 정화(카타르시스)적이다. 두려운 감정들은 특히 실제 삶보다 더 크고 과장된 방식으로 감정이 배설된다.

로마의 부와 권력에 대한 분노는 특히 17장과 18장에서 불러일으
켜지거나 강렬하게 된다. … 온통 유혹적이고 획득할 수 없을 것 같은
물건들은 신적인 분노로 파괴되어야 한다. … 듣는 자들의 적들의 멸
망이라는 이 책에서 반복되는 표현으로 인해 공포와 분노의 감정이
방출된다. 박해 요소는 듣는 자들이 현재적인, 갈등에 휩싸인 위협 상
황에 처한 자신을 볼 수 있도록 초대한다. 구성 플롯의 두 번째 두 요
소, 즉 심판과 구원은 위협상황의 해소를 나타낸다: 박해자들은 신적
인 분노로 멸망하고 박해 받는 자들은 새롭고 영광스러운 존재의 양
식으로 높여진다.[47]

이러한 카타르시스적 표현에서 로마에 대한 저항은 명확하였다.
시기를 더욱 거슬러 올라가지만, 비슷한 결론이 마세이 쉐퍼드의 연
구인『유월절 예배의식과 묵시록』(*The Paschal Liturgy and the Apocalypse*)
에서도 나온다. 비록 헬레니즘 식사의 패러다임 안에서 1, 2세기 기
독교 "예배"의 성격에 관한 주요한 진전을 쉐퍼드가 잘 알고 있지는
않지만, 그의 1960년의 책은 요한계시록이 초기 기독교 예배에 상응
한 방식에 주목하고 있다. 쉐퍼드는 "양의 결혼 식사" 바로 앞에 있는
19장에서 찬양(Hallel) 시편(113-118)을 사용한 "… 요한계시록의
구조 이론"을 구성하였다.[48] 쉐퍼드는 계속하여 "보는 자의 전망이
주님의 날(1:10)을 경험했다는, 그 보는 자의 진술과 맞는다." 그리

---

47 Adela Yarbro Collins, *Crisis and Catharsis: The Power of the Apocalypse*
   (Philadelphia: Westminster, 1984), 144-45, 153-54.
48 Massey Hamilton Shepherd, *The Paschal Liturgy and the Apocalypse* (Rich-
   mond, Va.: John Knox, 1960), 78.

286 | 기독교는 식사에서 시작되었다

고 이것이 "주님의 날"에 모이는 그리스도인들에 대한 첫 언급임을 주목한다.[49]

다소 교회화된 언어로 쉐퍼드는 식사와 관련하여 로마 이외의 또 다른 사회 모델에 대한 식사의 경험과 관련하여 계시록의 우주적 전망의 기능에 대해서 여기에서 강조한 요점에서 더 나아간 이야기를 전한다:

> 유월절 예전의 완성은 그리스도가 그의 교회와 친밀한 교제를 나누며, 교회에게 빛과 생명을 줌에 따라⋯ 그리스도의 현존 안에서 갖는 성만찬적 연회이다. 독자는 보는 자가 전한 어린 양의 저녁 식사의 위대한 종말론적 주제가 갖는 성만찬적 관련을 깨닫기 위해서 메시아적 연회의 복음서 비유와 마지막 만찬에서 주님의(하나님의) 왕국 말씀을 떠올리기만 하면 된다. ⋯ 지상에서 교회의 예배는 하늘 예배의 실제적인 참여이자 기대이다. 성만찬은 다가올 시대의 최종적 완성의 조짐이다. ⋯ 계시록의 기본적 구조에 대한 매우 실제적인 실마리는 교회의 유월절 예전에서 찾아야 한다.[50]

만약 독자가 승리주의적 편승, 협소한 예전적 범주, 후대적 개념의 시대착오적 투사 그리고 부자연스럽고(비사회적으로) 과도하게 신학화된 가정을 무시한다면, 계시록에 대한 쉐퍼드의 연구는 콜린스에 의해서 그리고 이 책의 5장에서 정교화된 대로 식사 구조, 계시록 본문 그리고 대안적 사회의 경험이 서로 융합하는 방식을 강력하

---

49 Ibid., 78.
50 Ibid., 96-97.

게 강조하고 있다. 로마제국에 대한 식사의 저항을 다루는 본 장에서 쉐퍼드의 기여는 계시록 본문, 대안적 세계에 대한 희망 그리고 초기 그리스도인들의 의례 생활 사이의 밀접한 평행에 주목한 점이다.[51]

　쉐퍼드의 연구는 계시록 본문 안의 "예전적" 형태를 고찰하는 20 세기와 21세기에 걸친 학문 연구의 방대한 체계에 속한다.[52] 앞 장에서 본 것처럼 많은 부분이 계시록의 찬송에 집중하고 있다. 어떤 이들은 식사에서 1-3장에 나타나는 그리스도로 보이는 분과 함께 먹는다는 3:20의 초대에 주목한다.[53] 헬레니즘 식사 안에서 직접적으로는 헌주와 관련해서 행하는 찬송의 기능은 계시록 본문을 의례의 한 종류 혹은 "예전적" 짜임새를 가진 종류로만이 아니라 식사 안에 있는 것으로 직조한다. 3:20과 19:9의 저녁식사에 대한 언급은 이것이 다른 세계에 대한 갈망으로 선명하게 된 것으로서, 권력과의 전형적 협상을 만들어내는 헬레니즘적 식사임을 확증한다.

　로마에 대한 저항과 대안적 희망에 관하여 계시록은 극적으로 분명했다. 앞에서 본, 식사와 계시록 간의 강력한 연관은 로마제국의

---

51 쉐퍼드의 무엇보다 중요한 논제는, 초기 기독교의 3~5세기 유월절 예배의식들과 계시록 간의 평행들을 이끌어낸 것인데, 물론 1세기 기독교적인 "예배" 모임들의 일차적인 양식으로서 헬레니즘 시기의 식사에 관한 이후의 연구들의 등장으로써 더 이상 지지될 수 없다. 그러나, 계시록 문구들의 긴 목록과의 관계에서 할렐 시편들, 찬송가 그리고 의례 참가에 대한 그의 연구의 강조는 더욱 새로운 자료들과 함께 여전히 사용될 수 있다.

52 Otto Piper, "The Apocalypse of John and Liturgy of the Ancient Church," *Church History*(1951): 10-22; Colleen McDannell and Bernhard Lang, *Heaven: A History* (New Haven, Conn.: Yale University Pres, 1988), 36-41 를 보라.

53 "보아라, 내가 문 밖에 서서, 문을 두드리고 있다. 누구든지 내 음성을 듣고 문을 열면, 나는 그에게로 들어가서 그와 함께 먹고"(요한계시록 3:20).

권력에 대한 명백한 저항의 일부임에 틀림없다. 결국, "호화로운 삶
으로 큰 부자가 된 이 큰 도시," "네 상인들이 땅의 세도가로 행세하
고" 그리고 그에 의해 "모든 민족이 속아 넘어간"(18:19, 23) 이 큰
도시의 임박한 멸망을 선언하는 계시록 18장의 애가들은 이상향적
인 식사의 노래를 위한 완벽한 구절들이다. 짐승의 "일곱 머리"를 로
마의 "일곱 산들"과 "일곱 황제"(17:9, 10)와 동일시하는 것은 계시록
이 낭독되는(혹은 야브로 콜린스가 표현하듯이, 재연되는) 식사를 제
국에 대항하는 저항의 극적인 행동이다.

식사와 제국에 대항함에 대한 희망과 분명하게 상응하는 내용이
"동과 서에서, 또 남과 북에서 와서 하나님의 나라/제국에서 잔치 자
리에 앉는(기대 눕는)" 모든 사람들에 대한 묘사인 큐(Q)/누가복음
13:28-30(마태복음 8:12)에 나타난다.[54] 왜 이 말씀이 (법정 장면이
나 포럼 혹은 광장 같은 명백히 정치적인 계기보다는) 제국에 대항하는
사건으로서 식사에서 기대 눕는 것을 가리켰는가는 식사에서 일어
난 경험적 모델화를 통해서만 이해될 수 있다. 참으로, 하나님 나라/
제국의 대항문화적인 행동이 식사에서 일어난 (예를 들면, 누가복음
14:15-24; 마가복음 2:15-17; 도마복음 61; 요한복음 13:12-15; 마태
복음 14:13-21) 복음서 이야기의 많은 부분은 로마제국의 억압과 불
의에 반대하는 사람들을 위하여 식사 경험의 기능을 직접적으로 가
리킨다.

식사는 이상적 사회를 상징하는 행동으로 이해되었다. 심지어 초
기 기독교의 문헌이 식사 행동을 명백한 정치적 혹은 우주적 이상을

---

54 '바실레이아'를 하나님의 "제국" 혹은 "제국적 통치"라고 번역한 것에 대한 로버트
밀러의 주석을 Complete Gospels, 12에서 보라.

나타내는 것으로 묘사하지 않았을 때에도, 이상으로서 식사 행동의 일반적 원리는 여전히 유효하였다. 식사 행동은 암암리에, 사회적 의미를 가졌다. 마태복음의 제국-비판적인 특성에 대한 워렌 카터의 연구에서 마태 공동체의 삶의 성격은 로마의 지배에 대한 주요한 대안을 보여준다고 제안한다. 워렌 카터는 다음과 같이 쓰고 있다.

> 특히 대안적인 공동체 구성을 통해 현재적으로 명백히 드러나는 하나님 나라의 표시를 강조한다. 예수의 제자 공동체는 예수에 대한 헌신을 제국의 실천과 가치에 도전하는 대안적인 실천과 삶의 스타일의 체계로 표시했다. ⋯ 대안적이고 포괄적이며 더 평등한 공동체의 존재와 실천은 제국에 대한 초기 기독교 운동이 저항을 호소하는 핵심적인 측면들이다. 마태복음은, 그의 신학적 도전에 더하여 제국에 대한 사회적 도전도 제시한다.[55]

공관복음서의 종의 도리에 관한 말씀의 복잡성은 명백한 사회적 혹은 정치적 주제를 다루지 않는 식사 모델화와 지배자의 교만에 대한 언급을 포함한다. 여기에서, 종의 도리에 관한 말씀은 식사 모델이 (거의 확실히 로마의) 정치적 지도자들의 행동에 대항하는, 그러나 직접적인 사회적 정치적 적용 없이 대항하는 행동을 드러내는 경우로 보인다. 누가의 변형—예수의 마지막 만찬 동안 이루어진 그 변형의 환경은 명백하게 식사에 관련된 것으로 만든다—은 다음의 대조를 이끌어냈다: "이방인 사이에서는 다른 사람들 위에 군림하는

---

55 Warren Carter, *Matthew and Empire*, 170.

것은 지배자들이고[56] 베푸는 자라는 칭호가 주어지는 것도 그들이다. 너희는 이래서는 안 된다. 너희 가운데서 가장 위대한 자는 가장 어린 것처럼 행동하고 지도자는 섬기는 것처럼 행동해야 한다. 누가 더 크냐: 기대 누운 사람이냐, 섬기는 사람이냐? 확실히 기대 누운 자이다. 그러나 나는 너희 가운데서 섬기는 자로 있다"(22: 25-27, 저자의 번역). 식사에서 섬김은 모델적 행동으로서 역할 하였다. 흥미롭게도 누가는 지배자들과 초기의 그리스도인들이 어떻게 먹었는가 하는 방식을 비교하지 않았다. 오히려 지배자들의 정치적 행동은 그리스도인들의 식사 행동과 대조되었고, 정치적 행동을 일대일로 비교하지 않아도, 클링하르트가 카리스라고 말하는 식사 가치가 비전있는 사회적 목적에 작용하는 방식을 보여주었다.[57]

식사에서 서로 섬김의 강조를 통해 이루어진, 로마의 문화적 지배에 대한 초기 기독교의 도전은 디아스포라 유대인 저자인 필로의 테라퓨타이(유대교의 한 종파)에 대한 묘사에서 더 초기의 대조를 보

---

56 그리스어는 '바실레이스'(basileis)이고 이는 "통치자들," "왕들," 혹은 "황제들"로 번역될 수 있다.

57 이 말씀에 대한 마가(10:41-45)와 마태(2:20-24) 양자의 형태들은 식사에 대한 그들의 관련에서 다소 덜 명백하였다. 거기에는 기대 눕기에 대한 언급도 그리고 식사에 관한 이야기 맥락도 없었으나, 그 말씀 앞에는 제자들이 예수의 잔을 마실 수 있는지에 관련된 다른 식사 어휘가 바로 선행하였다. 그 말씀의 마태와 마가 모두의 형태들은 그 말씀에서 주축인 용어로서 그리스어 *diakoneo*(섬기다)를 사용한다. *diakoneo*는 "해내다(manage)"를 포함하여 일련의 의미들을 갖는다. 그러나 이 동사는 식사에서 섬김을 위해 사용되는 일차적인 동사였다. 스미스도 43절의 용어 diakonos가 "식탁 섬기는 자"로서 가장 잘 번역된다고 보는데, 비록 내가 그렇듯이, 스미스는 *kathizein*(앉다)라는 용어의 우세함은 식사 환경이 아니라 법정 환경을 가장 가능하게 지칭하였다고 생각하지만. 그러하다. Dennis Smith, *From Symposium to Eucharist: The Banquet in the Early Christian World* (Minneapolis: Fortress Press, 2003), 246.

여준다. 그 묘사에서 필로는 테라퓨타이를 그리스인이나 로마인과는 전혀 다른 식사의 사례로 묘사한다.58 차이에 대한 단호한 입장 중 하나는 그리스인이나 로마인과는 대조적으로 테라퓨타이의 주연에서는 "노예가 없고, 식탁 섬김은 자유인 남성들에 의해 이루어진다. … 의도적인 선의를 지닌… 그것은 그냥 자유인 남성들이 아니라 결사의 젊은 회원들이다. 회원들은 그들의 친아버지와 어머니에게 행하는 아들처럼 기쁘게 그리고 자부심 있게 섬김을 행한다"는 것이다.59 기존의 지배 모델과 대조되는 서로 섬김의 식사 윤리에 대한 묘사는 4세기 교회 역사가인 유세비우스에게 연상시키는 바가 커서 그는 테라퓨타이가 기독교적인 모임이었음에 틀림없다고 주장했다.60

데니스 스미스는 마가가 초기 기독교 식사의 섬김과 환대를 "자신의 이웃을 존중하는 일차적 형식"으로 그리고 "자신이 맺고 있는 인간관계 안으로 초대하려는" 몸짓으로서 그렸다고 본다.61 본문에 내재한 로마 지배의 차원에 주목하지 않고 스미스는 마가가 묘사하는 식사에서 섬김과 환대가 마가복음 8:15의 "바리새인들과 헤롯의 누룩"과 대조되고 있다는 점도 파악한다.62 마가에게 식사의 사회적 전망은 로마 통치자의 지배를 대체한다. 로마의 통치에 대한 대조인지는 분명하지 않지만, 누가복음 14:12-14에서 잔치 비유에 대한 누가식 변형은 "가난한 자들, 불구자들, 다리 저는 자들 그리고 눈먼

---

58 Philo, *The Contemplative Life*, 48-64.

59 Ibid., 72.

60 Eusebius, *Ecclesiastical History*, 2:17, 18.

61 Smith, *From Symposium to Eucharist*, 245.

62 Ibid., 245.

자들"에 대한 초대와 함께 비슷한 대조를 드러냈다.

초기 기독교의 식사와 십자가

초기 기독교의 식사와 로마제국에 대한 저항의 두 번째 주요하고 명백한 연관은 초기 그리스도인들이 그들의 식사에서 십자가형을 강력하게 언급한 방식의 중요성과 관련 있다. 십자가처형이 반란에 대한 로마제국의 형벌임을 기억한다면 많은(그러나 모두는 아닌) 초기 기독교적 결사들이 식사에서 십자가형을 강조하였다는 것은 인상적이다. 그러한 언급은 로마에 대한 명백한 도전 행위로서만 이해될 수 있을 것이다. 식사에서 예수의 십자가형에 의한 죽음을 의례화하는 것은 특히 본 장의 앞에서 살펴본 것처럼 결사의 식사가 어느경우든지 로마로부터 의심 아래에 놓여 있었기 때문에 로마의 권위에 대한 자기-의식적 도전이었을 것이다.

식사와 예수의 십자가형 간의 본문상 연관은 —흔하게 도처에 있지는 않더라도— 두드러진다. 이제 스미스와 클링하르트가 확립한 식사 패러다임의 배경을 가지고 어떤 식사 맥락에서 예수의 십자가형에 대한 언급이 작동했는가를 볼 수 있게 되었다. 식사의 네 가지서로 다른 구성 요소들이 십자가형에 대한 본문에 상응한다: (1) 헌주, (2) 노래, (3) 빵의 축복, (4) 주연 동안 이야기하기와 가르치기. 순차적으로 이야기해 보면 다음과 같다.

헌주. 잔과 십자가형을 받은 예수의 죽음을 연관시키는, 세 가지 비교적 분리된 헌주 요소들이 바울 서신 안에 그리고 복음서의 주님의/마지막 만찬 본문에 있다. 이들은 다음과 같다. (1) 식사 이후 잔을 예수의 피와 연관시킨 헌주의(바울 이전/고린도전서/마가/마태/이차적인 누가) 지속적인 전달. (2) 헌주에서 예수를 기억하라는 명령, 그런데 이는 가장 초기 본문인 고린도전서에만 나타난다. (3) 하나님의 통치가 오기까지는 포도주를 다시 마시지 않음에 대한 공관복음서의 헌주 전승. 이 자료의 일부는 이 책의 다른 부분에서 다루어지므로(의례 이론에 기초한 4장의 분석과 5장에서 우주적 찬송들을 헌주에 관련시킨 것), 여기에서는 헌주와 예수의 죽음 간의 연관, 즉 로마제국에 대한 저항 차원만 다룬다.

잔. 예수의 피에 대한 전달의 시작은 고린도전서 11:23, 25-27에서 발견된다: "내가 주님으로부터 전해 받은 그리고 내가 너희에게 또한 전한 전승은 주님이 잡혀서 건네진 밤에… 같은 방식으로 식사 후에 잔으로써, [주님 예수는] 말씀하셨다. '이 잔은 나의 피로 된 새 계약이다. 너희가 그것을 마실 때마다, 나를 기억하며 이것을 행하라. 너희가 이 빵을 먹고 이 잔을 마실 때마다, 너희는 주님이 오시기까지 주님의 죽음을 선포하는 것이다'"(저자의 번역).

이 본문과 본문 배후의 "전승"(11:23)은 식사 이후 고전적 헌주의 시간에 잔을 예수의 피와 동일시하였고 잔을 마시는 것이 예수의 죽음을 선포한 것이라고 선언하였다. 이 헌주에서 로마에 대한 완전한 도전을 간과할 수 없다. 헌주는 "나의 피로 된 새 계약"(11:25)을 제안한다. 아이러니하면서도 정치적인 용어들의 두터운 체계는 초기의 추종자들에게 이 "전승"이 갖는 도전을 각인시켰다. 이때는 결사들이 황제에게 헌주했어야 하는 때였다. 이 "전승"은 국가의 적으로서 황제에 의해 처형된 이에게 헌주를 하였다. 헌주는 처형된 이를

위해서만 행해진 것은 아니다. 헌주의 언어는 십자가형의 죽음 안에
내재한 피를 환기시키는 본래의 길을 벗어난다. "새 계약"의 선포는
사회적 정치적 연대의 언어였다. 이는 처형된 이에 대한 사회적 충성
을 천명한다. 계약이라는 용어는 로마제국 입장에서는 결사들의 결
속을 가리키고 걱정거리이자 골칫거리이며 숫자상 위협적인 이스라
엘 "민족"을 떠올린다. 이스라엘은 —심지어 피정복 상태에서도—
지중해 전역에서 활동하는 수많은 유대인들 덕분에 제국의 희생제
사와 헌주에서 유대인들이 면제받는 협상에 이룰 수 있을 정도로 로
마에 힘을 행사하고 있었다. 고린도전서의 헌주는 확장된 이스라엘
을 향해 로마에 저항하도록 명쾌하게 요청한다.

이러한 전승이 바울 이전의 것임은 비교적 분명하다. 바울이 이
전승을 "주님으로부터"(11:23) 받았다는 주장에 대하여 학자들은 오
래 동안 당혹했다. 다른 어떤 편지에서도 바울은 이러한 실천과 관련
하여 예수와의 직접적이고 인격적인 관련을 주장하지 않았다. 심지
어 가장 보수적인 학자들도 예수가 마지막 만찬에 대하여 환상 속에
서 바울에게 말하는 모습을 상상하지는 않는다.[63] 학자들은 대체로
바울이 그를 가르친 이들로부터 그 "전승"을 받아들인 것으로 해석

---

63 심지어 비교적 보수적인 (로마 가톨릭의) *New Jerusalem Bible*(New York:
   Doubleday 1985)은 그 본문 각주에서 다음과 같이 언급한다: "직접적인 계시에
   의해서가 아니라 주님께로 거슬러 올라가는 전승으로부터. 여기에서, 15;3-7에서
   처럼, 15;5b를 '보라'. 바울은 전승의 전해 받음을 위하여 랍비의 기술적인 용어를
   사용하고 있다: 그는 바울에게 전형적이지 않은 용어들과 구절들로 표현된, 성만찬
   에 대한 가장 초기의 기독교적인 전승으로부터 인용하고 있는 것으로 보인다"(p.
   1903). 원인론적인 전설로서 이 "전승"에 대한 버튼 맥의 더욱 학술적인 연구를 *A
   Myth of Innocence: Mark and Christian Origins*(Philadelphia: Fortress Press,
   1988), 99-100, 116-20에서 보라.

했다. 이 연구의 목적을 위해서는 어떻게 로마에 대한 헌주의 도전이 바울 이전의 것인지를 보는 것이 중요하다. 지난 15년 동안 몇몇 학자들은 이 전승의 기원이 예수 자신 혹은 제자들과 관련된 팔레스타인의 전승보다는 초기의 이방인 "기독교의" 실천으로 거슬러 올라간다고 본다.[64]

마가는 고린도전서의 이야기와 마가가 몇 가지 조정을 가한 수난이야기를 통합한 것으로 보인다. 잔과 피를 헌주에서 동일시하는 것과 관련하여 마가는 예수를 기억하여 이 헌주를 행하라는 명령을 빠트리는 데서 그리고 그것이 "많은 이들을 위하여 흘려졌다"(14:24)고 추가하는 데서 두 가지 중요한 조정을 가했다. 로마에 대한 저항의 관점에서 예수를 기억하여 헌주를 반복하라는 명령 없음이 암시하는 바는 명확하지 않다. 학문적 연구에서는 거의 인식되지 않았지만, 많은 사람들을 위하여 흘려지는(따라지는) 것으로서 그 잔은 그 행동의 헌주적 성격을 강조하고 있는데, 헬레니즘 식사 패러다임 안에서 헌주의 행동은 잔을 따르는 것과 마시는 것을 모두 포함하기 때문이다. 이 구절의 의미는 "많은 사람의 죄를 사하여 주려고 흘리는"(26:28)이라는 후대의 마태적 첨가를 통해서 종종 이해(오해, [mis]understood) 되었다. 마태의 첨가는 마가의 변형에 몇 가지 속죄적 해석을 적용한 것이다. 마태의 첨가를 통한 해석은 마가의 의미를 재설정 하는데, 로마에 대한 저항과의 관계에서, 주요하고도 가능한 마가의 의미를 모호하게 만들고 있다. 헌주가 흘려진다는 것은 이

---

64 Crossan, *Historical Jesus*, 360-67; Mack, *Myth of Innocence*, 118-20; Hal Taussig, "The Meals of the Historical Jesus"(paper presented at Westar Institute Meeting, Spring, 1992)를 보라.

미 충만하다는 뜻이다. 저항(제국의 처형에 의한 죽음)의 계약(사회정치적인 유대)과의 관계에서 많은 사람을 위한 마가의 헌주는 로마에 도전하는 "많은 사람들"을 그려냈다.

이것은 예수의 십자가형과 잔을 마시는 일에 대한 유사한 마가 연관(10:35-40)과도 잘 맞는다:

세베데의 아들들인 야고보와 요한이 그에게로 왔다. "주님," 그들이 그에게 말하였다, "우리의 청을 하나 들어주십시오." 그는 대답하였다, "내가 너희에게 해주기 원하는 것이 무엇이냐?" 그들이 말하였다. "당신의 영광에 우리가 각각 우편과 좌편에 앉게 해주십시오." 그러나 예수께서 그들에게 말씀하셨다. "너희는 너희가 무엇을 구하고 있는지 알지 못한다. 내가 마실 잔을 너희가 마실 수 있고, 내가 받을 세례를 받을 수 있느냐?" 그들이 대답하였다. "우리는 할 수 있습니다." 예수께서 대답하였다. "내가 마시려는 잔을 너희가 마실 것이고 그리고 내가 받을 세례를 너희가 받을 것이다. 그러나 나의 우편이나 좌편에 앉는 것은, 내가 주는 것들이 아니다"(저자의 번역).

예수의 죽음과 헌주 잔의 추가적인 결합은 마가의 전체 이야기 안에서 로마에 대한 헌주의 도전에 관한 마가의 주장을 반영한다.

마태는 헌주를 "죄 사함을 위한" 것으로 특징지으면서 로마에 대한 헌주의 도전을 예수의 수난 이야기와 통합함으로써 마가의 뒤를 따른다. 비록 추가적 해석의 역사가 헬레니즘 식사 패러다임과 많은 사람들을 위한 헌주의 저항 동기의 맥락 속에서 잔을 속죄로 이해하는 경향(심지어 마가에 대해서도)을 띠게 되었지만, 속죄적 독해가 마가에 대해서도 적절한지는 전혀 분명하지 않다. "죄를 사함"은 로마에 의해(그토록 많은 이들이 당했듯이) 처형된 예수의 영 안에서 많은 사람들을 위해 흘려진 헌주와의 관련에서 읽혀질 수 있다. 헌주가 (그들을 위하여) 행해진 그 "많은 사람들"은 유대인과 이방인 모두를 확실히 포함하였을 것이다. 이 경우에는 ─초기의 기독교적 저술들에 나타난 서로 다른 많은 은유처럼─ 이방인이라는 "죄"도 열정적으로 "용서"하였을 것이다. 선행하는 마가와 조화를 이루면서 마태의 헌주는 이스라엘의 전승 안에서 많은 사람들의 저항을 하나로 묶는─분명한 마태의 특징을 띠고서─ 표현일 것이다. 이 경우 마태의 첨가는 의미를 재설정한다기보다는 제국에 의해 처형된 이의 피를 기리는 마가의 도전적인 헌주를 (특별히 마태적으로) 강화한 것이라 할 수 있다.[65]

헌주의 전달은 누가의 초기 사본에는 나타나지 않는다.[66] (다음에 다룰) 또 다른 완전히 상이한 잔에 관한 말씀과 결합하여, 예수의 피와 잔의 동일시는 "서로 일치하도록 마가, 바울 그리고 더 짧은 누가의 후대 필사본 합성"에서 첨가된 것으로 보인다.[67] 혹자가 그것을 누가에 포함시킨 한, 그것은 (마가와 마태의 계약보다는) 바울의 "새로운" 계약으로 돌아가고, "많은 사람들"을 위하기보다는 "너희를"

---

65 순교자로서 예수의 죽음을 보는 중요한 마가의 경향에 관해서는 Mack, *Myth of Innocence*, 105-8, 261-62를 보라. 이것은 헌주가 저항자 예수의 죽음이라는 의미에 초점을 맞추었다는 위의 관념을 강화한다.

66 누가복음에서 "잔은 나의 피다"라는 표현을 전혀 갖지 않는 다섯 가지 중대한 사본들의 도표를 포함하여, 이러한 매우 중요한 사본 변형들의 확대된 분석이 Bruce M. Metzger, *A Textual Commentary on the Greek New Testament*(Stuttgart: United Bible Societies, 1971), 173-77에서 발견된다.

67 Mack, *Myth of Innocence*, 301.

위한 헌주로 만들면서, 적은 변형만을 나타낸다. 이러한 변화 중 어떤 것도 저항의 헌주라는 측면에서는 큰 차이가 없는데, 특히 누가는 다른 정경적 복음서보다 압도적으로 이방인 독자들을 가정하기 때문이다.

포도주를 처형된 예수의 피에 비유하는 헌주의 입장은 로마 권력에 대한 저항의 몸짓으로서 헌주 잔에 대한 전달의 세 가지 주요 층이 관심을 받았다. 초기 기독교 본문이 전달하는 요소를 진지하게 받아들이고, 주목받지 않았던 반(反)제국적 의미를 지시하면서, 이 저항의 몸짓을 식사라는 비교적 안전한 환경에서 의미의 의례적 협상이자 사회적 실험으로 보는 4장과 5장의 관점을 견지하는 것도 중요하다. 즉 초기 기독교 결사들의 저항적 헌주는 더 넓은 문화적 체계 속에 있는 몸짓들이었다. 그들의 사회적 환경은 그들에게 은신처를 제공하였고, 그 의미는 공동체적이었다.

예수의 죽음과 로마에 대한 저항의 두 번째 헌주 전승은 예수를 기억하는 일로서 헌주를 행하라는 (거의 바울 이전과 바울의) 명령이다. 5장에서 보았듯이, 이 명령은 사망한 모든 결사 회원을 기리는/기억하는 식사를 행하라는 헬레니즘 세계의 많은 결사들의 의무였다. 상호적인 결사의 의무가 대부분의 회원들이 힘없고 가난했기 때문에 생겨났다는 것은 피정복민에 대한 로마의 경제적 착취와 관련되어 있다. 재정적 취약성의 한 요인은 로마의 과세 체계와 귀족들에게 유리한 불평등한 자원 분배였다.

뿐만 아니라, 헌주의 명령이 포도주=예수의 피 말씀에 항상 결합되어 따라다니는 한(적어도 고전 11:25에서처럼, 비록 그것의 바울 이전의 형태[68]에서는 아니더라도), 예수를 기억하여 헌주를 행하라는 명령은 그 말씀을 훨씬 긴장된 것으로 만들었다. 헌주와 피의 결합이 갖는 의미는 예수의 죽음이 식사에서 새로운 사회정치적 유대를 일으키고, 그 유대를 지속적인 실천으로 촉진하면서, 반(反)로마적 성격이 강화되었을 것이다.

세 번째 헌주의 전달은 단지 공관복음서 본문에만 관련되지만, 그럼에도 불구하고 복잡하다. 마가에서 예수의 선언인 "내가 하나님의 나라에서 새 것을 마실 그 날까지, 나는 포도나무 열매로 빚은 것을 다시는 마시지 않을 것이다"(14:25)는 다른 헌주의 말씀 이후에 나왔다. 이는 마태의 변형에서도 마찬가지였는데, 마태의 변형은 예수의 마심이 "너희와 함께"이고 그것이 "아버지의" 나라라는 것을 첨가함으로써 약간만 변화시켰다. 그러나 누가적 변형은 다소 달랐고 ("나는 이제부터 하나님의 나라가 올 때까지, 포도나무 열매에서 난 것을 절대로 마시지 않을 것이다," 22:18) 그리고 그것은 또한 빵에 관한 문장 앞에 있다.

빵에 대한 말씀 이전에 잔에 대한 말씀을 위치시킨 것은 두 가지 질문을 제기한다: (1) 누가의 마지막 만찬에는 두 번의 잔이 있는가? (2) 이 (첫째?) 잔은 과연 헌주인가? 왜냐하면 식사 이후에 일어난 것이 아니기 때문이다. 어떤 확장된 근거 없이, 나는 이 질문에 대해 다음의 평가를 제안한다: (1) 누가복음 22:19,20에서 두 번째 (헌주

---

68 예수를 기념하여 헌주를 반복하라는 명령이 바울의 생각인지 그가 물려받은 것인지는 우리가 바울과 그의 선행자들을 로마제국과의 관계에서 위치시키는 방법에서 매우 큰 차이를 만든다. 만약 바울이 그 명령을 만들었다면, 그것은 바울을 로마의 강력한 앞잡이로 만들 것이다. 만약 바울이 그것을 물려받았다면, 그것은 바울을 로마에 덜 저항하는 것으로 만들지는 않을지 모르나, 그것은 바울 이전의 "기독교"를 중요하게 反-제국적인 것으로 위치시킬 것이다.

의) 잔은 누가의 마지막 만찬 이야기를 바울 및 마가와 일치시키려고 (두번째 잔을 포함하지 않은) 초기의 누가 사본들에 첨가되었다. (2) 첫 번째 잔은 누가에서는 헌주의 잔을 의미하지 않았을 것인데, 이는 빵보다 그리고 식사의 끝보다 앞섰기 때문이다.

헌주의 말씀과 로마에 대한 저항 간의 관계를 검토하는 데 대해서 마가와 마태의 유사한 변형만이 남는데, 물론 누가에서 예수가 포도주를 마시는 다음 순간 하나님 나라의 도래를 우회적으로 가정하는 헌주사를 떠올릴 수도 있겠지만 말이다. 헌주에서 저항의 말씀으로서 그 의미를 탐구하려면, 14:23-25에서 헌주의 말씀에 대한 마가적 합성을 자세히 연구해야 한다. 마가는 예수를 기억하여 잔을 마시라는 명령을 누락시켰지만, 잔을 둘러싼 고린도전서의 나머지를 ─약간의 변형들과 함께─ 유지한 것으로 여겨졌다. 이러한 관찰은 고린도전서에서 포도 열매를 마시지 않음에 대한 근래의 연구가 없다는 것과 한 쌍을 이룰 필요가 있다. 이는 마가가 예수를 기억하여 잔을 마시라는 명령을 예수가 하나님의 나라에서 다시 그것을 마시기까지는 포도주를 마시지 않을 것이라는 말씀으로 대체하였다는 가능성에 직접적으로 이른다.

이것이 사실인 한, 마가의 지속적인 묵시적 언급과 관련하여 비교적 쉽게 설명할 수 있다. 즉, 예수를 기억하여 마시라는 명령을 하나님의 나라가 오기까지는 포도주를 마시지 않겠다는 약속으로 대체하는 데 대해서, 마가는(사람들에게 예수를 기억하여 반복하여 마시라는 명령을 따르도록 허용하면서도) 삶이 어떤 규칙성을 가지고 계속되리라는 생각을 거부하고, 동시에 마지막 만찬을 완전한 묵시적 관점 안에 위치시킨 것이다. 이러한 관점에서 볼 때, 마가의 수난 설화는(13장의 "작은 묵시록"과 부활의 신비에 의해 이미 극적으로 틀 지워진) 마지막 만찬을 죄수 예수와 그의 제자들 간의 불길한(마가가 비밀스럽게 선택한 이들에 대해서는 희망 있는) 유대로 만들었다. 마가는 헌주를 이제 곧 제국에 의해 심판받을 예수와 약속된 하나님의 대항적인 나라 간의 극적인 대결로 만들었다. 마가의 마지막 만찬에서 헌주라는 이 최종적 요소는, 국가의 적인 예수의 죽음을 명백히 일깨우는 동안 내내, 예수와 그의 제자들이 많은 사람들을 위해 흘리고 반항적으로 마신 잔에 도전한다. 마태는 마가의 묵시록을 거의 수정 없이 뒤따랐다. 누가는 마가의 묵시론적 관점을 약화시켰는데, 그것을 헌주의 드라마에서 제거함으로써 그리고 하나님 나라의 도래를 영성화함으로써 그렇게 하였다.

다양한 초기 기독교의 헌주의 말씀에 대한 개관은 식사라는 비교적 보호된 공간 안에서 로마에 대한 저항을 실험하는 일에 말씀들의 관심을 확증한다. 4장에서 본 것처럼, 이것이 대체로 헬레니즘 식사에서 헌주 시간에 이루어진 로마의 억압에 관한 협상의 일부였다.

노래. 5장에서 이미 상당히 자세하게 살펴본 것처럼, 초기 기독교 문헌 안에 있는 상당한 노래 모음은 아마도 헌주 시간이나 주연 동안 불렸을 것이다. 상당히 우주적 경향을 띤 노래들은 예수의 십자가형의 우주적 의미에 대한 일관된 관심을 보여준다. 빌립보서 2:6-11, 골로새서 1:15-20 그리고 요한계시록의 몇몇 노래들은 우주적으로 중심적인 사건으로서 예수의 십자가형에 대한 강력하고도 분명한 집중을 보여준다.

헌주를 동반하거나 직접적으로 뒤를 잇는 노래들은 로마의 권력과 헌주 사이의 특별한 긴장을 보여준다. 이는 모든 식사가 황제에 대한 헌주를 포함하게 한 로마의 압력과 관련이 있었다. 헌주에서 초기 기독교의 노래들이 예수를 구원자 혹은 주님으로 선포하는 한, 노래들은 헌주 동안 황제에 대한 찬양이라는 로마의 기획과 직접적으로 대립한다. 4장에서 설명한 것처럼, 황제에 대한 헌주라는 로마의 요구는 헬레니즘 시대의 헌주들을 의례적 협상의 순간으로 만들었다. 상당히 빠르게, 일련의 헌주 선택이 즉석으로 만들어졌다. 혹자는 시저에 대한 암묵적 헌주로서 아폴로나 제우스 신에게 헌주했을 것이다. 혹자는 이러한 신들을 포함한 몇몇의 신들에게 헌주하여 그 경의를 희석시켰을 수도 있다. 혹자는 —식사의 상대적으로 보호된 환경 속에서— 황제에 대한 헌주를 건너뛰거나 가끔씩 헌주만 할 수도 있다. 4장은 헬레니즘 시대의 어떤 문헌에서는 의아하게도 헌주에 대한 무관심이 있음을 살펴보았고, 이러한 무관심은 시저에게 헌주하여 경의를 표하라는 로마의 압력에 대한 협상으로 추측된다.

헌주 동안 혹은 주연 동안 예수의 대안적인 우주적 통치에서 예수의 십자가형이라는 중심 사건에 대한 노래를 부르는 일은 로마에 대한 도전으로 이해되어야 했다. 새로운 세계와 구원을 가져오는 핵심 사건으로 로마인들의 손에 죽임당한 누군가의 죽음을 불러내는 일은, 시저가(그 자신의) 신적인 자비의 행동으로 세계를 구원하였다는 공적인 주장 및 가정과 상충한다.

빵의 축복. 1세기의 현존하는 문헌 안에 인용된 빵에 대한 두 가지 상이한 "기독교적" 축복이 있다: (1) 고린도전서와 공관복음서들에서 빵과 예수의 몸을 동일시한 말씀, (2) 디다케에서 생명에 대한 감사. 단지 빵과 몸에 관한 말씀만이 초기 기독교 식사와 십자가형을 관련시키는 이 논의와 밀접한 관계를 갖는다.

빵과 몸의 유비는 신학자, 역사가 그리고 예전학자들에 의해서 거의 신체 숭배적(fetishistic) 방식으로 분석되었다. 지난 2천년에 걸친 이 유비의 의미 범위는 여기서 모두 고려할 수 없다. 그럼에도 불구하고 본 장의 이 부분과 관련하여, 두 가지 방식으로 그 유비를 검토하는 일은 필수적이다. (1) 십자가형에 대한 그 유비와 1세기의 관계, (2) 로마에의 저항과의 관계.

고린도전서와 공관복음서 안에 있는 빵에 대한 네 축복은 다소 차이는 있지만, 그 전승을 분별할 수 있는 정도는 아니다. 가장 초기 본문인 고린도전서 11: 23-24은 예수께서 잡히시던 밤에 빵을 들고 감사를 드리며, 그것을 떼어 "이것은 너희를 위한 나의 몸이다"라고 말하였으며 예수를 기억하라는 명령이 뒤따랐다고 되어 있다. 첫 번째 복음서 본문(마가)은 그것을 수난 이야기 안에 위치시켰지만, 예수를 기억하라는 명령과 "너희를 위한"이라는 구절을 모두 탈락시켰다. 마태는 마가를 거의 정확히 따랐지만, 누가는 빵과 몸의 유비 이후에 "너희를 위하여 주는"을 첨가하였다.

본문들은 표면상으로만 보면, 몸=빵 유비가 도대체 십자가형과 무슨 상관이 있는 것인지 명확하지 않다. 이후의 예전적 공식인 "너희를 위하여 떼는 몸"은 복음서나 고린도전서에서는 발견되지 않는다. 클링하르트가 주목한 것처럼, "한 집단의 일체감을 표현하기 위해 빵 한 덩어리라는 은유를 사용하는 것은 전혀 기독교적인 발견이 아니다."[69] 그는 계속하여 "모든 사례는 빵 한 덩이가 식사 공동체의 일치를 보여준다는 점을 공통점으로 가진다"고 빵에 관한 초기 기독

교 본문들에 대해 결론 내린다.[70]

이와 비슷하게 사회적 몸에 대한 몸/소마(soma)의 사용도 흔하였다. 광범위한 헬레니즘 자료들에 대한 클링하르트의 명료하고 상세한 요약은 몸이라는 용어의 사용이 네 종류의 사회적 틀 안에서 폭넓게 사용되었음을 보여 준다: (1) 유대교의 가부장적 전통 안에서의 "집단적 인격"으로서 몸, (2) 정치적인 몸이라는 헬레니즘 시대의 사례들, (3) 헬레니즘 결사들에 대한 몸 은유의 사용,[71] 그리고 (4) 공동체에 대한, 다른 초기 기독교적 식사 및 비(非)식사의 몸/소마의 사용들.[72] 몸이라는 말이 예수의 십자가형을 유비적으로 가리켰는지는 불분명한데, 이는 빵에 대한 말의 변형 중 어느 것도 십자가형을 일깨우지 않으며, 사회적인 몸의 의미로 몸과 빵이 널리 사용되었기 때문이다.[73]

그러나 고린도전서와 공관복음서 모두 이 말씀의 이야기적 맥락은 논박할 수 없는 십자가형의 의미를 준다. 고린도전서는 "그가 잡히시던 밤에"(11:23)라는 말씀을 취한다. 공관복음서는 고린도전서

---

69 Klignhardt, *Gemeinschaftsmahl und Mahlgemeinschaft,* 310(저자의 번역). 클링하르트는 한 집단의 일치를 위한 상징으로서 빵을 사용하는 매우 다양한 그리스어 및 라틴어 본문들의 목록을 제시한다(pp. 310-15).

70 Klignhardt, *Gemeinschaftsmahl und Mahlgemeinschaft,* 311(저자의 번역). 이 본문들에 대한 클링하르트의 검토는 pp. 308-15에 있다.

71 충분히 흥미롭게도, 이것에 관한 문헌을 살펴보는 클링하르트의 광범위한 검토는 그리스어에서보다 라틴어에서 몸=연합 사용들이 우세함을 발견한다.

72 Klignhardt, *Gemeinschaftsmahl und Mahlgemeinschaft,* 310-12, 특히 광범위한 각주들을 보라.

73 십자가형에 대한 중대한 관련이 없는 빵=몸의 1세기의 의미 구성은 두 가지 추가적 요인들에 의존할 것이다: (1) 이야기의 맥락으로부터 빵과 몸에 대한 말씀의 분리 그리고 (2) 디다케의 빵 축복과 비교. 이는 예수의 죽음을 전혀 지칭하지 않았다.

의 이야기를 수난 이야기 안에 위치시켰다. 모든 경우, 빵=몸이라는 의미는 십자가에 달린 몸을 고려해야 한다. 즉, 이 전승 안에서 빵의 축복은 예수의 십자가형이 초기 기독교의 정체성을 공동체적으로 통합하는 일과 분명하게 연결된다.

식사 연구와 로마제국에 대한 초기 기독교의 저항에 관한 신약성서 연구의 새로운(다시 새로워진) 주목의 결합은 빵/몸/십자가형의 복합을, 이 지점에서 설명할 수 있게 해준다. 달리 말하면, 빵/몸/십자가형의 복합을 사용한 초기 기독교 식사에서 그들의 일치는 예수의 십자가 안에 뿌리내리고 있다고 주장하는 것이 중요하다. 로마가 결사의 식사를 위협적인 것으로 간주하고, 적대자에 대한 처벌로서 십자가형을 이해한 배경을 간과해서는 안 된다. 빵의 축복에서 예수의 죽음을 불러내는 것은 위에서 논의한 헌주와 노래에서처럼 식사로 모인 사람들에게 유사하게 위험스러운 저항의 의미를 제공했을 것이다.[74]

버튼 맥이 빵의 축복을 순교 관련 문헌과 연결시키는 것은 빵의 축복이 갖는 의미에 결정적으로 기여한다. 맥은 (셀류커스와 로마인

---

74 빵을 떼는 것의 함의들을 또한, 헬레니즘 시기의 식사에서 먹히는 동물들의 희생된 몸들의 내장들을 살펴봄으로써 미래를 분별하는 더욱 넓은 헬레니즘 시기의 실천과의 관계에서 보라. 초기의 기독교적인 빵을 떼는 것은 이러한 패러다임 안에서 이해되어야 했다는 가능성에 관한 스탠리 스토워스(Stanley Stowers)의 글은 저항에 관한 의미들에 대하여 함의들을 갖는다. 즉, 사람이 빵을 떼고 십자가에 달린 예수의 몸을 분별한 한, 이것은 그러한 몸을 중심으로 한 그들의 모임의 가능한 결과들의 협상과 숙고로서 이러한 식사 공동체들에게 봉사하였을 수 있다. Stowers, "Elusive Coherence: Ritual and Rhetoric in 1 Corinthians 10-11," in *Reimagining Christian Origins: A Colloquium Honoring Burton L. Mack*, ed. Elizabeth A. Castelli and Hal Taussig(Valley Forge, Pa.: Trinity Press International, 1996), 68-86를 보라.

들의 손에 의해 죽은 유대인들의 비극적 죽음에 관한 유대인의 이야기를 포함한) 헬레니즘 시대의 순교는 고귀한 죽음이라는 그리스 전통에 기초하고 있음을 지적한다.[75] 유대교와 헬레니즘 시대의 순교자들은 그들의 백성을 위하여 죽은 것으로 이해되었다. 본래 그리스의 군사적 영웅들에 이어, 소크라테스와 다른 죽은 지도자들의 죽음처럼, 그들의 죽음은 그들의 백성됨과 공동체를 "위한" 것으로서 많은 문헌들 속에 묘사되어 있다. 몸이라는 용어는 이들 문헌에서 발전되었는데, "폭군이 어떤 권력을 가진 것은 몸, 단지 몸(인격, 영혼, 혹은 육체가 아닌)이었기" 때문이다.[76] 맥은 다음과 같이 쓰고 있다: "순교자 신화는 저녁식사 상징이 진행될 때 염두에 두어진 것이었다. 너희를 위한 나의 몸은 너희를 위한이라는 모든 것을 밝혀주는 케리그마적 구절을 포함한다. 그리고 순교론적 문헌이 초점을 맞춘 것이 정확히 그 몸이다."[77]

이후에 맥은 "식사와 순교자 신화에 따른 그리스도의 죽음이라는 두 가지 특별한 시간 사이를 연결했던"[78] 헬레니즘 시대의 패러다임과 관련하여 이 특별한 빵 축복 전승을 상상한다. 그의 묘사는 다음에 주목한다.

이것은 그리스도의 이름으로 만나는 결사에 대해서는 부적절하진 않았을 것이다. 모든 결사들은 후원하는 신들을 모시고 있었다.… 공

---

75 Mack, *Myth of Innocence*, 260-68를 보라.
76 Burton Mack, *Who Wrote the New Testament? The Making of the Christian Myth* (San Francisco: HarperSanFrancisco, 1995), 90.
77 Ibid., 90.
78 Mack, *Myth of Innocence*, 119.

동체의 후원 신으로서 그리스도를 인정하기 위한 적절한 계기로 특별한 공동 식사의 시간을 실험하면서, 초기 그리스도인들은 순교자 신화의 두 가지 본질적 순간을 회상하였다. 하나는 죽음 그 자체였다. 다른 하나는 그 죽음을 그 공동체 설립의 사건으로 변화시키는 결단이다. … 식사-결사에서 시작의 신호로… 감사를 드리고 빵을 떼는 것은 설립의 사건을 기억하는 적절한 순간이었을 것이다. 참가자들은 그리스도가 모인 공동체를 "위하여" 그의 몸을 내어주신 것으로 느끼며 처음의 감사를 상상할 수 있었다. 어떤 점들에서는 빵을 떼는 일은 그리스도의 결심을 떠오르게 한 것과 모여진 공동체를 이룬 것, 두 방향들 모두를 가리키는 것으로 여길 수 있었다.[79]

고린도전서에 기초한 빵의 축복에 대한 맥의 연구는 로마에 대한 초기 기독교적 저항에 관한 새로운 연구가 출판되기 전에 행해졌다. 그러나 이제는 새로운 연구가 있으므로, 이 빵의 축복에 대한 문학적 기초는 순교론적 전통 속에서 맥이 확립한 빵/몸/십자가형의 복합을 저항의 분명한 몸짓으로 변형시킨다. 그것은 십자가형이라는 상황으로 촉발된 저항적 긴장이 저항의 공동체를 설립한 순교자들의 분명하고 오래된 전통과 연결된다.

고린도전서에서 빵/몸/십자가형에 대한 작은 이야기가 바울 이전의 혹은 바울의 식사 결사를 위한 설립 사건 혹은 "원인론적인 신화"라는 의미를 가졌다는 맥의 제안은 저항의 행위로서 식사를 이해하는 주요한 암시이다.[80] 달리 말하면, 이 특별한 빵의 축복 전승은

---

79 Ibid., 119.
80 Ibid., 304. 맥은 이러한 원인론이 바울 이전의 혹은 바울의 수준에서 일어났는지에

예수의 십자가형이 갖는 근본적 저항에 대한 공동체의 감사 표시였다. 따라서 식사 모임에서 빵의 축복은 저항 공동체 설립으로 이어졌다.

마티아스 클링하르트는 예수의 십자가형에 대한 공동체의 식사 참여를 고린도전서의 다른 본문 언급인 10:16-17과의 관계에 위치시킨다. 그 곳에서 빵 덩어리는 "그리스도의 몸에 참여하는 일로 이해되었다. 그리고 하나의 빵 덩이가 있듯이 우리도, 비록 여럿이지만, 하나의 몸이다. 왜냐하면 우리 모두가 한 덩어리에 참여하기 때문이다." 클링하르트는 "이러한 논쟁의 목표는 —그리스도에 참여함의 의미를 확립한 후에— 식사 참가자들의 공동체이다. … 코이노니아는 십자가의 몸에의 참여이다"[81]라고 주목한다.

여기서 두드러진 것은 초기 기독교 식사를 연구하는 두 핵심적 학자들이 제국에 대한 초기의 기독교적 저항에 관해 폭넓은 연구로 접근하고 있다는 것이다. 혹은 겉보기에 관심은 없어도, 빵/몸/십자가형의 축복에서 로마에 대한 저항의 비판적 의미를 설명하도록 돕는다. 헬레니즘 식사 패러다임의 관점에서 행하는 그들의 주의 깊은 문헌 분석은 빵의 축복을 로마에 대한 저항으로 강조한다.

주연 동안 이야기하기와 가르치기. 이 책의 몇몇 부분에서 제안한 것처럼 헬레니즘 식사의 주연 안에서 이야기하기와 가르치기가 널리 확산되어 있었다는 사실은, 초기 기독교 문헌의 가르침들과 이야기의 많은 부분들이 그 발전 과정상 어느 지점에서는 주연 사건의 일부였다는 것을 설득력 있게 해준다. (최종적으로 기록된) 가르침과

대하여 확정하지 못하고 동요해왔다(116-21).

81 Klignhardt, *Gemeinschaftsmahl und Mahlgemeinschaft*, 308.

이야기는(예를 들면, 식사에서 만들어지거나 혹은 다시 말해진) 발전의 구전 단계에서(예컨대, 식사에서 낭독된 문서 혹은 공연이나 의례 사건에 기초한 문서로부터 구전으로 수정된[82]) 구전-사본의[83] 단계에서 주연의 가르침과 이야기, 혹은 식사에서 읽혀진 편지나 이야기였을 것이다. 이는 초기 기독교 문헌의 전체를 식사 주연 동안 이야기하고, 낭독한 혹은 공연한 것으로 볼 수 있는 길을 열어준다.

이는 초기 기독교적 저항의 식사에 관한 본 장의 연구에 적절한데 예수의 십자가형에 대한 무수한 가르침, 이야기, 편지들이 있기 때문이다. 참으로, 초기 기독교 문헌의 30퍼센트 이상이 예수의 죽음에 관한 성찰을 포함한다. 달리 말하면, 십자가에서 예수의 죽음에 대한 이야기, 가르침 그리고 편지들이 초기 기독교 식사에서 이야기되었다는 것은, 그 식사의 저항적 성격을 나타내는 중요한 부분으로 보아야 할 것이다. 의례 이론의 측면에서 3장이 상세하게 다루었고, 4장에서 분석한 것처럼, 주연은 식사에서 지배적이며 절정을 이루었고 전체 식사 사건의 성격을 규정하였다. 주연이 예수의 십자가형에 집

---

82 어떤 초기의 기독교적 문헌은 단순히 쓰인 기록으로서보다는 의례 혹은 유흥 수행의 전통으로서 더 봉사하였다는 것이 다양한 학술 연구로부터 볼 때 분명하다. 본문이 (확정되지 않고) 불안정한 사도들의 행전들과 다른 초기의 기독교적 행전들의 유흥 가치에 관한 리차드 퍼보(Richard Pervo)의 정밀한 분석을 보라. 또한 요한계시록의 카타시스적인 기능에 대한 아델라 야브로 콜린스의 분석(Crisis and Catharsis)은 드라마와 의례 모두를 그 문서의 핵심에 놓는다. 또한 도마복음의 양식에 관한 알란 칼라한(Allan Callahan)의 예리하고 도발적인 분석을 "'No Rhyme or Reason': The Hidden Logia of the Gospel of Thomas," *Harvard Theological Review* 90, no. 4(1997): 411-26에서 보라.

83 Werner Kelber, *The Oral and the Written Gospel: The Hermeneutics of Speaking and Writing in the Synoptic Tradition, Mark, Paul and Q* (Philadelphia: Fortress Press, 1983), xxii-xxiii를 보라.

중하는 것은 그 자체가 저항의 행위였다. 공동체적 감각과 이상향적 세계를 반영하는 식사의 추가적인 힘과 함께 예수의 십자가형에 대해 이야기하고 가르치는 식사는 로마의 교만과 오만에 대한 강력한 저항의 표현이었음에 틀림없다.

주연에서 헌주, 노래, 빵의 축복 그리고 가르침과 이야기 모두는 로마 황제에 의해 십자가형을 받은 예수의 죽음을 환기시킨다. 십자가 사건을 다루는 일은 초기 기독교 식사의 바탕에 깔린 로마와의 긴장을 불가피한 것으로 만들었다. 대부분의 초기 기독교 식사의 핵심에 있는 갈등적 주제는 대안적 세계의 출현을 위한 식사의 주요한 관심과 그 식사를 로마에 대한 실제적인 저항의 사건으로 표시하는 행동을 결합하였다. 예수/그리스도의 이름으로 이루어진 저항의 차원들은 일반적으로 로마와 결사들 사이에 있었던 긴장관계를 가중시켰다.

로마제국에 대한 초기 기독교의 저항의 특징은 무엇인가?

초기 기독교 문헌에서 저항적 주제에 대한 관심의 증가와 함께 명백한 —그러나 기본적으로 지금까지 다루지 않은— 질문이 제기되어야 한다. 초기 그리스도인들은 로마에 대항하여 무슨 행동을 했는가? 그들은 AD 70년 이전에 두 차례에 걸쳐 이스라엘의 어떤 사람들처럼 반란을 일으켰는가? 제국에 대한 공공연한 저항적 선언들이 있었는가? 그들은 로마에 세금 내기를 거부했는가? 초기 그리스도인들이 분명한 저항의 행위를 하지 않았다는 것은 분명했다. 그럼에도 불구하고 본 장의 시작 부분에서 살펴본 것처럼 로마에 대한 초기 기독교의 반대는 명확한 문서 증거가 있다. 그렇다면 그에 상응하는 저항의 행동은 무엇이었을까?

이 질문은 혹자가 —내가 가정하듯이— 대부분의 초기 기독교적 결사는 적어도 첫 100년 동안에는 유대교적인 결사로 간주되었다고 가정하는 한, 더욱 더 예리해진다.[84] 유대인들은 황제에게 공적으로 경의를 표시할 의무가 면제되었기에, 황제를 기리는 공적인 축제 참가를 거부하는 초기 그리스도인들이 (유대인들처럼) 같은 요구를 면제 받았다면 처벌받지 않았을 것이다. 이 가정은 저항 행동 때문에 고발당했다는 초기 그리스도인들에 대한 초기 기독교 문헌과 로마의 기록에 해당 논란이 전혀 없다는 사실로 확증된다. 그렇다면, 그리스도인들에 대한 간헐적인 제국의 고발 그리고 로마제국의 권위가 그리스도와 대립한다는 초기 기독교적 문헌의 강렬한 느낌을 모

---

84 소아시아에서 집회(congregations), 회당 그리고 결사들이 동일한 것으로서 가장 가능하게는 간주되었다는 일반적인 가정과 관련하여 이 측면에서 필립 할랜드의 입장을 보라(*Associations, Synagogues, and Congregations*, 177-270). 물론 이것은 "결사"의 유대-기독교적인 종류들이 유대인인 것으로서 반드시 모두 간주되었음을 반드시 의미하지는 않는다. 유대-기독교적인 정체성의 융합들의 더욱 넓은 질문을 위해서는, 다른 학자들 중에서도 Daniel Boyarin, *Border Lines: The Partition of Judaeo-Christianity*(Philadelphia: University of Pennsylvania Press, 2004)를 보라. 또한 쥬디스 류, *Neither Jew nor Greek? Constructing Early Christianity*(London: Clark, 2002)를 보라. 여기에서 류는 다음과 같이 쓰고 있다: "최근의 연구에서 '초기의 기독교'의 본질에 대한 가장 중요한 통찰들 중의 일부는 초기 기독교의 유대성의 인식으로부터 생겨났다. 연속성들은 불연속성이 탐구될 수 있는 틀을 제공한다. 2차 성전 시기의 끝에서 '유대교'의 풍부한 다양성에 관한 점증하는 의식, 사해 사본들의 발견과 같은 발견들에 의해 키워진, 그러나 또한 발전하는 랍비적 유대교의 문헌 이외의 문헌에 대한 새로워진 관심에 의해 키워진 의식은 초기의 '그리스도인들'을 그 다양성 속에 위치시키는 것을 가능하게 만들었다"(2).

두 촉발할만한 초기 기독교의 행동이 있는가?

본 장은 명백한 —그러나 제국-비판적인 신약성서 연구에서는 아직은 진술되지 않은— 대답을 제시했다. 초기 기독교의 저항과 간헐적인 제국의 고발이 가져온 행동은 단지 초기 그리스도인들의 식사 모임뿐이다. 초기 그리스도인에게 대안적 사회 모델 경험, 공동체의 유대 그리고 식사에서 십자가형을 받은 예수의 저항을 환기시킨 일이 초기 그리스도인들이 제국에 저항한 실재였을 것이 분명하다. 초기 기독교 식사의 도발적인 헌주, 노래 그리고 이야기에 대해 가끔씩 알려지는 것과 함께 모든 결사의 식사에 대한 로마인들의 일반적 염려는 고발이나 체포의 충분한 이유였다. 따라서 외부적, 내부적 관점에서 볼 때, 초기 그리스도인들과 로마제국의 권력 사이에서 출현하는 대립의 중심에 있었던 것은 식사 행동이다.

만약 식사가 저항의 주요 행동이었다면, 별로 주목할 가치가 없는 무시할만한 저항으로 여겨질 수도 있다. 앞에서 논증한 것처럼, 로마에 대한 명백하고 공적인 저항이 초기 그리스도인들에 의해 실천되지 않았다면 저항으로서 그 식사는 분별가능한 정치적, 사회적 효과를 갖지 못했을 것이고, 심지어 어리석고 무능해 보였을 것이다. 한편 제임스 스코트의 최근 저술은 이러한 종류의 저항이 갖는 정치적인 힘을 볼 수 있게 해주었다. 제임스 스코트의 저서 『지배 그리고 저항의 기술들: 숨겨진 사본들』(*Domination and the Arts of Resistance: Hidden Transcripts*)에서 스코트는 농민과 프롤레타리아의 환경에서 정치적 저항은 —비록 전통적으로 정치적이지는 않을지라도— 종종 효과적 표현의 형태를 띤다는 것을 보여준다. 스코트는 대중의 문화, 종교 그리고 하위문화적 행동이 종종 강력한 정치적 저항의 진술이 될 수 있다고 지적한다.

"종속되어 있는 집단은" 스코트는 주장하기를 "그들의 저항을 위장된 형태로, 공적인 사본 속에 교묘히 주입시킨다"[85]고 한다. 종종 이러한 집단의 정치적인 힘은 인식되지 않는데, 스코트에 따르면 이는 "종속된 집단의 실재는 그들의 정치적 행동을 상당히 은밀하고 불투명한 형태로 표현하기 때문에 해석을 요구하기" 때문이다.[86] 스코트는 다음과 같이 쓴다: "대중 문화의 모호하고 다의적인 요소들은 그것들이 지배자가 인정한 공적인 사본에 대해 직접적인 반대를 선언하지 않는 조건에서, 산만하고 자유로우며 비교적 자율적인 영역을 표시한다."[87] 클링하르트는 헬레니즘 식사 패러다임의 이상향적이고 명백히 정치적인 역할을 논의하면서, 동일한 통찰을 보여준다: "공적이고 정치적인 삶이 결사들과 그들의 식사로 들어갈수록(사회의 일치성과 공동체성은 거시적인 수준에서는 덜 일관적으로 실현되었기 때문에), 결사의 삶은 더 공적이고 정치적이 되었고, 사회적 문제들은 결사의 삶 속으로 더욱 밀려 들어왔다. 비록 결사가 동시에 그리고 장기적으로 확신을 주는 대조 사회의 묘사를 그려낼 수는 없었지만 말이다."[88]

종속 집단의 정치적 저항이 갖는 중요하지만 불투명한 특징에 대한 스코트의 묘사는 초기 기독교적 식사와 잘 맞는다.

---

85 James C. Scott, *Domination and the Arts of Resistance: Hidden Transcripts*(New Haven: Yale University Press, 1990). 136.

86 Ibid., 137.

87 Ibid., 157.

88 Klignhardt, *Gemeinschaftsmahl und Mahlgemeinschaft*, 162, 163.

종속 집단은 상부의 통제와 감시로부터 분리된 사회적 공간을 개척해야 한다. 우리가 저항이 발전하고 암호화되는 과정을 이해해야 한다면, 무대 뒤의 비공식적인 공간의 창조에 대한 분석이 필수적인 과제이다. 어떻게 그러한 사회적 공간들 만들고 보호했는가를 구체적으로 밝혀야만, 개별적인 저항 주체—이 주체는 추상적 허구다—로부터 저항적 실천과 담론의 사회화로 이동할 수 있게 된다.[89]

이 책에서 살펴본 바에 따르면, 초기 기독교(그리고 모든 헬레니즘 시대의) 식사의 고유한 반(半)사적인 상태는 억압적 사회의 한 복판에서 사회적, 정치적(이상향적인) 그리고 우주적 모델을 효과적으로 제공한 것으로 보인다.

상대적 자율성을 지닌 사회적 공간은 실천적이고 산만한 부정이 자라나는 중립적 매개를 제공하는 것만 아니다. 그 자체로 권력 관계의 영역인 사회적 공간들은 저항의 유형을 공식화하고 훈련하는 데 기여한다. 사회화 과정은 양식화된 감정과도 일치한다. 불분명한 분노 감정을 가상할 수 있다면, 그 분노의 언어적 표현은 그 감정을 훈련시키는 효과를 제공할 것이다. 현재 표현한 분노가 작은 집단의 자산이 되어야 한다면, 분노는 그 집단이 공유한 경험과 권력 관계에 따른 훈련을 받게 될 것이다. 또한 분노가 전체 종속집단의 사회적 자산이 되어야 한다면, 그 집단을 위한 효과적 의미를 담지해야 하고, 그 집단의 문화적 의미와 권력 배분을 반영해야 할 것이다. "날 것의" 분노

---

89 Scott, *Domination and the Arts of Resistance*, 118.

로부터 "요리된" 분노라고 부를 수 있는 가설적 진전에서… 본질적인 요점은 종속집단에서 저항적 하위문화 혹은 대항적 관습은 언제나 상호성의 산물이라는 것이다. … 숨겨진 사본은 순수한 사고와 같은 식으로 실재를 갖지 않는다. 그것은 무대 뒤의 비공식적인 사회적 장소에서 실천되고, 표현되며, 재연되고, 전파되는 정도만큼 존재한다.[90]

초기 기독교의 식사는 스코트의 책이 묘사하는 것처럼, 저항을 사회화하는 과정을 정확히 밟는 것으로 보였다.

계속해서 스코트는 그 이상의 유사성을 묘사한다. 결사의 식사를 금지하려는 로마 당국의 시도는 다음과 같은 스코트의 고찰을 떠오르게 한다: "숨겨진 사본이 작동할 수 있는 자율적이고 사회적인 장소의 필수성에 대한 강력한 증거는 그 장소를 폐지 혹은 통제하려는 지배 집단의 치밀한 노력이다."[91]

이러한 저항을 묘사하는 데 대해, 스코트는 그가 "구전 문화, 민간 설화, 상징적 역전, 마지막으로 반전의 의례에서 발견할 수 있는 위장이라는 복잡하면서 문화적으로 정교한 형태"[92]로 향하면서, 정확하게 이 책의 중심적 분석을 위한 범주에 이른다. 하나의 반전 의례(영에 사로잡힌 예배)에 대한 그의 서술에 따르면, 초기 기독교적 식사의 반(半)비의적 동작들은 여러 면에서 닮아 있다.

그것(반전 의례)이 있는 곳에서는, 그것이 아니면(의례의 장소가 아

---

90 Ibid., 118-119.
91 Ibid., 124.
92 Ibid., 138.

니라면) 위험할 수 있는 적대감 표현이 비교적 자유롭게 허용되는 의
례 공간이 제공된다. 루이스는 영에 사로잡히는 일은 여성들과 소외
된 남성 집단이 은밀하게 사회적 저항을 표현하는 방식이라고 설득력
있게 논증한다. 궁극적으로 루이스의 논증은 물의 은유를 암묵적으
로 사용한다. … 지배당하는 굴욕은 비판을 낳는데 만일 비판을 실행
하는 장소에서 공개적으로 감행할 수 없는 것이라면 은폐되고 안전한
배출구를 찾을 것이다. 영에 사로잡힘의 경우, 영이 임한 여성은 그녀
의 남편과 남성 친척들에 대한 불만을 공공연하게 표현하고, 때로는
저주하며, 요구하고, 일반적으로는 남성지배적 규범에 도전하기도
한다. 그녀가 영에 사로잡힌 동안에는 일을 멈추고, 선물을 받으며,
일반적으로 관대한 대우를 받는다. 왜냐하면 그녀가 아니라, 그녀를
사로잡은 영의 행동이기 때문에 그녀는 자신의 말에 대해 책임지지
않아도 된다. 그 결과 그 주장이 그 여성으로부터 온 것이 아니라 강
력한 영으로부터 온 것이 확인되면, 집단의 동의를 얻을 수 있는 일종
의 완곡한 저항이 된다.[93]

이러한 분석은 몇몇 헬레니즘 시대와 초기 기독교 식사에서 여성
들이 대부분 공적인 장소나 때로는 사적인 상황에서 수치를 경험하
는 경우와는 대조적으로, 처벌받지 않고 기대 눕는 자유와 여러 가지
면에서 유사하다. 일반적으로 이 사례는 헬레니즘 시대와 초기 기독
교적 식사로부터 출현한 반(反)제국적 노래, 헌주 그리고 이야기의
유사성을 보여준다.

---

93 Ibid., 141.

중세의 "카니발"에 대한 분석을 포함하여, 다양한 반전 의례에 대한 스코트의 마지막 평가는 정치적, 사회적 저항의 종류로서 초기 기독교 식사를 범주화할 수 있도록 날카로운 분석을 제시한다.[94] 스코트는 다음과 같이 쓴다: "나는 카니발이나 반전 의례들이 반란을 일으킨다고 암시하는 것이 아니다. 그것들은 확실히 그렇지 않다. 요점은 상징주의와 위장 간의 관계에 대한 것이다. 카니발은 그 의례 구조의 익명성 안에서 억압된 언어와 공격성에 특권적인 지위를 부여한다."[95] 분명하지는 않지만 거의 같은 방식으로 초기 기독교적 식사도 "대개 억압된 언어와 공격성에 특권적 위치"를 부여했다. 초기 기독교적 식사가 대안적 사회를 상상하고 모델화한 방식, 초기 기독교 헌주가 황제에게 헌주하라는 제국의 칙령에 도전한 방식 그리고 예수의 십자가형에 대한 이야기와 노래들의 전복적인 암시 모두가 로마의 권위에 대한 식사의 반전 의례가 갖는 주요한 측면들이다.

초기 기독교의 식사는 종종 저항의 행위들이었다. 여러 가지 차원에서 그 식사는 로마에 대한 반대와 대안적 전망과 행동을 위한 모델을 생성하는 것으로서 규칙적인 식사 참가자에게 작용하였다. 또한 —특히 4장의 식사 의례 분석으로 볼 때— 이 식사가 로마에 대한 의미 있는 저항을 넘어서 식사 참가자들의 삶에서 주요한 효과들을 낳았다고 기억하는 것도 중요하다(일부 초기 기독교적 식사는 로마 권력과의 공모 및 협조 요소를 갖고 있었던 것도 분명하다. 예를 들어, 요한계시록 2장과 3장에서 소아시아의 어떤 기독교 결사에 대한 신랄한 비판은 어떤 이들이 그리스도에게뿐만 아니라 황제에게도 헌주하였음을

---

94 Ibid., 172-86.
95 Ibid., 181.

비교적 분명하게 드러낸다). 영에 사로잡힘에서 여성들의 행동에 대한 스코트의 사례가 보여준 것처럼, 초기 기독교 식사에서 저항의 "숨겨진 사본"은 로마 이외의 권력들, 즉 헬레니즘 시대의 문화에 널리 퍼져 있고, 지배적이었던 가부장제에 대한 저항일 수도 있다. 7장은 식사에서 초기 기독교의 사회적 실험에 대한 개관의 일부로서 이러한 반(反)가부장적 저항의 형태를 검토할 것이다.

7 장
식사와 초기 기독교의 사회적 실험

초기 기독교의 식사를 로마의 권력에 대한 저항의 장소로 보는 일은 하나의 렌즈이며, 그것을 통하여 식사에서 일어나는 사회적 행동의 코드를 풀 수 있다. 의례 분석은 식사에 참여한 사람들의 행동이 헬레니즘 시대의 풀기 힘든 사회적 주제를 재생산하고, 검토하며, 완전화하고, 사고할 수 있게 한다는 것을 보여주었다. 본 장은 식사의 사회적 행동을 좀 더 연구하고, 의례 역학이 당대의 사회적 주제와 가진 관련 속에서 얼마나 적용되었는가를 탐구한다. 식사가 갖는 분명한 사회적 차원은 버튼 맥의 "사회적 실험"이라는 용어를 사용할 것인데, 이는 2장에서 검토한 것이다.

의례 완전화 혹은 사회적 실험 혹은 둘 다?

사회적 실험과 의례 성찰, 재생산, 완전화 및 배치 간의 관계는 명료하게 할 필요가 있다. 4장에서 살펴본 것처럼 의례는 사회적 영역과 부분적으로 접촉할 뿐만 아니라, 사회적 영역을 우선적으로 다룬다. 한편 의례는 사회적 역학에 강력하게 관여는 하지만, 결코 직접적인 방식으로 다루지는 않는다. 의례는 다소 제한적이지만 안전한 환경을 제공하고, 코드화된 동작과 언어로 사회적 갈등이나 문제를 재생산한다. 주요한 사회적 역학에 대해서는 직접적이지 않고, 은폐된 방식으로 관여함으로써 개인들이 다루기 어렵고 두려워하는 사회적 주제를 더 효과적으로 다룰 수 있게 해 준다.

이러한 의례의 사회적 효과는 헬레니즘 식사의 기본 요소였다. 기대 눕기와 먹고 마시기의 행동은 지위, 다양성, 성별 그리고 정체성 등의 사회적 주제에 관여하는 의례의 기준이었다. 사회적인 문제를 의례화된 식사로 다루는 일은 의례 및 수행 이론의 기술적 용어, 즉 재생산, 성찰, 완전화, 배치 등으로 특징지어진다. 식사는 위협적인 사회적 주제를 안전한 환경에서 코드화된 방식으로 재생산하고, 그 주제를 사고(성찰)하고, 기존 사회보다는 식사 환경에서 더 좋은 결과로 이끌어내며(완전화하고), 기존 사회에 대해서는 우회적 방식으로 적용될 수 있었다(배치되다). 대체로 식사의 의례 요소는 다루기 힘든 사회적 주제를 장기적으로 다룰 수 있는 관점과 지성을 제공했다. 일반적으로 식사 의례는 사회적 주제에 대해 직접적인 해결책을 생산하지 않는다. 오히려 식사 의례의 힘은 사회적 문제를 장기적으로 성찰하는 관점과 심리적인 프레임을 통해 해당 주제를 처리하는 감각에 있다.

식사에서 사회적 실험이 일어난다는 것은 사회적 주제를 의례적으로 다룬다는 것을 뜻하지만, 추가적인 역학도 포함한다. 사회적 실험은 복잡한 사회적 문제를 재생산하고 성찰하는 것만은 아니다. 사회적 실험은 의례가 진행되는 동안 특별한 사회적 주제를 완전화하거나, 의례에서 얻은 통찰을 이따금씩 의례 밖의 세상에 배치하는 것과는 다르다. 사회적 실험은 그 행동이 사회적인 문제에 직접적으로 적용되어야 한다는 명백한 의식을 지닌 자기-의식적 행동이다. 달리 말하면 나는 의례 행동이 더 큰 사회적 주제에 관한 요청을 비교적 명시적으로 표현할 때에야 그것이 사회적 실험이라고 본다. 이는 의례 과정이 사회적 실험을 보완하지 않는다는 말이 아니다. 초기 기독교(그리고 다른 헬레니즘 시대의) 식사의 경우, 심리적인 의례 과정은 사회적 실험을 뒷받침하는 일에 지속적인 관심을 갖는다.

예를 들어 헬레니즘 식사는 부자와 가난한 자가 함께 기대 눕는 경험을 제공했을 뿐만 아니라(그래서 부와 가난이라는 다루기 힘든 사회적 차이가 재생산되고 성찰될 수 있었다), 또한 부자가 가난한 자에게 돈이나 물건을 줘야 한다는 주장이 있을 때에도, 이는 사회적 실험을 통해 성찰되었다. 실제로 그러한 일이 일어났다. 일부 헬레니즘 식사 모임은 그들의 식사에서 나온 음식을 가난한 사람들에게 보냈다.[1] 비록 의례는 간접적, 암묵적 방식으로 사회적 주제를 다루었지만, 일부 의례 행동은 사회적으로 실험적인 시도를 창조하기도 했다. 6장에서 윤곽을 제시한 초기 기독교의 식사에서 로마에 대한 저항의

---

1 Matthias Klignhardt, *Gemeinschaftsmahl und Mahlgemeinschaft*(Tübingen: Francke Verlag, 1996), 143-152를 보라.

행동이 첫 번째 분명한 사례이다. 이 경우에 대한 앞의 연구는 로마의 지배를 다루는 의례가 황제에게 헌주할 것을 요구하는 제국의 주장과 충돌하면서 헌주의 긴장을 일으키고 있음을 보여주었다. 이어서 이 연구는 초기 그리스도인들이 예수에게 헌주하고, 로마 당국에 의한 예수의 죽음을 헌주의 잔과 동일시함으로써, 제국의 억압에 맞섰을 때, 창조적인 의례의 긴장은 명백한 사회적 실험이 되었음을 보여주었다.

초기 기독교의 사회 의식과 행동에 관한 방법론적 주제

사회적 신분, 정체성, 질서와 평화의 가능성, 성별의 대립, 경제적 궁핍과 풍요, 지도력과 권위, 배타성/포괄성, 민족적 긴장 그리고 정치적 특권과 억압 모두가 식사 의례를 통하여 반(半)의식적으로 제기되었다는 것을 발견하였다.

본 장은 대부분의 헬레니즘 식사에서 의례적으로 다룬 사회적 주제에 대한 이러한 의식 위에 기초하고 있다. 본 장은 초기 기독교의 식사가 사회적으로 중요한 주제를 의례적 검토의 계기로 삼았다고 가정하며, 따라서 식사 역학의 기본적인 사회적 의미를 다시 살펴보지는 않을 것이다. 본 장은 초기 기독교의 식사가 고유한 것이라고 가장하지 않으면서, 이들 주제에 관한 초기 기독교의 검토에 질문을 던지고, 더 나아가 일부 초기 기독교의 식사가 여러 주제와 관련하여 사회적 실험을 도입한 방식에 대해서도 살펴볼 것이다.

인류학적 렌즈

사회적 주제를 분석하기 위한 신약성서 연구의 지난 두 세대가 발전시킨 인류학적 용어는 그것들이 헬레니즘 시대의 지중해 지역과 같은 비 서구, 비 현대의 사회를 위한 기준을 제공한다는 점에서 중요하다. 최근 들어 인류학자들에 의해 비 서구 문화의 명예/수치 체계가 밝혀졌고,2 이 체계는 신약성서 학자들에 의해 헬레니즘의 시대에 비교적 성공적으로 적용되었다.3 유사하게, 귀족/피보호자 관계는 고대 역사가들과 인류학자들에 의해 연구되었고,4 이 관계는 초기 기독교 문헌에 나타난 몇 가지 역학을 이해하는 데 도움을 주었다.5 명예/수치와 귀족/피보호자 개념은 실제로 어떻게 헬레니즘 시대, 특정하게는 초기 기독교의 식사가 그 시대의 주요한 사회적 역학을 다루었는가를 이해하는 데 도움을 준다. 두 개념은 어떻게 식사가 헬레니즘 시대의 명예/수치 코드 및 귀족/피보호자 서열을 강화하였고, 위반하였는가를 살펴볼 수 있는 중요한 개념이다.

헬레니즘 시대의 명예/수치가 식사에서 강화되는 것은 기대 눕기의 서열화에서 반복적으로 나타났는데, 기대 눕거나 앉아 있는 그리

2 Mary Douglas, *Purity and Danger: An Analysis of Concepts of Pollution and Taboo* (Boston: K. Paul, 1966)를 보라.

3 Bruce J. Malina and Jerome H. Neyrey, *Portraits of Paul: An Archaeology of Ancient Personality*(Louisville, Ky.: Westminster John knox, 1996); Bruce J. Malina and Jerome H, Neyrey, *Calling Jesus Names: The Social Value of Labels in Matthew* (Sonoma, Calif.: Polebridge, 1988)를 보라.

4 K. C. Hanson and Douglas Oakman, *Palestine in the Time of Jesus: Social Structures and Social Conflicts*(Minneapolis: Fortress Press, 1998)를 보라.

5 Bruce J. Malina, *The New Testament World: Insights from Cultural Anthropology* (Atlanta: John Knox, 1981).

고 서 있는 참여자들 간의 구별, 명예에 따른 음식의 불공평한 배분, 초대받거나 초대 받지 않은 손님을 둘러싼 차별 등이다. 식사에서 명예/수치의 위반은 다양한 명예의 긴장 속에 있는 참여자 사이에서 우정, 상호성의 재연으로 나타났다. 식사 밖에서는 동일한 명예의 지위가 아님에도 불구하고 기대 누운 모든 사람에게 동등한 발언권을 주는 일, 식사 참여자로서 기대 누운 혹은 앉은 여성을 소개하는 일, 명예의 차별에도 불구하고 때때로 공평한 음식 배분 그리고 외부인과 초대 받지 않은 손님에게도 열려 있는 참여자 구성을 통해 의도적으로 느슨한 환경을 제공하였다. 다양한 초기 기독교의 식사가 (모임에 따라) 명예/수치 코드를 강화하고, 위반한 방식이 다음에서 자세히 다루어질 것이다.

유사하게, 피보호자의 핵심 그룹을 귀족의 처분에 맡김으로써 상업과 지방정부를 지배한 체계인, 헬레니즘 시대의 귀족/피보호자의 식사는 종종 귀족의 후원에 의해 강화되었다. 그러한 식사에서는 귀족을 위해 피보호자의 헌주와 기대 눕기 순서, 초대 방식이 결정되었다. 어떤 ―비록 대다수는 아니더라도― 결사에서는 귀족들이 식사 및 기타 비용을 부담하기도 했다.6 그러한 결사의 식사에서 귀족의 사회적 특권을 재생산하는 방식은 기대 눕는 순서, 손님의 명단, 헌주에서 나타났다. 한편, 결사와 같은 지속적인 식사 모임은 귀족/피

---

6 Klignhardt, *Gemeinschaftsmahl und Mahlgemeinschaft*, 21-44; Richard Ascough, *Paul's Macedonian Associations: The Social Context of Philippians and 1 Thessalonians* (Tübingen: Mohr Siebeck, 2003), 28-46; Philip Harland, *Associations, Synagogues, and Congregations: Claiming a Place in Ancient Mediterranean Society* (Minneapolis: Fortress Press, 2003), 25-88, 137-160를 보라.

보호자의 사회적 질서를 적극적으로 약화시켰는데, 그 첫 도전이 바로 식사에서 일어난 것이다. 귀족이 없는 대신 회원제와 회비를 통하여 사회적 재정적으로 독립한 결사에서도 식사를 열었는데, 그 식사에서는 예상 밖의 인물들이 기대 눕기 순서에서 명예로운 자와 주연장 역할 그리고 주연 동안의 주요한 역할인 말하는 역할을 맡았다. 초기 기독교 문헌에는 귀족에 대한 직접적인 증거가 빈약하지만, 일부 정기적인 기독교 식사는 귀족의 후원 하에 일어났고,7 어떤 초기 기독교의 식사 모임은 귀족이 없는 결사 모델에 가까웠다.8

본 장은 초기 기독교의 식사가 핵심적인 사회적 주제를 실험한 방식을 검토하면서 인류학적 렌즈를 진지하게 받아들일 것이다. 본 장은 식사 실천을 통하여 명예/수치의 주제를 직접적으로 반영하는 본문의 체계를 먼저 다룬다. 이와 관련하여 세 가지 사회적 실험 사례를 계속해서

---

7 누가복음/사도행전은 귀족에 기초된 식사 모델의 간접적인 증거를 갖는다. 예수의 재정적 지원자들의 (여성들) 목록은 —역사적 예수의 활동의 보고로서 심각하게 받아들여져서는 안 되는데— 귀족적인 가족이나 집단 후원에 기초된 결사의 누가적인 모델을 제안할 것이다. 마이클 화이트(Michael White)는 집에 대한 누가의 어휘가 부유한 사람들의 빌라들을 가리킨다고 보여주었다. *Building God's House in the Roman World: Architectural Adaptation among Pagans, Jews and Christians* (Baltimore: Johns Hopkins University Press, 1990)를 보라. 이것은 존 클로펜보그와 스티븐 윌슨에 의해 제안된 더욱 넓은 결사 모델들(*Voluntary Associations in the Graeco-Roman World*, [London: Routledge, 1996], 10-26을 보라)에 맞을 것이다. 그 모델들 안에서는 부유한 가족들이 그러한 집단의 회원됨의 많은 부분을 후원하고 또한 물질적으로도 제공하였다. 고린도 서신에서 어떤 이름이 지칭된 개인들에 대한 바울의 주목은 고린도 집단(들)에 대해서도 귀족 후원자(들)의 가능성을 또한 나타낼지도 모른다.

8 빌립보와 데살로니가에 보낸 바울의 편지들은 非-귀족-기초된 결사들의 강력한 암시들을 지닌다. *Paul's Macedonian Associations*에서 Richard Ascough의 연구들을 보라. Warren Carter가 제시하는 마태의 "공동체"의 초상(*Matthew and Empire: Initial Explorations* [Harrisburg, Pa.: Trinity Press International, 2001])은 그것의 평등주의적인 구조들과 관심들을 강조한다.

검토할 것이다: 성 대립, 민족적 긴장 그리고 가난과 부.

본문들, 사회적 구조 그리고 방법

고고학적 장소와 비문에 의한 유익한 정보가 제공되었지만, 초기 기독교의 식사와 사회적 관심에 관련한 대부분의 자료는 성서 본문에서 나온다. 그러나 본문을 액면 그대로 받아들여질 수는 없다. 본문 중 일부는 허구다. 일부 본문은 비교적 솔직한 보고이지만, 특정한 관점에 따라 기록된 것이다. 식사에서 누군가의 행동에 대한 논평 혹은 명령을 다룬 본문들도 많다. 어떤 본문은 식사에 관한 이야기로 특별한 사회적 과제를 촉진하고자 식사와 사회적 주제 간의 연결을 활용한다.

사회적 주제와 식사는 동시에 그리고 서로 독립적인 방식으로 접근할 수 있다. 그러나 본문을 순진하게 받아들일 수는 없다. 어떤 본문은 식사 혹은 사회적 주제에 대한 직접적 기록이라고 볼 수 없다. 본문 중에는 이데올로기적으로 적극적이면서도 상대적으로 편견에 치우쳐져 있으며, 권력에 호도된 것으로 읽혀질 필요가 있다고 본다.

본 연구에서 본문들이 정확하거나 편견이 없어야 한다는 것은 필수적이지 않다. 오히려 나의 주된 관심은 본문이, 단지 상상으로만이라도, 특별한 사회적 역학에 관련되어 있거나 식사에 연결되어 있음을 보여주는 데 있다. 그 시대와 초기 기독교 식사의 위치에 대한 언급은 특정 본문의 정확성 혹은 편견에 관한 것이 아니라, 식사 역학을 반영하는 기독교 및 비기독교적 본문들의 두터운 체계에 의존한다.9 즉, 초기 기독교의 식사와 사회적 주제 간의 연결을 지지하는 본문들은 정확하지 않다고 가정한다. 반면에 본문은 식사와 사회적 역학에 대한 강력한 관심을 드러내기 위하여 사용되고 있으며, 본문과 식사 및 사회와의 연결의 성격을 해독할 수 있도록 비평적으로 읽혀질 것이다.

갈릴리 예수 운동의 식사에서 명예/수치의 사회적 실험

복음서 이전 전승에 대한 문학적 분석은 기적 이야기의 일부를 가능하게는 기원후 50년대와 60년대에 갈릴리에서 나온 것으로 분리시켰다.[10] 20세기 첫 2/3에 이 분석은 요한복음서의 기적 이야기에 초점을 맞추었는데, 이 이야기는 양식과 신학에 대해 복음서의 나머지와는 겉보기에 매우 달랐다.[11] 과거 30년 동안 앙뜨와네뜨 와이

---

9 물론 본문의 넓고 깊은 범위를 매우 밀접하게 보완하는 고고학과 비문의 증거는 헬레니즘 시기의 문화에서의 식사의 실질적인 역할에 대한 데니스 스미스와 클링하르트의 독립적인 확증에서 또한 중요해왔다.

10 그 수집들을 구성하는 이야기들은 혈루증 걸린 여인의 치유(마가 5:25-34), 눈 먼 자의 치유(마가 8:22-26; 요한 9:1-11), 귀 먹은 자의 치유(마가 7:31-37), 야이로(Jairus)의 딸을 살림(마가 5:22-24, 35-42), 폭풍을 잔잔하게 함(마가 4:35-40), 바다 위를 걸음(마가 6:47-50; 요한 6:16-21), 오천 명을 먹임(마가 6:33-44; 요한 6:1-13), 사천 명을 먹임(마가 8:1-9), 연못에서의 한 남성의 치유(요한 5:2-9), 나사로(Lazarus)를 살림(요한 11:1-44), 물을 포도주로 만듦(요한 2:1-10)이다.

11 처음의 연구인 C. H. Dodd, *Historical Tradition in the Fourth Gospel* (Cambridge: Cambridge University Pres, 1963); Rudolf Bultmann, *The Gospel of John: A Commentary*, trans. G. R. Beasley-Murray, ed. R. W. N. Hoare and J. K. Riches (Oxford: Blackwell, 1971)를 보라. 이러한 연구 후에는 거의 반세기에 걸친 로버트 포트나(Robert Fortna)의 연구와 출판(예컨대, *The Signs Gospel* 그리고 *The Fourth Gospel and Its Predecessor*)이 뒤따랐는데, 이는

어, 폴 악트마이어 그리고 버튼 맥은 요한에 대한 기존의 연구를 마가 이전의 연구와 결합하고, 그 연구에 사회적 분석의 렌즈를 적용하면서, 추가적 연구를 수행하였다.[12]

마가복음(그리고 이후에는 마태복음과 누가복음) 그리고 결국에는 요한복음으로 들어간 기적 이야기의 (학자에 따라서는) 하나, 둘, 혹은 세 가지 (겹치는) 수집이 있었던 것으로 보인다. 이 이야기들은 서로 문학적인 연결을 갖는다. 와이어, 악트마이어 그리고 맥 모두는 기적을 행하는 자로서 예수에 대한 마가 이전의 이야기에서 엘리야와 엘리사의 기적에 대한 의존을 보여준다.[13] 도드와 포트나는 요한 이전의 수집에서 "표징"으로서의 기적에 대한 관심을 보여준다.[14] 비록 완전히 분명하지는 않지만, 기적 이야기의 복음서 이전 수집을 주장하는 어떤 제안도 수집자 자신이 그 이야기 각각을 지었다고 가정하지는 않는다. 그러나 악트마이어와 맥의 연구에 따르면, 수집자들이 자신의 이야기를 기존의 수집물 속에 추가하였거나 창작하여 삽입했다는 암시들이 나타난다.

2005년의 책에서 포트나에 의해 최근에 다시 요약되고 확대되었다.

12 악트마이어가 "기적 연속들" 혹은 연쇄들이라 부르는 것에 관한 1980년대 초기의 그의 일련의 논문들은 그 본문들에 대한 주축의 분석으로서 그리고 요한-이전 및 마가-이전 연구의 결합으로서 봉사해 왔다. 맥의 *A Myth of Innocence: Mark and Christian Origins* (Philadelphia: Fortress Press, 1988), 92 그리고 *Who Wrote the New Testament? The Making of the Christian Myth* (San Francisco: Harper-SanFrancisco, 1995), 63-67은 악트마이어의 문학적인 분석과 사회적인 묘사들을 따르며 그리고 복음서이전의 갈릴리의 예수 운동들의 더욱 넓은 평가 안에 그것들을 위치시켰다.

13 또한 일부 출애굽 이미지의 의존도 있다. 악트마이어와 포트나는 이야기들의 수집에 내적인 조직을 또한 제안하였다.

14 포트나는 도드에 의해 제안된 처음의 제안을 발전시키고 그리고 다양한 "표적"(signs) 이야기들에 의해 공유되는 몇 가지 다른 문학적인 특성들을 상세히 제시한다.

식사 연관에 대한 분석이라는 목적을 위하여 이 연구의 두 가지 추가적이고, 중요한 측면이 있다. 첫째로, 기적 이야기가 제시된 체계는 급식 기적을 포함한다. 둘째로, 이 이야기의 주인공들—특히 마가의 주인공들—은 여러 모로 문화적으로 수치 코드에 해당된다. 악트마이어와 맥 모두는 이 기적 이야기의 저자/수집자가 처한 사회적 환경을 관철한다. 악트마이어는 이 이야기들이 '성만찬적 모임'을 누린 갈릴리의 하나 혹은 여러 집단에서 나왔다고 제안한다.[15] 데니스 스미스의 연구를 알고 있는 맥은 "성만찬적"이라는 어휘를 제거하였고, 그 제안을 식사를 중심으로 모인 모임으로 대체하였다.[16] 맥은 식사로 모인 그 집단(들)이 상당히(비록 전적으로는 아니더라도) 소외된 사람들로 구성되었음에 틀림없다고 본다.[17] 이 제안은 이야기에서 주인공이 사회적으로 소외된 사람들 가운데서 눈에 띄게 등장하는 데서 온 것이다. 즉, 그 집단은 '수치' 계층, 항상 음식이 부족한 사람들 그리고 신분이 높지만 여성이나 여자아이로 구성되었다.[18]

---

15 Achtemeier, "The Origin and Function of the Pre-Marcan Miracle Catenae," *Journal of Biblical Literature* 91, no. 22 (1972): 198-221.

16 데니스 스미스는, 그의 더욱 최근 저서 *From Symposium to Eucharist: The Banquet in the Early Christian World* (Minneapolis: Fortress Press, 2003)에서 군중들을 먹이는 이야기들은 특별한 종류의 식사에서 갈릴리 공동체의 모임과 관계가 있다는 악트마이어와 맥의 의미를 확증하였다. 헬레니즘 시기의 식사와의 관계에서 기적적인 먹이는 이야기들의 어휘를 분석하면서, 스미스는 먹이는 이야기들은 식사에서 모임들에 대한 성찰들로 정말로 의미된 것이라고 결론 내린다(222).

17 Mack, *Myth of Innocence, 92; Mack, Who Wrote the New Testament?* 63-67.

18 물론, 이러한 요지는 복음서들의 기적 이야기들에 대한 매우 많은 주석가들에 의해 주장되며, 그 정당화를 위하여 복음서 이전의 문학적인 분석을 반드시 필요로 하지는 않는다. 아마도 기적들에 대한 복음서의 개념의 이러한 사회적으로 포괄적인 성격에 대한 가장 강력한 논증은 *Binding the Strong Man: A Political Reading of Mark's Story of Jesus* (Maryknoll, N. Y.: Orbis, 1988) 에서 제시된 마가에 대한

이 집단에서 나온 기적 이야기가 엘리야와 엘리사가 활동한 북부 이스라엘 기적 전승에서 유래한 것이므로, 맥은 이 집단(들)(의 체계)를 '이스라엘 회중'으로 제안한다.[19]

맥은 기적 이야기를 수집한 편집자가 소외된 사람들과 공동체를 이루는 것이 어떠한 가를 탐색하기 위하여, 식사라는 계기를 사용했다고 제안한다.

> 치유 받은 사람들은, 1세기의 기준에서 볼 때, 사회적으로는 주변적이고, 의례적으로는 깨끗하지 않다. 예수의 치유는 그들을 "깨끗하게 하는" 행동으로 보이지만, 레위기적 목적을 위해서는 아니다. 대신에 치유는 식사를 구성한 회중 후보자를 모으는 과정을 보여준다. 우리는 그 방식이 예수에 대해 이야기하기 위해 모인 흔치 않은 사람들의 조합에 방점을 찍는데 관심을 갖는 스토리텔러(화자)를 쉽게 상상할 수 있다. … 실제로 큰 기적은, 적어도 이 집단 안에서는, 사회적 배경의 차이가 식사시간 동안 "회중"의 대화 정신을 가로막기보다는 향상시켰을 것으로 본다.[20]

맥은 이 집단이 사회적으로 소외된 참여자 사이에서 그리고 그들과 주류 사회 사이에서, 새로운 종류의 사회적 관계를 적극적으로 실험한 것으로 본다. 이 연구에서 등장하는 것은 단지 복음서 이전의 이야기 수집(혹은 수집들)에 대한 것이 아니라, 다소 비판받는 식사

셰드 마이어스 (Ched Myers)의 논의이다.

19 Mack, *Myth of Innocence*, 91-93.

20 Ibid., 92-93.

결사와 그들의 가르침이 끈기 있게 현실로 이끌어낸, 하나님 나라 소속을 주장하기 위해 식사로 모인 '수치' 계층의 수집 모음이다. 기적 이야기의 화자/수집자는 적어도 그들 자신이 갈릴리의 명예/수치 코드를 위반한 자들이다. 그들의 식사에서 사회적으로 소외된 사람들은 상호지지 가운데 결속하였다. 그들의 모임은 함께 기대 눕는 명예를 강조하기 위하여 식사 중심에 '수치' 관련 요소를 둠으로써 명예/수치 코드를 노골적으로 위반하였다.

그들의 식사는 참으로 대담한 사회적 실험이었다. 식사에 대한 데니스 스미스와 마티아스 클링하르트의 연구 그리고 동일한 식사에 대한 4장의 의례 분석에서 본문 연구는 어떻게 그 실험이 일어났는가를 분명히 하는 데 기여한다. 식사는 사회적 소외계층을 같은 자리에 위치시켰고, 그들이 기존 세계와는 다르게 행동하는 방식을 실험할 수 있게 해주었다. 식사는 "수치" 계층에게 명예를 부여하는 일을 반(半) 공적인 공간에서 재연함으로써, 기존 세계의 명예/수치 코드에 도전하였다. 이는 적어도 식사에 참여한 "수치" 계층이 기존 세계 안에서 긍정적으로 자신을 바라보게 해주었다.

"이스라엘 회중"의 식사를 사회적 실험이라 부르는 것은, 그래서 그것이 완전화(스미스)와 재생산(캐더린 벨)이 풍부한 의례가 아니라는 뜻은 아니다. 기대 눕기, 식사에서 음식 분배, 심포지아 주연장의 약한 역할 그리고 초대 받지 않은 손님을 둘러싼 느슨한 경계의 의례 분석에서, 이스라엘 회중으로 적합하지 않은 사람들의 식사보다 더 좋은 의례 효과의 사례는 없을 것이다. 예를 들면, 기적적으로 먹이는 이야기들은 모든 사람들이 그/그녀의 몫을 받아먹을 때 동등한 음식 분배에 집중하고 있다. 이는 헬레니즘의 기대 눕기 식사에서 모든 사람이 충분한 음식을 먹지만, 또한 많은 사람들이 굶주린 채로 있는 삶의 일상적 경험과의 대조를 의례적으로 생각하는 방식을 매력적으로 드러낸다. 소외된 갈릴리 사람들의 모임이 행하는 식사 동작의 풍부한 설득력은 의례 성찰과 재검토로 가득하였다.

이는 기존의 "이스라엘 회중"의 식사가 갖는 의례 경계도 무너뜨렸다. 위에서 살펴 본 것처럼 식사는 참여자들이 기존 세계의 식사를 넘어서는 효과를 갖는다. "수치" 계층은 이 식사에서 나와서 일상의 삶으로 돌아갈 때, 자신을 덜 수치스럽게 느꼈다. 그들의 식사가 그들에게 명예를 준 방식은 그들의 나머지 삶의 영역에서 수치를 덜 느끼며 행동하게 해주었다. 이는 공동체 혹은 회중을 창조하면서 식사의 경계를 넘어서 지지를 이끌어냈다.

여기서 기존 사회에 대한 식사 효과를 평가할 때 주의가 필요하다. 이 식사가 병들고, 가난하며, 여성들인 그리고 민족적으로 의심스러운 참가자를 기존 사회에서 수치를 덜 느낄 수 있게 해주었으나, 그 "이스라엘 회중"이 사회적 질서를 변화시켰는지 혹은 그 집단(들) 너머의 누군가를 골치 아프게 하거나 영향을 끼쳤는지는 명확하지 않다. 맥은 기적사화의 수집이 후기 복음서 이야기 혹은 다른 초기의 예수 어록 수집물에 나타나는 적대자를 결여하고 있다는 데 주목했고, 이 식사 집단이 아마도 사회적으로 소외되었지만 경쟁이나 도전을 받지 않았던 모임이라 평가했다.[21] 즉, 이 "이스라엘 회중"은 식사로 모인 사람들 밖에 있는 누구에게도 전혀 문제가 되지 않았을지도 모른다. 맥이 의아하게 여기는 점은 이 기이한 "회중"에게 반대자가

---

21 Ibid., 67.

있었다면, 그 집단이 편집한 기적사화와는 다른 예수 전승의 설화에 등장하는 적대자들과 비슷할 것이라는 점이다.[22]

그래서 이 "회중의" 식사가 갖는 의례 성격에 주목하는 일과 그 식사를 지나치게 중대한 사회적 실험으로 보아서 식사를 넘어서서 변화를 초래한 성격의 것으로 밝히는 일에는 아이러니가 있다. 이 아이러니는 사회적으로 소외된 사람들이 자신의 정체성을 제외하고는 기존 사회의 어느 것도 변화시키기 힘든 상대적인 무력감에서 나온다. 식사에서 전해지는 이야기 안에서 정체성의 명료화와 조화를 이루는 식사 실천은 이 소외된 사람들에게 그들 자신에 대한 다른 감각을 제공했고, 그들은 이 감각을 가지고 기존 사회로 나아갔다. 그러나 그들에 대한 편견과 권력의 구조는 너무도 강력해서, 그들은 소외 문제에 대해서는 아주 작은 변화만을 누릴 수 있었다. 영향력이 결여된 계급이라는 상황에서, 그들의 가능성에 대한 새로운 감각은 다시 식사로 되돌아가야 했다. 식사의 사회적 실험이 식사의 경계 너머로 나아간 방식은 어느 정도 그 집단의 사회적 정체성에 영향을 준 부분도 있다.

수집물 속 기적사화의 환호적 (그리고 다소 놀라운) 성격은 잡다

---

22 이것은 어떤 기적 이야기들도 반대자들을 갖지 않는다고 말하는 것은 아니다. 실제로, 이야기의 핵심 가까이에 강력한 적대관계를 갖는 몇몇 기적 이야기들이 있다. 예를 들면, 안식일에 기적을 행하는(예컨대 요한복음 9장) 기적 이야기는 그러한 적대관계를 중심으로 씌어있다. 그러나 놀라운 것은 악트마이어에 의해 밝혀진 마가 이전의 기적 연속들은 이러한 기적들을 하나도 포함하지 않는다는 것이다. 이와 비슷하게, 복음서 이전의 "표적들" 자료에 속하는 요한복음 9장은 단지 그것의 요한적인 편집된 형태에서만 이러한 차원을 갖는다. 정말로, 눈 먼 자의 치유의 전체적인 기적은 그것이 안식일에 일어났다는 언급 없이 서술되어 있다. 단지 더 이전의 이야기에 대한 9:14에서의 요한의 편집만이 그 치유가 안식일에 행해졌다고 덧붙였다.

한 식사 구성원들에 대한 긍정, 기쁨 그리고 내적인 해방의 표시로 읽을 필요가 있다. 그 이야기가 작성되고 수집되었다는 것은 복음서 이전의 그리고 예수 이후 갈릴리의 실제적인 사회 형성을 보여준다. 이 이야기들이 사회적으로 소외된 주인공들, 기적적인 식사, 북부 이스라엘의 영웅 전승 그리고 적대자들의 부재라는 특이하게 일관된 특성을 가졌다는 것은 그 이야기를 편집한 집단의 특정한 사회적 위치를 보여준다. '이스라엘 회중'의 식사는 '수치' 계층이 서로에 의해 그리고 하나님에 의해 명예롭게 된다는 가능성을 가지고 사회적인 실험을 수행하였다.

식사의 사회적 실험은 마침내 식사 참가자들을 위한 새로운 정체성이라는 하나의 중요한 결과를 낳는다. 식사에서 사회적 실험은 이들 소외 계층의 사회적 지위 상의 변화를 만들어내지는 않았다. 사회적 실험은 심지어 가장 온건한 방식의 사회적 갈등조차도 촉진하지 않았다. 또한 그들의 사회적 실험은 이스라엘 회중에 대하여 새롭고 독자적인 행동을 창조하지도 않았다. 그러나 수치 계층을 위한 새로운 정체성의 창조가 주축임을 부정하지는 않는다. 회중의 식사 실천은 (문화적으로 받아들여진 의례적 완전화가 이미 작동하면서) 사회적으로 소외되어 있던 그들을 위한 새로운 정체성과 사회적인 실험을 수행하였다. 새로운 정체성이 펼쳐지는 식사 무대는 식사에 대한 더욱 강렬한 지지를 통하여 그리고 식사에서 예수에 대한 기적 이야기를 정교화함으로써 더욱 확장되었다. 참여자들은 새로운 정체성의 성장을 위하여 식사에 더욱 의존하였다. 비록 "이스라엘 회중"의 사회적 실험이 다른 "초기 기독교적" 현상과는 상당히 달랐지만, 식사 실천, 비교적 기존 사회에는 영향력이 없는 사회적 집단 형성 그리고 일차적으로 식사에서 경험된 매력적인 새로운 정체성의 강력하면서도 아이러니한 결합은 본 장과 다음 장에서 연구할 사례들로 다시 등장할 것이다.

본문의 문화 실천 및 사회사적 관계를 방법론적으로 재고하기

기적사화를 보는 (하나의) 가설로서 복음서 이전의 수집에 대한 악트마이어와 맥의 사회적 독해를 활용하는 것이 본 장에서 중요한 만큼, 문화 실천과 사회사적 관계의 차원에서 본문을 읽는 복잡한 모험을 위한 방법론적 주제로 되돌아가지 않을 수 없다. 이 점에서 이스라엘 회중의 식사와 본문의 묘사에 대한 세 가지 문제가 밝혀져야 하고, 질문을 던지고, 답해야 한다.

1. 문화 실천적이고 사회사적인 본문(이 경우에는, 복음서 이전 기적사화 수집)의 관련은 결코 정직하지도 단순하지도 않다.

본문은 —심지어 의심의 눈으로 해석할 때에도— 부분적으로만 문화 실천과 역사 현상을 반영한다. 맥과 악트마이어는 사회사 및 문화 실천의 모험적 시각으로 신약성서를 탐구하던 초창기의 격렬하고 들뜬 시기에 책을 출판했다. 1970년대와 1980년대의 사회적 독해를 통한 탐구는 신학적, 문학적 그리고 교의학적 연구가 성서연구에 가한 속박을 깨부수는 데 기여하였다. 그러나 고대 기독교 본문을 초기 기독교의 사회사와 문화 실천의 도표로 번역한 초창기의 시도는 뒤이어 나타난 엄격한 비평의 도전을 견디지 못했다.

비록 복음서 이전의 갈릴리 식사 공동체가 기적사화를 수집했다는 악트마이어 혹은 맥의 각본이 전적으로 가능하더라도, 이는 1세기 갈릴리에서 사회적 실천과 본문의 관계에 대해 고찰할 수 있는 한두 가지 방식만을 나타낼 뿐이다. 기적사화의 수집은 갈릴리의 사회적 실천이 어떤 것인가를 보여주려고 한 저자의(혹은 저자들의) 희망을 담고 있다는 해석도 충분히 가능하다. 참으로, 기적사화 수집(들)과 당시의 사회적 실천 간의 관계는 악트마이어 및 맥의 가설과 그 수집물이 희망적인 생각을 표현하고 있다는 가능성 사이에 있다. 그러나 주어진 본문을 둘러싼 문화 실천과 본문이 환기시키는 특정한 사회사 사이에 정확히 어떤 관계가 있는가를 해독하는 것은 불명확하고, 이 주제들에 대해 생각하는 현재의 단계에서는 거의 불가능하다.

2. 식사가 반드시 본문의 일차적인 문화적 맥락이었다는 악트마이어/맥의 가정은, 내가 지지하기는 하지만, 있는 그대로 받아들일 수는 없다.

초기 기독교의 식사와 본문의 관계에 대해 3장에서 길게 다루었던 주제를 다시 다루어야 한다. 그러나 일반적인 질문을 넘어서 이스라엘 회중의 식사/본문을 취급할 수 있는 가능성의 체계가 있다. 예를 들면 사회적으로 소외된 사람들의 실제적인 식사가 그 곳에서는 일어난 적이 없었는데도, 갈릴리 소외계층의 위치에 대해 생각하고자 기적사화 수집이 식사라는 잘 알려진 사회적 실천을 활용했다는 것도 가능한 해석이다. 본문들이 식사를 하지 않고도 "~와 생각하기" 위하여 식사 주제를 사용했다는 해석도 가능하다. 그리고 가장 그럴듯한 가능성은 식사와 기적사화 본문의 관계가 악트마이어/맥의 가설과 해당 본문들이 실제적인 식사와 상관없이 갈릴리와는 맞지 않는 잡다한 수집으로 출현했을 가능성 사이에 있다는 것이다.

3. 와이어, 악트마이어 그리고 맥의 문학 연구가 기적사화 체계의 공통점을 보여주는 점이 상당히 인상적이지만, 이 사화들이 실제로 수집된 것인지의 여부는 가설로 받아들여야 할 것이다.

편집 및 자료비평의 전성기는 끝났다. 문학적 전승을 결정할 수 있다는 19세기와 20세기의 확신은 흔들리고 있다. 이러한 일반적 인정을 넘어서서, 와이어/악트마미어/맥의 새로운 특성 또한 주목해야 한다. 여기서, 큐(Q) 연구와의 비교가 적절하다. 비록 가설적인 큐(Q) 문서의 존재가 현재의 학문 연구에서는 대부분 인정되고 있지만, 이러한(지금은 다소 잠정적인) 수용도 1세기 이상 걸려서 된 일이다. 기적사화 수집에 대한 가설은 큐(Q)가 경험한 비평적 관심을 받지 않았다. 갈릴리 소외계층으로서 이스라엘 회중 식사를 다룬 앞의 논증은 기적사화 수집물의 존재라는 가설에 의존하고 있다.

위와 같은 중요한 방법론적 가정을 초기 기독교 식사의 사회적 실험에 대한 본 장의 탐구에서 어떻게 다루어야 할까? 일부 관대한 포스트모던적 비평가들은 이러한 탐구에 대해 많은 가능성 중의 하나로서 임시적인 수용을 제안할 것이다. 이러한 관용을 받아들이면서 나는 포스트모던적 비평을 진지하게 받아들이고 싶다. 내 생각에 장기적으로 신약성서와 다른 초기 기독교 본문들을 해석하는 일은 본문 해석과 초기 기독교의 시작을 묻는 질문들에 대한 포스트모던적, 문학적, 역사비평적 접근을 통합하는 엄격한 노력을 필요로 한다. 즉 포스트모던적적 주체, 문학적 감수성 그리고 역사적 분석의 통찰 간의 불화관계는 너무나도 위험한 일이다. 따라서 이 책에서 나는 이들의 통합을 목표로 한다. 그리고 마가와 요한의 기적사화와 관련된 식사 표현에 대해 앞에서 제기한 특별한 세 가지 반대를 진지하게 받아들이고, 그것들을 식사와 본문의 관계에 대한 고찰의 자료로 삼을 것이다.

기독교의 시작과 식사에 대한 본 연구는 역사적 확실성이나 본문과 사회적 실천 간의 정확한 상응에 의존하지 않는다. 헬레니즘 시대 지중해 지역의 식사와 초기 기독교 본문 간의 깊은 관련은 앞에서 제기한 세 가지 방법론적 주제 중 어느 하나의 입장에 의존하지 않는다. 마가와 요한의 일부 기적사화의 경우 방법론적 비교를 통해 각각의 특징을 검토하는 일이 필요하다.

위에서 전개한 악트마이어/맥의 시나리오—비록 그 분석은 예리하지만—는 마가/요한의 기적사화들과 식사 간의 관련이 유효하다는 본 장의 입장이 가질 수 있는 오류를 해소시켜 줄 필요는 없다. 잠시 완전히 대조적인 시나리오들을 진지하게 숙고해 보자: (1) 악트마이어가 확인한 기적사화 모음은 사회적으로 소외된 갈릴리인들이라는 실제적 집단과는 관련이 없다. (2) 기적사화들은 한 명 혹은 몇 명의 1세기 저자에 의한 능동적 상상의 산물일 수도 있고, 또는 실제 일어난 비교적 정확한 보고일 수도 있다.. 일단 헬레니즘 시대 지중해 지역에서 널리 행해진 식사 어휘들이 의미하는 바는 분명하며, 이 특별한 기적사화들과 식사 간의 관련에 대한 기본적인 결론도 여전히 유효하다. 다시 말해서, 그렇게까지 상충하는 시나리오일 것 같지 않은 이들 중 어느 하나가 식사에 대한 지식과 그 지식이 헬레니즘 시대 일반대중과 초기 기독교의 운동에 의미와 정체성을 제공한 방식과 함께 받아들여진다고 할지라도, 기적사화와 식사 간의 관련에 대한 결론의 적용은 여전히 가능하다.

악트마이어와 맥의 "이스라엘 회중"에 대한 입장이 옳건 그르건 상관없이, 식사 실천과 기적사화를 담은 본문의 합류는 여전히 중요한 초기 기독교의 사회적 실험을 가리킨다. 비록 "이스라엘 회중"이 없었고, 저자가 창작한 이야기라고 해도 이야기 모음은 예수 이야기가 사회적으로 소외된 사람들을 포함시키는 감각과 포용력을 지닌 공동체나 운동을 상상하는 주요한 방식으로서 식사 표상에 강하게 의존하고 있음을 보여준다. 유사하게 비록 (나에게는 그렇게 그럴듯하진 않지만) 특정한 기적사화들이 대부분 실제 일어난 일에 대한 정확한 기록이었다고 해도, 이 사화들은 예수에게 치유받기 위해 모여든 사회적으로 소외된 사람들의 운동의 중심에 식사가 있었다는 것을 강조하는 것이다. 식사에서 무엇이 일어났는가, 어떻게 그 일이 일어났는가, 그것이 얼마나 널리 행해졌는가 그리고 그것이 기존의 문화와 초기 기독교 공동체에서 어떤 기능을 했는가에 대한 지식을 더하는 일은 초기 기독교의 사회적 실험을 파악하는 방향으로 기적사화들을 해석하도록 이끈다.

그러나 대부분의 포스트모던적 비평가들은 악트마이어와 맥의 사회적 독해가 수사적 전략으로서 기적사화를 저술한 사회적 맥락을 학문적으로 완전히 결여하고 있다고 단정할 것이다. 기적사화들과 갈릴리의 사회사와 실천 간의 관계가 무엇인가에 대해 생각하도록 요구받을 때, 그들은 ―나처럼― 문학적 분석과 부분적으로 역사적 정보에 기초한 악트마이어/맥의 추론과 사화들의 비교적 분명한 수사적 기능을 복합적으로 결합하는 쪽을 택할 것이다. 기적사화/사회적 자리매김 주제에 관한 방법론적 질문에 대한 나의 대답은 ―포스트모던적 비평과 최종적으로는 가까운 것인지는 의심스러운데― 기적사화들과 갈릴리의 사회사 간의 정확한 관계를 결정하는 것은 사실상 불가능하다는 것이다. 그럼에도 불구하고 그 기적사화들이 실제로 굶주린 사람들의 사회적 환경을 인지한 사람들에 의해 공적으로는 금기시되었던 여성들, 공적인 의식에서 제외된 소녀들, 사회의 언저리에 살았던 소경들 그리고 명예/수치 코드로 보면 수치 코드에 속한 사람들에 의해 이야기되었다고 보는 것은 그럴듯하다. 기적사화의 저자와 수집자들이 그들 자신의 수사적 목적에 따라 소외된 사람들(그리고 다른 사람들)의 행동을 과장하거나 검열하였다는 것도 상당히 그럴 듯하다.

비록 역사적 예수가 소외된 사람들과 의미 있는 상호작용을 했다는 것이 그럴듯해도, 이 기적사화의 저자들은 예수와 소외된 사람들의 행동을 거의 확실히 과장했을 것이다. 비록 대부분의 초기 기독교 "저자"가 누구인지를 결정하는 일은 거의 불가능하지만, 기적사화는 갈릴리 공동체의 삶과 아무 관련이 없는 저자에 의해 기록되었다기보다는 글을 전혀 모르거나 글을 조금 아는 사람들의 집단에 의해 기록되고 수집되었다는 것이 나에게는 더욱 가능한 해석으로 보인다. 기록 혹은 수집 집단 혹은 집단이 그 이야기 속의 사회적으로 소외된 주인공들과 같은 부류라는 제안은 그럴듯하고 창조적이지만, 그 사회에 대해 충분히 상세한 내용이 부재하다는 것과 갈릴리의 글을 모르는 화자에 대한 정보의 부재 때문에 가능한 해석으로 고려할 수는 없다.

기적사화의 기록과 수집을 위한 주요한 문화적 맥락이 식사였는 지에 대한 방법론적인 주제도 비슷하게 대답할 수 있다. 포스트모던 적 비평과 마찬가지로 고대 사회에서 이야기를 말하는 문화적 맥락 이 무엇인지 확실히 안다는 것은 불가능한 일이다. 기적사화는 사실 적 유사성보다는 자신의 공동체, 사회, 혹은 식사에 대해 희망하는 모습을 표현하도록 틀을 짠 어떤 사람 혹은 집단에 의한 저작이라는 것이 전적으로 타당하다.

그러나 이야기의 작가/수집자들이 실제적 맥락으로 그 식사를 다 루기보다는 "~와 함께 생각하기 위해" 식사를 다루고 있는지를 본 장에서 요점으로 제시할 필요는 없다. 다만 실제 혹은 상상적인 식사 이건 아니건, 식사의 사회적 상징, 식사가 널리 행해짐 그리고 식사 가 일반 대중의 상상을 작동시키는 기능이 식사를 사회적 실험을 위 한 계기로 만들었다는 요지는 여전히 정당하다. 굶주림 및 수치와 관 련하여 식사에 대한 상상적인 이야기들은 당대의 식사 실천이 갖는 사회적 실험의 어휘에 참여하는 일이었다. 4장에서 본 것처럼, 식사 에 대해 상상한 이야기보다는 식사 실천 그 자체가 의례 완전화와 사회적 실험을 초래하는 역동성을 지녔다는 것은 사실이다. 그러나 상상한 이야기는 사회적 실험을 낳은 문화적 의례적 어휘에 의존하 였을 것이고, ―비록 파생적이더라도― 비슷한 결과를 낳았을 것이 다. 달리 말하면 최악의 경우 포스트모던적 시나리오(기적사화와 식 사 간의 관계가 완전히 상상한 것이라는)도 헬레니즘 식사에 대한 지식 이 기적사화를 사회적 실험의 맥락 안에 위치시킨다는 동일한 주장 을 하고 있다는 것이다.

그러나 이 경우 포스트모던적 시나리오는 (비록 가치 있지만) 주로 수사적인 것이므로, 기적사화의 모음이 식사와 적극적인 관계에 있었을 가능성에 대해 무엇을 말할 수 있겠는가? 내게는 기적 사화들이 실제 식사(이 식사는 대규모의 급식도[23] 아니고, 모호한 상상도 아니다)를 염두에 두고 작성한 것으로 보이는데 말이다. 이는 악트마이어와 맥으로부터 약간의 후퇴이다. "성만찬적" 무대라는 악트마미어의 제안은 분명히 시대착오적인데, 이는 클링하르트와 스미스의 연구가 1세기에는 "성만찬"과 같은 것이 없음을 보여주었기 때문이다. 그러나 맥의 논의를 따라 성만찬에서 식사로 조정하더라도, 기적 수집물에서 우세하게 나타나는 급식사화에서 식사공동체로의 이행은 비교적 큰 도약이다. 급식사화의 기대 높기는 "식사하는 방-기반의" 어휘가 들판으로 바뀐 모습을 보여줌으로써, 데니스 스미스의 후기 연구는 어느 정도 맥과 악트마이어를 강화한다. 급식사화 속 빵의 축복과 후기의 식사하는 방-기반의 축복에 대해 악트마이어가 보여준 문학적인 평행은 그 이야기와 식사하는 방에서 식사 간의 중요한 연결이 있음을 인정해야 한다. 그럼에도 불구하고 급식사화의 우세함이 반드시 식사 공동체를 가리킨다고 가정할 수는 없다. 다른 한편 초기 기독교의 본문들이 기록 및 수집 단계에서 식사의 맥락에 있었다는 것은 가정할 수 있다. 달리 말하면 기적사화의 식사 실천 관련에 대한 반대 입장은 —나의 분석에서는— 미해결인데, 대부분의 본문이 식사 맥락에 깊이 연관되어 있음은, 그렇지 않다는 것이 드러나기 전까지는, 가정할 수 있다.

---

23 먹이는 이야기들의 어휘가 식사하는 방들에서 식사의 더 넓은 패러다임의 흐름을 흉내내는 방식들에 대한 데니스 스미스의 분석을 보라(*From Symposium to Eucharist*, 240).

기적사화에 대한 하나 혹은 그 이상의 복음서 이전 수집을 암시하는 자료 및 편집비평적 관점의 정당성에 관한 최종적인 방법론적 주제가 적어도 본 장에서는 골치 아픈 주제는 아니다. 그러한 수집에 대한 도드/포트나 악트마이어/맥의 주장이 실질적으로 보이고, 문학적 수준에서 예리한 관찰로 보이지만, 아직은 확실히 받아들일 수 없다는 예전의 결론으로 나는 되돌아가야 한다. 요한 이전의 수집(들)에 대한 도드와 포트나의 제안은 일부는 받아들여지고, 일부는 비판받으면서 반세기 이상 지속되었다.24 마가 이전의 수집(들)에 대한 와이어/악테마이어/맥의 제안은, 비록 창조적이고 설득력 있지만, 아직 충분한 학문적 반향은 일으키지 못했다.

기적사화 연쇄체의 다양함은 상상적 가능성을 나타낸다. 비록 그것이 전적으로 받아들여질 수는 없더라도, 문학적 관찰을 주목할 필요가 있다. 즉 기적의 상당수가 엘리야와 엘리사 전승에 의존함, 이 이야기에서 사회적으로 소외된 주인공들이 일관적으로 등장함 그리고 급식 중심이라는 것이 그 이야기의 특징이므로, 이야기들이 복음서 이전의 수집물로 존재하였는지 아닌지에 대한 분석과 해석이 있어야 한다. 마가와 요한을 각각 한 덩어리로 보고 연구하는 맥락에서도, 몇 가지 '복음서' 기적사화에 대한 앞의 차원을 해석할 필요가 있다. 비록 —최악의 경우— 복음서 이전의 기적 수집에 대한 제안이 전적으로 논박당하더라도, 복음서 자체의 기적사화가 모여 있는 문학적 특성은 주목할 필요가 있다. 기적사화의 문학적 특성을 더 큰

---

24 이러한 가설의 비판을 위해서는, R. Alan Culpepper, *Anatomy of the Fourth Gospel: A Study in Literary Design* (Philadelphia: Fortress Press, 1983), 162-174를 보라.

복음서의 맥락 안에 위치시킴으로써, 기적사화들이 식사와 깊은 연관을 갖는 소외된 사람들의 공동체를 나타낸다고 보아도, 본 장의 주장은 특별히 잃을 것이 없다. 악트마이어/맥의 가설은 복음서 이전의 수준에서 뿐만 아니라 복음서 수준에서도 작용한다.

초기 기독교 식사에서 성 역할에 대한 사회적 실험

지난 30여 년 동안 초기 기독교에서 여성의 지위에 대한 중요한 학문적 연구의 진전이 있었다. 그 연구는 신약성서 연구의 나머지 다른 부분을 확인해 주었고, 그것을 넘어서서 초기 기독교의 본문들이 여성의 참여와 지도력에 대해 상당히 그리고 일관성 있게 관심하고 있음을 보여주었다. 헬레니즘 식사에 의례 이론을 적용한 것은 그 식사도 여성의 참여에 대한 쟁점을 적극적으로 드러냈음을 이미 살펴보았다. 다음은 초기 기독교의 문헌 및 식사의 성 논의 관련성을 검토하고, 얼마나 많은 사회적 실험이 성과 관련하여 식사에서 이루어졌는가를 탐구할 것이다. 두 가지 주요한 문헌(바울과 누가)을 연구하고, 그 주제에 대한 초기 기독교 문헌의 나머지 부분의 개관이 뒤따를 것이다.

바울-이전의 그리고 바울의 성 쟁점

여성의 지도력과 참여에 대한 바울 서신의 관심은 식사에서 무엇이 일어났는가와 관련해서만 다루어지고 있다. 그 주제는 공식화되지 않았고, 결과적으로 그 질문을 틀 지으려면 해당 논쟁이 식사에서 무엇을 의미하였는가에 주목함으로써 바울과 여성에 대한 폭넓은 연구에 기여할 수 있을 것이다.

전에 살펴본 것처럼, 바울이 편지를 쓴 공동체에서 여성의 참여 문제를 분명하게 다룬 것은 일차적으로 고린도전서이다. 이는 또한 바울의 식사에 대한 연구를 위한 일차적인 자리이기도 하다. 본 장에서는 바울 이전의 공동체 안에서 여성의 역할에 대한 고찰에도 이를 것이다.

고린도전서에서 분명하고도 긴 논쟁 본문은 11:2-16과 14:33-36이다.[25] 11:2-16에서 바울은 고린도에서 위기에 놓인 문제들을 다루면서, 남성과 여성의 머리에 관한 당대의 성 유형론에 호소하였다. 여성은 집단의 식사 모임에서 기도하거나 예언할 때에 무엇을 써야 하는가? 바울의 의견/명령은 여성들이 집단의 모임(고린도전서 11장의 나머지가 보여주듯이, 식사 모임들인)에서 기도하거나 예언할 때에 머리를 가려야 한다는 것이다. 14:33-36에서 비슷한(혹은 아마도 똑같은) 주제가 다루어진다. 여성은 식사에서 말할 수 있는가? 여기서 바울의 견해/명령은 여성들은 식사에서 조용히 해야 한다는 것이다(이 연구를 위하여 11장과 14장 사이의 명백한 모순을 해결하는 것은 필요하지 않은데, 왜냐하면 더 큰 질문은 바울의 사고의 일관성에 대한 것이나 이는 복잡하다기보다는 고린도 지방의 식사에서 여성의 역할과 지위에 관련되어 있기 때문이다).

앙뜨와네뜨 와이어의 고전적 저작『고린도의 여성 예언자들』(*The*

---

25 이 연구가 바울 이전 식사들의 성별화된 참여의 특성을 탐구할 때, 그것의 공식으로부터 의도적으로 여성들을 배제하였을지도 모르는 고린도전서 12:13도 또한 참조된다.

Corinthian Women Prophets)은 고린도의 "기독교적" 집회의 성 문제에 대하여 가장 철저하게 다룬 저서이다. 와이어의 집요한 수사비평은 고린도 여성에 대한 충분한 묘사를 드러냈는데, 여성들은 바울의 반대자들이며 또한 동료들이었다. 와이어는 예언으로 말하였고, 공동체 모임을 넘어서 자신을 드러내는 삶을 산 여성들에게 초점을 맞추었다. 와이어의 묘사는 신학적, 사회적 표현이 분명했던 그리고 대부분 "전통적인 성 관계에서 벗어나서 자신을 주님께 헌신한" 여성에 대한 것이다.[26] 주님은 "고린도의 여성들을 부름 받았을 때의 모습 그대로가 아닌, 새로운 성적 선택과 책임을 통하여 그녀들의 사회적 삶을 변화시킨다. … 이 기초 위에서 여성들은 그들이 몸과 영혼에서 거룩하게 된 살아계신 하나님께 도전하는, 과거의 구조 혹은 미래의 심판으로 하나님을 제시하려는 모든 시도를 거부한다."[27]

비록 그 여성들의 삶의 방식이 자기-이해에 주요한 역할을 하였지만, 또한 그 여성들의 예언 행위는 초기 기독교 공동체의 식사에서 자주 일어났다. "음식과 음료는 그 여성들을 그리스도 안에서 새롭고 포괄적인 정체성으로 이끌면서, 영적이고 해방적인 의미에서 공동체적이다. 그리스도 안에서 그 여성들의 식사는 주님의 식사가 되고 삶에 대한 축하는 죽음의 기억을 극복한다. 이는 여성 예언자들이 그 자신을 긍정하고, 먹고 마시면서 자유인의 새로운 지위를 누리게 한다."[28]

---

26 Antoinette Clark Wire, *The Corinthian Women Prophets: A Reconstruction through Paul's Rhetoric* (Minneapolis: Fortress Press, 1990), 96.
27 Ibid., 96-97.
28 Ibid., 96-97.

여성들이 고린도 공동체에서 지도자였다는 것을(고린도전서 1:11) 바울이 논박하지 않았다는 데 주목하는 일은 굳이 와이어의 상세한 수사 분석까지 필요하지는 않다. 바울은 여성들이 식사 모임에 참여한 것을 ―심지어 그 모임을 통제하려 하면서― 분명히 인정했다. 이 여성들이 참여자와 지도자로서 식사에서 기대 눕고 있었다는 해석은 그럴 듯하다. 의례 분석은 여성들이 식사에서 기대 누운 것이 가부장적 문화에서 성 관계에 대한 잠재의식적 탐색으로 기능하였음을 보여준다.[29]

고린도의 식사가 보여준 사회적 실험에서 바울의 쟁점은 식사에서 "이야기하는" 여성들에 대한 것이다. 즉, 바울은 식사에서 이 여성들의 말을 제한하거나 혹은 침묵시키기 위해 식사에 적절한 예의에 해당하는 관념에는 호소하지 않는다. 14:34-35에서 바울은 왜 여성들이 말하면 안 되는가의 이유로 토라에 근거하여 그리고 남편과 아내라는 사회적 관계에 근거하여 호소한다. 11:2-16에서 바울은 왜 여성들이 말할 때에 머리를 가려야 하는가의 이유로 헬레니즘 사회의 옷에 대한 관습과 창세기 2장을 근거로 호소한다. 분명히 고린도 여성들은 공동체 식사에서 이미 기존 사회의 성 역할에 대한 함의를 (적어도 바울에게는) 가지고 참여했으며, 식사에서 여성들이 의례적으로 탐색한 것은 더 큰 의미의 사회적 실험(이를 바울은 인정하지 않았다)이었다. 이는 여성들이 성적 선택 하에 참여했던 식사를 넘어서서 다른 사회적 실험과 연결되었다.[30]

---

29 *Private Women, Public Meals: Social Conflict in the Synoptic Tradition* (Peabody, Mass.: Hendrickson, 1993)에서의 Kathleen Corley의 철저한 연구를 보라.

방법론적으로 고린도의 식사에서 성에 대한 사회적 실험이 있었다는 것은 '이스라엘 회중'의 식사보다 더 확실해 보인다. 식사에서 여성의 발언을 바울이 반대하는 특정한 성격은 여성들이 참여하는 식사 실천이 있었다는 가능성을 확인시켜준다. 바울의 반대는 강력하였다. 바울의 반대가 식사에 여성의 참여(또한 아마도 기대 누움)가 아니라, 단지 그 여성들이 자유롭게 발언하는 것을 반대하였다는 점에서 분명하다. 마지막으로 바울의 반대는 바울이 11장과 14장에서 서로 다른 두 가지 반대조치를 제시한 점에서 다소 불규칙하다. 와이어의 연구와 함께 여성의 지도력에 대한 고린도 식사의 사회적 실험은 가능해 보인다.

누가의 사회적 실험

고린도전서처럼 누가복음은 오랫동안 식사와 성을 함께 연구한 본문이다. 데니스 스미스는 누가의 수사적 전략에서 식사의 핵심적 위치를 분명히 요약했다.[31] 누가의 성을 다룬 가장 복잡한(비록 유일한 것은 아니지만) 책은 투리드 칼슨 세임의 『이중적 메시지: 누가복음-사도행전에서 성별의 유형』(*The Double Message: Patterns of Gender in Luke-Acts*)이다. 세임의 연구는 누가복음에서 여성들이 침묵당하거나 끼워진 자리를 다루고자, 누가의 빈번한 여성 출연에 관해 1980년대

---

30 Wire, *Corinthian Women Prophets*, 72-97.

31 Smith, *From Symposium to Eucharist*, and Dennis Smith, "Table Fellowship as a Literary Motif in the Gospel of Luke," *JBL* 106, no. 4D (1987): 613-628 을 보라.

에 처음 가졌던 열정을 넘어서서, 연구를 진전시킨다. 세임은 여성의 참여와 지도력에 대한 누가의 집요한 양가성을 발견한다.

누가의 식사는 성과 관련하여 비슷한 쟁점적 특성을 갖는다. 연구의 고전적인 자리는 누가복음 10:38-42인데, 마르다와 마리아의 집에서의 예수의 식사에 관한 것이다. 가정의 머리로서 마르다의 역할과 예수와 함께 공부하는 마리아의 역할은 이 여성들의 고양된 지위와 관련하여 학자들의 주목을 오랫동안 받았다. 그들은 예수를 위하여 재정적 지원을 제공한 8:1-3의 여성들과 다르지 않다. 다른 한편 자기를 주장하고, 관리자 같은 마르다와 비교적 온순한 (그리고 아마도 조용한) 마리아 간의 적극적인 대조는 여성의 위치에 대한 누가의 태도에 관하여 의심을 받아왔다. 이 의심은 본문과 남성 및 여성의 성 행동에 대한 고린도전서 7장의 취급 간의 평행에 관한 몇 가지 연구에 의해 확증되었다.[32] 이 평행은 고린도전서 7장과 누가복음 10:38-42에서 "분주함"과 "더 좋은 편"의 공통된 사용이 독신과 결혼을 지칭함을 보여준다. 그러면 마리아의 "더 좋은 편"은 독신이고 마르다의 분주함은 결혼 혹은 성 역할의 활동이라는 것이 상당히 가능하다. 여기서 누가는 식사의 진정한 참여를 독신에 의존하는 것으로 위치 설정한 것으로 보인다.

헬레니즘 식사의 역동성을 이해할 때 성 가치는 더 분명해진다.

---

32 Turid Seim, *The Double Message: Patterns of Gender in Luke and Acts* (Nashville: Abingdon, 1994), 112-118; Elisabeth Schüssler Fiorenza, "A Feminist Critical Interpretation for Liberation: Martha and Mary: Luke 10:38-42," *Religion and Intellectual Life* 3, no. 2 (Winter 1986): 21-36; Hal Taussig, "The Sexual Politics of Luke's Mary and Martha Account: An Evaluation of the Historicity of Luke 10:38-42," *Forum* 7, nos. 3-4 (1991): 317-319를 보라.

마리아는 기대 눕지 않고 예수의 발치에 앉아 있다. 헬레니즘 시대의 문헌은 식사에서 기대 눕기보다는 앉아 있는 것을 더 낮은 지위로 간주했고, 식사에 여성의 참여를 승인 혹은 인정하지 않으려고 앉아 있다는 표현을 사용한다.33 누가가 마리아를 예수의 발치에 위치시킨 것은 그녀를 제자로 인정한 것이고, 또한 기대 누운 사람과는 대조적으로 그녀에 대한 인정을 제한한 것이기도 하다. 어떤 방식에서는 인정에 대한 이러한 제한은 독신과 관련하여 여성들에게 부과된 제한과 정확히 평행을 이룬다. 누가는 지도력이나 참여를 앉아 있는 위치/독신의 삶 양식으로 제한했던 것으로 보인다.

10:38-42의 고도로 정교한 특성은 그 본문 자체가 실제의 식사를 나타낸다고 가정할 수 없게 만든다. 오히려 본문은 수사적 목적을 위해 식사 역동성에 의존한 문학적 표현일 것이다. 어느 정도는 성 주제를 잠재의식적으로 다루기 위해 식사의 의례 효과를 직접적으로 다루지 않는다. 오히려 본문은 식사의 반(半)의식적 신호의 미묘함을 알고 있었고, 식사의 역학을 문학적으로 활용한 것으로 보인다. 식사에서 여성들의 위치와 성 역할에 따른 삶의 양식 간의 조정된 비교는 구성의 특징을 잘 드러낸다.

식사 행동(누가 어떤 조건하에 말하는가)에서 기존 사회와의 불일치를 통해 새로운 사회의 장으로 고양된 고린도전서의 구절과 달리, 앉아 있기 대(對) 기대 눕기라는 누가의 사용은 영리한 문학적 장치의 일부로 작용하였다. 이는 누가의 독자들이 식사 역동의 중요한 의례적 혹은 사회적 실험 효과에 직면하지 못할 수도 있다는 점을 외면

---

33 Corley, *Private Women, Public Meals*를 보라.

하지는 않을 것이다. 누가의 본문은 초기 기독교 공동체 식사에서 의례 효과와 사회적 실험을 사고하는 데 대해 고린도전서처럼 직접적으로 사용할 수는 없다.

여성의 참여와 지도력의 정도에 대한 누가의 성 담론의 강도는 10:38-42를 누가의 식사와 성 담론에 대한 보충적인 대답일 수 있다. 즉, 세임과 다른 학자들이 힘써 추적한 여성의 지위에 대한 문학적 긴장은 누가의 모임에서 그 깊이를 보여준다.34 이는 누가를 여성 친화적인 범주나 여성혐오의 범주로 쉽게 분류할 수 없게 만든다. 이 점에서, 기대 눕지 않고 ―아마도 침묵하며― 앉아 있는 마리아에 대한 묘사는 복음서 페이지나 식사를 넘어서는 차원에서 누가적 환경에 있는 새로운 사회를 향한 성 갈등의 표상으로 기능할 수 있을 것이다. 앉아 있는 마리아의 모습은 식사가 참으로 특별한 성 역할을 실험하는 장소였음을 가리킬 수 있다. 참으로 기대 눕기보다 앉아 있는 여성은 식사에서 여성의 위치에 대한 헬레니즘적 탐색에서 당대에 널리 퍼져있던 검토인 것으로 보인다. 이는 의례적 완전화를 환기시키는 잠재적 차원이었는지 아니면 검토를 통해 '해결책'을 마련하는 분명한 실험으로 확대되었는지는 분명하지 않다. 누가의 경우 고도로 고안된 본문을 어떤 결정적 관점으로 탐구하는 것은 불가능하다.

---

34 Barbara E. Reid, *Choosing the Better Part? Women in the Gospel of Luke* (Collegeville, Minn.: Liturgical Press, 1996); Elisabeth Schüssler Fiorenza, *In Memory of Her: A Feminist Theological Reconstruction of Christian Origins* (New York: Crossroad, 1994); Robert Price, *The Widow Traditions in Luke-Acts: A Feminist Critical Scrutiny* (Atlanta: Scholars, 1997)를 보라. 이 모두는 세임(Seim)의 입장을 보완한다.

식사와 성 역할 실험에 대한 다른 본문의 위치들

성을 식사에 관련시키는 구절 중에서 널리 연구된 것은 식사에서 예수의 머리와 발에 향유를 부은 여인(마가복음 14:3-9; 마태복음 26:6-13; 누가복음 7:36-50; 요한복음 12:1-11)이다. 어떤 해석자들은 예수가 여인의 행동을 온 세상이 기억하도록 명령한 전승의 머리 부분에 해당되는 마가의 변형이 여성들의 참여에 대한 일부 초기 기독교적 옹호를 극적으로 표현한 것이라 보았다.[35] 다소 다른 누가적 변형이 이 전달에 속하는 한, 식사에서 여성의 존재를 긍정하는 본문의 비교적 고유한(아마도 유일한) 체계를 보여준다.

그러나 헬레니즘 식사의 패러다임 속에서 이 모든 본문은 식사에서 가장 관습적인 여성의 역할과도 잘 맞는데, 그 역할에서 여성은 서빙(음식 나눔)과 유흥의 목적을 위해서 식사자리에 들어온다. 그렇다면 성에 대한 사회적 실험은 본문의 전승과는 상당히 거리가 먼데, 이 전승은 가장 관습적인 여성의 유형을 기대 눕는 것이 아니라, 기대 누운 남성에게 철저히 복종하는 것일 수 있다. 참으로 이 본문은 여성들이 기대 누운 의례 역할과 실험을 보여주는 헬레니즘 문헌과 물병을 통해 발견할 수 있는 비교적 흔한 예외에 맞서서, 관습적으로 여성과 남성을 식사에서 분리시키는 규범으로 활용되기도 했다.

아이러니하게도 이 관습적인 묘사는 여성의 중요성에 대한 질문을 제기하는 데 사용되었다. 마가적 변형은 참으로 "온 세상이 기억

---

35 본문상의 보수적인 차원들의 일부를 인정하면서도, 엘리자벳 쉬슬러 피오렌자는 이것을 핵심적 계기로서 주장하며, 그것을 위하여 그녀는 자신의 주요 저서인 *In Memory of Her*의 제목을 정한다.

해야 할" 여성으로서 소외되고, 논란이 된 그리고 이름 없는 여성에 대한 우주적인 칭찬으로 결론을 맺는다(마가복음 14:9). 이 본문은 (다른 것들 중에서도) 누가복음 10장처럼 여성의 참여를 고도로 문학적인 방식으로 구성한 것이다. 마가복음의 복잡한 문학적 의도는 마가의(혹은 더욱 이전의) 식사 공동체에 대한 직접적인 묘사로 취하기는 어렵게 만든다. 남성 일색이지만 용감하고 통찰력 있는 여성 하인이 있는 식사에 대해 마가가 아이러니하게 다룬 것은 공동체 안에서 여성의 의미에 대한 질문을 제기하기 위해 식사 표상을 사용한 것이다. 그러나 식사 이념의 문학적 사용이나 관습적 식사를 해체시키는 묘사를 사회적으로는 실험적이거나 의례적으로는 효과적인 것이라고 할 수는 없다.

예외 중의 하나는 도마복음 61에서 살로메가 기대 누운 의자 위로 예수가 올라올 때 예수를 비난하는 살로메를 묘사하는 장면이다. 막달라 마리아와 예수의 친교를 반대한 베드로 이야기와의 연관으로 마리아를 남성으로 만들겠다는 114장의 예수의 약속과 연관된 것으로 위치시킨, 아직 덜 연구된 도마복음 본문의 환경은 식사가 성에 관한 의례 검토와 사회적 실험을 촉진한 일종의 사회적 긴장을 가진 것으로 보인다. 61장과 114장에는 사회적 실험으로서 연구할 만한 충분한 의식적 갈등이 있다.

성과 식사에 대한 명시적 언급이 없는 본문의 경우, 이 책의 논의를 통해 성과 식사의 복잡한 연결을 제시할 것이다. 그 복잡한 연결의 한 사례가 나의 논문 "식탁 아래의 거래: 수로보니게 여성 단화에서 여성권력의 의례적 협상"(Dealing under the Table: Ritual Negotiation of Women's Power in the Syro-Phoenician Woman

Pericope)에서 잘 드러난다.36 이 글은 마가복음 7:24-30을 식사와 관련시키기 위해 복잡한 편집비평적 접근을, 견유학파 가르침과의 평행을 그리고 의례 이론을 필요로 한다. 그 논문은 이야기의 발전이 마가 이전 공식화의 두 차원에서부터 마태의 단계를 거치는, 식사 환경에서 여성의 역할에 관한 쟁점들의 궤적을 보여준다. 이 글은 성 역할의 상호성을 향한 혹은 상호성에서 멀어지는 분명한 궤적이 아니라 오히려 성 역할 관계를 식사에서 검토하는 복잡한 혼합을 보여준다.

초기 기독교 식사에서 성 역할과 사회적 실험에 대한 결론

초기 기독교 식사에서 기대 눕거나 앉아 있는 여성은 기존 사회에서 여성의 역할에 대한 의례 성찰과 완전화를 위한 계기를 제공하였음을 이 책에서 여러 차례 살펴보았다. 유대교, 기독교 그리고 이방인의 환경에서 여성들이 식사에서 기대 눕거나 앉아 있는 빈도의 증가는 식사 밖 여성의 지도력과 존재라는 주제에 대하여 상상하고 성찰할 수 있게 해주었다.

식사에서 여성을 다루는 초기 기독교 본문에 대한 탐구는 다양한 사회적 역할에서 여성의 지도력과 참여에 대한 태도의 전체 층위를 분명히 보여준다. 이 층위는 예수에게 기름 부은 여성에 대한 마가의 묘사에 나타나는 의례 성찰의 부재로부터 여성 역할에 대한 의례적

---

36 Hal Taussig, "Dealing under the Table: Ritual Negotiation of Women's Power in the Syro-Phoenician Woman Pericope," in *Reimagining Christian Origins: A Colloquium Honoring Burton L. Mack*, ed. Elizabeth A. Castelli and Hal Taussig (Valley Forge, Pa.: Trinity Press International, 1996), 264-279.

검토를 수행하는 누가 및 도마의 문학적 놀이를 거쳐 고린도에서 그리스도 친교의 적극적인 사회적 실험에 이르기까지 모든 것을 포함한다. 누가와 도마의 식사는 사회적으로는 실험적이었을 수 있으나 본문은 충분히 결정적이진 않다.

초기 기독교 식사에서 민족적 긴장과 사회적 실험

유대인과 이방인이 함께 먹는 것은 초기 기독교 문헌의 주요한 주제였다. 비록 많은 신약성서 연구가 본문을 거의 배타적으로 종교와 신학의 측면에서만 연구했지만, 이 논의는 헬레니즘 시대에 광범위한 민족적인 혼합과 긴장의 측면에서 다룰 필요가 있다. 고전적 기독교의 주장은 유대인과 이방인이 함께 먹는 것을 둘러싼 논쟁을 기독교 대(對) 유대교의 문제로 잘못 보았다.[37] 크리스터 스텐달의 중심 연구인 『유대인과 이방인 가운데 있는 바울』(*Paul among Jews and Gentiles*)은 이러한 개념을 교정하고 유대인과 이방인의 관계에 관심을 집중한 바울을 고려하도록 제안한, 아직은 진행 중인 성찰의 단계지만, 신약성서 연구가 그 일을 시작할 수 있게 해주었다. 예를 들어, 스텐달은 베드로와 바울 간의 식사 논쟁을 유대화하는 경향 대(對) 출현하는 기독교적 입장이라기보다는 "바울이 유대인들과 이방인들 간의 관계에 대하여 주로 관심을 가졌다"는 함의로 보았다.[38] 사실, 초기 기

---

37 본서의 도입부에서 이미 언급된 사례가 Adolf von Harnack, *Expansion of Early Christianity in the First Three Centuries* (New York: Putnam, 1904), 77-87이다. 또한 N. T. Wright, *The Resurrection of the Son of God* (Minneapolis: Augsburg Fortress, 2003)를 보라.

독교 문헌의 유대인/이방인 역학에 대한 관습적 해석은, 헬레니즘 시대 민족성의 세 가지 차원을 이해한다면, 상당히 다르게 보일 것이다. 그 차원들은 다음과 같다:

1. 헬레니즘 시대에 지중해 민족들의 극심한 혼합이 있었다.

헬레니즘 시기를 구성한 잇따른 제국의 지배는 문화적 전통들의 장기적이고 극심한 혼합 속에 나라들과 부족들을 몰아넣었다. 로마의 평화는 지중해 전반에 걸쳐 대규모의 상업과 이주를 가져왔고, 이는 모든 도시에서 혼합된 민족과 상이한 문화가 장기적으로 가까이 하는, 전적으로 새로운 도시들을 낳았다. 민족 혼합에 대한 놀라움과 혼합의 열정은 오순절의 사도 전승을 전하는 사도행전에 반영되어 있다: "그들은 놀라서 신기하게 여기며 말하였다. … 우리는 바대 사람과 메대 사람과 엘람 사람이고, 메소포타미아와 유대와 갑바도기아와 본도와 아시아와 브루기아와 밤빌리아와 이집트와 구레네 근처 리비아의 여러 지역에 사는 사람이고 또 로마 사람들과… 크레타 사람과 아라비아 사람인데"(2:7, 9-11).

이는 너무나 강렬하고 지배적인 경향이어서 대부분의 개인 및 사회적 정체성이 크게 도전받고 변화되었다. 한 개인은 자신을 하나의 부족이나 나라와 더 이상 동일시 할 수 없게 되었다. 적어도 대부분의 도시 거주자들에게, 다양한 민족의 장기적이고, 강렬하며 그리고 일상

---

38 "그가 안디옥에서 베드로를 꾸짖을 때, 그것은 베드로가 유대교에서 허락된 (kosher) 식탁을 유지한 것 때문이 아니라, 예루살렘의 압력 아래에서 베드로가 그의 태도를 바꾼 것 때문이다." Krister Stendahl, *Paul among Jews and Gentiles and Other Essays* (Philadelphia: Fortress Press, 1976), 2-3.

적인 상호작용은 이전의 정체성을 고수할 수 없게 만들었다. 이는 위협적인 문제였다. 즉 본 장이 보여준 것처럼, 강력하고 환기시키는 방식으로 초기 기독교가 식사로 다룬 문제였다.

2. 지배적인 그레코-로만 문화가 민족 혼합을 특징지은 엄격하면서도 편견을 가진 방식들.

지배 문화에게 사도행전 2장에 나타난 백성들의 거대한 혼합 열정은 완전히 잘못된 것이었다. 오히려, —로마인과 그리스인에 따르면— 인간은 단순히 그리스인/로마인과 "야만인들"으로 분류되었다. 백성의 거대한 혼합이 지중해를 둘러싸고 일어나는 동시에, 이러한 대규모의 새로운 혼합 대중을 지배한 사람들은 이질성을 부정하고, 이전의 정체성을 제거하며, 하나의 지배적인 문화를 섬기고자 공격적으로 활동했다. 인간을 비문명의 대중과 그레코로만인으로 분류했던 시기에 유력하고 새로운 혼합적 대중의 창조와 동시에 하나의 정체성을 제외한 모든 거부는 헬레니즘 지중해 지역의 대부분의 사람들에게 자기-이해의 위기를 더욱 심화시켰다.[39]

3. 헬레니즘 시대의 유대교는 그레코-로만의 문화적 헤게모니에 대항한 창조적인 저항 전략을 경험하였다.

---

[39] 두 가지의 새로운 연구들이 이러한 무엇보다 중요한 그레코-로만의 편견을 다룬다: Davina Lopez, *Apostle to the Conquered: Reimagining Paul's Mission*, Paul in Critical Contexts Series (Minneapolis: Fortress Press, 2008); Stamenka Antonova, "Barbarian or Greek? The Charge of Barbarism and Early Christian Apologetics" (Ph.D. diss., Columbia University/Union Theological Seminary, 2005).

특히 바리새파 운동은 유대교적 자기-의식의 전략을 정교화하였는데, 이는 성전 정결 예식을 유대인의 집으로 옮기는 것도 포함하였다. 기존 유대교의 음식 구별을 더욱 고양시키면서, 이 혁신적인 운동은 이방인들로부터 유대인의 음식과 유대인의 분리를(이 둘 모두가 예루살렘 성전 제의의 표시들인데) 그들의 가정에서 그리고 확장하여, 그들의 삶 전체에서, 광범위한 정체성 표시로 이끌어냈다. 엄격한 (성전) 정결 절차를 일상의 식사 실천에 적용하는 일은 바리새인들로 하여금 헬레니즘적 혼합에 대해서도 유대교가 야만적이라는 그레코-로만의 비방에 대해서도 효과적인 유대교적 대항적 정체성의 구성을 이루어냈다.[40] 바리새파 운동은, 처음에는 이스라엘에 뿌리내리고 있었지만, 지중해에 걸쳐 큰 성공을 경험하였다. 소아시아 출신의 유대인으로서 바울은 바리새인이었다고 주장하였는데(빌립보서 3:6), 이는 그 운동이 얼마나 널리 퍼져 있었는가를 보여준다.

달리 말하면, 유대인과 이방인이 함께 먹는 것에 대한 초기 기독교 문헌의 관심은 지중해의 긴장된 민족적 혼합과 그것이 제기한 정체성 문제의 다양함과 관련된 사회적 주제라는 방대한 체계에 속한 것이었다. 4장에서, 로마서 14장과 15장의 유대인과 이방인이 함께 먹는 문제는 의례 이론의 도움으로 분석되었다. 의례이론으로 다루었던 식사와 민족적 혼합에 관한 네 가지 핵심적인 신약성서 본문 검토는 여기서 확장된다. 각각의 경우, 일차적인 주의사항은, 얼마

---

40 유대인들을 야만적이라고 특징짓는 것은 헬레니즘 시기의 이방인 수사학자들의 공통된 전략이었다. 할례는 유대적인 야만주의의 사례로서 가장 종종 사용되었다. William V. Harris, ed., *The Spread of Christianity in the First Four Centuries: Essays in Explanation* (Boston: Brill, 2005)를 보라.

나 많이 (혹은 얼마나 적게) 본문들이 초기 기독교 식사의 특별한 전통에서 발생하는 민족적 차이를 둘러싼 사회적 실험 의식을 반영하는가에 관한 것이다.

안디옥에서 유대인과 이방인이 함께 먹은 일에 대한 논쟁(갈라디아서 2:11-14; 사도행전 15:1, 2)

바울은 갈라디아인들에게 보내는 편지에서 야고보와 "할례 당"이 도착할 때까지 베드로가 안디옥에서 유대인들과 이방인들이 함께 하는 식사에 유대인으로 참여하였고, 야고보 일행이 도착한 시점에는 베드로가 식사에서 물러났다는 것을 지적하였다. 바울은 두 가지 다른 행동 때문에 베드로를 위선자라고 비난하였다. 비록 갈라디아서에서 명시적으로 진술하지는 않았지만, 이방인과 분리하여 먹도록 한 베드로와 야고보의 주장은 유대인의 입장이 어떤 종류, 개연적으로 바리새의 프로그램과 관련된 종류와 관계가 있었다고 가정할 수 있다. 지중해에 걸쳐 모든 유대인들이 동일한 원리를 갖고 있었는지의 여부는 불분명하다. 베드로가 안디옥에서 혼합적 식사에 참여하였다는 것은, 혼합적인 식사가 전혀 낯선 것이 아님을 가리킨다. 필로는 그 시기에 알렉산드리아에서 유대인이 이방인과 분리하여 혹은 함께 먹는 문제의 복잡성을 상당히 길게 논의하였다.[41] 사실, 야고보와 베드로의 행동은 분리하여 먹는 유대교 혹은 바리새파의 프로그램의 특정한 종류와 관련이 있다고 할 수도 있다. 사도행전

---

41 Philo, *The Contemplative life*를 보라.

15:5은, 역사적으로 신뢰할 수는 없지만, 유대인과 이방인이 함께 함에 대한 예루살렘의 베드로, 바울 그리고 야고보에 의한 논의에서 "바리새파에 속한 어떤 신자들"[42]이 참여하였음을 전한다. 동시에 안디옥에서 유대인과 이방인이 함께 먹는 것은 또한, 가끔씩 노예와 노예 주인이 함께 기대 누워 먹는 것보다 더 이상하지는 않을지라도, 다소 이상한 일로 간주되었을 가능성이 크다.

식사에서 함께 기대 눕는 일은 야고보와 바울 모두 식사 원리에서, 서로 다른 목적이지만, '차이'를 의례적으로 표시하는 기능을 한다. 야고보(그리고 베드로)의 경우, 단지 유대인으로서만 기대 눕는 것은 식사에서 유대인만 속한 배타적인 모임과 유대인의 일상적 삶에 대한 이방인의 침입 사이의 차이에 주목하는 방식이었다. 안디옥에서 바울의 경우는 유대인과 이방인으로서 함께 기대 눕는 것은 저 국제적인 도시 안에서 다양한 민족적 집단 사이의 긴장과 상호적인 끌림에 관한 의례 성찰이 되었다. 두 경우 모두, 누가 식사에 있었고 충분히 참여하였는가에 대해 주목하는 일은, 헬레니즘 식사의 방대한 의례 역학 가운데 참여하는 일이었다. 함께 기대 누운 모든 사람들이 우정과 평등의 유대를 형성하였다는 주요한 요지를 식사가 만들어 냈으므로, 이 식사는 누가 서로 결속하고, 누가 그렇지 않은가를 의례적으로 작동하고 활동하는 일을 지속하게 하였다. 오직 유대인의 결속이어야 한다는 유대교/바리새파의 주장은, 로마인과 다른 외국인이 유대를 떠난다면 혹은 만약 유대인들이 서로의 결속을 실제로 (지중해 어디에서든) 통제할 수 있게 된다면 어떻겠는가에 대한

---

42 Hal Taussig, "Jerusalem as Occasion for Conversation: The Intersections of Acts 15 and Galatians 2," *Forum*, n.s., 4, no. 1 (2001): 89-104를 보라.

작용이자 놀이 방식이다. 식사에서 "유대인이나 그리스인이 없다"(갈라디아서 3: 28)는 바울과 그의 동료들의 축하는 로마의 지배가 아닌 다른 원리에 기초한 통합된 세계를 즐겁게 숙고하였다.

여기에서, 질문은 더욱 예리해진다. 이상적인 모임에 대한 식사 묘사의 어느 하나 혹은 둘 모두가(바리새파의/유대교적인 배제, 바울적인 포함) 적극적인 사회적 실험이었는가? 사회적 실험과 차이들의 강력하지만, 대부분 잠재적인, 의례 검토 간의 구별은, 의례 행동이 기존의 사회적 주제와의 관련을 비교적 분명하게 직접적으로 주장할 때, "사회적 실험"이 된다는 결론을 앞에서 논의한 바 있다.

그렇다면, 식사에서 유대인과 이방인의 분리에 대한 바리새파의 관심, 야고보의(그리고 베드로의) 비슷한 관심, 식사에서 유대인과 이방인이 함께 먹는 갈라디아서 2:11-14, 사도행전 15:1, 2의 안디옥 공동체의 실천 그리고 그러한 안디옥의 실천에 대한 바울의 적극적인 옹호는 각각 어느 정도로 사회적 실험이라고 평가할 수 있을까? 어떤 경우에 민족들의 식사 구성이 사회적으로 실험적인가 그리고 어떤 경우가 헬레니즘 식사의 대부분 잠재의식적인 의례 재생산과 완전화인가? 세밀히 검토하면, 이 질문들에 대한 대답은 다소 놀라운 것으로 드러난다.

많은 점에서, 사회적 실험의 증거는 바리새파의 실천에 있다. 바리새파의 식사가 의례 완전화와 재생산의 활용에 상당히 의존했다고 주목하는 것도 중요하지만, 유대인을 이방인에게서 극적으로 분리시킨 바리새파의 식사가 로마에게 정복당한 더 큰 사회에서 유대인의 정체성 상실에 대항하여 선제 행동을 하는 사회적 쐐기로 작동했다는 것 또한 분명해 보인다.[43] 유대인이 이방인과 분리되어 먹는 것은 그레코-로만에 기초한 영향과 이미 침입한 것에 대항하는 저항의 행위로 기능하였다. 비록 식사 밖에서는, 유대인이 로마의 영향과 침입에 저항하는 데 많은 제약이 있었지만, 바리새파의 식사는 유대인과 이방인의 차이에 관한 성찰과 지성적 협상 이상의 것이 되었다. 바리새파의 식사는 첫째로 적극적인 사회적 실험, 둘째로 성공적인 운동 그리고 셋째로 원(原)랍비 유대교의 중심이 되었다.

　　베드로가 초대 받은 안디옥 공동체의 식사모임이, 민족 상호간의 의례 작용을 넘어서고, 사회적 실험으로 나아갔는지는 덜 명료하다. 바울이 "이방인"에 관한 그의 일과 다른 사람들의 일 사이의 차이를 논의하기 위해 예루살렘으로 여행했다는 것은(갈라디아서 2:1-11, 사도행전 15:3-29) 잠재의식적인 의례 차원 이상의 것에 대한 비교적 명백한 관심을 가리킨다. 그러나 갈라디아서도 사도행전도 유대인과 이방인이 함께 먹는 것을(갈라디아서 2:11-14가 안디옥 식사에 대해 그렇게 하듯이) 명시적으로 문제 삼지는 않는다.[44] 또한 갈라디아서 2:11-14의 안디옥에서 유대인과 이방인이 함께 먹는 식사 갈등에 대한 명시적인 언어도, 민족 혼합의 함의를 의례적으로 다루는

---

43 제이콥 노이스너 (Jacob Neusner)가 바리새인들을 "먹는 써클"로서 요약한 것을 그의 *Neusner on Judaism*(Burlington, Vt.: Ashgate, 2004), 385-99에서 보라. 노이스너는 '의례' 용어를 본서와는 매우 다른 방식으로 사용한다. 그는 바리새인들의 식사가 중요한 정체성 표시들이었으나 그것은 그리스도인들의 식사와 같은 "의례들"은 아니었다고 주장한다. 이러한 측면에서 노이스너가 행하는 거의 확실하게 정당한 구별들이 있으나, 그 구별들은 바리새파의 식사가 유대적 정체성들의 확립에서 중요하였다는 그와 나의 주장 모두와 전적으로 양립한다. 이러한 역동성에서 로마의 역할을 위해서는, Seth Schwarz, *Imperialism and Jewish Society, 200 B.C.E. to 640 C.E.*(Princeton, N.J.: Princeton University Press, 2001)를 보라.
44 사도행전과 갈라디아서는 안디옥의 논란과 예루살렘의 회의 순서를 거꾸로 하는 것으로 보인다.

것을 넘어서서 진취적으로 안디옥 공동체의 실천을 말하지 않는다.

안디옥의 식사에서 혼합 민족의 무리, 일행으로부터 베드로가 물러난 것을 두고 바울의 반응한 것을 고려할 때가 이 시점이다. 바울의 견해가 그 견해 이상의 것을 나타냈는지는 분명하지 않으므로, 안디옥의 혼합적 식사 무리에 대한 바울의 주장이 바울의 반동적인 견해였는지 혹은 "기독교적인" 안디옥 공동체의 분명한(그리고 사회적으로 실험적인) 실천이었는지에 대한 질문이 제기된다. 두 입장 모두 가능해 보인다. 안디옥에서 바울의 역할이 그렇게 주변적이지 않았다면(상상하기 어려운 상황인데), 안디옥에서 혼합적 식사 실천은 바울-베드로 갈등 이후에 사회적 실험의 문제가 되었을 것임이 분명하다. 즉, 일단 민족들의 식사에서 혼합이 명백해졌고, 식사 자체를 넘어서서 행동의 영역으로 들어갔다면(예컨대, 바울의 편지 혹은 예루살렘 논쟁), 그것은 의례 협상 이상의 무엇이 된 것이다. 그것은 이 지점에서 사회적 실험으로 여겨질 수 있다. 고린도전서에서 바울이 사용한 유대인/이방인 혼합 주제는, 혼합된 민족의 식사가 특정 지점에서 바울의 모임을 의식적인 사회적 실험으로 귀결시키는 것을 보여준다. 이 일이 안디옥에서도 일어났는지는 덜 분명하지만 확실히 그리고 상당히 그럴 듯하다.

식사와 민족의 관계 분석에서 식사가 민족적 순수성 혹은 민족적 혼합을 사회적으로 실험하는 모든 위치를 언급하는 것은 불가능하나, 전반적인 개요는 이 식사의 일부가 의례를 통한 검토로부터 사회적 실험으로 나아갔음을 밝혀준다.

마가복음에서, 이방 지역에서 먹기(마가복음 7:24-8:10)

앞에서 수로보니게 여성에 대한 마가의 본문이 성을 둘러싼 식사의 의례 협상과 사회적 실험 의식을 드러냈다는 가능성을 검토한 바있다. 이 단화와 4천명을 먹이는 다음의 본문을 이스라엘 밖에서 발생한 두 사건의 관점에서 검토할 필요가 있다. 수로보니게 여성의 단화는 "두로 지방"에 위치하고 있다(7:24). 그 급식 이야기는, 갈릴리의 급식 이야기와 쌍을 이루는데(6:30-44), 이방 지역 어딘가에 위치하고 있다.[45] 7:24-31에서 식사 모티프와 나란히 갈릴리 안과 밖에서 일어난 한 쌍의 급식 이야기는 민족들의 혼합과 식사에 주목할 것을 요청한다. 마가는 예수가 유대인의 지방과 이방인의 지방에서 식사 모임에 있었다는 주장을 하는 것으로 보인다.[46]

마가의 급식 이야기를 은유적으로 받아들일 타당한 이유가 있다.[47] 가장 노골적인 이유는 마가 자신의 자료가 각각의 급식에서 떼어진 빵 덩이의 숫자를 예수 자신이 해석하게 함으로써 비밀스런 메

---

45 마가복음 7:31은 그것이 예수를 "시돈을 거쳐서, 데가볼리 지역 가운데를 지나, 갈릴리 바다에" 위치시킨다는 점에서 혼란스럽다. 여기에서 문제는 그 세 위치들이 상당히 다른 지역들에 있다는 것이다. 함께 놓일 때, 그것들은 적어도 이방인 영토를 암시한다.

46 이것은 베드로가 가이사랴 빌립보(Caesarea Philippi, 이 역시 이스라엘 밖에 있다) 근처에서 예수를 기름부음 받은 자로 고백하는 것이 이 장이라는 점에서 마가복음 8장의 또 다른 차원과 일치한다.

47 마태복음 15:32-39는 마가복음을 상당히 가깝게 따르지만 마가복음의 문제적인 지리를 인식한다. 마태는 예수가 갈릴리 바다로 돌아가고 그리고 산으로 올라가도록 한다. 이것은 그 바다의 이방인 쪽에 더 가능하게 할 것이나, 마태가 —마태는 여인을 수로보니게보다는 "가나안" 여인이라고 하며 마가를 수정하는데— 이차적인 먹이는 이야기를 이방인의 영토에서 원하는지는 확실하지 않다.

시지로 나타내고 있다는 것이다(8:19-21): "'내가 빵 다섯 개를 오천 명에게 떼어 주었을 때에, 너희는 남은 빵 부스러기를 몇 광주리나 가득 거두었느냐?' 그들은 그에게 '열두 광주리입니다' 하였다. '빵 일곱 개를 사천 명에게 떼어 주었을 때에는, 남은 부스러기를 몇 광주리나 가득 거두었느냐?' 그들이 '일곱 광주리입니다' 하니, 예수께서 그들에게 '너희가 아직도 깨닫지 못하느냐?' 하고 말씀하셨다."

이 본문에서 급식 이야기를 한 쌍으로 볼 해석적 필요성이 마가에 의해 명백해진다. 이 비밀스런 접근의 수비학 및 어휘적 의미는 몇몇의 학자들에 의해 다소 분명히 확인되었고, 급식 이야기들이 한 쌍을 이루는 문제는 참으로 유대인과 이방인의 혼합을 확증한다는 것이다.[48]

유대인과 그리스인의 급식 이야기를 그렇게 의도적으로 쌍 지은 것은 분명히 식사와 민족의 혼합에 대해 마가가 문학적으로 다루는 방식이다. 그 이야기가 식사 은유 안에서 유대인과 이방인의 문학적인 통합인만큼 역사적인 언급이 아니라는 의미도 명백하다. 그렇다면, 급식 이야기들이 사회적 실험을 의미하지 않은 만큼, 이들 이야기가 마가의 맥락 안에서 유대인과 이방인의 사회적으로 실험적인 혼합을 담고 있다는 것은 실제적인 가능성으로 남는다. 이 이야기의

---

48 Werner Kelber, *Mark's Story of Jesus* (Philadelphia: Fortress Press, 1979), 40-42; Norman A. Beck, "Reclaiming a Biblical Text: The Mark 8:14-21 Discussion about Bread in a Boat," *Catholic Biblical Quarterly* 43, no. 1 (January 1982): 49-56; Myers, *Binding the Strong Man*, 225-26를 보라. 벡은 다음과 같이 요약한다(52): "수 5(빵 5개와 5천명), 수 12(12개의 광주리) 그리고 광주리에 대한 히브리어 이름(*kophinos*)은 유대적 써클에 속한다. 수 7(빵 7개와 7개의 광주리), 수 4(4천명의 남자들 혹은 사람들) 그리고 광주리에 대한 그리스어 이름(*syris*)은 더욱 구체적으로 그리스적 써클에 속한다."

위대한 본질은, 혼합된 식사의 이념을 더욱 큰 사회적 영역에 적용할 수 있게 한다. 물론, 급식사화들은 거대한 실험으로서 혼합된 식사에 대한 마가의 꿈을 담아낼 수도 있었다. 많은 유대인과 이방인이 함께 하는 식사에 대한 마가의 문학적 의식이 이 특별한 원(proto)-기독교 안에서 민족적 혼합이라는 실제적인 사회적 실험을 나타냈는가는 불명확하다.

통합시키고 분리시키는 음식(로마서 14, 15장; 고린도전서 8, 10장; 사도행전 10, 15장)

4장에서 제시한 로마서 14장과 15장에 대한 지속된 의례 분석은 어느 정도 혼합된 유대인과 이방인 공동체 안에서 고기나 채소를 먹는 것이 민족적 혼합을 의례적으로 검토하도록 기능하였는가를 보여주었다. 나는 민족적 혼합의 복잡성을 비교적 성공적으로 다룬 잠재의식적 의례에 반하여, 이념적인 대답을 시도한 바울(그리고 아마도 다른 식사 참가자들)에 의해서 논의가 복잡하게 되었다고 제안한 바 있다. 유대인과 이방인의 음식 혼합은 민족적으로 혼합된 공동체라는 복잡성을 미묘하게 제기하였다. 모든 사람이 채소를 먹고 그래서 이방인이 유대교의 믿음을 조롱하지 않게 하라는 바울의 다소 이데올로기적인 제안은 분명히 이 식사 역학을 의례적 검토로부터 사회적 실험으로 옮겨 놓았을 것이다. 그러나 (어떤 이방인은 유대인이 꺼리는 고기를 먹는 것보다) 모든 사람이 함께 채소를 먹는 실험이 민족적 혼합의 복잡성을 다루는 성공적인 방법인지는 분명하지 않다. 무엇을 먹을까에 대해 계속해서 함께 논쟁하는 것이 민족적 혼합을 검토하기 위한 철저하고 장기적인 과정일 수도 있다.

고린도전서 8장과 10장에서, 바울은 고린도인들의 집회가 "거짓 신들"에게 희생제물로 바쳐진 고기를 먹어야 할지 아닌지에 대해 권면한다. 이 두 장에서 바울의 권면이 이 고기를 먹어야 하는지의 측면에서 일관적이지 않았을지도 모른다는 것은 이 연구에서 문제가 되지 않는다.[49] 여기에서 관심의 초점은 특별한 음식을 먹는 것이 어떤 사회적 효과를 갖는가이다. 이 점에서, 바울은 음식이 함께 먹는 사람들의 관계를 방해하지 않기를 바랐다는 점에서, 음식이 "믿는 자"와 "믿지 않는 자"의 관계를 방해하기를 원치 않는 정도로까지 그러하였다는 점에서, 상당히 일관된 것으로 보였다. 8:13에서, 바울은 말하였다: "그러므로 음식이 나의 형제자매를 걸어서 넘어지게 하는 것이면, 나는 그들 가운데 어느 한 사람이라도 걸려서 넘어지지 않게 하기 위해서, 평생 고기를 먹지 않겠습니다." 10:26, 10:28 그리고 10:29에서는, 희생 제물로 바쳐진 고기를 먹을지의 기준은 함께 먹는 사람들을 거스르지 않게 하는 데 항상 의존했다. 그리고 그 고기를 먹는 것에 대한 바울의 격렬한 반대는 그가 "주의 식탁"이라고 부른 것과의 관련에서만 나타난다.

특별한 식사에서 고기를 먹을지에 대한 바울의 견해와 고린도인

---

49 10:21에서, 바울은 그러한 고기를 먹는 것을 거부한다: "여러분은 주님의 식탁에 참여하고, 아울러서 귀신들의 식탁에 참여할 수는 없습니다." 10:25에서는, 바울은 그러한 고기를 먹는 것이 받아들여질 수 있다고 말하는 것으로 보인다: "시장에서 파는 것은 무엇이든지, 양심을 생각하여 묻지 않고 먹어도 됩니다." 10:26-28에서는, 바울은 모호하다: "불신자들 가운데서 누가 여러분을 초대하여, 여러분이 거기에 가려고 하거든, 여러분 앞에 차려 놓은 것은, 무엇이나 양심을 생각하여 묻지 말고 드십시오. 그러나 어떤 사람이 여러분에게 '이것은 제사에 올린 음식입니다' 하고 말하거든, 그렇게 알려 준 사람과 그 양심을 생각해서, 드시지 마십시오."

들이 실제로 무엇을 했는가의 상응은 명확하지 않다. 다양한 환경에서 먹은 음식의 종류가 바울이 편지한 로마의 "기독교적" 공동체에서 음식에 대해 비슷한 의례적 힘을 발휘했는지도 불분명하다. 그러나, 이 주제와 관련해서, 식사에서 적극적인 사회적 실험이 있었다는 것은 놀랍게도 분명하다. 즉, 바울의 다양한 시나리오는 함께 나눈 음식의 특정한 종류들이 놓인 서로 다른 환경에 대한, 서로 다른 식사자들의 실제적인 반응에 의존했다. 식사에서(이 경우, "그리스도인" 사이의 그리고 더욱 다양한 구성원 사이의 식사에서) 나눈 음식은 식사 관계의 장벽이자 단단하게 해주는 결합으로 작용하였다. 문제가 되는 것은, 단지 식사 동작과 과정이 아니라, 개인들이 상호관계 속에서 사용하는 힘이다. 다른 신들에게 바쳐진 고기를 먹는 일은 사람들을 모을 수 있었다(그리고 바울은 찬성하였다). 함께 고기를 먹지 않는 것 또한 사람들을 함께 모을 수 있었다(그리고 바울은 찬성하였다). 각각의 경우, 식사를 넘어선 사회적인 결속은 고기들을 먹거나 먹지 않음에 의해서 창조된 것으로 보인다.

사도행전 15장 (vv. 22-23. 28-29)에서, 무엇을 먹는가가 모든 기독교 식사의 일차적이고 결정적인 요소로 묘사되었다:

사도들과 장로들과 온 교회가… 대표로 뽑힌 사람은 신도들 가운데서 지도자인 바사바라고 하는 유다와 실라였다. … 그들은 이 사람들 편에 아래와 같은 내용의 편지를 (안디옥으로) 써 보냈다: 형제들인 우리 사도와 장로들은… 문안합니다. … 성령과 우리는 다음 몇 가지 필수 사항밖에는, 더 이상 무거운 짐을 여러분에게 지우지 않기로 하였습니다: 여러분은 우상에게 바친 제물과 피와 목매어 죽인 것과 음행을 멀리하여야 합니다. 여러분이 이런 것을 삼가면, 여러분은 잘 행동한다고 할 수 있습니다.

비록 이 본문이 예루살렘의 회의 결과에 대한 갈라디아서 2:1-10의 바울의 보고와 일치하지 않고, 역사적으로 정확하다고 간주될 수는 없지만,[50] 이 본문은 초기 기독교의 식사가 민족적인 차이를 협상한 방식에 대한 본 연구의 관심과 관련이 있다.

이는 사도행전 10장과 흥미로운 비교가 되는데, 사도행전 10장은 베드로가 "네 발 달린 온갖 짐승들과 땅에 기어 다니는 것들과 공중의 새들"(10:12)을 먹도록 요구하는 꿈을 꾸는 것으로 묘사한다. 비교해 보면, 두 가지 요인에 주목할 가치가 있다. 초기 기독교 "그리스도인들"에 의해 먹어도 되는 것으로 허용된 측면에서 볼 때, 예루살렘 편지가 제시하는 명백한 교훈은 베드로의 꿈에서 주어진 교훈과는 상당히 달랐다. 이 두 구절은 허구적인 특성을 갖는다는 점에서 통일적이다. 많은 연구는, 최근의 것과 50년 된 연구 모두가, 초기 기독교 그리스도인들 사이에서 다룬 주제를 나타내는 데 대해서, 사도행전을 놓고 격렬한 논쟁을 벌였다.[51] 사도행전은 초기의 '역사'를

---

50 Taussig, "Jerusalem as Occasion for Conversation를 보라.

51 최근의 연구를 위해서는, 다음의 중요한 저서들을 보라. Joseph Tyson, *Marcion and Luke-Acts: A Defining Struggle* (Columbia: University of South Carolina Press, 2006); Richard I. Pervo, *Dating Acts* (Santa Rosa, Calif.: Polebridge, 2006). 동일한 입장을 지닌 더욱 확립되고 입증된 연구는 Hans Conzelmann, *Acts of the Apostles: A Commentary on the Acts of the Apostles*, trans. James Limburg, A. Thomas Kraabel, Donald H. Juel; ed. Eldon J. Epp with Christopher R. Matthews, Hermeneia Series (Philadelphia: Fortress Press, 1987)이다.

표현하는 데 대해서 사도행전 자체의 복잡한 의제를 갖고 있었던 것으로 보인다.

우리의 목적을 위해서는, 사도행전 본문의 어떤 것도 식사에서 민족 간의 관계를 위한 실제적인 사회적 실험을 나타내는 것으로 볼 수 없다. 그 이야기들은 대부분 허구이고 논쟁적이다. 그러나 두 본문은 매우 중요한 방식으로 유대인 및 이방인 간의 관계를 식사와 연결시켰다. 사도행전 10장은 베드로가 로마의 백부장과 친교하기 위하여 돼지고기와 조개를 먹지 않는 유대교의 관습을 버린 것으로 묘사하였고, 사도행전 15장은 사도들과 장로들이 몇몇 유대교의 음식 규정('우상'에게 바쳐진 음식과 피)을 지킴으로써 모든 사람이 연합하도록 가르치는 것을 보여준다.

식사, 민족 간 상호관계 그리고 특정 음식에 대한 사도행전의 수사는 —비록 역사적으로 정확하지는 않지만— 초기 기독교 그리스도인들이 식사에서 무엇을 먹었는가를 더 큰 사회적 의미 속에 담아냈다. 사도행전 저자들이 어떤 실제적인 식사 실천을 사용하거나 제안하고 있었는지를 결정하는 것은 불가능하다. 그러나 사도행전의 수사는 특정한 음식들이 식사에서 민족 간의 상호관계를 둘러싼 사회적 실험으로 사용된 것을 강력하게 시사한다. 그들이 (공동체 식사에서 그리고 가장 그럴듯하게는 다른 때에도) 무엇을 먹었는가는 사도행전의 저작 때 즈음에는 주요한 사회적 표시로 나타났을 것이다.

이 짧은 탐구는, 음식이 초기 기독교에서 민족 상호간을 통일시키고 구별한 것으로 보여주었다. 음식이 민족을 구별하거나 혹은 민족적 경계를 가로지르도록 작용한 일련의 방식은, 식사에서 잠재적인 의례 검토, 즉 식사에서 민족적 유대를 보여주기 위한 사회적 실험, 식사에서 새로운 민족적 혼합을 보여주기 위한 다양한 사회적 실험 그리고 식사의 범위를 넘어서는 사회적 실험으로 나타났다.

민족적 혼합에 대한 사회적 실험과 초기 기독교의 식사에 대한 결론

안디옥과 로마와 같은 세계적 도시들은 또한 강력하고 다양한 유대인을 포함했는데, 유대인과 이방인이 예수의 사람들로서 함께 먹는 것이 (적어도 그 전체 도시가 사회적 실험이 아니었듯이) 사회적 실험으로서 반드시 경험되었으리라는 추측은 가능하지 않다. 많은 경우, 민족적으로 혼합된 식사는 의례 배치와 성찰의 수준에 머물렀을 것이다. 한편, 먹는 것, 식사에 대한 베드로-바울의 차이는 —한 지점 혹은 다른 지점에서— 식사를 중심으로 민족적 혼합에 대한 실제적인 사회적 실험 차원이었다는 것이 사도행전과 갈라디아서를 감안할 때 분명하다.

사회적 실험과 초기 기독교의 식사

헬레니즘 시대의 중요한 사회적 주제에 대한 초기 기독교 식사의 반(半)의식적인 의례 수행을, 경제적 소외, 성(gender) 그리고 민족적 혼합의 주제를 둘러싼 자기-의식적인 사회적 실험을 포함하는 하나의 연속체로 보여줄 수 있게 되었다.

비록 어떤 초기 기독교 본문들은 논쟁적이고 역사적으로 신뢰할 수 없는 것으로서, 본 장의 탐구가 종종 보여주었지만, 사회적 실험을 식사와 연결시키는 두터운 본문의 층위는 부인할 수 없다. 초기 기독교 그리스도인들이 그들의 삶과 기존 사회의 사회적 주제를 다루는 데 대해서 식사가 주요했다는 결론을 내리기 위하여 본문의 역사적 정확성을 따질 필요는 없다.

6장은 그레코-로만 사회에서 초기 기독교의 실천을 반영하거나 혹은 불러일으키는 본문들이 있지 않다는 데 주목했다. 기독교의 시작 단계에서 기독교와 사회적 행동에 뒤이은 기독교적 논의의 거의 모든 것은 사회적 영향력을 행사한 초기 그리스도인들에 대한 본문 묘사가 아니라, 본문의 상상적 수사적 차원에 의존한다. 로마에 대한 저항으로서 식사에 대해 논의한 6장은 반은 공적인 식사 모임이 초기 그리스도인들을 위한 사회적 가치의 일차적인 표현일 수 있다고 제안하였다.

초기 그리스도인들의 그 밖의 사회적 실험에 대한 논의는 일차적으로 초기 기독교의 실천이 식사 안에 집중되었다는 관점을 보여주었다. 그러나 경제적 소외, 성별 그리고 민족적 혼합의 장(場)에서는 그렇게 엄격한 구분은 없었다. 전체 사회에서 로마에 대한 저항은 엄청난 결과를 수반하였다. 본 장에서 논의한 사회적 주제의 실험 역시 주요한 결과를 초래하였으나, 로마에 반대한 결과만큼 심각하지는 않았다. 그래서 이러한 여러 가지 주제와 함께, 식사는 사회적 행동을 위한 주요한, 그러나 유일하지는 않은, 초점으로 보인다. 로마에 대한 저항 이외의 사회적 실험은 식사에 연관되어 있었으나 또한, 독신, 시장에서 물건 사기 그리고 비그리스도인들과의 관계의 경우에서처럼 식사 밖에서도 일어났던 것으로 보인다.

사회적 실험의 범주는 초기 기독교의 핵심적 특징으로 보아야 한다. 초기 기독교를 사회적 실험으로 보는 것은 기독교를 신조들의 체계, 해방적 이데올로기, 혹은 예수라는 핵심적 인물에 대한 특별한 헌신으로 묘사하는 이전의 시도들보다 더욱 적절하게 묘사하는 것이다. 축제적 식사의 핵심적인 사회적 실천의 관점으로 초기 기독교의 문서를 다양한 범위에서 검토할 때, 사회적 실험이 중요한, 초기 기독교를 상상할 가능성이 출현한다. 본문들과 식사는 지배, 명예/수치 그리고 귀족/피보호자의 제한적인 규정에 대한 다양한 대안적 가능성의 실험에서 서로 만나는 것으로 보인다. 초기 기독교의 대안은 본질적 신조나 이데올로기적 결정에 의해서 만이 아니라, 사회적 구속을 느슨하게 하고 재형성하는 의미 있는 실험이 가능한 경험(식사)에 의해서도 이루어졌을 것이다.

기독교의 시작을 연구하기 위한 새로운
패러다임으로서의 정체성 수행

헬레니즘 식사 패러다임과 성서 본문들이 상호교차하면서 갖는 사회적 함의를 연구한 후, 이 책은 한 걸음 물러나서, 기독교의 시작을 포괄적으로 다룰 것이다. 이는 네 단계로 진행된다: (1) 이 책의 지금까지의 주요한 결론을 재검토하기, (2) 초기 기독교의 신학화, 식사 실천 그리고 기독교의 시작 사이의 관계 검토, (3) 초기 기독교 식사의 렌즈로 기독교의 시작을 연구하기 위해 "정체성"이라는 분석적 범주를 적용하기, (4) "수행"이라는 분석적 범주가 초기 기독교의 정체성 개념에 주는 영향 성찰하기.

다시보기

　헬레니즘 식사에 대한 지식은 신약성서와 그 밖의 본문을 이해하는 새로운 문을 열어 주었다. 기원 후 첫 2세기 동안, 당대의 사회적 이슈와 성서 본문 간의 연결은 초기 기독교 그리스도인들이 자주 모였던 식사의 사회적 역동성을 이해하면서, 더 분명해졌다. 초기 기독교 그리스도인들이 교회를 세운 방식과 그들 간의 관계, 그들이 전망한 새로운 사회의 구성 요소와 특징에 대한 연구의 초점은 보다 좁혀졌다. 본문들—실제의 식사 환경을 반영하고, 새로운 사회를 상상한 본문들—은 헬레니즘 식사라는 당대의 큰 패러다임 속에서 이해할 수 있게 되었다.

　식사 의례에 대한 분석은 초기 기독교 문서와의 관련/비관련 모두를 고려하면서 식사의 사회적 역동성과 그 성과를 강조한다. 헬레니즘 식사는 참여자가 자기의 삶에서 중요하게 여기는 주제를 검토할 수 있게 해주는 사회적 실천으로 등장한다. 특히, 초기 기독교 그리스도인이 새롭게 취한 정체성은 식사에서 윤곽이 드러났다. 유대인과 그리스인, 노예와 자유인 그리고 남성과 여성 간의 논쟁적인 관계는 식사 렌즈를 통해 훨씬 명확하게 볼 수 있다. 초기 기독교 그리스도인에게 지도력의 문제, 로마제국의 지배에 대한 입장 그리고 부/가난의 긴장은 식사에서 구체화된다.

　일단 식사에 놓여지면, 초기 기독교는 사회적 실험을 지속할 수 있게 된다. 식사가 없었으면, 노예제, 로마제국의 지배, 민족성 그리고 성에 대한 본문들은 모순적인 입장으로 보였을 것인데, 본문들이 식사 역학에 놓임으로써 초기 기독교의 사회적 실험이라는 폭넓은 체계 속에서 이해할 수 있게 되었다. 식사는 참여자가 사회적 이슈에 대해 당장 결단할 필요가 없이 임시적 입장에 서서 사회적 실험에 참여할 수 있게 해준다. 당대의 사회적 이슈에 대한 본문의 다양한 입장은 사회적 실험을 위한 것으로 읽혀질 수 있다. 게다가 초기 기독교 식사의 우주적인 어휘에 대한 5장의 연구가 보여준 것처럼, 그들의 어휘가 사회적 변화에 대해 새로운 사회를 상상하는 초기 기독교의 적극적인 입장에서 나온 것임을 이해할 수 있게 되었다.

식사 그리고 초기 기독교의 신학화

이 책은 기독교의 시작을 고찰하면서, 기독교의 신조와 신학의 역할에 대해 의문을 던졌다. 이 책은 기독교의 기원에 대한 주류 담론의 심각한 결함이 예수로부터 사도들로, 교회 교부들로 그리고 신조를 형성한 사람들로 그 믿음을 순수하게 전달했다는 사고에 있다고 본다. 나는 기독교의 시작을 신조 중심적으로 이해하는 학자들 못지않게, 초기 기독교의 사회적 차원을 고려할 것을 제안한다. 카렌 킹, 버튼 맥, 리차드 호슬리, 존 도미닉 크로산의 연구를 보완하는 차원에서 이 연구는 기독교적 시작의 사회적 분석을 진전시키기 위하여 가장 중심적인 주제인 "사회적 실천"을 심층적으로 연구한다.

2장에서 요약한 것처럼, 기독교의 시작에 대한 지난 20년 동안의 새로운 관점은 기독교의 첫 150년을 이해하는 중요한 단초들을 제공하여 주었으며, 그들은 초기 기독교의 경험의 층위를 묘사하는 데 주력하였다. 새로운 관점은 검증되지 않은 신조 및 영웅 가설에 의존했던 주류 담론을 신랄하게 비판하지만, 2천 년 전의 인간 경험에 접근할 수 있다는 생각에 대해서는 그렇게 순진하거나 낙관적이지도 않다. 새로운 관점은 당시의 경험에 접근하는 것이 불가능하다고 보는데, 이는 "경험"의 개념이 객관적 사실, 주관적 인상, 문화적 패러다임 그리고 사회적 규범과의 관련이 복잡하게 결합되어 있기 때문이다. 뿐만 아니라, 기독교의 시작에 대한 새로운 관점은 대부분이 초기 기독교의 문서들을 대상으로 하며, 본문들이 인간의 경험을 묘사하고 드러내는 것 못지않게 은폐하고 조작한다는 것도 이해한다. 그럼에도 불구하고, 주류 담론에 맞서서 대안을 모색하는 새로운 관점은 초기 기독교 그리스도인들의 관계, 문화, 사회적 역학, 이념, 정치적 차원에서 기독교의 시작에 대하여 다시 생각할 것을 요구한다.

이 책의 초기 기독교 식사에 대한 연구는 1세기의 경험에 대한 또 다른 방식의 접근을 제공한다. 첫 150년 동안 입체적인 인간의 경험을 평면화하는 범주로서 신조와 신학 대신, 식사는 흩어진 인간 경험을 통합하고, 특징지으며, 검토하는 또 하나의 현상이다. 참으로 수많은 의례화 행위처럼, 식사는 헬레니즘 시대의 인간 경험을 탐구하는 중요한 방식이다. 특히 식사 패러다임을 전하거나 혹은 식사 패러다임으로부터 도출된 초기 기독교 문서들을 살펴보면서, 식사는 참여자가 자기의 경험을 분류하고 이해하는 준(準)의식적(quasi-conscious) 방법으로 보인다. 의례는 인간 경험에 "대하여 사고하기" 위해 중요한 역할을 한다고 조나단 스미스가 말한 것은 전혀 놀랍지 않다. 헬레니즘의 식사는, 기원 후 1, 2세기의 경험의 체계를 적극적으로—대부분 심리적인 차원이지만— 배치하고 조정하였다. 이 연구는 식사의 사회적 실천이 인간 경험, 특히 특정 시대와 장소의 사회적 이슈에 대한 인간 경험의 의미를 살펴보았다. 식사라는 사회적 실천은 기독교의 시작인 첫 150년 동안 인간 경험을 이해하는 데 대해서, 신학적 사고 못지않게 의미 있는 것으로 보아야 한다.

그럼에도 불구하고, 기독교의 시작을 다시 상상하는 데 대해 신학적 담론을 피하는 일은 반동적일 것이다. 2-7장에서 분석한 본문들의 경우처럼, 신학적 분석의 수준은 사회적 실천에 대한 엄격한 연구에 달려 있다. 여기서 식사와 초기 기독교의 "기독교적" 사고 간의 창조적 상호작용이 분명해진다. 식사와 기독교적 사고 간의 관계는 상호보완적이다.

이 책은 식사와 기독교적 사고 간에 상호 교차하는 관계를 가장 많이 다루고 있다. 3장은 마티아스 클링하르트의 연구『공동체식사와 식사공동체』(*Gemeinschaftmahl und Mahlgemeinschaft*)에서 윤곽을 제시한 것처럼, 헬레니즘 식사의 핵심 "가치"와 초기 기독교의 기독교적 사고가 서로 맞물리는 방식을 길게 추적했다. 4장은 초기 기독교 식사에서 어떻게 의례 요소들과 완전화의 수행이 그 공동체와 바울의 핵심 사상의 일부를 명료하게 했는가의 예증으로서 로마서 14장과 15장을 검토하였다. 5장은 신약성서의 우주적인 어휘를 폭넓게 검토하였고, 어떻게 그 어휘들이 식사를 통해 설명되고 생성될 수 있는가를 살펴보았다. 6장은 신약성서 본문들이 초기 기독교의 식사와 로마 권력 간의 긴장관계를 조성하고 증폭시키는 방식을 연구하였다. 7장은 성, 민족 그리고 명예/수치 코드와 관련하여 신약성서 본문을 검토하였고, 식사가 본문을 이해하는 데 대해 근본적이고, 실천과 가르침을 통하여 그들의 사고를 정교화하는 계기였음을 발견하였다. 6장과 7장 모두 초기 기독교 그리스도인들이 식사와 기독교적 사고의 반복적인 실천을 통해 예수의 죽음의 의미를 이해한 방식을 여러 가지로 논의하였다.

하나님 나라(Basileia)

본 장은 초기 기독교의 기독교적 사고와 식사의 상호교차에 더하여, "기독교적인" 사고를 보완한다. 즉, 하나님 나라/통치의 사고이다. 하나님 나라/통치와 초기 기독교 식사의 관계에 대해 질문하는 일은 적어도 두 가지 점에서 중요하다: (1) 그 관계가 복음서 이전의 "예수의 말씀"과 바울의 초기 편지에서 두드러지게 나타난다. (2) 그 관계가 기독교적 사고를 형성하는 첫 150년 동안 광범위하게 나타난다. 이를 채택함으로써, 나는 "하나님 나라/통치"가 초기 기독교의 본질 혹은 지배적인 사고라고 제안하려는 것은 아니다. 오히려 나는 "하나님 나라/통치"가 식사와 기독교적 사고의 반복적인 수행을 통해 후속적으로 등장한 사례라고 본다.

그리스어 단어 바실레이아를 하나님의 "나라, 왕국"으로 보는 전통적인 해석은 지난 20년 동안 몇 가지 지점에서 문제에 봉착했다.[1] 이를 다루기 위해, 나는 번역상의 결함과 최근의 관점 사이에서 어느

---

1 많은 학자들은 "바실레이아"가 "제국"(empire) 뿐만 아니라 "왕국"(kingdom)에 대해 사용된 그리스어 용어였음을 주목해 왔고, 하나님의 "바실레이아"의 번역에서 그러한 맥락과 의미를 설명할 것을 제안해왔다. 또한, "왕국"이란 용어는 그것의 남성적인 유발성(valence) 때문에 여성주의적(feminist) 써클들 안에서는 잘 받아들여지지 않아 왔다. 마지막으로, 몇몇 번역자들은 (포스트)현대 세계에서 사회적 실재로서 "왕국"의 부재에 대하여 염려해왔다. 이것은 "kin-dom," "영역," "범위," "제국의 영역," "지배" 등의 다른 번역들로 이르렀는데, 이들 모두도 문제들을 갖는다.

하나를 선택하여 다루는 것보다는, 초기 기독교의 기독교적 사고가 갖는 의미를 고찰하는 쪽으로 그리스어 단어를 살펴보려고 한다. 이 점에서, 바실레이아를 "왕국," "영토," "영역," "제국," "제국의 영역," "통치" 중에서 고르기보다는, "바실레이아"라는 그리스어 단어를 초기 기독교가 채택한 의미에 집중할 것이다.

다음의 기본적인 사항과 함께 주요한 양가성이 하나님의 바실레이아에 대한 기독교적 성찰의 첫 150년 동안 발견되며, 이들은 대부분 학자들에 의해 주장되었다.

• 비록 히브리어 구약성서에서는 두드러지지 않지만, 그 개념은 거기에서도, 대부분 지혜 저술에서 나타난다.[2] 일부 주석가는 이스라엘 자체를 "하나님의 나라"[3]로 보았고, 심지어는 단지 나라가 아니라 대항-제국으로서 이스라엘이라는 의미가 히브리어 성서의 몇몇 저자들에게서 나타난다.[4]

• 유사하게, 현재의 권력에 대해 대항-나라를 상상하는 사고는 헬레니즘 시대 견유학파와 스토아학파의 가르침에서 나타난다. 이들 가르침에서, 바실레이아는 대부분 철학자가 통치하는 영역—그러한 통치를 신 혹은 문화적 권력에 양도하는 무반성적 태도에 반대하여

---

2 Burton Mack, *A Myth of Innocence: Mark and Christian Origins*(Phila- delphia: Fortress Press, 1988), 27-62를 보라.

3 John Bright, *The Kingdom of God*(Nashville: Abingdon, 1953)는 이러한 가능성을 철저하게 추적하였다.

4 Seth Schwarz, *Imperialism and Jewish Society, 200 B.C.E. to 640 C.E.*(Princeton, N.J.: Princeton University Press, 2001); David Carr and Colleen Conway, *Introduction to the Bible*(forthcoming from Oxford Press)를 보라.

―을 함축한다.5

- 역사적 예수가 하나님의 바실레이아를 핵심 개념으로 사용했다는
  데에는 거의 모두가 동의한다. 역사적 예수에 대해 최소주의적 입
  장을 가진 이들6과 비관주의자들7조차도 예수가 이 개념을 사용한
  것을 인정한다. 예수가 이 개념으로 무엇을 의미하였는가에 관한
  불일치는 한 세기 이상 있었다. 19세기와 현재 주요한 불일치는 역
  사적 예수가 하나님의 바실레이아를 현재의 실재 혹은 묵시론적 미
  래의 것으로 보았는가에 관련되어 있다.8 역사적 예수의 것으로
  (두 진영 모두에 의해서) 여기는 말씀 중에서 이 개념의 주된 묶음
  중 하나는 예수의 비유들이다. 비유에서, 바실레이아는 종종 일상
  적 삶의 요소들과 비교된다. 일상적 요소들과 비교되는 현재적 실
  재로서 바실레이아의 의미는 바실레이아의 개념과 일상 삶의 특징
  모두를 확장하는 시적인 역설로 드러난다. 일상적 삶과 비교하여
  미래는 일상 삶의 요소를 소재로 한 종말의 때나 기다림의 때인데,

---

5 예컨대, 견유학파/스토아학파의 "바실레이아" 언급들. 제랄드 다우닝(F. Gerald
  Downing)의 광범위한 연구들 그리고 이러한 언급들을 뒤이어 사용한 Mack, *Myth
  of Innocence,* Hal Taussig, "Jesus as Sage," in *Profiles of Jesus,* ed. Roy Hoover
  (Santa Rosa, Calif.: Polebridge, 2002)를 보라.

6 예를 들면, James Breech, *The Silence of Jesus: Authentic Voice of the Historical
  Man*(Philadelphia: Fortress Press, 1983).

7 예를 들면, Robert Price, *Deconstructing Jesus*(Amherst, Mass.: Prome- theus,
  2000).

8 이런 저런 방식으로 하나님의 "바실레이아"의 현재 실재를 제안하는 학자들은 존 도
  미닉 크로산, 로버트 풍크, 마커스 보그 그리고 버나드 브랜든 스콧(Bernard
  Brandon Scott)을 포함한다. 하나님의 묵시론적인 미래 "바실레이아"를 제안하는
  학자들은 알버트 슈바이처(Albert Schweizer), 바트 에어만(Bart Eherman) 그리
  고 데일 앨리슨(Dale Allison)을 포함한다.

대체로 우의(寓意)적으로 해석된다.

- 비록 예수의 가르침처럼 집중적으로 나타나지는 않으나, 바울도 네 개의 편지에서 여덟 차례 바실레이아를 사용하였다. 여덟 번의 사용 중 넷은 "하나님의 바실레이아를 물려받지 못할" 사람들과 관련되어 있고, 도덕적 타락과 종말론적 심판을 가리키는 구절로 사용된 것으로 보인다. 로마서 14:17은 식사 역학과 관련하여 부정적인 의미로 바실레이아를 사용한다. "하나님의 바실레이아를 만드는 것은 먹는 일과 마시는 일이 아니다"라는 구절은 무슨 음식을 먹을 것인가에 대한 논쟁들이 핵심적인 관심사가 아님을 나타내기 위하여 바울이 배치한 것이다.

- 어떤 바실레이아 말씀이 역사적 예수의 것인가를 어떤 방식으로 분석하건 상관없이, 정경 및 비정경적 복음서들이 하나님의 바실레이아라는 개념으로 자신들의 의미를 적극적으로 이해했다는 것만큼은 분명하다. 마가는 묵시론적 의미를 분명히 강조한다. 도마는 묵시론적 의미를 거절하고, 대신에 인간 내면의 극적인 현실로 만든다. 마태는 묵시론적 의미와 내적인 의미를 모두 사용한다. 누가는 마태와 같은 방식을 취하면서, 좀 더 나아가 종말론적 함의를 먼 미래로 확장하는 경향을 보인다.

위에서 살펴본 하나님의 바실레이아의 모든 의미가 초기 기독교 "그리스도인들"의 식사에서 적극적으로 논의되었다는 것은 비교적 확실하다. 식사의 주연 부분이 모든 종류의 토론, 노래 그리고 음주를 위한 시간이므로, 역사적 예수 자신뿐만 아니라 초기 기독교 "그리스도인들"은 진지한 성찰, 즐거운 상상 그리고 열정적인 대화를 위해 주연을 적극적으로 사용하였다. 우리가 기독교 및 비-기독교 문헌을 통해 얻는 주연의 다양한 묘사는 종종 그들의 대화와 상상을 논쟁적인 성격의 것으로 표현하므로, 하나님의 바실레이아에 대한 다양한 생각도 식사에서 나누어졌을 것으로 보인다.

초기 기독교의 기독교적 사고와 식사의 상호교차에서 중요한 것은 하나님의 바실레이아가 예수에 의해 그리고 예수를 뒤따른 세대에 의해, 그들을 위한 사회적 대안을 상상하도록 활용된 방식이다. 버튼 맥은 다음과 같이 표현한다: "예수의 사람들은 말하였다. 사실상, '자, 너는 할 수 있다. 너는 마치 네가 하나님 나라에 속한 것처럼 살 수 있다.' 그리고 '만약 네가 그렇게 하면, 하나님의 나라는 바로 이 세상 가운데 확실히 나타날 것이다.'"9 바실레이아를(혹은 그것의 아람어 상응어인 malchuthah) 나라, 통치, 영역, 혹은 제국과 연관시키건 말건, 그 단어 자체는 사회적 프레임에 대한 것이다. 하나님의 바실레이아는 하나님에 의해 선포되고 생겨난 하나의 집단 혹은 공동체를 의미한다. 기독교의 첫 150년 동안의 다양한 비유와 찬송은 하나님의 나라를 상상하는 일이 곧 사람들이 어떻게 함께 살고 번영할 수 있는가에 대한 새로운 사회적 전망임을 이야기해준다.

바실레이아의 사회적 상상의 특징은, 4장에서 분석한 대로, 헬레니즘 식사가 기능한 방식과 일치한다. 주연에 참여한 사람들의 다양한 활동, 기대 눕히의 사회적 상징, 헌주의 의미, 지도력과 구성원의

---

9 Mack, *Who Wrote the New Testament? The Making of the Christian Myth*(San Francisco: HarperSanFrancisco, 1995), 43.

역할 변화 그리고 다양한 음식의 의미를 통하여 헬레니즘 식사는 참여자에게 조금 혹은 크게 다른 방식으로 사회를 상상하는 기회를 제공했다. 이 책에서 보여준 것처럼, 식사는 사회적 전망을 위한 계기를 제공한다. 하나님의 바실레이아에 대한 담론은 헬레니즘 식사보다 더 좋은 정황을 찾을 수 없을 것이다.

7장은 초기 기독교 그리스도인들이 헬레니즘 식사에 참여한 방식이 어떻게 사회적 실험으로 귀결되는가를 보여주었다. 하나님의 바실레이아 개념은 기독교적 식사에서 새로운 사회를 전망하는 활동에서 비롯된 것이고, 또한 전망의 형성과정에도 영향을 주었다. 그러나 바실레이아의 신학화와 초기 기독교의 식사 간에 있었던 적극적인 협력관계를 지나치게 단순화하지 않는 것도 중요하다. 어떻게 식사와 하나님의 바실레이아가 서로를 보완하는가에 주목하는 것으로 그들 간의 직접적인 인과관계가 드러나는 것은 아니다. 하나님의 바실레이아 담론이나 혹은 기독교적 식사가 초기 기독교의 사회적 전망의 원인이나 기원이라고 말할 수는 없다. 오히려, 식사라는 사회적 실천과 하나님의 바실레이아 담론은, 초기 기독교의 사회적 전망에 기여하면서, 복잡한 방식으로 상호작용하였다. 식사의 사회적 역학과 복잡성에 대한 더 초기의 분석은 그 인과관계가 복잡하며, 따라서 특정한 사고나 활동이 초기 기독교 정신의 기원을 이룬다는 사고는 올바르지 않다는 것을 말해준다. 또한, 식사와 바실레이아의 신학이 초기 기독교의 사회적 전망에 영향을 준다는 것은, 그들이 동일한 종류의 사회적 전망에 영향을 준다는 뜻이 아니다. 식사와 하나님의 바실레이아는 서로 다른 종류의 작용을 하는 것이 분명하다. "하나님의 바실레이아는 무엇과 같은가?"를 상상하는 것은 똑같은 양과 종류의 음식을 먹을지를 검토하거나 사람들이 30차례나 노래를 진심으로 부르는 식사 역학과는 상당히 다르다.

기독교의 시작, 식사 그리고 신학화

이 책에서 주목한 것처럼, "기독교의 기원" 분야는 기독교 역사의 첫 150년 동안의 사고와 신조에 대해, 불행히도 구체성이 결여된 방법론과 함께 진행되었다. 이 책은 어떻게 초기 기독교 그리스도인들의 사회적 실천이 기독교의 시작을 사고하는 또 다른 차원이 될 수 있는가를 보여주었다. 이는 사고와 실천 간의 낭만적 대조가 아니다. 이 책에서는 괴테의 영혼처럼, "태초에 실천이 있었다"는 식의 주장은 없었다.[10] 오히려, 이 책은 취급한 것, 본문들, 신학, 역사, 사회적 실천이 복잡하게 상호관련된 것에 대해 말하였다.

식사와 하나님의 바실레이아 선포에 대한 본 장의 짧은 검토에 더하여, 이 책은 초기 기독교의 신학화와 식사 간의 서로 다른 종류의 상호교차를 연구하였다. 예를 들면, 그리스도 안에서 하나 됨에 대한 바울의 이해는 누가 무슨 음식을 먹었는가(로마서 14장, 15장), 누가 식사에서 무엇을 머리에 썼는가(고린도전서 11:4-12) 그리고 누가 누구와 기대 누웠는가(갈라디아서 2:11-14)를 결정하는 실제적인 경험에 깊게 뿌리내리고 있음이 분명해졌다. 식사는 사람들이 어떻게 그리스도 안에서 하나가 되고 구별되었는가에 대해 바울의 사고를 따라 복잡한 전환을 보여주고 있다. 바울이 서로 다른 공동체

---

10 Wolfgang Goethe, *Faust*, pt. 1, 903.

에게 적용한 "그리스도 안에서 하나"가 무엇을 의미하였는가를 두고 신학적 원리를 구성하려는 시도는, 식사 역학이 유대인, 이방인, 남자 그리고 여자가 "그리스도 안에서" 하나 되고 구별되었는가에 대한 바울의 사상을 구성할 수 있게 한다는 주장만큼 부자연스러운 접근이다. 식사에서 다소 과장된 의식적 수행이 남자, 여자, 유대인 그리고 이방인에 대한 바울의 경험을 걸러내고, 조정하며, 이상화하고, 무시하며 그리고 재조정하도록 역할한 방식이 드러난다. 분명히 하나 됨과 구별의 경험은 "그리스도 안에" 있다는 바울적 의미에 뿌리를 두고 있다. 그리고 다양한 사람들의 관계에 주목한 식사 전통은 바울과 다른 식사 참여자의 관계 경험을 생성하고, 재구성하였으며, 변형시켰다. 기독교의 시작은 식사 역학과 의례화를 통해 상당히 구성적이고 분명한 신학화로 보완되고 응집되었다.

5-7장에서 드러난 것처럼, 예수의 죽음에 대한 사고와 이야기들은 초기 기독교의 문서들과 사회적 이슈의 신학화와 식사의 상호교차로 구성된다. 또한, 초기 기독교 그리스도인들의 경험은 이야기하고 사고할 수 있는 관계 속에서 고려되어야 한다. 십자가형이 1세기 이스라엘에서 로마 권력에 의해 시행된 형벌이라는 사실 때문에, 5장과 6장은 로마제국에 의한 억압의 경험을 예수의 죽음에 대한 특별한 이야기 및 사고와 관련지어 고찰하였다. 달리 말하면, 예수의 죽음에 대한 사고와 이야기는 단지 십자가형을 받고 죽은 예수의 경험만이 아니라, 로마와 로마의 속주들이 세금을 징수하고, 투옥하며, 처형하고, 징집하며, 괴롭힌 광범위한 피정복민의 경험을 해석할 수 있게 해주었다. 예를 들면, 갈라디아서 3:1에서 갈라디아인들이 예수 그리스도를 십자가에 달리신 분으로 보았다는 바울의 진술은, 예

수가 소아시아에서 처형된 것은 아니었으므로, 갈라디아인들의 어떤 경험에 대한 은유로 이해하는 것이 가능하다. 예수 이외의 사람들의 경험을 이해하기 위한 렌즈로서 예수의 십자가형에 대해 책 한 권의 분량으로 다룬 체드 마이어스의『강한 자를 결박하기』(*Binding the Strong Man*), 엘리자벳 카스텔리의『순교와 기억: 초기 기독교의 문화 형성』(*Martyrdom and Memory: Early Christian Culture Making*) 그리고 데이빗 질리 의『고귀한 죽음: 그레코-로만의 순교론과 바울의 구원 개념』(*The Noble Death: Graeco-Roman Martyrology and Paul's Concept of Salvation*) 등이 있다.

뿐만 아니라, 인간의 죽음 혹은 사랑하는 사람이 죽는 더 보편적인 경험은 예수의 죽음에 대한 사고와 이야기를 통해 의미를 부여받을 수 있다는 것도 가능하다.[11] 마찬가지로, 1세기와 2세기의 빈번하고 황폐하게 하는 질병의 경험 또한 동일한 사고와 이야기들을 통해 언급될 수 있을 것이다(고린도전서 11:29에서 명백히 사실이듯이). 혹은 이러한 사고와 경험은 헬레니즘 시대의 공동체 혹은 사회적 삶에서 경험하는 다른 트라우마에 대해 생각하는 수단일 수도 있다. 바울이 그리스도와 함께 십자가에 못 박혔다는 갈라디아서 2:22에서의 바울의 진술은 예수의 죽음과 바울의 율법과의 관계에 대한 은유의 사례로 보인다.[12] 예수의 선교에 대한 베드로의 오해 (마가복음

---

11 기독교의 기원들에 대한 로드니 스타크(Rodney Stark)의 저서 *The Rise of Christianity: A Sociologist Reconsiders History*(Princeton, N.J.: Princeton University Press, 1996)를 보라.

12 율법(nomos)에 대한 이 언급이 유대적 율법인지 혹은 로마의 율법인지는 중요한 질문이다. 그것을 유대적인 토라로서 보는 거의 모두 확립된 연구에 대한 대항제안으로서, 그 '율법'을 로마의 율법으로 새롭게 제시하는 중요한 연구를 보라. Brigitte Kahl, *Galatians Reimagined*(Minneapolis: Fortress Press, 2008).

8:27-33)와 마가복음에서 예수가 죽음에 가까워 올 때에 그를 부인한 것은 적어도 부분적으로는 (마가의) 공동체를 실망시킨 것으로 보였을 것인데, 마태가 16:18-19에서 베드로에게 그 나라, 바실레이아의 열쇠를 주고 그에게 분명한 리더십을 부여함으로써 그에 대한 부정적 인상을 분명히 수정하고자 시도하는 한 그러하다.

5장과 6장에서 논의한 것처럼, 초기 기독교의 식사는 예수의 죽음에 대한 이야기와 사고를 통하여 참여자의 삶의 경험을 다루는 것으로 보였다. 특히, 두 장에서는 예수의 죽음을 불러일으키면서 예수에게 경의를 표하는 고린도전서 11:23-25에서 처음 나타나는 헌주의 공식이 적어도 일부의 사람들에게는 예수에 대한 로마의 처형, 다른 사람들의 처형, 혹은 다른 로마의 학대에 대한 도전으로 비추어질 수 있음을 보여주었다. 5장과 6장에서 살펴본 것처럼, 예수의 십자가형을 떠올리는 헌주는 로마 황제에게 헌주하라는 명령에 대한 거부로 보였을 것이다. 식사에서 예수의 십자가형을 떠오르게 하는 찬송(특히 빌립보서 2:6-11)은 로마 권력과 제국의 신성에 대한 저항과 거부의 표현으로 볼 수 있다. 이 경우, 로마 권력에 대한 기독교적 저항의 시작은 신학적 개념화 없이 헌주나 찬송 부르기의 식사 의례를 통하여 "사고"되었을 가능성이 있다.

한편, 정경적 복음서들과 베드로 복음에서 나타나는 예수의 죽음에 대한 이야기에서 눈에 띄는 변형은 확실히 식사에서 다루기 이전에 신학화의 차원에 의존했던 것으로 보인다. 나는 예수의 죽음에 대한 신학화가 식사 주연의 첫 단계에서 일어났다는 것이 불가능하다고 주장하는 것은 아니다. 나는 주연이 초기 기독교의 신학화를 위한 주요한 장소라고 추정하는데, 이는 다수의 초기 기독교 지도자들이 문맹이었기 때문이다. 예수의 죽음에 대한 이야기가 신학화에 의존하였다는 함의는 "고귀한 죽음" 이야기라는 문학 장르에 형식적으로 빚지고 있기 때문인데, 이는 예수의 죽음에 대한 복음서 이야기와 바울의 사고에 대한 문학적인 연구에서 모두 나타난다.[13] 즉, 예수의 죽음 이야기는 하나의 식사 주연에서 완성태로 구성될 수 없었을 것인데, 그것이 가능하다면 식사 이전에 주인공의 고귀한 죽음에 대한 문학 장르가 존재하였기 때문이다. 이 경우, 예수의 죽음에 대한 사고와 이야기를 통하여 로마에 반대한 기독교의 시작은 식사로서가 아니라 이미 존재하는 이야기 유형으로 시작한 것이다.

초기 기독교에서 이루어진 신학화의 사례들은 식사가 당대의 사회적 이슈에 관한 기독교적 사고와 성찰을 촉발할 수는 있으나, 항상 그렇지만은 않았다는 것을 보여준다. 신학적 성찰과 식사 간의 관계는, 다수의 시나리오를 포함하는 복잡한 것이다. 여기서 새로운 것은 기독교적 표현, 행동, 성찰, 신조의 원천으로서 식사 역학의 확립이다. 식사는 하나님 나라, 남자와 여자의 관계, 로마의 억압, 초기 기독교 내의 권위 구조 그리고 유대인과 이방인 사이의 갈등에 대하여 "사고하는" 또 다른 방식이었다.

한편, 식사가 기독교의 시작을 위한 유일한 프레임이라고 보아서

---

13 David Seeley, *The Noble Death: Graeco-Roman Martyrology and Paul"s Concept of Salvation*(Sheffield: JSOT, 1990); Stephen J. Patterson, *Beyond the Passion: Rethinking the Death and Life of Jesus*(Minneapolis: Fortress Press, 2004); John Dominic Crossan, *Who Killed Jesus*(San Francisco: Harper-SanFrancisco, 1995), Mack, *Myth of Innocence* 그리고 위의 모든 연구들이 의존하고 있는 논문인 George Nickelsburg, "The Genre and Function of the Markan Passion Narrative," *Harvard Theological Re- view 73*(1980): 153-84 를 보라.

는 안 된다. 일상적인 경험, 진지한 신학화 그리고 이전의 문화적 문학적 패러다임 또한 초기 기독교 형성에 중요한 차원들이다. 각각의 역학은 식사 안에서도 역할을 하였지만, 식사에 의존하지는 않았다. 초기 기독교의 식사에서 이루어진 사회적 실천은 기독교의 시작과 그 신학 및 신조에 중요했지만, 문화적 패러다임, 강력한 선대의 가르침들, 수수께끼 같은 일상적 경험 그리고 다른 의례화와 복합 같은 내용과 별개의 것으로 보아서는 안 된다.[14]

식사와 기독교의 시작에 대한 연구에 적용된 정체성 분석의 범주

사회적 실천은 하나의 기원만 갖는 것은 아니다. 사회적 실천은 시간적 연속성을 함축한다. 사회적 실천은 영감들, 원천들, 다양한 에너지로부터 나온다. 사회적 실천은 결코 순수하지 않다. 그것은 다른 구성요소들과의 혼합 혹은 혼성물이다. 또한 그것은 동일한 채로 남아 있지도 않는다. 사회적 실천은 종종 몇 가지 요소들과 반응하여 변화한다. 2장의 시작 부분에서 주목한 것처럼, 식사는 —어느 시대나 그리고 헬레니즘 식사의 경우에도— 무로부터의 시작을 주장할 수는 없는, 따라서 본질적으로 파생적인 것이다. 기독교의 시작을 헬레니즘의 축제적 식사라는 사회적 실천과 연결하는 것은 그 시작의 모호성을 뒷받침한다. 이는 기독교를 어느 특정한 기원으로 추적하

---

14 초기 기독교의 일부 부분들에 대해 중요했던 것으로 보이는 다른 의례화들은 세례와 독신을 포함한다.

는 일, 기독교의 본질을 찾아낼 가능성에 의문을 제기한다. 기독교의 시작을 식사라는 사회적 실천과 연결하는 일은, 기독교의 시작을 하나의 특별한 이데올로기, 신조, 윤리, 사상의 체계, 혹은 영웅적 인물에 두지 않는 일이다. 초기 기독교의 식사를 사회적 실천으로서 탐구하고, 그 식사와 기독교 역사의 첫 150년 동안 "그리스도인들"의 광범위한 윤리, 가르침 그리고 행동과의 연관을 본 후에, 이제 이 책은 기독교의 시작에 대해 생각하는 추가적인 방식을 찾고, 어떻게 이러한 무정형의 "시작"과 식사가 어울릴 수 있는가를 보아야 한다. 이를 위해서 두 가지 핵심적이고, 새로운 분석적 개념을 고려할 필요가 있다.

쥬디스 류는 이 책이 다루고 있는 1-2세기보다는 이후의 시기를 주로 분석하였다. 류는 그녀의 연구에서 기독교적이라는 용어가 사용되기 이전 시기에 집중하였다.[15] 주로 2세기와 3세기의 현실을 검토하면서, 류는 기독교의 시작에 대한 고찰에서 특히 유용한 정체성이란 용어를 지적한다. 정체성은, 사회적 실천처럼, 기독교의 시작에 관해서는 훨씬 덜 본질적이고, 또한 훨씬 더 혼합적인 개념이다. 초기 기독교에 대한 연구 혹은 정체성의 신학을 다루는 몇몇 학파에 기초하여[16] 류는 다음과 같이 주장한다: "기독교적 정체성의 구성은 많은… 현대의 분석이 가정하는 것보다 훨씬 더 취약한 것이다. 더 나아가, 기독교적 정체성의 형성에는 몇 가지 변수들이 있는데, 이들 간의 상호작용은 탐구를 요구한다. 가장 명백한 것은…유대교적 기

---

15 Judith M. Lieu, *Christian Identity in the Jewish and Graeco-Roman World* (Oxford: Oxford University Press, 2004), Judith M. Lieu, *Neither Jew nor Greek? Constructing Early Christianity*(London: Clark, 2002).

16 피에르 부르디외, Homi Bhabha, Julia Kristeva, Talal Asad 그리고 주디스 버틀러 (Judith Butler)의 저서들은 이러한 문헌에 어느 정도 노출됨을 보여준다.

원이 제공한 내적인 긴장이다."17

정체성은 하나의 기원이라기보다는 구성물이고, 고정된 실재라
기보다는 움직이는 과녁이며, 하나의 본질이라기보다는 혼성물이
다. 류는 기독교적 정체성에 대해 이야기하는 것은 기독교에 대하여
불변하는 혹은 완전히 고정된 정의를 찾지 않고 하나의 특별한 현상
으로서 기독교에 대해 이야기할 가능성을 함의한다고 주장한다. 카
렌 킹은 류의 어휘를 받아들였고, 어떻게 정체성이란 용어가 초기 기
독교의 다양성을 포용하는 방식으로 초기 기독교를 이해하는 데 대
해 "정통"과 "이단"이라는 주류 담론의 막혀있는 범주를 넘어설 수
있는가를 보여준다.

이 책은 핵심적이면서, 널리 퍼져 있는 초기 기독교의 실천에 대
한 연구를 동일한 과제의 한 부분으로 다룬다. 류는 초기 기독교의
정체성에 대한 연구에서 "실천의 문법"을 요청했고, 헬레니즘 식사
의 사회적 실천에 대한 이 책의 연구는 류의 요청에 대한 응답이다.18
이 응답은 유대교로부터 기독교의 명백한 분리 이전의 첫 150년 동
안 그리고 기독교의 실험이 불안정하고 취약했던 단계에서, 기독교
의 시작에 대하여 사고하는 과제를 수행한다. 첫 150년 동안의 기독
교 정체성에 대한 질문을 던진다는 것은, 기독교의 기원을 추적하지
않는다는 말이다. 대신에, 기독교적 정체성에 대한 질문은 처음 네
다섯 세대의 분명한 혼성과 첫 발생기가 갖는 특별함의 차원에서 그
세대를 특징짓는 방법을 찾을 것이다. 정체성이라는 용어는 기독교

---

17 Lieu, *Christian Identity in the Jewish and Graeco-Roman World*, 8.
18 Lieu의 *Christian Identity in the Jewish and Graeco-Roman World*의 6장은 이러한
   제안을 상세히 제시한다.

의 시작을 첫 그리스도인들에게는 특별했던 몇 가지 정체성의 구성으로서 연구할 때 특히 도움이 된다.

식사는 헬레니즘 시대의 지중해 지역에서 정체성을 구성하는 자리였다. 나는 데니스 스미스와 마티아스 클링하르트가 고찰한 식사의 특별한 형태와 역학이 부분적으로는 정체성을 분류해야 하는 당대의 강렬한 필요에서 비롯되었다고 본다. 어느 경우든 식사는 지중해 지역에서 일어난 국가 및 민족적 정체성의 끊임없는 혼합 속에서 정체성이 서로 경쟁하고, 확장되며, 재고되고, 또한 임시적으로 만들어지는 장소였다. 식사는 사회적 명예/수치를 확인하고, 재검토할 수 있는 장소였다. 헬레니즘 시대의 성 정체성에 대해서 새롭고도 가변적인 가능성은 그 가능성을 확인하고, 거부하고, 재형성하면서, 식사라는 자리로 끌어당겼다. 시민, 야만인 그리고 피보호자의 정체성을 부여하는 로마의 압력과 그에 대한 저항은 식사에서 검토되었다. 새로운 정체성들이 형성 중에 있었던 이 시기에 식사는 그 정체성을 구성하는 장소였다.

식사와 관련된 정체성의 구성은 첫 150년 동안 활발하였다. "유대인", "이방인," 그리고 "로마인" 등의 정체성 범주에 대한 바울의 검토는 갈라디아서 2장과 로마서 14장, 15장에 따르면 분명히 식사에서 나타났다. 명예/수치를 재구성하고, 확인하며, 다시 틀 짓는 식사의 힘은 세리, 창녀 그리고 외국인에 대한 복음서 이야기에서 쉽게 발견된다. 마리아와 마르다에 대한 누가복음 10:38-42 이야기와 여성들을 위한 베일과 머리 덮는 것에 대한 고린도전서 11:2-15의 가르침은 성 정체성을 확인하고, 거부하며, 다시 틀 짓는 데 대해서 식사가 갖는 중요성을 보여준다. 6장은 제국의 지배로 인한 정체성 압력에 대한 식사 관련 저항과 조정을 나타내는 본문들의 층위를 보여주었다.

복잡한 헬레니즘 시대의 혼합에서 식사는 초기 기독교 혹은 다른 사람들에게 기성의 정체성을 제공했다는 말이 아니다. 식사의 비교적 안정된 형식은, 정체성의 모순, 압력 그리고 가능성을 담아낼 수 있는 안전한 공간을 제공하였다. 불일치, 사회적 실험 그리고 표현에 대한 식사의 개방성은 정체성의 잠재적인 재형성 작업을 초래하였다. 이 관점에서 볼 때, 헬레니즘 식사의 사회적 실천은 정체성을 불러일으키는 방식이 비교적 전형적이었는데, 쥬디스 류가 지적하듯이 "모순, 갈등 그리고 양가성은… 그것들이 예시되어 나타나는 사회적 실천…의 근본적인 특징이기" 때문이다.19 식사의 반(半)인 공적인 사회적 지위는 새로운 정체성을 드러냄과 동시에, 거리나 시장 그리고 시민적 담론의 우발성과 위험으로부터 참여자들을 보호하면서 창조적인 혼합을 가능하게 했다. 식사는 확립된 그러면서도 유동적인 리듬 속에서 변화의 불안정성과 문화적 충돌을 담아냈다. 식사는 다양한 정체성을 열려진 채로 둘 수 있었다. 식사는 임시적이고 복잡한 정체성을 허용하였다. 때때로 유입되는 것이 너무도 많아 식사에서 싸움이 일어나는 경우는 그리 놀랍지 않다. 참여자들이 다양한 정체성의 위험 감수, 확인 그리고 검토를 위하여 돌아왔다는 것도 놀랍지 않다.

---

19 Lieu, *Christian Identity in the Jewish and Graeco-Roman World*, 164.

식사, 정체성 그리고 초기 기독교적 수사

제한 없는, 그러나 경계 지워진 정체성 구성의 과정은 기독교의 첫 150년 동안 기록된 문헌에서도 놀라운 평행과 유사성을 볼 수 있다. 논란이 된 기독교 정체성에 대한 바울의 수사적 용어는 "그리스도 안에서"라는 구절이었다. 바울에게, 사람은 "유대인도 그리스인도, 노예도 자유인도, 남성도 여성도 아니었는데, 왜냐하면 너희는 그리스도 예수 안에서 모두 하나이기 때문"(갈라디아서 3:28)이다. 로마서 3:22-24는 "모두가 그리스도 예수 안에서 자유하다…"고 선포하며, 차별을 거부한다. 또한 죄도 그들이 누구인가를 왜곡하지 않는데, "여러분은 스스로가 죄에 대하여는 죽은 사람이요, 하나님께 대하여는 그리스도 예수 안에서 살아있는 사람이라는 것을 알아야 하기"(로마서 6:11) 때문이다. "그리스도 예수 안에서," 고린도인들은 "하나님의 거룩한 백성들이 되도록 부름 받았다"(고린도전서 1:3). 고린도의 집회와 바울은 "그리스도의 마음을 갖고" 있다(고린도전서 2:16). 바울은 고린도인들이 "그리스도 예수께서 여러분 가운데 계시는 사람들"(고린도후서 13:5)이라고 말한다. 이와 비슷하게, 바울에게 "그리스도의 몸"은 고린도전서 12장에서 그가 확장한 제시에서 신분과 능력의 차이를 인식하고 통합하는 정체성 구성이었다. 그리스도 예수라는 인물은 바울에게는 헬레니즘의 지중해 지역 주민들이 직면한 주요한 차이와 긴장의 일부를 협상하도록 도운 정체성의 원천이었다(고린도전서 2:16을 제외하고 저자의 사역私譯).

비록 바울이 분명히 복음서 저자들의 시기보다 앞섰고, 적어도 복음서 저자들의 일부에게 영향을 주었지만, 복음서의 예수에 대해 대부분의 해석자들은 바울과 예수를 동일시할 인물로는 보지 않았다. 의아하게도 복음서에 대한 종교개혁 이후의 관습적인 독해에서 예수는 대부분 하나님의 고유한 나타남이나 혹은 도달할 수 없는 도덕적 표준이기는 하였으나, 정체성의 모델은 아니었다. 이러한 독해는 공관복음서가 사람들에게 예수를 "따를" 것을 요구하고, 심지어는 독자들이 제자도 알지 못했던 혹은 제자들이 오해했던 비밀을 예수와 공유하도록 초청하며, 예수가 헬레니즘적 정체성을 검토하는 것으로 묘사함에도 불구하고 계속된다. 이와 비슷하게 요한복음은 아들이 아버지 안에 있는 것처럼 독자들에게 "아들 안에" 있으라는 후렴구를 반복한다.

나는 복음서들이 ―그들 이전의 바울처럼― 예수를 정체성을 검토할 모델로 묘사했다고 제안한다. 복음서들은 예수를 따르라는 일관된 초청과 함께 순수/비순수, 명예/수치의 논란 한가운데서 예수를 묘사한다. 참으로, 이는 첫 150년 동안의 정체성 구성을 위한 이야기들이었다. 예수 안에서, 복음서의 이야기들은 정체성을 향한 길을 제공한다. 물론 각각의 복음서는 특별한 조건을 염두에 두고 있으며, 심지어 복음서들이 동일한 정체성 긴장을 다루었을 때조차도 각각은 그것을 다소 다른 방식으로 다루었다. 예를 들면, 누가의 정체성 문제는 더 경제적으로 특화된 구성원을 위한 것으로 보이고, 로마의 지배에 대해 덜 적대적인 정체성을 구성한 것으로 보인다.

그러나 전체적으로 ―누가를 포함하여― 복음서의 각각의 이야기들은 신분, 관계적 영역, 경제, 순수, 건강, 민족성 그리고 성의 차이를 가로질러, 예수 안에서 정체성 형성을 위한 길을 만들어냈다. 심지어 각각의 복음서의 다양성을 충분히 고려할 때에도, 예수의(그리고 독자들의) 정체성에 대한 이야기들은 대담한 선택을 검토한다. 복음서 안에서 예수와의 동일시는 바울의 "그리스도 안에서"라는 정체성과 전혀 다르지 않은, 일반적으로는 위험하고 혼란스러운 복잡성을 제공한다.[20] 전통적으로 "신약성서 그리스도론"이라 불리는, 1세기의 예수 그리스도에 대한 연구는 헬레니즘 시대의 정체성의 문제를 다루었다는 점에서 정당성을 가질 수 있다.[21]

예수 안에서 그리고 초기 기독교의 식사 안에서 자신의 정체성을 발견하는 방식은 상당히 유사하였다. "그리스도 안에" 있음의 포괄성을 통해 혹은 복음서 안에서 갈등으로 가득 찬 장면을 통해 예수를 따름으로써 자신이 누구인가를 아는 것은 초기 기독교 식사 참석과 유사하게 극적이고 복잡한 정체성을 제공한다. 초기 기독교 문헌과 식사는 변화하며 복잡한 정체성을 즐겼다.

---

20 정체성의 이러한 논의들은 사회적 개인적 정체성을 모두 고려해야 한다. 저 더 넓은 문화적 복합체의 일부로서 헬레니즘 시기의 지중해 세계와 초기의 그리스도인들은 (포스트)현대의 서구인들이 그러하는 것보다 더욱 많이 자신들을 사회적 전체의 부분으로서 이해하였다는 것은 명확하다. 본서에서 논의된 1세기와 2세기의 거의 모든 본문들은 정체성을 협상함에서 단수형 "너, 당신"보다는, 복수형의 "당신들"을 사용한다.

21 초기 기독교에서 예수/그리스도의 이러한 기능을 이상화하지 않는 것이 중요한데, 왜냐하면 예수/그리스도에 대한 이미지들과 이야기들을 중심으로 작용하는 정체성들이 노예들, 여성들 그리고 유대의, 그리스의, 이집트의 및 다른 주변화된 사람들의 정체성 선택들을 종종 침해하였음이 또한 분명하기 때문이다. 예수/그리스도 안에서 정체성의 새로운 종류들이 많은 관습적인 혹은 제국의 정체성 선택들보다는 더 많은 여지를 만든 것은 분명해 보이지만, 이러한 정체성 과정들이 헬레니즘 시기의 몇몇 대중들을 정당하게 평가하지 않았음도 똑같이 분명하다. 정말로, 자신의 정체성들이 예수/그리스도 "안에서" 열려진 사람들조차도 예수/그리스도 "안에서의" 수사학에 의해 또한 해를 입었다.

마가의 수사학, 정체성 그리고 상실

복음서 안에서 정체성 구성의 복잡한 구도는 마가와 정체성에 관한 마이아 코트로시츠의 최근 글에 의해 확대되었다.[22] 코트로시츠는 예수와 마가의 정체성 분리를 연구한다. 그녀의 글은 명예와 상실의 상황 속에서 정체성을 다루는 마가의 전략의 일부로 이러한 분리를 진지하게 받아들인다. 이러한 방식으로, 코트로시츠는 헬레니즘적 정체성 안에서 다수성과 변화뿐만 아니라, 당시에는 문제시되지 않았던 정체성 구성을 방해하는 트라우마와 상실도 받아들인다. 마가가 정체성의 장애물로 트라우마와 상실을 다루었다는 것이 아니라 공포가 진지하게 받아들여질 때 어떻게 정체성이 일어나는가에 대해 마가는 실제로 관심이 있었다는 것이 코트로시츠의 견해이다. 그녀는 다음과 같이 주목한다:

전체적으로 복음서에서 예수의 정체성에 대해서는 복잡하지 않은 언급은 없다. 그 용어 사용에 대한 분명한 구별 없이 다양한 시기에 예수에 대해 사용된 다수의 정체성이 있다. 상당히 직설적인 말 "랍비"로부터, "아담의 아들/사람의 아들"이라는 고도로 모호한 자기- 선언, "다윗의 아들" 그리고 "기름부음 받은 자"라는 명백히 관계적인 용어 그리고 말할 것도 없이 하나님의 아들이라는 예수의 지칭에 이르기까지. 예수가 그렇게 자주 칭호를 얻고 불리는 만큼, 마가는 정확히 그를 무엇이라 부를지를 알지 못하는 것으로 보인다.[23]

---

22 Maia Kotrosits, "Mark: Identity and Horror"(unpublished essay, 2007).
23 Ibid., 2.

칭호를 통한 정체성은 불안정할 뿐만 아니라, 예수의 정체성에 대해 예수 자신이 말하는 것은 그 칭호로부터 소외가 일어남을 보여준다. 코트로시츠는 주목한다:

예수는 종종 자신을 인자라고 부른다. 이 구절이 어떠한 의미의 모호함을 포함하든지, 예수가 그 자신을 3인칭으로 이야기하고 있다는 것은 충분히 분명하다. … 이러한 완곡한 표현의 효과는 예수가 사람인 자신에 대하여 또 다른 사람으로서 이야기하는 방식을 만들어낸다. — 자기에 대하여 다른 양식으로 이야기하는 자기 전복과 치환.[24]

이는 약간 다르게 비틀고 있는 예수에 대한 또 다른 핵심적인 마가의 칭호에도 적용된다.

"하나님의 아들"은 "사람의 아들, 인자"보다 단지 약간 덜 모호한데, 그것은 고대 세계에서 널리 사용되었으므로, 맥은 하나님의 아들이 하나님의 전달자 혹은 하나님과 인간 사이의 중재자, 이스라엘의 왕, 혹은 진정한 이스라엘인, 혹은 심지어 이스라엘 전체를 포함하여, 상이한 상상을 포함한다고 쓰고 있다. 맥은 마가가 그 자신의 의도로 그러한 용어나 인물을 상당히 재서술할 수 있음에 주목한다. 이러한 흐름에서, 그 이야기는 어떻게 마가가 하나님의 아들이라는 용어를 재발명하는가를 탐색하는 목적으로 읽혀질 수 있다. "하나님의 아들"에서 가장 주목할 측면은 그것이 배타적으로 탈경계성을 지닌 신체로

---

24 Ibid., 4.

나타난다는 것이다. 영광스런 모습으로 변모되는 장면을 제외하고는, 예수가 내쫓은(3:10-12) 더러운 영에 의해, 예수의 세례에서 하나님에 의해 그리고 예수의 죽음에서 백부장에 의해 이야기된다. 이는 신체가 변화하는 때이다. 사실 마가에서 "하나님의 아들" 용어를 정의하는 요인이 신체의 변화로 보인다. 이는 그 구절의 모호성을 문제 삼기보다는 전략적으로 만든다. 이러한 틀로 "하나님의 아들" 용어에 대한 마가의 재고도 변화와 치환을 일으키지만, 이는 신체적으로 예측 불가능한 것에 대한 공포와 희망 사이에 끼워진 정체성에 대해 사고하는 방식이다.[25]

코트로시츠는 정체성의 가변성이 마가복음에서 구조적으로 핵심적 위치에서도, 즉 예수가 누구인가에 대한 대화 장면에서도 나타난다고 말한다:

사실, 마가에서 고백하는 곳이든 혹은 이야기 속의 다른 곳이든, 예수의 정체성에 대한 몇몇 핵심적 선언이 축약된 형태로 나타난다. 대제사장 앞과 빌라도 앞의 두 재판 장면이 있다. 전자에서, 대제사장은 예수를 대면하고는 "너는 기름부음 받은 자, 복된 이의 아들인가?"라고 묻는다. 예수는 ego eimi(에고 에이미), "나는 이다"로써 대답한다. 이 "나는 이다"는 두 방식으로 전복된다. 하나는, 이전의 재판과 특정되지 않은 "나는 이다"는 그 에피소드가 베드로의 부인 장면으로 둘러싸인 삽입 구조의 일부이다. 그 다음에는 예수가 누구인가에 대

8장_ 기독교의 시작을 연구하기 위한 새로운 패러다임으로서의 정체성 수행 | 403

하여 다시 묻는 두번째 재판이 뒤따른다. 예수는 "당신이 그렇게 말한 다면"이라고 대답한다. 고백의 연속은 예수의 고백으로부터 베드로의 부인, 예수의 축약된 절반의 고백으로 이동한다.

"당신이 그렇게 말한다면"은 마가복음에서는 기이하게 공명하는 진술인데, 마가복음 전체에 걸쳐서 정체성 진술은 예수에 의해 고백되기보다는, 거의 일방적으로 예수에게 주어지고 있기 때문이다. 하늘의 목소리, 백부장, 악마들, 사도들 그리고 예수가 치료한 사람들은 예수를 누구라고 (종종 다르게) 고백하고, 예수는 그들의 말을 확인하기보다는 침묵한다. 대신 예수가 고백을 택하는 지점은 그가 감내해야 할 고통과 고문이다. 8:27-33에서, 예수는 사람들이 그에 대하여 무엇이라 말하는가를 그의 제자들에게 묻고, 제자들은 예수가 누구라고 생각하는지를 그들에게 묻는다. 베드로가 "당신은 기름부음 받은 자이다"라고 불쑥 말할 때 예수는 누구에게도 말하지 말라고 경고할 뿐만 아니라 어떻게 "인자"가 죽임을 당하고 일으켜질 것인가 그리고 그의 제자들은 자기의 십자가를 지고 그를 따라야 할 것에 대하여 곧바로 "공개적으로" 말하기 시작한다. 예수는 9:31에서 동일하게 인자 표현을 반복하고, 두 번 다 제자들은 이해하지 못한다. 베드로는 8장에서 예수를 꾸짖고 9장에서 제자들은 "그것에 대하여 그에게 묻기를 두려워하였다." 이 두 지점에서 완곡한 표현으로 이동은 그 자체가 강력하다. 어째서 죽음과 부활에 대하여 개방적으로 이야기하는 것을, 3인칭이라고 할지라도, 정체성 주장보다 선호하고 있는가? 혹은 이러한 개방성을 우선적으로 가능하게 만드는 것이 3인칭의 부름인가? 그의 신체가 고통 받는 미래에 대해 말하는 것이 너무도 어려워서 "나"를 유지할 수 없는가?[26]

예수에 관한 고백적 표현의 불안정성은, 코트로시츠에 의하면, 정체성 분리의 유일한 사례는 아니다.

예루살렘 성전의 파괴(혹은 마가의 단어로는 "황폐하게 하는 가증스 러운 것")는 명백히 정체성 구성 중에 있는 마가 공동체에 대해서는 분명한 공포였다. 그 성전은 지역 및 국외에 흩어져 사는 유대인 모두 를 위해 유대교적 정체성을 조직하는 원리일 뿐만 아니라, 1세기의 정체성들이 경쟁하고 명료화하는 장소였다. 예를 들면, 칼리굴라 (Caligual)의 상 (像)이 성전 안에 놓여진 기원 후 40년경, 황제의 요구는 유대인에 대한 침해가 아니라 제국의 의제, 즉 로마의 지배와 제국 종교의 보편성을 뜻하였다: 그런데, 피정복민이 물려받은 전통 이 로마에 소속된 상징으로 제멋대로 사용되고 축소된 것이다.27

코트로시츠는 어떻게 예수의 정체성에 대한 마가의 다양한 표현 이 전혀 비조직화 되어 있지 않고, 오히려 고도로 구조화되어 있는가 를 보여준다. 이는 단지 문학적인 장치는 아니다. 그것은 마가의 상 황 안에서 정체성 형성의 복잡성을 다루는 방식이다.

극단적으로, 그러한 복잡한 정체성, 사람들 간의 어긋남은 분리적인 것으로 이해할 수 있다. 이는, 어떤 점에서는, 마가의 상황 속에서 그 공동체가 맞이한 극심한 공포와도 잘 맞는다. 그러나 이중적인 것, 긴 장을 만들고 삽입구를 지닌, 마가의 문학적인 정교화는 그 내용이 아

---

26 Ibid., 10.
27 Ibid., 2.

무리 급박하고 혼란스러워도, 구성적인만큼 그 분리를 전적인 해체로 볼 수는 없다. 마가에게, 다양하고 동시적이고 모순적인 방식으로 일어난 분리는 공포의 현실을 직면하지만, 전적인 파편화로 떨어지거나 방어적인 보복에 의지하는 것도 거부한다. 그것은 완전히 부서지지도 않고, 그 조각들을 다시 붙이려고 하지도 않는다.[28]

코트로시츠에 따르면, 마가복음에 나타난 예수의 죽음의 모호성은 빈 무덤 장면에 마지막으로 적용된다. 거기에서, 버림받은 예수의 절규와 빈 무덤의 공포와 불확실성은 "파괴의 계시이고, 회복할 수 없는 상실의 순간"이지만, "이 상실을 단순히 봉인하지 않는다. 그것은 상실을 통하여, 상실과 함께 새롭게 구성되는, 정체성[29]의 재-명료화를 위한 장소를 마련한다."[30]

---

28 Ibid., 6.

29 코트로시츠는 마가의 정체성 제안이 설명할 수 없게 신비적이거나 혹은 어떤 종류의 최종의 대답으로 간주되는 것에 저항한다. 그녀는 켈버(Werner Kelber) 특히 그의 글 "Narrative and Disclosure: Mechanisms of Concealing, Revealing, and Reveiling"(*Semeia* 43 (1988): 1-20)에 빚지고 있음을 인정하지만, 그러나 켈버의 겉보기에 종교적인 승인에는 동의하지 않는다. 코트로시츠는 다음과 같이 쓰고 있다:
켈버는 이러한 위기/정점 순간을 "부재의 지점에서의 현현"(17)이라고 부르지만 이것을 "비유적인 신비"의 계시를 의미하도록 재빨리 수정한다. 냉소적인 공포의 그러한 순간을 "비유적 신비"라고 명명하는 것은 그러나 그것을 확실히 낭만화한다. 마가의 빈 무덤 이야기가, 침묵과 공포는 말할 것도 없고("…그리고 그들은 아무에게도 말하지 않았다, 그들은 두려웠기 때문이었다…"), 부재로써 심지어 끝난다("그는 여기에 계시지 않는다")는 것은 그 이야기 안에 틈이 끼워져 있다는 이야기의 결정을 표현한다. 정말로, scizw(찢다, 나누다)의 형태들의 이중적 사용은 단절이 이러한 계시들이 의존하는 중심점임을 암시한다.

30 Kotrosits, "Mark, Identity and Horror," 16.

여기에서, 초기 기독교의 수사학은 문화적인 변화와 다양성의 시대에 정체성 형성을 이야기할 뿐만 아니라, 상실과 트라우마의 가장 괴로운 단계에서도 정체성 형성을 수행한다. 마가에 대한 코트로시츠의 연구는 그녀가 연구한 자료에서, 마태와 누가가 마가를 너무나도 전적으로 추종하기 때문에 특히 더 중요하다.

마가의 정체성과 상실에 대한 코트로시츠의 연구는 초기 기독교 식사의 "여가"가 환기시키는 끊임없는 거래 및 위험과도 비교할 수 있다. 두 경우 모두, 정체성은 임시적이고, 상실 속에 깊이 얽혀있다.

식사와 초기 기독교적 수사의 상호교차에 있어서 정체성

초기 기독교의 수사학과 식사는 서로 놀라운 상응을 나타냈다. 그들은 모두 임시적인 정체성 구성을 위해 상당한 여지를 열어 놓는 역동성을 제공하였다. 참으로 초기 기독교의 수사학과 식사는 모두 본질보다는 정체성의 구성의 과정에 기여한 것으로 보인다. 그들은 특히 영원히 안전하고, 영속적으로 보장받을 수 있다는 식으로 지배자의 정체성을 주장한 로마의 과장을 거부하면서, 정체성 구성을 역사화하였다. 초기 기독교의 수사학과 식사는 모두 안정성에 대한 순응이라는 가면에 대항하여 열려 있고, 임시적이며 그리고 불완전한 것이지만 새로운 정체성의 가능성을 제공하였다.

식사와 초기 기독교의 수사학은 서로 먹여 주는 것과 같았다. 식사의 안전한 공간 특히 주연의 가르침, 논쟁 그리고 노래 전통은 기독교적 수사를 위한 무대였다. 초기 기독교의 가르침, 노래 그리고 논쟁은 식사를 풍성하게 한 원동력으로서 식사를 더욱 달구어 주었다. 초기 기독교의 정체성은 둘 다(식사와 수사)에 의해 양육되었고, 경계 지워졌다. 이러한 상응은, 물론, 폭력으로 가득한 복잡한 시대에 모든 정체성 문제를 풀지는 못했다. 또한 이 상응은 심지어 핵심적인 몇몇 구성원을 충분히 평가하지도 못했다. 그러나 식사와 수사의 상응은 열정과 지속성을 낳는 역동적 결합이었다.

초기 기독교 정체성 개념에 적용된 식사와 "수행"(performance) 분석의 범주

의례 이론 요약에서, 4장은 "의례"의 본질적 개념에 대한 캐더린 벨의 불편함을 받아들였다. 벨은 의례가 물자체 같은 것이라기보다는 오히려 행위의 방식임을 고민하였다. "의례화"라는 것은 다소 유보적인 표현인데, 벨이 선호하는 용어였다.[31] 벨은 그것을 "수행"과 밀접한 연관 속에 위치시켰다.[32] 4장에서 사용한 의례 이론으로 되돌아가서, 식사와의 관련에서 초기 기독교의 정체성 "수행"에 대해 사고하기 위해 의례 이론을 적용하는 것이 이제 가능해졌다.

의례/수행 이론에 대한 4장의 요약은 다음을 포함하였다:

의례란 물자체가 아니라 인간 집단이 문제가 되는 삶의 현실에 접근

---

31 Catherine Bell, "Performance and Other Analogies," in Henry Bial, ed., *The Performance Studies Reader*(New York: Routledge, 2004), ch. 11를 보라.

32 "수행 연구들"(performance studies)에 대한 벨의 개론적인 글을 *Critical Terms for Religious Studies*, ed. Mark C. Taylor(Chicago: University of Chicago Press, 1998), 205-24에서 보라.

하는 방식이다. 선대의 연구와는 대조적으로, 의례 이론가들의 마지막 두 세대는 의례가 세계에 있는 동일한 주제, 문제(예를 들면, 우주적 시작, 삶의 주요한 변화, 종교적 질문)를 다루고 있다는 것을 발견하지 못하였다. 오히려, 의례의 핵심 차원은 어떻게 각각의 집단이 다소 지역적인 복잡성에 접근하는가와 관련이 있었다.

의례는, 이러한 틀에서 볼 때, 개별적으로 구별을 하기에는 너무도 복잡하고, 더군다나 직접적으로 다루기에는 너무도 두려운, 혹은 장기적으로 경쟁하고 있는 사회적 지지와 연결된 주제에 대해 종종 유보적인, 사회적 지성의 한 종류이다. 의례가 주는 자와 받는 자 사이의 복잡한 관계이건, 이스라엘의 왕과 대제사장 사이의 경쟁이건, 알제리의 민족의 지리적 위치와 사회적 필요들 안에 내재한 갈등이건, 은뎀부족 위계제도의 동시적인 이익과 손해라는 모순이건, 혹은 현대 민주 사회 안에서 계급 구별이건, 의례는 인간 집단이 비교적 다루기 힘든 문제에 대한 접근을 "수행"하는 일차적인 방식이다. 의례를 수행하는 일은, 의례화하는 집단의 다양한 문제를 다시 틀 짓는 방식이며, 그래서 그 문제들을 다른 방식으로 해석할 수 있게 된다. 이러한 수행은 다루기 힘든 문제들에 대한 현실적 해결로서는 보이지 않는다. 그러나 이 수행은, 복잡한 문제들을 그들이 수행적으로 다룸으로써, 문제를 바라볼 수 있는 시각을 제공하고, 그 문제에 대해 사고할 수 있게 해준다.

여기에서 의례와 "개별적인 분별을 하기에는 너무도 복잡하고, 직접적으로 다루기에는 너무도 두려운, 혹은 장기적으로 경쟁하고 있는 사회적 지지와 연결된 주제" 사이에 묘사된 관계는 식사와 초기 기독교의 정체성 간의 관계에 적용될 수 있다. 정체성에 관한 본 장의 이전 논의에서 주목한 것처럼, 정체성은 쉽게 정의되고, 구성되는, 혹은 유지될 수 있는 어떤 것이 아니다. 잘 해야, 정체성은 유동적이고, 변하기 쉬우며, 때로는 자신의 이름을 조롱하기도 한다.[33] 초기 기독교의 정체성은 거의 분별할 수 없는 민족적 혼합의 현실, 성 권력의 변화, 제국이 부과한 로마적 모델과 과거의 파편화된 이미지 간의 긴장 그리고 수많은 전쟁터에서 크나 큰 상실에 직면했다. 이 경우, 정체성은, "다루기 힘든" 문제로서 적격이다.

정체성 수행이 진행되는 동안에는 정체성이 드러나지 않는다. 가장 건설적인 면에서, 정체성을 수행하는 것이 정체성을 정교화한다고 말할 수 있다. 가장 역동적인 측면에서, 수행은 정체성의 유동성을 즐기는 구성물이다. 수행의 항상 변화하는 성격은 ─결코 그대로 멈춰있지 않는─ 정체성의 임시적인 현실을 강화하고 그 안정성을 좌절시킨다.

따라서 안정된 정체성이라는 것은 목표이자 거짓이다. 쥬디스 버틀러는 수행과 주체성의 구성이 얼마나 밀접하게 연결되어 있는가를 설명한다:

수행은 반복가능한 과정, 곧 규범을 규칙화하고 강제하는 반복 밖에서는 이해할 수 없다. 그리고 이 반복은 하나의 주체만으로 수행되지도 않는다. 오히려, 이 반복이 주체를 가능하게 하고 주체를 위한 임시적 조건을 구성한다. 이러한 반복가능성은 "수행"이 단 하나의 "행

---

33 주체성과 정체성의 사라짐의 측면에서는, 줄리아 크리스테바의 저서가 중요하다.

위" 혹은 사건이 아니라, 의례화된 산물이며, 추방과 죽음의 위협이 그 산물의 모양을 통제하고 강제하지만 그것을 미리 완전히 결정하지 못하는, ―나는 그렇게 주장할 것인데― 강제와 금기의 힘 아래서 그 힘을 통하여, 강제 아래에서 강제를 통하여 반복되는 의례라는 함의를 갖는다.[34]

정체성 수행은 이미 알려진 것의 반복이 아니라 그 수행 안에서만 알려지는 것이다. 버틀러가 주장하듯이, "정체성은 결과라고 일컬어지는 바로 그 "표현들"에 의해 수행적으로 구성된다."[35]

초기 기독교의 식사는 새로운 집단 정체성의 반복과 즉흥적 구성을 위한 풍부한 계기였다. 식사는 먹고 마신 음식, 부른 노래, 올려지고 부어진 헌주, 논쟁들, 가르침들, 구성원 그리고 지도력 역할을 통해 정체성의 강화, 조정, 도전 그리고 검토를 위한 선택이 넓게 배열된 규칙적이면서도 느슨한 구조를 제공하였다. 초기 기독교의 다양하고 위험투성이인 수사학은, 이제 막 출현하는 기독교적 정체성이 사회적 실천과 성서 본문과의 관련 속에서 새롭게 인식될 수 있음을 뜻하며, 수행적인 식사 사건과의 상응으로 두드러졌다. 본문들을 식사라는 더 유동적인 틀 안에서 유지하는 일은 새롭게 등장하는 기독교적 정체성에 대한 본문의 풍부하고 섬세한 1,2세기의 균형, 사람들이 경험한 상실과 억압의 고동치는 만남, 그리고 초기 기독교적 표현의 놀라운 다양성을 설명할 수 있게 해준다.

---

34 Judith Butler, *Bodies That Matter: On the Discursive Limits of Sex*(New York: Routledge, 1993), 95.

35 Judith Butler, *Gender Trouble*(New York: Routledge, 1990), 25.

이 미묘한 균형은 기독교 기원을 지지하는 자들도 반대자들도 받아들이지 않았다. 신조, 가치, 이념 그리고 정체성의 기초를 확인하는 기독교 기원 연구자들의 지속적인 압력도 있었다. 기독교의 시작을 연구하는 가능성에 대해 학문적인 (대부분이 포스트모던적인) 반대자들은 증거, 표현 그리고 현상의 다양성이 아무 것도 해독할 수 없게 만들기 때문에, 그 무엇도 확실성을 갖고 말할 수 없다고 주장했다. 초기 기독교의 식사에 대한 연구는 초기 기독교의 정체성이 지닌 활력이 (최종적으로 해독할 수 없는) 어떤 개념 정의로부터가 아니라, 과정 속에 있는 집단의 개방성으로부터 나온, 조정된 관점의 출현임을 보여준다. 식사의 사회적 실천은 표현의 다양성과 상실의 경험을 지속적으로 정교하게 한다. 반복 현상으로서, 식사 실천은, 그 유동성을 확실하게 하면서도, 영속적인 정체성의 비전을 제공하였다. 초기 기독교의 우주적 언어 연구에서 본 것처럼, 노래, 논쟁 그리고 헌주라는 식사의 역학은 기독교의 수사학적 과장과 거친 주장을 허용하는 즉흥적 상황을 제공하였다. 식사의 안정적인 환경은 종종 사회적으로 소외되고, 의아하게 구성된 기독교적 모임이, (예컨대) 연극에서 배우보다 훨씬 덜 책임적인 역할이어도, 세상의 권력, 사회적 역전, 우주적 통합에 대해 야심찬 선언을 할 수 있게 해주었다.

"수행"을 통해 정체성을 구성하는 식사는 창조적이고, 영감을 주며 대담한 믿음을 보여주었다. 만약 그것들이 실제적인 사회적 차원에서 그렇게 감동적이지 않았다면, 거짓으로 판명났을 것이다. 역동적인 수행을 통해 지속적이고 유동적인 정체성 시도의 신뢰 수준은 초기 기독교 문헌 안으로 퍼져나갔다. (그리고 물론 그 식사로 다시 되돌아 왔다.) 피스티스(pistis)/신뢰(trust)/믿음(faith)이라는 초기 기독교의 어휘가 갖는 강력한 존재감은 위험과 보호가 결합된 식사 역동성을 증언한다.

수행은 식사 의례화를 통한 사회적 정체성의 잠재적 역학은 물론이고, 사회적 실험을 의식적으로 적용하는 방식까지 보유한 범주다. 의례 이론은 어떻게 식사가 참여자의 정체성을 위해 반(半)의식적으로 가능성을 시도하도록 참여자들의 신뢰를 얻었는가를 보여주었다. 식사는 출현한 정체성의 일부가 반(半)의식적인 그림자에서 특별한 사회적 정체성의 실험으로 이동할 수 있게 하는 분위기도 제공하였다. 후자의 경우, 식사는 기존 세계의 부분으로 파고들어가는 정체성의 궤도를 위한 기반이었다.

기독교적 정체성의 지속적 수행은 사회적이면서도 신학적인 성격을 함의한다. 두 경우 모두, 상상에서 녹아내리고 있는 경계에 반응하여, 정교하게 수행된 정체성의 층위를 고려한다. 기독교적 믿음의 본질 혹은 가치를 구하기보다는, 출현하는 기독교를 명예/수치, 귀족/피보호자, 혹은 지배/억압의 규정에 덜 매인 정체성을 수행하는 상상의 체계로 생각하는 것이 좋다.[36] 식사로 모이는 사회적 실천은 정체성 수행에 상당한 지지를 보냈을 것이다.

초기 기독교의 특징 속에서 사회적 정체성은 다음의 궤도를 따라 나타날 수 있다:

1. 중요하지만 다루기 힘든 정체성 문제에 대해, 식사에서 이루어지

---

36 정체성들의 이러한 수행적 상상들을 야기한 것은 또한 연구와 조사의 대상이 될 필요가 있으나 본서의 범위를 넘어선다. 무엇이 특별한 제한들의 풀어짐이라는 그러한 감각을 야기하였는가를 묻는 것은 적절하다. 그러한 조사는 대단히 많은 지적인 엄격성, 역사적 연구 그리고 상상을 요구한다.

는, 잠재적으로 의례적인 만남은 대부분 미시적 상상, 검토 그리고 조정 활동을 촉구한다. 이 의례화는 초기 기독교의 수사적 구성을 사용하거나 촉진하였다.

2. 의례 수행이 어떤 주제를 명료한 의식 속으로 가져오는 곳에서는, 새로운 사회적 입장이 식사라는 비교적 안정적인 환경 속에서 명시적으로 채택되거나 제안되었다. 여기서도, 식사의 사회적 실험은 초기 기독교의 수사를 사용하고 또한 환기시켰다.

3. 초기 기독교의 식사에서 사회적 실험은 헬레니즘 사회 안에서, 덜 노골적이긴 하지만, 유사한 사회적 실험을 촉구하였다. 여기에서도, 일부 초기 기독교의 수사는 기존 사회로의 적용에서 나오거나 혹은 적용을 불러 일으켰다.

신학적으로, 상상의 범주로서 하나님에 대한 믿음은 이전의 경계를 넘어서 정체성 수행의 상상 활동에서 의미 있는 역할을 하였다. 여기서, "하나님"은 정결 규례, 제국의 거짓, 명예/수치 그리고 문화적 침체를 낳은 과도한 결정에 대항하여 창조적인 빈 공간으로 활동한 분으로 보일 수 있다. "하나님을 믿음"은 비어있음 이외에는 다른 대안이 없는 그리고 기존의 결정에 대항한 정체성 상상이 되었다. 아마도 훨씬 더, "하나님을 믿음"은 유동적이고, 위험하며, 정결법과 제국의 과장된 안정에서 풀려난 정체성을 주장하는 경험이 되었다.
이 점에서, 정체성 인물인 예수는 —특히 그 다수성과 파편화 속에서— 어떤 최종적 결정 없이, 유동적인 정체성 수행을 보완하였다.

초기 기독교의 수사 중 "자유"가 규칙적으로 불러일으키는 것은 비어있음과 깨어짐으로부터 온 그리고 과도한 결정에 대항하는 정체성을 상상하는 능력에 대한 믿음이다. 예수가 정체성 인물로서 제공한 자유는 혼돈 위의 지배라는 거짓이 아니라, 상실과 트라우마의 경험 안에서 부분적이고 유동적인 정체성의 주장이다.

초기 기독교의 식사는 신뢰, 상상 그리고 자유의 사회적 실천을 제공하였다. 사회적 실천은 제한, 특권 그리고 무례함 속에도 얽혀 있었기 때문에, 식사는 아무런 본질, 토대, 혹은 순수를 제공할 수 없었다. 이 식사는 단순하게 임시적인 정체성의 수행을 실천할 수 있게 해주었다.

21세기 기독교 예배에 대한 성찰*

유럽식 성당을 연상시키는 큰 돌기둥의 아치형 지붕 아래서, 예배자들이 갖가지 음식과 아름다운 천을 씌운 열 개의 식탁 주변에 앉아있다. 대부분이 식사를 하면서, 식탁을 중심으로 열띤 대화 중에 있다. 성전 앞을 가로질러 놓인 인상적인 파이프 오르간이 있지만, 재즈 피아노를 연주하고 있다. 이따금씩 이 식탁 저 식탁에서 모든 이들을 향하여 함께 노래를 부르자고 제안하거나, 가슴 속 이야기를 꺼내놓기도 한다. 모임이 진행되는 30분 중에는, 모두에게 한 가지 이야기가 전해지고, 식탁마다 그 이야기를 중심으로 대화와 응답을 하는 시간이 있다.

2003년 이후로, 뉴욕 유니온 신학교 채플실에서 열린 이 예배는 수업 학기 중에는 매월 있었다. 예배는 나의 지도 아래, "식탁에서"(at table)라는 이름으로 예배학 교수 자넷 월큰, 예배인도자 트로이 메신저와 함께 교직원과 학생들이 참여하여 함께 음식을 나누며 진행되었다.

예배에서 노래는 찬송가에서 브로드웨이 음악까지 다양하고, 다루는 주제도 최근의 사건, 성서, 성서 이외의 책 등 다양했다. 매 번의 식사마다 독특한 분위기가 있었고, 교직원과 학생들은 해를 거듭할 수록 모임에 익숙해졌다.

식사를 시작할 때, 나는 초기 기독교의 식사모임에 관한 한 두 문장을 이야기한다. 여기에 우리의 모임은 단지 초기 기독교의 그리스도인을 흉내 내는 것이 아니며, "기대 눕기"를 강요하지도 않을 것이고, 모임의 목적은 초기 기독교의 예배에 우리 시대의 관점으로 반응하는 것임을 덧붙인다.

해를 거듭할수록 예배에 대한 반응은 다양했다. 학생과 교수진은 신학교의 예배가 다양한 예배의 실험실이 되는 데 익숙해졌다. 어떤 이들은 그 날의 예배에 대한 호기심으로 열심히 참여하고, 어떤 이들은 예배에 참여는 해도 익숙하지 않은 탓에 거리를 두기도 한다.

"식탁에서"는, 유니온 신학교의 다른 예배처럼, 탄탄한 구성원을 지니고 있으며(유니온의 예배들 중에서는 가장 참석률이 좋은 예배다), 연구와 과제 목적으로 편의에 따라 오가는 이도 있다.

물론, 유니온의 실험은 고유한 것은 아니다. 전국에 걸쳐서 식사를 포함하는 예배를 정기적으로 드리는 교회들이 있다. 혹자는 식사하는 예배가 가까운 미래에 널리 확산될 가능성은 적지만, 21세기의 미국에서는 신앙적인 공동체를 키워내고, 영감을 줄 수 있다는 점에서, 식사하는 예배를 공정하게 평가할 수 있게 될 것이라 기대한다.

이 책은 —초기 기독교의 식사를 다룬 나의 마지막 책과 같이1— 교회와 예배모임을 향해 식사하는 예배를 추천하는 것으로 읽혀질

---

1 Dennis E. Smith and Hal Taussig, *Many Tables: The Eucharist in the New Testament and Liturgy Today*(London: SCM, 1990).

수 있다. 이전의 책, 『다양한 식탁』(*Many Tables*)은 독자들에게 헬레니즘 식사에 대한 초기 기독교의 반응이 다양했다는 점에서 영감을 얻고, 자기가 처한 사회적 환경에 따라 식사하는 예배의 다양한 방식을 창조할 것을 당부했다.

다양한 식탁에서 마지막 23페이지는 여섯 가지 종류의 식사하는 예배를 소개하였다. 그것들은 표준적인 성만찬 예배를 약간 변형한 것에서부터 유니온의 "식탁에서"처럼 대담한 실험적 예배까지 포함한다. 사례들은 하계 성만찬 축제, 비공식적 포트락(potluck, 참여자 각각이 조금씩 음식을 가져와서 나누어 먹는 식사〈역자주〉), 미국의 흑인 역사를 다루는 성만찬 축제, 가정 성만찬, 여성주의 예배 그리고 부활절 성만찬 예배를 포함하고 있다.

삶의 문제를 의례적으로 협상하기

초기 기독교 식사와 오늘날 예배하며 식사하는 일은, 초기 기독교의 식사에서 배울 수 있는 교훈들을 고려하면, 극히 작은 부분에서만 접촉점을 갖고 있을 뿐이다.

21세기를 살고 있는 현대인의 삶의 문제들을 다루는 데 대해서, 비록 대부분은 심리적인 것이지만, 교회의 의례가 갖는 유익한 역할을 과소평가할 수는 없을 것이다.

여기서 나는 예배가 식사를 포함하는 것과 상관없이, 21세기 미국 사회에서 예배를 위한 교훈을 찾아보려고 한다. 또한, 나의 시도가 오늘날 미국의 예배를 유지하는 것이 좋다는 쪽으로 오해되지 않기를 바라는 차원에서, 교회 예전에 대해서도 평가하려고 한다. 그 동안 기독교 예배에 상당한 변화가 있긴 했지만,[2] 여전히 경직되어 있음을 인정해야 할 것이다. 개신교 예배는 목회자의 설교와 인도에 과도하게 의존하고 있다.[3] 개신교 목사들은 예배에서 회중의 목소리와 표현을 제거하고, 긴 기도와 설교로 예배를 장악하였다. 가톨릭 예배에서는 권위주의적인 사제와 성직자 계급이 평신도의 표현과 참여를 제한하고 있으며, 이는 소박한 미사를 행하는 곳에서도 마찬가지이다. 나는 미국의 기독교 예배가 신뢰할 만하고, 변혁적이며, 영감을 주는 예배라 생각하지 않는다.

그럼에도 불구하고, 미국의 예배는, 미국인들이 상업적 동기로 모이는 모임들과는 달리, 자기를 표현하고 상호교감할 수 있는 모임 중에서는 가장 자주 모이는 모임이다. 아마도 사회적 차원에서 볼 때 미국의 예배와 경쟁이 될 만한 모임이 있다면, 미식축구경기와 쇼핑 몰뿐일 것이다. 비록 예배의 대부분이 무능력하고, 전체주의적이며, 타락하였어도, 경제적 목적과 구별되는 공동체 의례로서 예배는 미국문화에서 가장 지속적으로 널리 행해졌다.

예배는 한 사회의 성원들이 자신을 정기적으로 표현할 수 있고, 절반은 공적인 성격을 가진 그러면서도 사적인 표현을 보호받을 수 있는 시공을 제공한다는 점에서, 헬레니즘 식사와 비교할 수 있는 현

---

2 예배 표현의 새로운 시도들에 대한 전국적 조사를 위해서는, 나의 저서 *A New Spiritual Home: Progressive Christianity at the Grass Roots*(Santa Rosa, Calif.: Polebridge, 2006)의 1장을 보라.

3 목회자의 장황한 말과 권위주의가 예배에 행하는 해악에 관한 나의 묘사를 Catherine T. Nerney and Hal Taussig, *Re-Imagining Life Together in America: A New Gospel of Community*(Lanham, Md.: Sheed & Ward, 2002), 151-60에서 보라.

상이다. 예배는 헬레니즘 식사가 제공한 의례화와 동일한 것을 —적어도 이론적으로는— 제공한다. 예배의 비교적 안전하면서도, 다소 개방적인 공간 안에서, 사람들은 대부분 심리적인 과정이지만 섬세한 과정을 거쳐, 삶의 의미나 혼자서는 다루기 힘든 문제의 협상점을 찾고, 완전화하며, 배치하고, 정교하게 만들 것이다. 예배에서 '안전'은 예측가능하면서도 다소 공적인 개방성에 의해 확보된다. 예배 참여자는 예배에서 일어날 일의 대략적인 윤곽을 미리 파악할 수 있다. 예배에는 노래 부르기, 이야기하기, 앉기와 일어서기, 침묵 그리고 먹기와 마시기 등의 요소가 있다. 1년 중 세례나 성탄트리, 축제적 행진의 때 등은 예측할 수 있게 되어 있다.

비교적 안전한, 즉 예측가능하고 규칙적인 시간과 공간은, 참으로 미국교회 예배의 "기여"라 할 수 있을 것이다.[4] 오늘날의 교회와 헬레니즘 식사의 차이는 헬레니즘 식사의 유연성과 열린 구조에서 시작된다. 헬레니즘 식사가, 활발한 대화, 깊이 있는 침묵, 큰 소리로 노래하기, 약간의 취함, 초대 받지 않은 손님의 참견 그리고 때로는 싸움의 계기 등으로 구성된 반면, 오늘날의 교회 예배는 상당히 경직되어 있다.[5]

이제 나는 예배에 대한 몇 가지 조정을 추천할 것이다. 나는 어떻

---

4 물론, 이 모든 것은 회당들, 모스크들 그리고 다른 예배의 장소들에도 또한 사실이다.
5 이러한 측면에서, 열광적인 분출들과 심지어 황홀경들도 어느 정도 정기적으로 일어날 수 있는, 아프리카계 미국의, 오순절계 예배의 많은 종류들의 경우를 고려하는 것은 흥미롭다. 어느 정도는, 이러한 예배는 예배의 예측가능성에 대한 중요한 예외로서 고려될 필요가 단순히 있다(그리고 이러한 방식에서 헬레니즘 시기의 식사에 훨씬 더 가깝다). 다른 한편으로, 이러한 더욱 열광적인 예배들에의 정기적인 참석은 어떻게 열광적인 표현들도 정말로 시간과 특성 모두에서 예측가능한가를 보여주도록 때로는 봉사할 수 있다.

게 미국의 주류 예배가 소폭의 조정만으로도 참여자들이 자기 삶의 문제를 의례적으로 협상할 수 있게 할 수 있는지를 이야기할 것이다.

나는 헬레니즘 식사의 유연성과 정교한 특성을 미국 예배에 충분히 적용할 수 있다고 생각한다. 이는 기존의 형태를 모두 바꾸라는 의미가 아니다. 그렇게 하면 안전의 느낌마저 제거될 것이기 때문이다. 내 의도는 지도자보다는 예배 참여자의 행위를 통해 예배의 구조를 느슨하게 함으로써 변형과 추가가 일어날 수 있게 하려는 것이다. 이 책의 의도는 삶의 문제를 심리적(잠재의식적)으로 처리하는 과정을 보여준 헬레니즘 식사의 한 종류를 오늘날의 예배가 제공할 수 있도록 하는 데 있다. 예배의 유연성에 관한 다음의 몇 가지 사례가 도움이 될 것이다.

지난 25년 동안 미국 예배의 주요한 혁신은 "기쁨과 관심의 기도"라 불리는 참여적 스타일의 도입이다. 이 기도에서 인도자는 그/그녀의 기쁨이나 관심을 이야기할 수 있도록 사람들을 초대한다. 개인적인 표현 다음에는 주로 회중의 응답으로 "하나님, 우리의 기도를 들으소서"를 말이나 노래로 표현한다. 때로는 명시적인 기도 언어 대신 그/그녀의 질병이나, 사회적 관심, 아름다운 노을 혹은 걱정거리에 대해 이야기하는 것으로 끝나기도 한다. 수천의 교회들이 이 특별한 기도 방식을 채택하고 있는데, 예배에서 이 기도는 10분에서 20분 정도를 차지하고 10명에서 30명이 대화에 참여한다. 이 시간 동안 때로는 함께 눈물을 흘리거나 웃기도 한다. 때로는 해결하기 어렵거나 괴롭게 하는 문제들이 제시되기도 한다. 때로는 침묵이나 시적인 언어, 때로는 놀라운 아름다움에 관한 표현이 제시되기도 한다. 예배의 이러한 스타일은 음악이나 회중의 제창을 제외하고는 대화하는 내용에 대해서는 어떤 정해진 응답은 없다. 즉 누구도 언급한 문제를 해결하려고 하지 않으며, 기존의 성공사례에 대한 제시도 없다. 삶의 문제들은 해결되지 않은 채 그대로 둔다.

기쁨과 관심의 기도에 관해서 경직되고 관습적인 형태는, 목회자가 회중의 삶의 문제에 대해 그녀/그의 최선의 평가를 제시하는 긴 목회적 기도일 것이다. 그러한 목회적 기도는 회중이 삶의 문제를 의례적으로 협상할 수 있는 기회를 제한한다. 대부분의 경우 목회적 기도는 기쁨과 관심의 기도에서 다루는 모든 사항을 하나님의 능력과 돌보심의 확신에 찬 수사학적 언어로 도배해 버리는 반면, 기쁨과 관심의 기도는 목회자가 결코 이야기하지 않을 기쁨과 고통 모두의 문제를 열어놓는다. 사람들이 말하는 감사, 희열, 상처, 분노, 통찰의 파토스는 말하고 듣는 사람들에게 삶의 문제에 대한 잠재적 협상을 제공한다. 사람들의 자기표현은 그 끝이 열려있는 것이어서 굳이 해결하려고 들지 않아도 되며, 제기된 문제에 대해서는 보다 부분적이고 반(半)의식적으로 그 문제에 "대하여 생각"할 것을 권유한다.

물리적인 예배 공간을 조정하는 것도 똑같은 영감을 제공할 수 있다. 최근 들어 예배 공간에서 제단의 즉흥적 구성에 관한 관심이 떠오르고 있다. 제단의 즉흥적 구성은, 예배참여자가 자기의 삶과 관련된 것을 가지고 옴으로써 이루어진다. 제단에는 축복이나 축복의 요청과 관련된 것, 이전에 주고받은 선물 등이 놓여진다. 사람들은 종이에 무엇인가를 적고 그것을 "제단" 위에 놓는다. 모임의 리더들은 특정한 (아마도 미학적인 고려에 따른) 순서로 매주 사물이 놓여질 수 있도록 책임을 맡고 있다. 사물은 돌멩이나 여행지에서 발견한 조개껍

질부터 사랑하는 사람의 사진과 결혼반지 그리고 정치적 목적으로 제작한 차량 부착용 스티커에 이른다.

이 제단의 시각적 표현은 감동적일 수도 있고, 거슬리는 것일 수도 있다. 내가 가져온 물건을 다른 사람들이 보는 앞에서 안전함과 기도의 공간에 두는 행위는, 제단 위에 그 특별한 물건을 둔 사람으로 하여금 그 물건을 새로운 관점에서 볼 수 있게 해준다. 이 과정은 대부분 잠재적이며, 하나의 생각보다는 하나의 감정으로 기록된다. 그 물건과 상관이 없던 사람들도 그 물건을 내놓은 사람의 능력이나 고통과 관계할 수 있게 된다. 물론 이는 특정한 행동으로 이어지지는 않는데, 대부분은 누가 제단 위에 무엇을 놓았는지 알지 못하기 때문이다. 이 자리에서 일어나는 반(半)의식적인 변화는 자신의 것이 아닌 물건을 바라보고 있는 사람에게서 나타난다. 어떤 사람은 다른 사람의 결혼반지를 보고 나서, 덜 개념적이긴 하지만 그/그녀의 상대와의 관계를 성찰한다. 어떤 사람은 다른 이의 해변 사진을 보고 나서, 또 다른 해변에서 자신의 경험을 생각한다. 마침내 사람들은 제단을 한 덩어리로 보고, 반응한다. 때로는 이 반응이 자신의 삶과는 별개인 반응일 수도 있다. 때로는 그 제단을 만든 공동체와 자신의 관계를 분명하게 하는 데 기여할 수도 있다.

예배 공간 안에서 물리적인 사물을 이동시키는 것 또한 중요한 협상을 촉진할 수 있다. 미국의 국기가 놓인 장소를 옮기거나 아예 국기를 없애거나 혹은 국기가 없던 예배공간에 국기를 가져오는 행위는 한 공동체가 정치적 입장을 둘러싼 양가감정과 헌신을 행동으로 표현하는 방식이 될 수 있다. 제법 많은 교회들이 노골적으로 정치적 싸움에 가담했다. 예배 공간 안에서 사물의 장소 이동을 통해 의식적으로 표현된 긴장은 공동체의 정치적 문화적 방향을 협상하는 데 기여할 수 있다. 그림을 붙이거나 제거하기, 깃발 옮기기, 혹은 꽃을 두거나 치우기는 그 물건이 갖는 의미 이상의 의미를 드러낸다. 의례화는 공간을 과장하며, 따라서 무엇이 있고 어떻게 그것을 위치시키는가에 대해 사람들이 관심할 것을 암묵적으로 요구한다. 정치적 싸움에 개입된 사람들 중에는 예배가 물리적인 배열에 관한 것이 아니라고 주장할지도 모른다. 이 책은 삶의 문제를 잠재적으로 협상하게 해주는 의례에 주목하게 함으로써, 예배가 특정한 긴장을 만들어내고 사람들이 다루기 힘든 문제들에 대하여 생각하도록 돕는다는 차원에서 예배의 중요성을 드러낸다.

물건을 제시하는 다양한 방식은 예배의 의례 역동성을 건강한 유연성을 가진 것으로 만들 수 있다. 특히 예측가능한 예배의 전체적인 안전성 때문에, 낯선 것의 개입은 사람들의 삶의 문제를 잠재적이지만 유익한 차원으로 인도한다. 전통적인 예배 음악이 안전성을 확보해 주는 반면, 다른 종류의 음악은 적어도 잠재적 차원에서 다루어야 할 삶의 문제들을 상기시킨다. 타문화 악기들은 미국의 삶에서 점차 늘어가는 다른 문화를 가치평가 할 수 있도록 반(半)의식적 충동을 자극할 수 있다. 록 음악이나 드라마 공연은 망각한 채로 내버려 둘 수도 있는 자신의 신체 의식적 문제에 접근하게 할 수도 있다.

의례화의 구성이 갖는 유연성과 개방성은 삶의 문제를 반(半)의식적 차원으로 가져온다. 이 책 전반에 걸쳐 살펴본 것처럼, 문제 혹은 주제는 다루기 쉽지 않고, 상당한 시간 동안 다루어질 수도 있다. 문제에 대한 예배의 의례화는 그 문제의 장기적인 처리 과정을 돕는다.

그러나 교회 지도자들은 예배의 예측가능성과 안전성에도 불구하고 위험에 대한 유연성과 반(半)의식성의 유입을 두려워한다. 여기가 바로 종교적인 사람들이 자신의 종교적 형식의 공헌을 간과하는 지점이다. 그토록 많은 예배 언어의 잠재적인 특성과 예배의 안전성은 오랜 적응에 기초한 의도적인 결합이며, 이는 예배하는 공동체에게 장기적인 힘을 제공했다. 만약 교회 지도자들이 그 엄격한 통제를 느슨히 할 만큼 충분히 자신의 예배 역동성을 신뢰할 수 있다면, 교인들은 그들의 삶에서 중요하고 다루기 힘든 문제를 다룰 수 있게 될 것이다. 장기적으로 보면, 삶의 문제를 반(半)의식적으로 다루는 건강한 의례화의 힘은 더욱 강력한 공동체를 촉진할 것이다.

　　교회 지도력에 대한 두려움 많은 환원주의의 일부는 의례화라는 예배의 선물을 해로운 방식으로 변화시켰다. 이는 다음의 방식으로 일어났다. 어떤 지도자들은 기독교 왕국 내에서 처치 곤란한 문제들이 늘어나는 것이 기독교가 약해지는 원인이라고 진단한다. 그들은 처치 곤란한 문제들이 곧 예배의 문제라 말한다. 그 결과는 하나 이상의 예배전통의 보존과 기독교의 보존을 혼합시키는 것으로 나타났다. 즉, 두려움에 찬 지도자들은 예배자들에게 예배를 고도로 구조화하고 안전하게 하는 데 투자하도록 반(半)의식적인 신호를 보냈다. 그 구조화와 안정화라는 것은 실상은 기독교를 더욱 취약하게 만드는 쪽으로 "완전화하는" 방식이다. 이 경우에도, 예배는 처치 곤란한 주제들을 의례적으로 다룬다. 그러나 기독교의 점증하는 취약성의 원인이라 불리는 처치 곤란한 주제들을 다루는 능력은 예배에게서 그 주제를 다룰 수 있는 능력을 빼앗아 버렸다.

　　초기 기독교의 식사는 식사 환경의 유연성에 직면하여 잘 구조화되어 있는 식사 실천의 역동성을 신뢰했다. 의례화 가운데 있는 이 임시적인 신뢰는 힘 있는 언어와 영성을 이끌어내고, 불타오르게 하였으며, 이 실천으로 출현하는 사회 구성체들에게 유연한 힘을 제공하였다. 그러한 역동성은 여전히 오늘날의 예배에도 주입될 수 있다.